UTB **2510**

## Eine Arbeitsgemeinschaft der Verlage

Böhlau Verlag · Köln · Weimar · Wien
Verlag Barbara Budrich · Opladen · Farmington Hills
facultas.wuv · Wien
Wilhelm Fink · München
A. Francke Verlag · Tübingen und Basel
Haupt Verlag · Bern · Stuttgart · Wien
Julius Klinkhardt Verlagsbuchhandlung · Bad Heilbrunn
Lucius & Lucius Verlagsgesellschaft · Stuttgart
Mohr Siebeck · Tübingen
Orell Füssli Verlag · Zürich
Ernst Reinhardt Verlag · München · Basel
Ferdinand Schöningh · Paderborn · München · Wien · Zürich
Eugen Ulmer Verlag · Stuttgart
UVK Verlagsgesellschaft · Konstanz
Vandenhoeck & Ruprecht · Göttingen
vdf Hochschulverlag AG an der ETH Zürich

Karl Gabriel / Hans-Richard Reuter (Hg.)

# Religion und Gesellschaft

## Texte zur Religionssoziologie

In Zusammenarbeit mit Hermann-Josef Große Kracht,
Wolfgang Marhold und Torsten Meireis

2., durchgesehene Auflage

Ferdinand Schöningh

Karl Gabriel ist seit 2008 Senior Professor im Exzellenzcluster ‚Religion und Politik‘ an der Universität Münster. Zuvor seit 1998 Professor für Christliche Sozialwissenschaften an der Katholisch-Theologischen Fakultät der Universität Münster. Von 1980 bis 1998 Professor für Soziologie, Pastoralsoziologie und Caritaswissenschaften an der Kath. Fachhochschule Norddeutschland Osnabrück/Vechta. Buchveröffentlichungen u.a.: *Ökumene und Gemeinde,* Opladen 2002 (mit H. Geller und E. Pankoke); *Christentum zwischen Tradition und Postmoderne,* Freiburg i. Br. 72000; *Religiöse Individualisierung oder Säkularisierung* (Hg.), Gütersloh 1996; zuletzt erschien: *Caritas und Sozialstaat unter Veränderungsdruck. Analysen und Perspektiven,* Berlin 2007.

Hans-Richard Reuter ist seit 1999 Professor für Ethik und angrenzende Sozialwissenschaften an der Evangelisch-Theologischen Fakultät der Universität Münster. Zuvor Wiss. Referent an der Forschungsstätte der Ev. Studiengemeinschaft Heidelberg und Privatdozent für Systematische Theologie an der Universität Bochum. Buchveröffentlichungen u.a.: *Die Einheit der Dialektik Friedrich Schleiermachers,* München 1979; *Friedensethik* (mit W. Huber), Stuttgart 1990; *Rechtsethik in theologischer Perspektive,* Gütersloh 1996; *Ethik der Menschenrechte* (Hg.), Tübingen 1999; zuletzt erschien: *Botschaft und Ordnung. Beiträge zur Kirchentheorie,* Leipzig 2009.

Bibliografische Information der Deutschen Nationalbibliothek

Die Deutsche Nationalbibliothek verzeichnet diese Publikation in der Deutschen Nationalbibliografie; detaillierte bibliografische Daten sind im Internet über http://dnb.d-nb.de abrufbar.


2., durchgesehene Auflage 2010

© 2004 Verlag Ferdinand Schöningh, Paderborn
(Verlag Ferdinand Schöningh GmbH, Jühenplatz 1, D-33098 Paderborn)
Internet: www.schoeningh.de

ISBN 978-3-506-71705-4

Printed in Germany
Herstellung: Ferdinand Schöningh, Paderborn
Einbandgestaltung: Atelier Reichert, Stuttgart

**UTB-Bestellnummer: ISBN 978-3-8252-2510-0**

# INHALTSVERZEICHNIS

Wer sich derzeit einen Überblick über Theorien und Forschungsrichtungen der Religionssoziologie verschaffen möchte, sieht sich einer Fülle von Spezialliteratur bis hin zu den Klassiker-Ausgaben der großen Soziologen gegenüber. Die beiden letzten, für ihre Zeit repräsentativen Quellensammlungen religionssoziologischer Texte in deutscher Sprache von Friedrich Fürstenberg (Religionssoziologie, 1964) und Joachim Matthes (Einführung in die Religionssoziologie I und II, 1967/1969) liegen nahezu 40 Jahre zurück und sind längst vergriffen. Seither sind bedeutende und weiterführende Beiträge zur theoretischen und zur materialen Religionssoziologie geleistet worden. Mit dem vorliegenden Band beabsichtigen wir, Studierenden der einschlägigen Fachrichtungen und einem breiteren Kreis von Interessierten eine Auswahl von Originaltexten (bzw. deren deutsche Übersetzungen) zugänglich zu machen, die es ermöglichen, sich mit den wichtigsten Traditionslinien der Religionssoziologie vertraut zu machen sowie gegenwärtige Konzeptionen und Fragestellungen kennen zu lernen.

Mit ‚Religion und Gesellschaft‘ als Titel dieser Textsammlung knüpfen wir an den I. Band des genannten älteren Werkes von Joachim Matthes an. Die Kombination der Begriffe Religion und Gesellschaft soll dabei andeuten, dass es in der soziologischen Perspektive um die gesellschaftliche Dimension der Religion und die religiöse Dimension der Gesellschaft geht. Ausgeschlossen ist damit sowohl ein Blick, dem zufolge Religion und Gesellschaft einander wie aparte Größen gegenüberstehen, als auch eine Sicht, die religiöse Sozialformen ‚unterhalb‘ der Ebene der Gesamtgesellschaft ausblendet.

Die Einleitung in diesen Band bietet einen knappen Überblick über die Entwicklung der Religionssoziologie seit ihrer Gründungsphase sowie eine historisch-systematische Einordnung der Texte und nennt weiterführende Literatur. Außerdem ist jedem Text zum besseren Verständnis eine kurze Einführung vorangestellt, die einem einheitlichen Gliederungsschema folgt: 1. Person und Werk, 2. Theoretischer Ansatz bzw. Thematische Einordnung, 3. Zum Text, 4. Bedeutung für den religionssoziologischen Diskurs. Der bibliographische Nachweis erfolgt am Ende des jeweiligen Textes. Editorische Hinweise finden sich auf S. 397.

Der Band ist aus der Zusammenarbeit des Instituts für Ethik und angrenzende Sozialwissenschaften (IfES, früher: Institut für Christ-

liche Gesellschaftswissenschaften) der Evangelisch-Theologischen
Fakultät und des Instituts für Christliche Sozialwissenschaften (ICS)
der Katholisch-Theologischen Fakultät der Westfälischen Wilhelms-
Universität Münster hervorgegangen; an beiden Einrichtungen hat
die Religionssoziologie in Forschung und Lehre seit langem einen
festen Ort. Winfried Hachmann, Katharina Huff, Stefan Leibold und
Thorsten Maruschke leisteten wertvolle technische Hilfe bei der Er-
stellung der druckfertigen Dokumente. Die beteiligten Verlage bzw.
Autoren gaben die Erlaubnis zum Abdruck der Quellentexte. Dr.
Diethard Sawicki vom Schöningh-Verlag hat die Idee zu dieser Publikation spontan aufgegriffen. Ihnen allen gilt unser herzlicher Dank.

Münster, im Oktober 2003          Karl Gabriel
                                  Hermann-Josef Große Kracht
                                  Wolfgang Marhold
                                  Torsten Meireis
                                  Hans-Richard Reuter

## VORWORT ZUR 2. AUFLAGE

Die vorliegende Textsammlung zur Religionssoziologie hat rasch
interessierte Aufnahme und weite Verbreitung nicht zuletzt für
Zwecke des Lehr- und Studienbetriebs gefunden. Für die 2. Auflage
wurden lediglich Druckfehler berichtigt und die Angaben zu den Mit-
arbeitern aktualisiert. Dem Schöningh-Verlag danken wir für die
bewährte Zusammenarbeit und Kira Engel für die Lektoratsarbeiten.

Münster, im Oktober 2009          Die Herausgeber

Karl Gabriel / Hans-Richard Reuter

Einleitung

Mochte das Thema „Religion" noch vor gut zehn Jahren vorwiegend die mit ihr wissenschaftlich Befassten oder die religiös Gläubigen interessieren, so findet es spätestens seit der globalen Rückkehr der Religionen auf die politische Agenda breites öffentliches Interesse: Fördert oder zivilisiert Religion Gewaltbereitschaft? Was ist und welche Ursachen hat Fundamentalismus? Ist der Säkularisierungsprozess unaufhaltsam und unumkehrbar? Wie viel Religion braucht (oder verträgt) der Staat? Welche Zukunft hat das Christentum? Aber auch: Welche Zusammenhänge bestehen zwischen Religion, Kultur und Wirtschaftsformen? Haben Massenmedien und Popmusik eine religiöse Dimension? Welche Vergemeinschaftungsformen bringt eine Religion hervor? Was bindet Menschen an ihre Kirche? Was bewegt sie zur Konversion? Tritt in Westeuropa an die Stelle der Kirchenzugehörigkeit die Zuwendung zu alternativen Formen der Religiosität? Dies sind nur einige Fragen, mit denen sich die Religionssoziologie beschäftigt.

Dieser Band soll ausgewählte Texte zur Religionssoziologie zugänglich machen und somit im Medium der Quellensammlung eine Einführung in das religionssoziologische Denken sowie in Probleme, Fragestellungen und Perspektiven dieser Disziplin ermöglichen.[1] Trotz des nicht zu verleugnenden Übergewichts von Texten

---

[1] Ältere, inzwischen vergriffene *Quellensammlungen* bieten: Friedrich Fürstenberg (Hg.), Religionssoziologie, 2. Aufl. Neuwied 1970; (zusammen mit einer umfassenden Einführung:) Joachim Matthes, Religion und Gesellschaft. Einführung in die Religionssoziologie I, Reinbek 1967; ders. Kirche und Gesellschaft. Einführung in die Religionssoziologie II, Reinbek 1969. Neuere *Einführungen* sind: Günter Kehrer, Einführung in die Religionssoziologie, Darmstadt 1988; Hubert Knoblauch, Religionssoziologie, Berlin / New York 1999; Volkhard Krech, Religionssoziologie, Bielefeld 1999. Als *Sammelbände* mit Einzeldarstellungen religionssoziologischer Theorien sind zu nennen: Karl-Wilhelm Dahm / Volker Drehsen / Günter Kehrer (Hg.), Das Jenseits der Gesellschaft. Religion im Prozess sozialwissenschaftlicher Kritik, München 1975; Karl-Fritz Daiber / Thomas Luckmann (Hg.), Religion in den Gegenwartsströmungen der deutschen Soziologie, München 1983. Als neuere *Forschungsberichte* vgl.: Hartmann Tyrell, Religionssoziologie, in: Geschichte und Ge-

deutschsprachiger Herkunft sind darüber hinaus französische und angelsächsische Autorinnen und Autoren vertreten. Dies ist weder zufällig noch unsachgemäß: Die Religionssoziologie ist westeuropäischen Ursprungs; sie hat in Frankreich und Deutschland ihren Ausgangspunkt genommen und ist vor allem in den USA weiterentwickelt worden; der Reimport der US-amerikanischen Forschung hat zu fruchtbaren Rezeptionen und Umformungen geführt, die die gegenwärtige Diskussion bei uns bestimmen. Die Auswahl der Texte soll einleitend erläutert und in einen größeren Kontext gestellt werden. Dabei folgen wir im Duktus dem Aufbau dieses Bandes in vier Teile: Wir beginnen mit den Klassikern der Religionssoziologie um 1900 (1.). Ein zweiter Abschnitt ist Autoren gewidmet, die seit 1960 hervortreten und heute als „Neoklassiker" bezeichnet werden können, weil sie in Anknüpfung an Problemstellungen der Disziplinbegründer erneut religionssoziologische mit übergreifenden gesellschaftstheoretischen Fragen verbinden (2.). Daran schließt sich der Überblick über neuere Ansätze religionssoziologischer Theoriebildung seit Ende der 1980er Jahre an (3.). Der vierte Abschnitt geht auf Themenschwerpunkte der religionssoziologischen Diskussion in der Gegenwart und die unter diesem Gesichtspunkt ausgewählten Texte ein (IV.).

Vorab ist eine Bemerkung zum Ort des Faches im akademisch-universitären Kontext angebracht. Wissenschaftsorganisatorisch tritt die Religionssoziologie einerseits als eine Teildisziplin der Soziologie auf. Als solche ist sie eng mit der Entstehungsgeschichte der wissenschaftlichen Soziologie um 1900 verknüpft, hat sich jedoch in Deutschland erst im Lauf des vergangenen Jahrzehnts wieder neu etabliert. Deutliches Zeichen dafür ist, dass die in den siebziger Jahren aufgelöste Sektion Religionssoziologie in der Deutschen Gesellschaft für Soziologie 1995 wieder gegründet wurde. Bis heute gibt es jedoch an keinem sozialwissenschaftlichen Fachbereich einen eigenständigen Lehrstuhl. Vor dem Hintergrund unterschiedlicher konfessionskultureller Traditionen gehört die Religionssoziologie andererseits zum weiteren Fächerkanon der Theologie und ist – meist in Verbindung mit der (Sozial-)Ethik oder der Praktischen Theologie –

---

sellschaft 22, 1996, 428-457; Michael N. Ebertz, Forschungsbericht zur Religionssoziologie, in: International Journal of Practical Theology 1, 1997, 268-301; Monika Wohlrab-Sahr, „Luckmann 1960" und die Folgen. Neuere Entwicklungen in der deutschsprachigen Religionssoziologie, in: Soziologie 3, 2000, 37-60.

an einigen theologischen Fakultäten vertreten; dies entspricht der bereichsdifferenzierten Vertretung anderer Spezialsoziologien in den jeweiligen professionsorientierten Wissenschaften, etwa der Rechtssoziologie in der juristischen oder der Medizinsoziologie in der medizinischen Fakultät. Unbeschadet der insgesamt zu schwachen Institutionalisierung des Faches in der deutschen Universitätslandschaft handelt es sich bei der Religionssoziologie um ein Forschungsgebiet, „zu dem Soziologen aus verschiedenen Bereichen beitragen und das auf vielfältige Weise mit Forschungen in anderen Disziplinen verschränkt ist"[2] – herkömmlich sind Theologie, Philosophie, Religionswissenschaft und Geschichte zu nennen, neuerdings hat sich die Politikwissenschaft[3] verstärkt dem Religionsthema zugewandt.

Es ist oft vermerkt worden, dass sich das Verhältnis der Religionssoziologie zur Theologie konfliktträchtiger darstellt, als dasjenige anderer Bereichssoziologien zu den jeweiligen nicht-soziologischen Bezugswissenschaften. Denn als Reflexionsinstanz des religiösen Glaubens zielt die Theologie letztlich darauf ab, den Wahrheitsgehalt der Religion und ihrer Semantik aus deren Binnenperspektive zu explizieren; dabei kann sie nicht umhin, die Geltungsfrage zu stellen. Demgegenüber geht die Religionssoziologie als empirische Wissenschaft zunächst auf Distanz zur religiösen Praxis und ihren Geltungsansprüchen. Diese Inkongruenz der Perspektiven, in der sich religiöse Selbstreflexion und distanzierte sozialwissenschaftliche Analyse wechselseitig korrigieren und stimulieren, dürfte zu den Bedingungen eines gegenstandsadäquaten, nicht-reduktionistischen Forschungs- und Erkenntnisprozesses auf dem Gebiet der Religion gehören. Die Behauptung einer vermittlungslosen „gegenseitigen Fremdheit von Theologie und Religionssoziologie"[4] erscheint dage-

---

[2] Wohlrab-Sahr, Neuere Entwicklungen (Anm. 1), 54.

[3] Z.B. Mathias Hildebrandt / Manfred Brocker / Hartmut Behr (Hg.), Säkularisierung und Resakralisierung in westlichen Gesellschaften. Ideengeschichtliche und theoretische Perspektiven, Wiesbaden 2001; Heinz-Dieter Meyer / Michael Minkenberg / Ilona Ostner (Red.). Religion und Politik zwischen Universalismus und Partikularismus, Opladen 2000; Michael Minkenberg / Ulrich Willems (Hg.), Politik und Religion. Sonderheft 33/2002 der Politischen Vierteljahresschrift, Wiesbaden 2003.

[4] Kehrer, Religionssoziologie (Anm. 1), 6. Zu einer wissenssoziologisch reflektierten Verhältnisbestimmung vgl. dagegen Peter L. Berger, Zur Dialektik von Religion und Gesellschaft. Elemente einer soziologischen Theorie (am. 1967), Frankfurt/M. 1973, 169ff.

gen in doppelter Hinsicht verkürzend: Sie ignoriert zum einen die Verfasstheit der neuzeitlichen christlichen Theologie. Schon deren – zunächst im Protestantismus erfolgte[5] – vorbehaltlose Öffnung gegenüber der historisch-kritischen Methode hatte insofern paradigmatische Bedeutung, als die Wahrheit des Christentums fortan nur durch die freie wissenschaftliche Kritik hindurch und nicht an ihr vorbei bewahrt werden sollte; für die soziologische Aufklärung in Sachen Religion gilt aber prinzipiell nichts anderes als für die historisch-kritische. Geht somit die These einer antagonistischen Fremdheit von Theologie und Religionssoziologie am Zuschnitt der modernen Theologie vorbei, so erscheint sie zum andern in unaufgeklärter Weise der (Vor-)Geschichte der Soziologie verhaftet: Diese war zwar in der Tat als Überbietung und Ablösung von Religion und Theologie aufgetreten – dies jedoch gerade in ihren selbst noch vorwissenschaftlichen Formen im 19. Jahrhundert. Damit wird schon erkennbar: Die Kontroversen um die Konstitution der Religionssoziologie als eigenständiges, gegen andere Disziplinen klar abgrenzbares Fach und um ihr wissenschaftliches Selbstverständnis indizieren sachliche Probleme der Bestimmung ihres Gegenstands und seiner methodischen Erfassung, die nicht ohne die Geschichte des Faches verständlich sind.

## 1. Klassische Texte

Die Phase der religionssoziologischen Klassik zwischen 1890 und 1920 ist identisch mit den Gründungsjahren der Soziologie als eigenständiger Wissenschaft.[6] Für die „Gründungsväter" ist charakteristisch, dass sie Soziologie über weite Strecken *als* Religionssoziologie betrieben haben: Religion hatte für sie mit der Konstitutionsproblematik von Sozialität zu tun; jedenfalls erscheint sie noch nicht als ein Gegenstand der Soziologie unter anderen, sondern gehört – bei aller Unterschiedlichkeit der Konzeptualisierung im einzelnen – auf die Seite der gestaltgebenden Faktoren im Vergesellschaftungsprozess.

---

[5]  Klassisch dazu: Ernst Troeltsch, Historische und dogmatische Methode in der Theologie, in: ders., Zur religiösen Lage, Religionsphilosophie und Ethik, 2. Aufl. Tübingen 1922, 729-753.

[6]  Vgl. Volkhard Krech / Hartmann Tyrell (Hg.), Religionssoziologie um 1900, Würzburg 1995.

Dass die klassische Soziologie sehr weitgehend zugleich Religionssoziologie war, hängt natürlich zunächst damit zusammen, dass die akademische Institutionalisierung der Disziplin nicht gleichzeitig die Ausdifferenzierung einer Subdisziplin gestattete. Die Formierung dessen, was wir heute als Anfänge „der" Religionssoziologie rubrizieren, vollzog sich in einem disziplinär noch heterogenen Religionsdiskurs, zu dem unterschiedliche Strömungen beitrugen; dazu gehörten vor allem: die mit Altertumswissenschaft und Theologie verbundene Religionsgeschichte, die im 19. Jahrhundert virulenten Bemühungen um eine empirische „Moralstatistik", die britische Religionsanthropologie bzw. -ethnologie sowie die einerseits an den protestantischen Theologen und Philosophen Friedrich Schleiermacher anknüpfende, andererseits in den USA namentlich von William James neu konzipierte Religionspsychologie. Man könnte die unterschiedlichen Richtungen der Religionsforschung zu dieser Zeit – mit einem Begriff Bourdieus[7] – als „Feld" analysieren, als sozial strukturierten Raum, innerhalb dessen unterschiedliche Akteure darum ringen, Religion zu definieren und ihre wissenschaftliche Erforschung für sich zu reklamieren. Dabei sind die Ursprünge insbesondere der Religionssoziologie, aber ebenso diejenigen der Soziologie überhaupt mit den Interessen einer Laieneliten verknüpft, die sich von der Definitionsmacht der herkömmlichen Klerikerelite zu emanzipieren strebten[8]; im Medium der Erforschung der Religion wurde zugleich versucht, ihr eine Diagnose ihrer Zukunft zu stellen.

Die enge Verbindung religionssoziologischer Fragestellungen mit solchen der theoretischen Fundierung der Soziologie in den Gründungsjahrzehnten ist nicht zuletzt zu verstehen vor dem Hintergrund des religionskritischen Pathos', das die Vorläufer der wissenschaftlichen Soziologie im 19. Jahrhundert prägte: Auguste Comte, Karl Marx und Herbert Spencer waren einer geschichtsphilosophischen Evolutionslogik verhaftet, der zufolge die Religion durch den Fortschritt der gesellschaftlichen und wissenschaftlichen Emanzipationsbewegung zum Absterben verurteilt war. Zumal Comtes ‚Sociologie'

---

[7]  Pierre Bourdieu, Das religiöse Feld. Texte zur Ökonomie des Heilsgeschehens, übers. von Andreas Pfeufer, Konstanz 2000; Auszug in diesem Band: 198-212; s. zu Bourdieu auch Abschnitt II.

[8]  Vgl. Joachim Matthes, Religion und Weltkultur, in: Kultur und Gesellschaft. Verhandlungen des 24. Deutschen Soziologentags, des 11. Österreichischen Soziologentags und des 8. Kongresses der Schweizerischen Gesellschaft für Soziologie in Zürich, Frankfurt/M. 1989, 321-328.

mit ihrem Dreistadiengesetz, wonach der „theologische" oder „fiktive" Zustand durch den „metaphysischen" oder „abstrakten" und dieser durch das „wissenschaftliche" oder „positive" Zeitalter abgelöst werden sollte, stand für ein intellektuelles Fortschrittsprogramm, in dem die Soziologie als Wissenschaft von den Gesetzen und der Steuerung des gesellschaftlichen Lebens die Religion ersetzt und die Abschlussformel „Gott" durch „Gesellschaft" substituiert. Damit jedoch erhielt die Soziologie selbst religions-äquivalente Züge. Anders als es ältere Darstellungen zum Teil nahe legen[9], traten die religionssoziologischen Entwürfe um 1900 nicht einfach das Erbe der fortschrittsphilosophisch inspirierten Religionskritik an, sondern distanzierten sich von deren heilsgeschichtlichem Anspruch. Zur Soziologie der Religion kam es erst, als eine „Soziologie", die sich anschickte, an die Stelle der Religion zu treten, ihrerseits als – mit Simmel zu sprechen – „religioide" Heilslehre entlarvt war.[10] Die ausgewählten Texte von Émile Durkheim, Georg Simmel, Max Weber und Ernst Troeltsch gehören in die Zeit einer Verwissenschaftlichung der Soziologie, in der diese auf die Ambition einer „Supertheorie" verzichtet und ihren gleichberechtigten Platz im Konzert der Wissenschaften sucht. Will man die Religionskonzepte der Klassiker typisieren, so kann man sagen: Durkheim liefert den Prototyp für alle Ansätze, die die *gesellschaftsintegrative Funktion der Religion* betonen; das Interesse Webers und Troeltschs gilt den *Varianten religiös motivierter Lebensführung mit ihren sozialökonomischen Voraussetzungen und Folgen*; während für Simmel *die Religion in ihrer Bedeutung für den Individualisierungsprozess* thematisch wird.

Die Religionssoziologie *Émile Durkheims*[11] changiert zwischen spezieller Soziologie und Gesellschaftstheorie. Er wahrt noch am ehesten die Kontinuität zum positivistischen Programm einer das Christentum überwindenden Religionsform, die in der Lage ist, eine Solidarität stiftende Sozialmoral zu begründen. Er entdeckt die Bedeutung der Religion im Jahr 1895 nach eigenen Worten in einer Art

---

[9] So noch Matthes, Religionssoziologie I (Anm. 1), 32ff.

[10] Vgl. zu dieser Entwicklung zuletzt Hartmann Tyrell, Von der ‚Soziologie statt Religion' zur Religionssoziologie, in: Krech/Tyrell (Hg.), Religionssoziologie (Anm. 6), 79-128.

[11] Vgl. zu Durkheim zuletzt: Stephen Turner (ed.), Émile Durkheim. Sociologist and Moralist, London / New York 1993; Horst Firsching, Die Sakralisierung der Gesellschaft. Émile Durkheims Soziologie der ‚Moral' und der ‚Religion' in der ideenpolitischen Auseinandersetzung der Dritten Republik, in: Krech/Tyrell (Hg.), Religionssoziologie (Anm. 6), 159-193.

persönlicher „Offenbarung", nachdem er im Zuge gesellschaftstheoretischer Studien zur modernen Arbeitsteilung, zum Selbstmord und zur Moralerziehung auf die brisanten Probleme der gesellschaftlichen Integration, der sozialen Kohäsionskräfte und der Grundlagen moralischer Verpflichtung aufmerksam geworden war. In Durkheims These von der gesellschaftsintegrativen Funktion der Religion, die später unter anderen Voraussetzungen vor allem von der amerikanischen Religionssoziologie (Parsons, Bellah) aufgegriffen worden ist, treffen sich zwei Aspekte. Zum einen verwendet Durkheim einen allgemeinen Begriff der Religion, der diese mittels der grundsätzlichen Differenz von heiliger und profaner Sphäre definiert. Er glaubt in den stammesgeschichtlichen Religionen der „Primitiven", wie sie Gegenstand der zeitgenössischen angelsächsischen Ethnologie waren, das ursprüngliche „Wesen" der Religion als anthropologischer Konstante und notwendigem Teil des sozialen Lebens greifen zu können. Kann somit von einem Absterben der Religion nicht die Rede sein, so bietet Durkheim doch zum andern eine restlos gesellschaftsimmanente Erklärung der Religion aus kollektiven Erfahrungen der Ekstase („Efferveszenz") an, die Gesellschaft sakralisiert und auf diese Weise Gott und Gesellschaft gleichsetzt. „Die Religion hört auf, eine unerklärliche Halluzination zu sein. Sie gründet vielmehr in der Wirklichkeit. Wir können in der Tat sagen, daß sich der Gläubige keinen Täuschungen hingibt, wenn er an die Existenz einer moralischen Kraft glaubt, von der er abhängt und von der er den besten Teil seiner selbst bezieht: diese Macht ist die *Gesellschaft*."[12] Durkheim gewann so den zivilreligiösen Verpflichtungsgrund einer „laiischen" Moral, die sich in die kulturkämpferische Front der französischen Aufklärung gegen den Katholizismus einfügt; er brauchte nicht das Obsoletwerden der Religion und ihre Ersetzung durch Wissenschaft behaupten, da die Soziologie als Aufklärungswissenschaft den zeitlos rationalen Kerngehalt jeder Religion aufdeckt.

Die deutschen Autoren brachen – nicht ohne den Einfluss Nietzsches, Diltheys und Tolstois – vollständig mit der fortschrittsemphatischen Religionskritik, so dass hier mit einigem Recht von einer „Überwindung der Religionskritik durch die Religionssoziologie" gesprochen werden kann.[13] Ganz im Gegensatz zu Durkheim mied

---

[12] Émile Durkheim, Die elementaren Formen des religiösen Lebens (1912), übers. von Ludwig Schmidts. 3. Aufl. Frankfurt/M. 1984, 308f.

[13] Wolfgang Schluchter, „Der Kampf der Götter". Von der Religionskritik zur Religionssoziologie, in: ders., Religion und Lebensführung Bd. 1: Stu-

*Max Weber*[14] den Totalbegriff der Gesellschaft und verzichtete auf die operationale Definition eines allgemeinen Begriffs der Religion. Das Religiöse behandelt er „kaum irgendwo isoliert, sondern immer *bezogen* auf die Wirtschaft, eingebettet in Herrschafts- und Schichtungsverhältnisse oder mit Blick auf die Folgen für Kultur und Werte oder den Stil der Lebensführung".[15] Gegen Marx, aber auch anders als Durkheim, geht Weber mit Ernst Troeltsch von einer „Selbständigkeit der Religion" aus und rechnet auf dieser Basis mit externen Effekten religiöser Bewusstseinsgehalte. Er setzt beim religiös motivierten sinnhaften Gemeinschaftshandeln des Einzelnen an und fragt „sozialökonomisch"[16] nach den Wechselbedingtheiten zwischen Sozial-, Wirtschafts-, Kultur-, und Religionsgeschichte. Die Bedeutung der Religion für die Methodisierung der Lebensführung im Calvinismus und Puritanismus führt Weber zu seiner berühmten These von der Affinität zwischen asketischem Protestantismus und modernem Kapitalismus[17] und von dort weiter zur Aufdeckung der jüdisch-christlichen Wurzeln des neuzeitlichen okzidentalen Rationalismus der Weltbeherrschung. Seine kulturvergleichenden Studien zur Wirtschaftsethik der einzelnen Weltreligionen[18] dienen dazu, die Genese des westlichen Rationalitätstypus mit seiner Förderung von Kapitalismus, Gewissensfreiheit, Demokratie, Toleranz und Menschenrechten genauer zu profilieren. Ein weiteres Stück seiner Reli-

---

dien zu Max Webers Kultur- und Werttheorie, Frankfurt/M. 1988, 339-363.

[14] Zu Weber vgl. z.B. – mit unterschiedlicher Tendenz – : Wilhelm Hennis, Max Webers Fragestellung. Studien zur Biographie des Werks, Tübingen 1987; Schluchter, Religion und Lebensführung Bd. 1 (Anm. 13).

[15] Hartmann Tyrell, ‚Das Religiöse' in Max Webers Religionssoziologie, in: Saeculum 43, 1992, 172-230.

[16] Max Weber, Gesammelte Aufsätze zur Wissenschaftslehre (1922), 7. Aufl. Tübingen 1988, 161ff.

[17] Max Weber, Die Protestantische Ethik und der Geist des Kapitalismus, in: ders. Gesammelte Aufsätze zur Religionssoziologie I (1920), 9. Aufl. Tübingen 1988, 17-206; vgl. dazu zuletzt Friedhelm Guttandin, Einführung in die „Protestantische Ethik" Max Webers, Opladen/Wiesbaden 1998.

[18] Max Weber, Die Wirtschaftsethik der Weltreligionen, in: ders., Gesammelte Aufsätze zur Religionssoziologie I, 237-236; ders., Gesammelte Aufsätze zur Religionssoziologie II und III (1921), (Anm. 17); vgl. dazu Wolfgang Schluchter, Religion und Lebensführung Bd. 2: Studien zu Max Webers Religions- und Herrschaftssoziologie, Frankfurt/M. 1988.

gionssoziologie ist die Typologie religiöser Rollen und Vergemeinschaftungsformen, von ihm selbst „meine Religionssystematik" genannt.[19] Weber hebt für die „prophetischen und Heilandsreligionen"
hervor, dass sie „in einem dauernden Spannungsverhältnis zur Welt
und ihren Ordnungen lebten".[20] An Judentum und Christentum wird
deutlich, dass Religion keineswegs auf eine Integrationsfunktion ver-
kürzt werden kann. Webers historische Rekonstruktion der einzigartigen kulturschöpferischen Potenz des Christentums hat allerdings in
gegenwartsdiagnostischer Hinsicht eine paradoxe und tragische
Kehrseite: In seiner Sicht hat die christliche Religion einen Prozess
in Gang gesetzt, an dessen Ende ihre eigene Entmachtung steht, eine
Depotenzierung der sozialen Mächtigkeit von Religion also, die im
Kern durch sie selbst angestoßen worden ist. Denn im Zuge der religiösen Entzauberung der Welt haben sich autonome, ja konfligie-
rende Wertsphären herausgebildet, die nicht mehr in ein übergeordnetes religiöses Weltbild integriert werden können und an denen die
christliche „Brüderlichkeitsethik" wirkungslos abprallt. Am Ende des
Rationalisierungsprozesses steht freilich für Weber nicht eine zu sich
selbst befreite Menschheit, sondern das bürokratisch geronnene
„stahlharte Gehäuse" der „Hörigkeit".[21] An den Gedanken einer
durch den jüdisch-christlichen Monotheismus selbst hervorgebrachten Verweltlichung der Kultur haben – begrifflich vermittelt durch
Troeltsch – spätere Theorien der „Säkularisierung" angeschlossen
und dadurch eine ausgedehnte Debatte ausgelöst.[22]

---

[19] Max Weber, Wirtschaft und Gesellschaft, 5. Aufl. Tübingen 1972, 245-
381; vgl. dazu Hans G. Kippenberg / Martin Riesebrodt (Hg.), Max Webers „Religionssystematik", Tübingen 2001.

[20] Weber, Religionssoziologie I (Anm. 17), 541; in diesem Band: 95.

[21] Zu dieser variabel gebrauchter Metapher vgl. z.B. Weber, Religionssoziologie I (Anm. 17), 203; ders., Gesammelte Politische Schriften (1921),
8. Aufl. Tübingen 1988, 330ff.

[22] Zur Deutung Webers als Säkularisierungstheoretiker vgl. Matthes, Religionssoziologie I (Anm. 1); Trutz Rendtorff, Zur Säkularisierungsproblematik, in: Internationales Jahrbuch für Religionssoziologie 2, 1966, 51-
72, wieder abgedruckt in: Matthes, Religionssoziologie I (Anm. 1),
208-229. Außerhalb der Religionssoziologie wurde „Säkularisierung"
weithin als ideenpolitischer Begriff in Anspruch genommen, sei es, dass
die Verweltlichung der Kultur als legitime Folge des christlichen Glaubens in Anspruch genommen, sei es, dass Säkularisierung als Kategorie
geschichtlichen Unrechts im Namen der Legitimität der Neuzeit zurückgewiesen wurde. Zu einem differenzierten Säkularisierungskonzept in der
gegenwärtigen Religionssoziologie s. den III. Abschnitt dieser Einleitung.

*Ernst Troeltsch*, Theoretiker der „Religionsgeschichtlichen Schule", arbeitete mit Weber eng zusammen und teilte seine Diagnose der religiösen Lage.[23] Als Theologe postulierte er zur Therapie eine konsequente Umformung der christlichen Glaubensgehalte, die sich an den modernen Prinzipien von Subjektivität, Individualität und Innerlichkeit orientiert, wie sie durch Schleiermachers Religionsverständnis für den liberalen Protestantismus auf den Begriff gebracht worden waren. Troeltschs im engeren Sinn religionssoziologischer Beitrag war, stärker noch als der Webers, dem Problem der religiösen Gemeinschaftsbildung bzw. Organisationsformen gewidmet. Der sozialorganisatorischen Selbstgestaltungsfähigkeit religiöser Ideen und Überzeugungen ging er in weit ausgreifenden historischen Untersuchungen, gleichzeitig aber im Interesse einer Theorie des neuzeitlichen Christentums nach. Zu den wesentlichen Resultaten seines Hauptwerkes über ‚Die christlichen Soziallehren und Gruppen' gehört die fortan religionssoziologisch wirkungsmächtige Dreiertypologie von Kirche, Sekte und Mystik als den drei Haupttypen „der soziologischen Selbstgestaltung der christlichen Idee".[24] Damit hat Troeltsch den bereits von Weber entwickelten Doppeltypus von „Kirche" (als hierarchische Anstalt) und „Sekte" (als Freiwilligkeitsgemeinde), mit dem er zunächst selbst gearbeitet hatte, um die „Mystik" ergänzt. Der „Mystik" bescheinigt er eine „Wahlverwandtschaft zur Autonomie der Wissenschaft" und sieht in ihr „das Asyl für die Religiosität wissenschaftlich gebildeter Kreise".[25] In seiner Erweiterung der Typologie religiöser Gemeinschaftsbildung schlägt sich nicht nur Troeltschs eigene Option für eine der modernen Subjektivitätskultur verpflichtete – in diesem Sinn: „spiritualistisch-mystische" – Religiosität nieder, sondern auch sein Wille zur organisatorischen Neugestaltung des modernen Christentums, die nur von einer gegenseitigen Durchdringung aller drei Sozialformen zu erwarten sei. Troeltschs (aber auch Webers) Beiträge zur Soziologie organisierter Religion konnten entscheidend aus den Vorarbeiten der protestantischen Kirchen- und Kirchenverfassungsgeschichte des 19. Jahrhunderts schöpfen.[26]

---

[23] Zu Troeltsch vgl. u.a.: Hans Georg Drescher, Ernst Troeltsch. Leben und Werk, Göttingen 1991; Friedrich-Wilhelm Graf / Trutz Rendtorff (Hg.), Ernst Troeltschs Soziallehren. Studien zu ihrer Interpretation, Gütersloh 1993.

[24] Ernst Troeltsch, Die Soziallehren der christlichen Kirchen und Gruppen (1922), 3. Neudruck Tübingen 1994, 967; in diesem Band: 117-131.

[25] Ebd.

[26] Vgl. Manfred Wichelhaus, Kirchengeschichtsschreibung und Soziologie im neunzehnten Jahrhundert und bei Ernst Troeltsch, Heidelberg 1965.

Zu den Klassikern der Soziologie zählt seit je *Georg Simmel*; die Relevanz seiner religionssoziologischen Arbeiten[27] wurde jedoch – wohl wegen ihrer stark philosophischen Färbung – erst in den letzten Jahren neu entdeckt. Für Simmel besteht die Leistung der Religion in der Vermittlung zwischen Sozialisation und Individuation des Menschen. Dazu geht er von der Beobachtung eines Analogieverhältnisses zwischen sozialen Beziehungen (z.B. der Abhängigkeit des Kindes von seinen Eltern oder dem patriotischen Gefühl der Bürger gegenüber ihrem Gemeinwesen) und religiösen Glaubensgehalten (der Beziehung des Gläubiger zu seinem Gott) aus. Die religiös aufgeladenen Sozialbeziehungen (Simmel nennt sie „Religioide") und die explizit religiösen Vorstellungsgehalte haben – so seine Annahme – ihre gemeinsame Wurzel in der individuellen Religiosität als einer elementaren menschlichen Bewusstseinsfunktion, dem „religiösen Apriori". Die Mannigfaltigkeit der in den gesellschaftlichen Prozessen wirkenden Energien dient so der Religiosität zum Stoff, den sie in einem infiniten Progress auf einen letzten und höchsten Schnittpunkt ausrichtet und damit den gesellschaftsimmanenten Widersprüchen und Konflikten entzieht. Der Gott der Religion(en) symbolisiert diese Einheit und damit einen „transzendenten Ort der Gruppenkräfte" – die Gottesidee chiffriert also nicht wie bei Durkheim die sakralisierte Gesellschaft selbst, sondern die Einheit jenseits der Gesellschaft. Simmel kann so verständlich machen, dass Religion im gesellschaftlichen Leben wurzelt, ohne in ihm aufzugehen. Die besondere Bedeutung der jüdisch-christlichen Überlieferung besteht für ihn darin, durch den Gedanken der Unmittelbarkeit des Einzelnen zu Gott die Spannung zwischen Individuum und Gesellschaft hervortreten zu lassen und die neuzeitlichen Individualisierungsprozesse voranzutreiben. Seine Unterscheidung zwischen objektiver Religion (z.B. Kirche und Dogmatik), Religioidem (den religiös konnotierten Sozialbeziehungen) und Religiosität (als Prozesskategorie einheitsstiftender Subjektivität) birgt beachtliches Potential zur Analyse der modernen Transformationsprozesse der Religion, wie sie später seitens der „Neoklassiker" vor allem von Thomas Luckmann thematisiert worden sind.

---

[27] Georg Simmel, Zur Soziologie der Religion (1898), in: Gesamtausgabe Bd. 5, Frankfurt/M. 1992, 266-286, in diesem Band: 74-91; ders., Die Religion (1906, 2. Aufl. 1012), Gesamtausgabe Bd. 10, Frankfurt/M. 1995, 39-118. Zu Simmel vgl. Volkhard Krech, Georg Simmels Religionstheorie, Tübingen 1998.

## 2. Neoklassische Entwürfe

Die Klassiker der Religionssoziologie fanden zunächst keine direkten Nachfolger. Der allgemeinen Entfaltung der Soziologie als empirischer Sozialforschung folgend wandte sich das Interesse vielmehr
zunächst empirischen Studien zur kirchlich verfassten Religion zu.
Seit den 1930er Jahren begann die Kirchensoziologie die Zusammenhänge zwischen Sozialstruktur und Religions- bzw. Konfessionszugehörigkeit zu erforschen und das kirchliche Teilnahmeverhalten zu
untersuchen; weitere Gegenstände sind bis heute die Pfarrgemeinde
als soziales System, die Berufsmotivation und -auffassung der Geistlichen, die unterschiedlichen Typen von Kirchlichkeit und Religiosität usw. Die kirchenorientierte empirische Sozialforschung be-
fasste sich traditionell mit der quantitativen Messung von Religion
anhand verschiedener Merkmale, die aus den Glaubensgehalten, Ritualen und Organisationsformen der Kirchen abgeleitet sind. Gegen
die damalige Verengung der Religionssoziologie auf Kirchensoziologie bzw. -statistik[28] legte jedoch Thomas Luckmann 1960 nachhal-
tigen Protest ein und forderte eine Neuorientierung an den übergreifenden theoretischen Fragestellungen der Klassiker.[29] Damit ist der
*terminus a quo* markiert, den man für die „neoklassische" Phase der
Religionssoziologie in Anschlag bringen kann. Mit ihr sind eine Reihe von Neuansätzen verbunden, die zum Teil auch die nachfolgenden kirchensoziologischen Forschungen neu dimensionierten[30] – un-

---

[28] Vgl. z.B. Gabriel Le Bras, Études de Sociologie religieuse, 2 Bde., Paris
1955f; Norbert Greinacher, Soziologie der Pfarrei. Wege zur Untersuchung, Coburg/Freiburg 1955; Reinhard Köster, Die Kirchentreuen. Erfahrungen und Ergebnisse einer soziologischen Untersuchung in einer
evangelischen großstädtischen Kirchengemeinde, Stuttgart 1959.

[29] Thomas Luckmann, Neuere Schriften zur Religionssoziologie, in: Kölner Zeitschrift für Soziologie und Sozialpsychologie 1960, 315-326.

[30] Vgl. dazu exemplarisch die von der Evangelischen Kirche in Deutschland alle
zehn Jahre in Auftrag gegebenen Kirchenmitgliedschaftsstudien: Helmut Hild
(Hg.), Wie stabil ist die Kirche? Bestand und Erneuerung, Gelnhausen-Ber-
lin 1974; Johannes Hanselmann / Helmut Hild / Eduard Lohse (Hg.), Was
wird aus der Kirche? Ergebnisse der zweiten EKD-Umfrage über Kirchenmitgliedschaft, Gütersloh 1984; Klaus Engelhardt / Hermann v. Loewenich /
Peter Steinacker (Hg.), Fremde Heimat Kirche. Die dritte EKD-Erhebung
über Kirchenmitgliedschaft, Gütersloh 1997; Kirchenamt der EKD (Hg.), Kirche – Horizont und Lebensrahmen. Weltsichten – Kirchenbindung – Lebensstile. Vierte EKD-Erhebung über Kirchenmitgliedschaft, Hannover 2003.

terschieden seien *christentumssoziologische, wissenssoziologische* und *systemtheoretische* Konzeptionen sowie die *Theorie des religiösen Feldes.*

Ansatzpunkt für das Konzept einer Religionssoziologie als *Soziologie des Christentums* ist zum einen die Absicht einer Überwindung der kirchensoziologischen Engführung, zum andern aber die Aporie, die sich mit der Hinwendung zu einem allgemeinen Religionsbegriff verbindet. Denn der singularische Religionsbegriff ist selbst aus der aufklärerischen Umformung der christlichen Tradition hervorgegangen und darum nicht ohne weiteres zur kulturübergreifenden Verallgemeinerung geeignet.[31] Dieses seinerzeit vor allem von Joachim Matthes und Trutz Rendtorff[32] vertretene Programm einer historisch-gesellschaftlichen Kontextualisierung und Rückbindung der Religionssoziologie an den kulturellen Wirkungsraum des Christentums wird heute modifiziert von Franz-Xaver Kaufmann vertreten und darum hier im Abschnitt 3 vorgestellt.

Besonders wirksam für eine anspruchsvolle theoretische Neubegründung der Religionssoziologie wurde sodann der von *Peter Berger* und *Thomas Luckmann* 1967 vorgelegte Entwurf einer (von der Phänomenologie Alfred Schütz' inspirierten) *Wissenssoziologie.*[33] Religion gehört für Berger/Luckmann zu den auf Grund von Alltagserfahrungen intersubjektiv konstruierten Wissens-(=Vorstellungs-)Formen, die als „symbolische Universen" die gesellschaftliche Wirklichkeit in umfassender Weise legitimieren und den „sinnhaften Aufbau der Welt" (Alfred Schütz) gewährleisten. Trotz des gemeinsamen subjektzentrierten Ansatzes bei einer Phänomenologie der Erfahrung repräsentieren Berger und Luckmann in ihren weiteren Arbeiten zwei unterschiedliche Bestimmungen des Religionsbegriffs,

---

[31] Vgl. dazu Friedrich Tenbruck, Die Religion im Maelstrom der Reflexion, in: Religion und Kultur, Zeitschrift für Soziologie und Sozialpsychologie Sonderheft 33/1993, 31-67; umfassend Ernst Feil, Religio, 4 Bde., Göttingen 1986ff.

[32] Joachim Matthes, Religionssoziologie I (Anm. 1); ders., Religion und Weltkultur (Anm. 8); Trutz Rendtorff, Zur Säkularisierungsproblematik (Anm. 22); ders., Theorie des Christentums. Historisch-theologische Studien zu seiner neuzeitlichen Verfassung, Gütersloh 1972. Vgl. Karl Gabriel, Religionssoziologie als „Soziologie des Christentums", in: Daiber/Luckmann (Hg.), Religion (Anm. 1), 182-198.

[33] Peter L. Berger / Thomas Luckmann, Die gesellschaftliche Konstruktion der Wirklichkeit. Eine Theorie der Wissenssoziologie (am. 1966), Frankfurt/M. 1969.

die sich als funktionale und substantielle Definition von Religion
unterscheiden lassen: Funktionale Religionsbegriffe sind auf Wirkungen und Problemlösungen in der Alltagswelt (Angst- und Kontingenzbewältigung, Sinnstiftung) bezogen; substantielle Religionsbegriffe definieren die Religion von ihrem Wesen (dem Glauben an
Gott, dem Kontakt mit dem Heiligen) her.

Es ist leicht zu sehen, dass die *funktionale* Religionsdefinition zu
einem sehr weiten, kaum noch abgrenzbaren Religionsbegriff führt,
weil jederzeit vom „Wesen" der Religion unabhängige funktionale
Äquivalente aufgewiesen werden können, die das betreffende Problem „stattdessen" lösen und deshalb im Umkehrschluss (weil es auf
die Funktionserfüllung ankommt) als „Religion" bezeichnet werden
können. Als Protagonist dieses Religionskonzepts ist von Anfang an
Thomas Luckmann hervorgetreten.[34] Ihm zufolge kann jede Form
von sozial vermittelter Weltansicht, durch die das Individuum seine
naturale, biologische Verfassung transzendiert und in einen Sinnkos-
mos integriert wird, als Religion bezeichnet werden. Wegen ihrer Verankerung in der subjektiven Erfahrung ist Religion eine anthropologische Konstante, die nicht auf institutionalisierte Formen (Kirchen
oder theologische Lehren) angewiesen ist. Luckmann konstatiert geradezu einen Prozess des Unsichtbarwerdens von Religion. Dieser
hat nichts mit dem Verschwinden derselben zu tun, wie sie von der
klassischen Säkularisierungsthese behauptet worden war, die dabei
lediglich auf das Phänomen der Entkirchlichung blickte. Als Kritiker der Säkularisierungsthese[35] behauptet Luckmann vielmehr (wie
schon Simmel) einen modernitätsspezifischen Wandel der Sozialform der Religion; dazu gehören: der Verlust des Deutungsmonopols
der Kirchen für die spezifisch religiösen „großen" Transzendenzen;
der wachsende Pluralismus von Sinnsystemen einschließlich politischer Weltanschauungen und Ideologien, die bei „mittleren" Transzendenzen ansetzen; ferner die zunehmende Privatisierung der Religion, die sich als alltagssynkretistische *bricolage*- oder *patchwork*-
Religiosität aus unterschiedlichen Traditionen bedient; schließlich
die zunehmende religiöse Besetzung der „kleinen" Transzendenzen,
die (wie z.B. Familie und Sexualität) der Privatsphäre angehören –

---

[34] Thomas Luckmann, Das Problem der Religion in der modernen Gesellschaft. Institution, Person und Weltanschauung, Freiburg 1963; ders., Die
unsichtbare Religion, 2. Aufl. Frankfurt/M. 1993.

[35] Thomas Luckmann, Säkularisierung – ein moderner Mythos, in: ders., Lebenswelt und Gesellschaft, Paderborn 1980, 161-172

bis hin zur Sakralisierung des Selbst in den therapeutischen Kulten
der New-Age-Szene.[36]

Ein *substantielles* Religionsverständnis, das diese Ausweitung
vermeidet, vertritt – bei aller partiell engen Zusammenarbeit mit
Luckmann – Peter Berger: ‚Religion' werden solche menschlich konstruierten, umfassenden Sinn stiftende Symbolsysteme genannt, die
aus der übermenschlichen Erfahrung des Heiligen hervorgehen. Berger hatte seine religionssoziologischen Arbeiten mit Analysen zur
US-amerikanischen Religionskultur und Kirchlichkeit begonnen.
Darin verhehlt er nicht, dass die von ihm geübte radikale soziologische Kirchenkritik von der persönlichen Leidenschaft des lutherischen Christen für den Wahrheitsanspruch des Evangeliums und einen authentischen Glauben getragen ist [37] Berger zeigt schonungslos,
dass der weltanschauliche Pluralismus die Individuen zu einer op-
tionalen Haltung des Aussuchens und Auswählens zwingt, der seitens der Religionsgemeinschaften eine zunehmende Markt- und
Wettbewerbsorientierung entspricht: Aus anstaltsförmigen Kirchen
werden Denominationen, die um ihre Mitglieder wie um Kunden
werben und kartellartige Zusammenschlüsse bilden.[38] In Bergers
frühen Arbeiten dient Religionssoziologie immer auch als Mittel
„prophetischer Religionskritik"[39] an einer Instrumentalisierung des
Christentums für den *American way of life* und die Gemütslagen der
angepassten amerikanischen Mittelschicht. Die Anwendung der wis-
senssoziologischen Wende auf die Religion[40] lässt Berger die kosmisierende Funktion religiöser Konstrukte hervorheben, die dem
„Nomos" sozialer Ordnungen eine Letztlegitimation im „Heiligen"
verleihen. Im Faktum des modernen Pluralismus, der die traditionellen Plausibilitätsstrukturen relativiert, den heiligen Kosmos privati-

[36] Zum Anschluss an Luckmann vgl. Hubert Knoblauch, Das unsichtbare
neue Zeitalter: „New Age", privatisierte Religion und kultische Milieus,
in: Kölner Zeitschrift für Soziologie und Sozialpsychologie 41, 1989, 504-
525.

[37] Peter L. Berger, Kirche ohne Auftrag. Am Beispiel Amerikas (am. 1961),
Stuttgart 1962.

[38] Peter L. Berger, Ein Marktmodell zur Analyse ökumenischer Prozesse
(am. 1963), in: Internationales Jahrbuch für Religionssoziologie 1, 1965,
235-249.

[39] Volker Drehsen, Die Reprivatisierung des heiligen Kosmos: Peter Berger
und Thomas Luckmann, in: Dahm/Drehsen/Kehrer (Hg.), Das Jenseits der
Gesellschaft (Anm. 1), 235-268.

[40] Berger, Dialektik (Anm. 4).

siert und die kirchlichen Sinndeutungen entmonopolisiert, wird der
bleibende Gehalt der Säkularisierungsthese gesehen. Peter Berger
zeigt sich als Sozialwissenschaftler dem methodischen Atheismus
bzw. Agnostizismus einer strikt soziologischen Außenperspektive auf
die Religion verpflichtet, ist aber dabei nicht stehen geblieben. Denn
zu den Einsichten der modernen Wissenssoziologie gehört, dass alle
sozialwissenschaftlichen Relativierungen ihrerseits der Relativität ihres Zugriffs überführt werden können. Diese „Relativierung der
Relativierer" ermöglicht – zusammen mit dem festgehaltenen substantiellen Religionsbegriff – Bergers Überlegungen zu einem erfah-
rungsbezogenen Theologieprogramm[41], dem eine soziologisch infor-
mierte Suche nach Zeichen der Transzendenz in der Immanenz (in
Spiel, Hoffnung, Humor, Ekstase usw.) korrespondiert.[42]

   Ein einflussreiches neoklassisches Paradigma neben der wissenssoziologisch fundierten Religionssoziologie stellen Ansätze dar, die
aus der *Systemtheorie* abgeleitet sind, sei es in ihrer strukturfunktionalistischen, oder aber in ihrer funktional-strukturellen Variante. In
der strukturfunktionalistischen Systemtheorie des Harvard-Soziolo-
gen Talcott Parsons[43] werden vier Grundfunktionen unterschieden,
die jedes Gesellschaftssystem zu erfüllen hat: Anpassung an die Um-
weltbedingungen (insbesondere durch das Subsystem Wirtschaft),
Zielorientierung (durch das Subsystem Politik), Integration (in struktureller Hinsicht durch das Recht) und Strukturerhaltung (durch das

---

[41]  Peter L. Berger, Der Zwang zur Häresie. Religion in der pluralistischen
      Gesellschaft (am. 1979), Frankfurt/M. 1980, 46ff; Auszug in diesem
      Band: 152-175.
[42]  Peter L. Berger, Auf den Spuren der Engel. Die moderne Gesellschaft und
      die Wiederentdeckung der Transzendenz (am. 1969), Frankfurt/M. 1970;
      ders., Erlösendes Lachen. Das Komische in der menschlichen Erfahrung
      (am. 1997), Berlin/New York 1998, ders., Sehnsucht nach Sinn. Glaube
      in einer Zeit der Leichtgläubigkeit, Frankfurt/M. 1999.
[43]  U.a. Talcott Parsons, Das System moderner Gesellschaften (am. 1971), 2.
      Aufl. Weinheim/München 1985. Vgl. Sigrid Brandt, Religiöses Handeln
      in moderner Welt. Talcott Parsons' Religionssoziologie im Rahmen sei-
      ner allgemeinen Handlungs- und Systemtheorie, Frankfurt/M. 1993. Da
      sich die vier Grundfunktionen auch innerhalb der jeweiligen Subsysteme
      wiederholen, wirkten strukturfunktionalistische Analysen auch auf die
      deutsche Kirchensoziologie ein; vgl. Volker Drehsen, Kontinuität und
      Wandel der Religion. Die strukturell-funktionale Analyse in der deutschen
      Religions- und Kirchensoziologie nach 1945, in: Daiber/Luckmann (Hg.),
      Religion (Anm. 1), 86-135.

kulturelle System). Die Religion gehört dem kulturellen System an, das sie ihrerseits durch die Befestigung des Wertekonsenses legitimiert, und besitzt eine elementare Bedeutung für die gesamtgesellschaftliche Integration von Personen, indem sie drohende Gleichgewichtsstörungen der Gesellschaft auszugleichen hilft. In Durkheim'scher Tradition rückt Parsons damit einseitig die gesellschaftsintegrative Funktion der Religion ins Zentrum. Sein Schüler Robert Bellah hat diesen Ansatz mit seiner Theorie der Zivilreligion (s. dazu Abschnitt III.) fortgeführt.

Weitreichende Wirkungen auf die neuere religionssoziologische Diskussion sind von der Weiterentwicklung der Theorie sozialer Systeme und der frühen Religionssoziologie *Niklas Luhmanns* ausgegangen.[44] Die Eigentümlichkeit von Luhmanns umfassender, hochkomplexer Gesellschaftstheorie besteht gegenüber allen bisher besprochenen Ansätzen darin, sowohl Bewusstsein bzw. Erfahrung als auch das Handeln von Personen aus dem Gegenstandsbereich der Soziologie auszuklammern und *Kommunikation* als den elementaren Prozess zu betrachten, durch den sich soziale Systeme konstituieren: Gesellschaft, so Luhmann, besteht nicht aus Personen – diese gehören vielmehr zur Umwelt sozialer Systeme – sondern aus Kommunikationen, die durch Information, Mitteilung und Verstehen „operieren". Gegenüber dem Strukturfunktionalismus Parsons' geht bei Luhmann die „Funktion" anstelle der Struktur in Führung: Die funktionale Differenzierung der Gesellschaft ruht nicht auf vorgegebenen Strukturen auf, vielmehr lagern sich die (Teil-)Systeme an Funktionen an, die zur Lösung spezifischer Probleme erforderlich sind: die Politik zur Herbeiführung kollektiv bindender Entscheidungen, das Recht zur Streitregulierung, die Wirtschaft zur Güterproduktion usw. – aber wozu braucht man (noch) Religion? Luhmann zufolge bedürfen funktional differenzierte moderne Gesellschaften zwar keiner religiösen Integration mehr, wohl aber besteht die nach wie vor fundamentale gesamtgesellschaftliche Funktion der Religion darin, „Kontingenz", d.h. das Unverfügbare, Schicksalhafte zu bewältigen,

[44] Niklas Luhmann, Soziale Systeme. Grundriß einer allgemeinen Theorie, Frankfurt/M. 1984; ders., Funktion der Religion, Frankfurt/M. 1977. Zu Luhmann vgl. u.a. Traugott Schöfthaler, Religion paradox. Der systemtheoretische Ansatz in der deutschsprachigen Religionssoziologie, in: Daiber/Luckmann (Hg.), Religion (Anm.1), 136-156; Detlef Pollack, Religiöse Chiffrierung und soziologische Aufklärung. Die Religionstheorie Niklas Luhmanns im Rahmen ihrer systemtheoretischen Voraussetzungen, Frankfurt/M. 1988.

das Unbestimmte in Bestimmtheit und damit in Sinn zu überführen. Luhmanns Religionsbegriff verbindet das funktionale Element mit einem moderat „substantiellen", indem er die Leitdifferenz transzendent/immanent als den spezifischen binären Code für die Semantik religiöser Kommunikation annimmt. Luhmann versteht Säkularisierung als gesellschaftsstrukturell – d.h. durch funktionale Differenzierung – erzwungene Privatisierung religiösen Entscheidens. Als deren positive Kehrseite ist aber ein Autonomiegewinn zu verbuchen, sofern die Religion auf diese Weise erst zu der für sie spezifischen Funktion der Kontingenzbewältigung befreit wird. Dazu bedarf es der entsprechenden Leistungserbringung durch Diakonie (gegenüber den anderen Teilsystemen) und Seelsorge (gegenüber dem Persönlichkeitssystem) sowie der Reflexionsinstanz einer expliziten (Offenbarungs-)Theologie. Auch hinsichtlich der Organisierbarkeit von Religion in den verfassten Kirchen[45] konstatiert Luhmann eine Ambivalenz: Einerseits ist die Organisation von Religion in einer ebenfalls organisierten Umwelt zur Zielerreichung alternativlos. Andererseits teilen Kirchen damit das Problem aller formaler (Groß-) Organisationen, ihren „Zweck" so abstrakt-allgemein formulieren zu müssen, dass Mitgliedschaftsmotivation und -verhalten auseinander treten; gleichzeitig ist es ihnen aber als *religiösen* Verbänden verwehrt, ihre Organisationszwecke beliebig den jeweiligen Mitgliedschaftserwartungen anzupassen. Heute mehren sich die Bezugnahmen auf Luhmanns posthum veröffentlichte späte Religionssoziologie[46], die auf das Problem der Nichtbeobachtbarkeit von sinnhafter Kommunikation abstellt; deshalb ist in diesen Band ein für die Spätphase repräsentativer Text aufgenommen worden.

Es mag überraschen und erscheint zumindest unkonventionell, *Pierre Bourdieu* unter die „Neoklassiker" der Religionssoziologie gerechnet zu sehen. Das dürfte aber unter anderem daran liegen, dass die frühen religionssoziologischen Texte Bourdieus[47] bis vor kurzem

---

[45] Luhmann, Funktion, Kap. 5; ders., Die Organisierbarkeit von Religionen und Kirchen, in: Jakobus Wössner (Hg.), Religion im Umbruch. Soziologische Beiträge zur Situation von Religion und Kirche in der gegenwärtigen Gesellschaft, Stuttgart 1972, 245-285.

[46] Niklas Luhmann, Die Religion der Gesellschaft, hg. von André Kieserling, Frankfurt/M. 2000.

[47] Pierre Bourdieu, Eine Interpretation der Religion nach Max Weber (franz. 1971); ders., Genese und Struktur des religiösen Feldes (franz. 1971), beide jetzt in: ders., Das religiöse Feld (Anm. 7), Auszug in diesem Band: 198-212; ders., La sainte famille. L'épiscopat francais dans le champ de

im deutschsprachigen Raum weitgehend unbekannt waren. Der von
ihm bereits 1971 entwickelte Begriff des *religiösen Feldes* findet jedoch gegenwärtig auch in der deutschsprachigen empirischen Religionsforschung verstärktes Interesse.[48] Obwohl (oder weil) sich der
französische Soziologe vordergründig stark an einem monopolistischen katholischen Kirchenverständnis orientiert, erscheint die Kategorie des religiösen Feldes in besonderer Weise auf eine sich plu-
ralisierende religiöse Lage zugeschnitten, in der etablierte religiöse
Experten und Organisationen unter zunehmenden Konkurrenz- und
Wettbewerbsdruck durch neue „Anbieter" geraten. Außerdem ist
Bourdieu derjenige Autor in unserer Sammlung, der in postmarxis-
tischer Manier an historisch-materialistischen Fragestellungen fest-
hält – und zwar indem er die sozialökonomische Perspektive der Religionssoziologie Max Webers, insbesondere seine Typologie der
religiösen Rollen[49], explizit mit dessen Herrschaftssoziologie in Verbindung setzt und die von Weber betonte intersubjektive Beziehungsebene durch die strukturierenden, d.h. sozialstrukturell geprägten objektiven Beziehungen erweitert. Die intersubjektive und die objektive
Beziehungsebene sieht Bourdieu im „Habitus" vermittelt. Soziale
„Felder" sind für ihn hierarchisch strukturierte, auf symbolischem
Kapital wie Ansehen, Anerkennung und Prestige basierte Räume, in
denen soziale Akteure um die legitime Verfügung über knappe materielle und symbolische Güter ringen. Im „religiösen Feld" führen
demzufolge mit unterschiedlichen Interessen und sozialen Machtpo-
sitionen ausgestattete religiöse „Spezialisten" und „Produzenten"
Kämpfe um die legitime symbolische Manipulation der Lebensführung, um das religiöse Deutungsmonopol, um die Zuschreibung und
Durchsetzung von Geltungsansprüchen als „orthodox" oder „hete-
rodox", um die Anerkennung als „Kirche" oder die Marginalisierung
als „Sekte" usw. – und zwar vor einem in sich differenzierten Publikum von „Laien" und „Konsumenten". Die Dynamik des religiösen
Feldes und der ständige Wandel seiner Konstellationen erlaubt es,

---

pouvoir, in: Actes de la recherches en sciences sociales 44-45, 1982, 2-
53.

[48] Vgl. die Rezeption Bourdieus im Rahmen eines milieubezogenen Ansatzes bei: Gerhard Wegner, Alltägliche Distanz. Zum Verhältnis von Arbeitern und Kirche, Hannover 1988; Wolfgang Vögele / Helmut Bremer /
Michael Vester (Hg.), Soziale Milieus und Kirche, Würzburg 2000, bes.
69ff.

[49] „Zauberer", „Priester" und „Prophet"; vgl. Max Weber, Wirtschaft und
Gesellschaft (Anm. 19), 245ff.

die in der Gegenwart verschärften Auseinandersetzungen um die
Definition der Grenzen des religiösen Feldes als solchen zu beobachten: In der Diagnose einer zunehmenden „Auflösung des Religiösen"[50] in die Szene der Therapeuten, Psychologen, Lebensbe-
rater, Heilpraktiker und Sozialpädagogen als „Geistlichen neuen
Schlags" hinein konvergieren Bourdieus Analysen mit Thomas
Luckmanns Beschreibung des modernen Wandels der Sozialform
der Religion.

## 3. Neuere Ansätze

Im Laufe der 1980er Jahre wird bis in die Soziologie hinein eine Kli-
maveränderung in Sachen Religion spürbar. Wo kurz zuvor der in-
tellektuelle Diskurs ihr bestenfalls noch als historische Größe Interesse entgegen gebracht hatte, zieht sie nun überraschend eine neue
Aufmerksamkeit auf sich. Hatte die seit den 1960er Jahren expan-
dierende Soziologie das Themenfeld Religion weitgehend ausgespart
und fast ausschließlich im Rahmen der Exegese ihrer Klassiker thematisiert, so markiert der Soziologentag 1988 in Zürich eine spür-
bare Veränderung. Zum ersten Mal beschäftigt sich eine der großen
Plenarveranstaltungen mit dem Thema Religion. Die Titelstichworte
der Hauptreferate in Zürich ,Suche nach den Erben der Christenheit',
,Zivilreligion', ‚New Age' und ,Religion und Weltkultur' weisen die
Richtung, in die sich der neue Religionsdiskurs der Soziologie fortan
bewegen sollte.[51] Zugleich zeichnen sich damit die zentralen Kno-
tenpunkte der Diskussion ab, an denen sich der kontroverse religionssoziologische Diskurs entzündet und fortlaufend seine Nahrung
findet: Wie ist ein theoretisch angemessener und empirisch brauch-

---

[50] Pierre Bourdieu, Die Auflösung des Religiösen, in: ders., Rede und Antwort, Frankfurt/M. 1992, 231-236. Vgl. ferner: ders, Soziologie des Glaubens und der Glaube des Soziologen, in: Rede und Antwort, 224-230;
ders., Praktische Vernunft. Zur Theorie des Handelns (franz. 1994), 186ff.

[51] Franz-Xaver Kaufmann, Auf der Suche nach den Erben der Christenheit, in:
Kultur und Gesellschaft (Anm. 8), 277-288; Adalbert Saurma, Zivilreligion:
eine, mehrere oder keine mehr?, in: Kultur und Gesellschaft (Anm. 8), 289-
296; Ingo Mörth, New Age – neue Religion? Theoretische Überlegungen
und empirische Hinweise zur sozialen Bedeutung des Wendezeit-Syndroms,
in: Kultur und Gesellschaft (Anm. 8), 297-320; Joachim Matthes, Religion
und Weltkultur, in: Kultur und Gesellschaft (Anm. 8), 321-328.

barer Religionsbegriff zu korzipieren, wenn Religionsphänomene sich in das Zentrum der Aufmerksamkeit drängen, die jenseits der kirchlich verfassten, christlichen Religion liegen? Wie brauchbar ist das soziologische Begriffsinstrumentarium in Sachen Religion mit Blick auf das, was sich in den aufeinander prallenden Weltkulturen als Religion ausdrückt? Wie verträgt sich die Annahme einer verbleibenden oder wachsenden Relevanz von Religion im Modernisierungsprozess mit der Säkularisierungstheorie als einem der tragenden Leitparadigmen der Soziologie seit ihren Anfängen? Behält sie auch unter den veränderten Konstellationen ihre Geltung oder muss sie modifiziert oder womöglich gänzlich aufgegeben werden?

Die Autoren und Texte, die der vorliegende Band unter dem Titel „Neuere Ansätze" zusammenfasst, bewegen sich im Kontext des neu aufgebrochenen Religionsdiskurses und geben unterschiedlich akzentuierte Antworten auf die angesprochenen Fragen.

*Franz-Xaver Kaufmann* hat seinen Ansatz *in nuce* zum ersten Mal auf dem Soziologentag in Zürich 1988 vorgetragen.[52] Mit Blick auf das sich neu artikulierende Interesse an Religion angesichts der Thematisierung ihrer sinkenden individuellen und gesellschaftlichen Stabilisierungsleistungen rückt er von einer substantiellen Religionsdefinition ab. Um Phänomene auch jenseits ihrer traditionell eingespielten und kirchlich-institutionell abgesicherten Zuordnung zur Religion als religiöse Phänomene ausweisen zu können, rekurriert Kaufmann auf sechs für die religionstheoretische Diskussion prominente Funktions- und Leistungsbezüge, für die sich klare Zuschreibungen zur Religion ausweisen lassen. Betrachtet man sie als Einzelfunktionen, wie zum Beispiel die Affektbindung und Angstbewältigung, so zeigt sich für Kaufmann, dass diese Funktionen in modernen Gesellschaften typischerweise auch von Institutionen erfüllt werden, die als nicht-religiös gelten wie etwa die Psychotherapie. Dies gilt auch für die Funktion der Weltdistanzierung und des Protests gegenüber als ungerecht und unmoralisch erfahrenen Gesellschaftszuständen, die zu den kohärenten Funktionsbezügen der jüdisch-christlichen Religion gehören, in modernen Gesellschaften aber primär nicht-religiös konnotiert werden. Als religiös weisen sich Träger und Ideenkomplexe – so der Vorschlag Kaufmanns – dadurch aus, dass sie mehrere der sechs Funktionen, nämlich Identitätsstif-

---

[52] Erweiterte Fassung in: Franz-Xaver Kaufmann, Religion und Modernität. Sozialwissenschaftliche Perspektiven, Tübingen 1989, 70-88; in diesem Band: 216-232.

tung, Handlungsorientierung, Kontingenzbewältigung, Sozialintegration, Kosmisierung und Weltdistanzierung, zugleich zu erfüllen
vermögen. Angesichts des Diffus-Werdens seines Gegenstandsbereichs taugt der allgemeine Religionsbegriff nur noch als Problem-
und Verlustanzeige und verliert seine analytische Kraft. Kaufmann
will ihn ersetzt wissen durch ein Suchraster, mit dessen Hilfe auch
unter Bedingungen moderner Funktionsdifferenzierung und zunehmender Sehnsucht nach Religion soziologisch gehaltvolle Zuschreibungen auf Religion möglich erscheinen. Kaufmann reagiert so auf
die neue Lage des gesellschaftlichen Religionsdiskurses der 1980er
Jahre mit einem Überschreiten des eigenen, bis dahin präferierten
christentumssoziologischen Bezugsrahmens, ohne dessen Anliegen
aus den Augen zu verlieren.[53] Christentumssoziologisch geprägt
bleibt die Betonung des Funktionsbezugs der Weltdistanzierung, die
in der jüdisch-christlichen Religionstradition ein unverzichtbares
Element darstellt. Dem religionswissenschaftlichen Zugriff auf den
allgemeinen Religionsbegriff wohnt für Kaufmann dagegen die Tendenz inne, ein wesentliches Spezifikum der christlichen Religion unterbelichtet zu lassen. Der Religionsbegriff erhält bei Kaufmann insofern ein diskursives Element, als es bei der Religion um die
Plausibilität der Zuschreibung eines kohärenten Funktionskomplexes
geht. Allerdings macht Kaufmann nicht den Schritt, den Begriff an
diskursive Auseinandersetzungen in der Gesellschaft zu binden, wie
dies bei Pierre Bourdieu und Joachim Matthes[54] erkennbar wird. Von
Luckmanns anthropologisch-funktionalen Religionsbegriff unterscheidet sich der Ansatz Kaufmanns dadurch, dass er bei aller Offenheit mehr begriffliche Trennschärfe bei der Erfassung religiöser
Phänomene ermöglicht und damit eine größere Nähe zu empirischen
Fragestellungen besitzt. Ob der Zugang Kaufmanns zur Religion
über einen Funktionskomplex, der seine Prägung durch die Christentumsgeschichte nicht verleugnet, dem mit dem Stichwort der Globalisierung angesprochenen neuerlichen Kontextwechsel im Religionsdiskurs Stand zu halten vermag, wird sich in den nächsten Jahren
erweisen.[55]

---

[53] Franz-Xaver Kaufmann, Kirche begreifen. Analysen und Thesen zur gesellschaftlichen Verfassung des Christentums, Freiburg/Basel/Wien 1979.

[54] Joachim Matthes, Auf der Suche nach dem ‚Religiösen'. Reflexionen zu
Theorie und Empirie religionssoziologischer Forschung, in: Sociologia
Internationalis 30, 1992, 129-142.

[55] Weiterführende Überlegungen dazu: Franz-Xaver Kaufmann, Die Entwicklung von Religion in der modernen Gesellschaft, in: Klaus D. Hil-

Eine mögliche Reaktion auf das Diffus-Werden der Religion in den 1980er Jahren besteht in der verstärkten Soziologisierung des Religionsverständnisses und damit einer Ablösung und Distanzierung vom Selbstverständnis derer, die in der Gesellschaft Religion praktizieren. Wie keine andere unter den Wissenschaften, die es mit Religion zu tun haben, hat die Soziologie diesen Weg eingeschlagen. In besonders radikaler Weise hat *Günter Dux* die Richtung einer Soziologisierung des Religionsbegriffs verfolgt und ein in sich kohärentes Konzept der Religion und ihres Schicksals unter modernen Wirklichkeitsbedingungen entwickelt.[56] Dux geht von Einsichten der philosophischen Anthropologie Plessners zur Offenheit des biologischen Organisationsplans des Menschen und der damit verbundenen Notwendigkeit zur Konstitution einer soziokulturellen Lebenswelt für den Menschen aus.[57]

Mit Thomas Luckmann verortet Dux die Religion im Konstitutionsprozess gesellschaftlicher Wirklichkeit, will aber die funktionale Identifizierung der Religion mit dem Prozess der Menschwerdung bei Luckmann überwinden. Er schlägt vor, die Religion substantiell als eine spezifische Form der Thematisierung der Grundstruktur menschlicher Wirklichkeitsauffassung zu begreifen. Wie phylogenetisch in der Geschichte der Menschheit und ontogenetisch in der frühen Entwicklung des Kindes erkennbar wird, kommt der Prozess der menschlichen Wirklichkeitskonstitution in der Form einer *subjektivischen* Grundstruktur auf den Weg. Allen Gegenständen der Objektwelt wird am Übergang von der Natur- zur Kulturgeschichte ein subjektivischer Charakter zugesprochen. Dux begreift Religion als Thematisierung dieser subjektivischen Grundstruktur der menschlichen Wirklichkeitsauffassung. So erst wird für ihn verständlich, dass die Religion die Funktion der Sinndeutung der Welt als Ganzer und der Verortung und Beheimatung des Menschen in ihr übernehmen kann. Mit der subjektivischen Grundstruktur der Wirklichkeitsauf-

---

demann (Hg.), Religion – Kirche – Islam. Eine soziale und diakonische Herausforderung, Leipzig 2003, 21-37.

[56] Günter Dux, Zum historischen Stand der Religion, in: Trutz Rendtorff (Hg.), Religion als Problem der Aufklärung. Eine Bilanz aus der religionstheoretischen Forschung, Göttingen 1980, 107-129; Günter Dux, Strukturwandel der Legitimation, Freiburg 1980; ders., Die Logik der Weltbilder. Sinnstrukturen im Wandel der Geschichte, Frankfurt/M. 1982.

[57] Helmuth Plessner, Die Stufen des Organischen und der Mensch (1928), 2. Aufl. Berlin 1965.

fassung ist für Dux aber gleichzeitig ein Gegenpol gesetzt, den er als *funktional-relationale* Wirklichkeitskonstruktion begreift. In ihr haben die Dinge im Sinne einer subjektivischen Wirklichkeitsauffassung keinen Sinn und keine Bedeutung, sie ‚sind‘ lediglich und erhalten ihre Bedeutung aus den wissenschaftlich exakt bestimmbaren funktionalen Relationen zueinander und aus ihrer praktischen Beherrschbarkeit. Es ist leicht erkennbar, dass Dux damit Max Webers Auffassung vom Entzauberungsprozess der Welt und der Rolle der modernen Wissenschaft aufzugreifen und weiterzuführen sucht.[58] Dux gibt damit im Anschluss an Weber der Säkularisierungstheorie eine spezifische Ausformung: Wenn die Dinge in der modernen Wirklichkeitsauffassung nur noch ‚sind‘ und nichts mehr bedeuten, verliert die Religion den Anhaltspunkt für ihre subjektivische Sinninterpretation der Welt als Ganzer und des Menschen in ihr. Die Entwicklungslogik der Wirklichkeitsauffassung, Weltbilder und Legitimationen von der subjektivischen zur funktional-relationalen Grundstruktur beraubt sie ihres Außenhalts in der von den dominierenden Institutionen getragenen relationalen Explikationsmatrix. Ähnlich wie bei Luckmann bleibt ihr die private Welt subjektiver Beziehungen als Raum religiöser Sinndeutung, zumindest noch so lange, wie die Wissenschaft die menschliche Lebenswelt und das menschliche Selbstverständnis nicht vollständig ihrem objektivierenden und relationierenden Zugriff unterworfen hat.

Es mag daran liegen, dass Günter Dux' Religionstheorie explizit quer zur neuen Religionsfreundlichkeit seit den 1980er Jahren liegt, dass ihr in der Religionssoziologie wie in der an Religion interessierten Öffentlichkeit nur eine begrenzte Aufmerksamkeit zuteil wurde und bis heute wird. Mit Blick auf das neue Interesse an der Persistenz und Revitalisierung religiöser Phänomene weltweit dürfte sich daran auch in naher Zukunft wenig ändern. Ob in der öffentlichen Auseinandersetzung mit dem rasant vordringenden Szientismus und Naturalismus der Biowissenschaften die originellen Ideen Dux' zur Weiterentwicklung der Weber'schen Entzauberungsthese und der Rolle der Wissenschaft als Institution funktional-relationaler Wirklichkeitsdeutung eine Rolle spielen werden, bleibt abzuwarten.

---

[58] Günter Dux, Religion, Geschichte und sozialer Wandel in Max Webers Religionssoziologie, in: Constans Seyfarth / Walter M. Sprondel (Hg.), Seminar: Religion und gesellschaftliche Entwicklung. Studien zur Protestantismus-Kapitalismus-These Max Webers, Frankfurt/M. 1973, 313-337.

Auch *Ulrich Oevermann* verfolgt bewusst eine Soziologisierung des Religionsbegriffs, die die soziologische Analyse der Religion angesichts des Diffus-Werdens ihres Gegenstandsbereichs von der arbiträren Identifizierung von religiösen Bedürfnissen und Erfahrungen frei machen will.[59] Gleichzeitig lässt er sich jener Strömung in der neueren soziologischen Religionstheorie zuordnen, die hinsichtlich des Bezugspunkts von Religion von Erfahrung und Bedürfnis auf Kommunikation umstellt und Religion vornehmlich als einen kommunikativen Tatbestand begreift.[60] Es hat überrascht, als Ulrich Oevermann – vom Frankfurter Institut für Sozialforschung kommend und durch eine materialistisch geprägte Sozialisationsforschung bekannt geworden – religionstheoretische Arbeiten vorgelegt hat. Über die empirische Sozialisationsforschung, für die er mit der „objektiven Hermeneutik" einen eigenen qualitativen methodischen Zugang entwickelt, stößt Oevermann auf das Bewährungs- und Sinnproblem als konstitutives Element der spezifisch menschlichen Lebenspraxis. Ein Modell von Religiosität, so die Ausgangsthese Oevermanns, lässt sich aus den Konstitutionsbedingungen menschlicher Lebenspraxis selbst ableiten. Mit dem Übergang von der Natur zur Kultur wird für die menschliche Lebenspraxis ein Bewährungsproblem unausweichlich, das eine eigene nicht abschließbare Dynamik entwickelt. Diese hat ihren Grund darin, dass mit der menschlichen Sprache und der damit verbundenen Möglichkeit der Konstruktion hypothetischer Welten für die menschliche Lebenspraxis Handlungsalternativen entstehen, die eine widersprüchliche Einheit von Entscheidungszwang und Begründungsverpflichtung konstituieren. Wie Oevermann aus der nicht stillstellbaren Bewährungsdynamik mit ihrer Dialektik von Entscheidungszwang und Begründungsverpflichtung Strukturprobleme zum Beispiel professionellen Handelns ableitet, so gewinnt er daraus auch ein elementares

---

[59] Ulrich Oevermann, Ein Modell der Struktur von Religiosität. Zugleich ein Strukturmodell von Lebenspraxis und von sozialer Zeit, in: Monika Wohlrab-Sahr (Hg.), Biographie und Religion. Zwischen Ritual und Selbstsuche, Frankfurt/M., New York 1995, 27-102; Ulrich Oevermann, Strukturmodell von Religiosität, in: Karl Gabriel (Hg.), Religiöse Individualisierung oder Säkularisierung. Biographie und Gruppe als Bezugspunkte moderner Religiosität, Gütersloh 1996, 29-40; in diesem Band: 255-268.

[60] Hartmann Tyrell / Volkhard Krech / Hubert Knoblauch (Hg.), Religion als Kommunikation, Würzburg 1998; Volkhard Krech, Religionssoziologie, Bielefeld 1999, 24-26.

dreigliedriges Strukturmodell von Religiosität. Religiosität besteht
für Oevermann aus der widersprüchlichen Einheit von Bewährungsproblem, Bewährungsmythos und evidenzsichernder Vergemeinschaftung. Das Bewährungsproblem stellt vor die Sinnfrage nach
dem Woher und Wohin und der eigenen Identität, der Bewährungsmythos sucht darauf eine identitätsverbürgende, Kriterien für ein sinnerfülltes Leben in Aussicht stellende Antwort zu geben, und die Vergemeinschaftung mildert den Bewährungsdruck ab, ohne die
Bewährungsdynamik auf Dauer still stellen zu können. Oevermann
hält sein aus der Universalität menschlicher Lebenspraxis gewonne-
nes Modell der Religiosität für so umfassend und losgelöst von partikularen religiösen Inhalten, dass alle gegenwärtigen und religions-
geschichtlich bekannten Religionsphänomene und Formen in ihm
Platz finden können. Es eignet sich deshalb besonders gut für den soziologischen Religionsvergleich. Im Interesse Oevermanns liegt es,
noch einen Schritt weiter gehen zu können, denn mit dem Ansatz bei
der Bewährungsdynamik lassen sich für ihn auch säkularisierte Formen von Religiosität in die Analyse einbeziehen.[61] Für das moderne,
säkulare Bewusstsein konstatiert Oevermann eine Verschärfung und
Zuspitzung des Bewährungsproblems, insofern etwa das moderne
Leistungsethos als Bewährungsmythos immer prekärer wird und der
Bewährungsdruck weitgehend ohne abmildernde Vergesellschaf-
tungsformen auf das Individuum trifft.

Oevermann bleibt insofern Max Webers Perspektive von Säkularisierung und Entzauberung der Welt- und Lebensdeutung verpflichtet, als er davon ausgeht, dass die traditionellen religiösen Mythen
der modernen Verwissenschaftlichung der Lebenspraxis nicht Stand
zu halten vermögen und damit eine Verallgemeinerung säkularer Be-
wusstseinsformen zu erwarten ist. Damit erweist sich sein Modell
von Religiosität – ähnlich wie schon bei Dux – einer Perspektive verhaftet, die gegenwärtig mit Blick auf die Vitalität religiöser Traditionen und Praktiken zumindest in der außereuropäischen Welt bis in
die Religionssoziologie hinein unter zunehmenden Druck gerät.

In der Religionssoziologie der Vereinigten Staaten äußert sich die
Kritik an den Hintergrundannahmen und Perspektiven einer dem Säkularisierungsparadigma verpflichteten soziologischen Theorie religiösen Wandels besonders scharf. Wo man sich am Analysemodell

---

[61] Ulrich Oevermann, Strukturelle Religiosität und ihre Ausprägung unter
den Bedingungen der vollständigen Säkularisierung des Bewusstseins,
Ms. Frankfurt/M. 2002.

des *rational choice* orientiert, gerät als alternatives Erklärungsmodell für die mangelnde religiöse Vitalität in Europa im Verhältnis zu
den Vereinigten Staaten in erster Linie der geringe Grad religiösen
Wettbewerbs in den Blick.[62] In der Perspektive von Rodney Stark und
Laurence Iannaccone lässt sich empirisch nachweisen, dass überall
dort, wo der Religionsmarkt monopolistisch strukturiert ist, die Religion wenig Entwicklungschancen besitzt. Entsprechend halten sie
den europäischen Säkularisierungsprozess für ein hausgemachtes
Problem, das im mangelnden religiösen Wettbewerb in Europa seine Ursache habe. Vom religionsökonomischen Paradigma und seiner
Kritik an den Annahmen der Säkularisierungstheorie unterscheidet
sich der Ansatz *José Casanovas*.[63] Casanovas Ausgangspunkt ist der
Hinweis auf weltweite Phänomene der Rückkehr der Religionen in
den öffentlichen und politischen Raum. In eigenen Fallstudien untersucht er den unterschiedlich erfolgreichen Gang gerade traditioneller religiöser Gemeinschaften in die gesellschaftliche und politische Öffentlichkeit, so die Entwicklung des Katholizismus in
Spanien, Polen, Brasilien und in den Vereinigten Staaten sowie die Rolle des US-amerikanischen freikirchlichen Protestantismus. Casanova
nutzt die Ergebnisse seiner Fallstudien zur empirischen Validierung
seines Vorschlags einer Revision und Differenzierung der Säkularisierungstheorie. Seine Kritik entzündet sich daran, dass sie für ihn
drei Dimensionen religiösen Wandels verquickt und gleichschaltet,
die unbedingt einer gesonderten Analyse unterzogen werden müssen. Wenn man die funktionale Differenzierung von Religion, die
Erosion religiöser Überzeugungen und Praktiken und die Zurückdrängung der Religion in die Privatsphäre jeweils eigens in den Blick

---

[62] Lawrence R. Iannaccone, The Consequences of Religious Market Structure: Adam Smith and the Economics of Religion, in: Rationality and Society 3, 1991, 156-177; Stephen R. Warner, Work in Progress toward a
New Paradigm for the Sociological Study of Religion in the United States, in: American Journal of Sociology 98, 1993, 1044-1093; Rodney Stark
/ Laurence Iannaccone, A Supply-Side Reinterpretation of the Secularization of Europe, in: Journal of the Scientific Study of Religion 338, 1994,
230-252.

[63] José Casanova, Public Religions in the Modern World, Chicago/London
1994; José Casanova, Chancen und Gefahren öffentlicher Religion. Ost-
und Westeuropa im Vergleich, in: Otto Kallscheuer (Hg.), Das Europa der
Religionen, Frankfurt/M. 1996, 181-210; José Casanova, Globalizing Ca-
tholizism and the Return to a ,Universal Church', in: Peter Beyer (Hg.),
Religion im Prozeß der Globalisierung, Würzburg 2001, 201-225.

nimmt, kommt man für Casanova zu einer mit den neueren Entwicklungen im religiösen Feld kompatibleren Konzeption von Säkularisierung. Die funktionale Differenzierung von Religion, Politik und
Ökonomie etc. muss als konstitutiv für moderne Gesellschaften betrachtet werden. Sie ist für Casanova aber keineswegs notwendig mit
einem Rückgang religiöser Überzeugungen und Praktiken verbunden, auch wenn dieser Zusammenhang mit Blick auf Westeuropa empirisch gut bestätigt erscheint. Ähnlich sieht Casanova die Lage hinsichtlich der Privatisierung der Religion. Stellt man sich ernsthaft den
weltweiten Phänomenen der „*de-privatization*" der Religionen, so
wird man für Casanova nicht länger daran festhalten können, dass
die funktionale Differenzierung notwendig zu einer Privatisierung
der Religion führt.

Zur Deutung der erklärungsbedürftigen westeuropäischen (Son-
der-)Entwicklung in Sachen Religion[64] bietet Casanova den plau-
siblen Gedanken an, dass erst der lange kirchliche *Widerstand gegen
die Trennung von Religion und politischer Herrschaft* den antikleri-
kalen sozialen Bewegungen – seien sie liberal oder sozialistisch geprägt – Nahrung gegeben und sie mit der nachdrücklichen moralischen Überzeugung ausgestattet hat, sich die von ihnen angestrebte
gesellschaftliche Zukunft nur ohne oder bestenfalls mit privatisier-
ter Religion vorstellen zu können. Wo – wie in den Vereinigten Staaten – die spezifische europäische Frontstellung zwischen Herr-
schaftskirche und Freiheitsbewegungen nie bestanden habe, sei es
auch nicht zum europäischen Pfad der Säkularisierung in allen drei
Dimensionen gekommen. Die neuere Entwicklung der katholischen
Kirche hat für Casanova eine gewisse paradigmatische Bedeutung,
weil hier eine in antimodernen Abwehrkämpfen erprobte religiöse
Institution einen radikalen Wandlungsprozess vollzogen hat, der es
ihr erlaubt, den neuzeitlichen Differenzierungsprozess anzuerken-
nen, ohne den eigenen Anspruch auf eine öffentliche Relevanz der
Religion aufzugeben. Die öffentliche Rolle der Religionen kann sich
allerdings für Casanova nicht auf die Arena des Staates und der Politik im engeren Sinne, auch nicht auf die Sphäre der politisch-welt-
anschaulichen Lager und Parteien beziehen, sondern muss ihren pri-
mären Bezugspunkt in der zivilgesellschaftlichen Öffentlichkeit

---

[64] David Martin, Europa und Amerika. Säkularisierung und Vervielfältigung
der Christenheit – zwei Ausnahmen und keine Regel, in: Otto Kallscheuer
(Hg.), Das Europa der Religionen, Ein Kontinent zwischen Säkularisierung und Fundamentalismus, Frankfurt/M. 1996, 161-180.

haben. Wo es religiösen Traditionen gelingt, eine zivilgesellschaftliche „de-privatization" voranzutreiben, haben sie für Casanova auch die größten Chancen, der Erosion ihrer Glaubensüberzeugungen und religiösen Praktiken zu entgehen und gleichzeitig einen wichtigen Beitrag zu den Wertgrundlagen moderner, demokratischer Gesellschaften zu leisten.

Mit Casanovas Theorie öffentlicher Religion in der Moderne liegt ein interessanter Vorschlag zur Revision und Weiterentwicklung des Säkularisierungsparadigmas in der Religionssoziologie und zur Verortung und Funktionsbestimmung der Religion in demokratischen Gegenwartsgesellschaften vor.[65] Die künftige Diskussion wird zeigen, ob sich die Perspektive Casanovas der Vielfalt der europäischen Entwicklungen hinsichtlich von Religion und Öffentlichkeit einerseits, wie der weltweiten Tendenz zur Politisierung religiöser Traditionen andererseits gewachsen erweist, oder ob die erkennbare Bindung an den US-amerikanischen Kontext nicht doch nur eine begrenzte Erklärungskraft zulässt.

## 4. Thematische Schwerpunkte

Betrachtet man den religionssoziologischen Diskurs der letzten Jahre, so lassen sich Schwerpunktthemen ausmachen, die in Theorie und Forschung eine hohe Aufmerksamkeit auf sich gezogen haben. Einige der Forschungsbereiche gehören zum thematischen Grundbestand der Religionssoziologie, an denen sich gewissermaßen jede Generation von Religionssoziologen abzuarbeiten hat. Andere Themen und Fragestellungen haben sich erst in der jüngsten Vergangenheit in den Vordergrund geschoben und können einen gewissen Neuigkeitswert für sich beanspruchen. Wie nicht anders zu erwarten, lässt sich bei der Breite möglicher Auswahlkriterien und bei der hohen Zahl von in Frage kommenden Kandidaten eine gewisse Willkür der

---

[65] Zur Weiterführung der Perspektive Casanovas mit Blick auf den europäischen Kontext: Karl Gabriel, Säkularisierung und öffentliche Religion. Religionssoziologische Anmerkungen mit Blick auf den europäischen Kontext, in: Religionen im öffentlichen Raum: Perspektiven für Europa. Jahrbuch für Christliche Sozialwissenschaften Bd. 44, Münster 2003, 13-36; Hermann-Josef Große Kracht, Selbstbewusste öffentliche Koexistenz. Überlegungen zum Verhältnis von Religionen und Republik im Kontext moderner Gesellschaften, in: Religionen im öffentlichen Raum, 225-272.

Auswahlentscheidung nicht vermeiden. Mit der Entscheidung für die
fünf in den Band aufgenommenen thematischen Schwerpunkte ist
das Interesse verbunden, verschiedene Kriterien und Gesichtspunkte
miteinander zu verschränken. Die Themenschwerpunkte *Zivilreli-*
*gion, Neue religiöse Bewegungen* und *religiöser Fundamentalismus*
sprechen Forschungsfelder der Religionssoziologie an, die sowohl
in der gesellschaftlichen Wahrnehmung religiöser Phänomene eine
große Aufmerksamkeit auf sich gezogen, als auch eine hervorgehobene Rolle im religionssoziologischen Diskurs der letzten Jahre gespielt haben. Mit der Frage nach *Religion und Geschlecht* wird auf
ein Forschungsfeld hingewiesen, das bisher in der Religionssozio-
gie unterbelichtet erscheint und von dem man erwarten kann, dass es
in Zukunft an Bedeutung gewinnen wird. Das Thema des *Rituals* artikuliert einen klassischen Gegenstandsbereich der Religionssoziologie, der die soziologische Analyse bis in die Gegenwart hinein immer wieder neu zu theoretischen und empirischen Anstrengungen
herausgefordert hat.

*Victor Turners* Analyse des *Rituals* als Struktur und Antistruktur,
die den Reigen der thematischen Schwerpunkte eröffnet, kommt in
mehrfacher Hinsicht eine paradigmatische Bedeutung zu.[66] Sie verweist auf die Tradition in den Human- und Sozialwissenschaften, die
ihr Interesse auf die kulturelle und symbolische Dimension gesellschaftlichen Lebens richtet und sich kritisch vom Erklärungsmodell
eines Funktionalismus gesellschaftlicher Strukturen absetzt. Insofern
gehört Turner zu den Quellen, aus denen sich die neuere Wende zur
Kultur in der Gesellschafts- und Sozialstrukturanalyse speist. Mit
dem Ritual ist in besonderer Weise die lebensgeschichtlich-ordnende
Funktion der Religion angesprochen.[67] Im rituellen Handeln und in
der Stilisierung ritueller Handlungsabläufe ermöglicht Religion symbolische und sinnhafte Ordnung in den zahlreichen Übergängen des
Lebens und den mit ihnen verbundenen Zwischenstadien des Nicht-
Mehr und Noch-Nicht. So ist es kein Zufall, wenn die empirische
Religionsforschung zu dem Ergebnis kommt, dass die von den Kirchen angebotenen Rituale an den Lebenswenden bis in die Gegenwart hinein das stabilste Element christlich-kirchlicher Religionspra-

---

[66] Victor Turner, Das Ritual. Struktur und Antistruktur (am. 1969), Frankfurt / New York 1989; Auszug in diesem Band: 296-313.

[67] Monika Wohlrab-Sahr, Einleitung, in: dies., Biographie und Religion.
Zwischen Ritual und Selbstsuche, Frankfurt/New York 1995, 9-23, hier
10f.

xis darstellen.[68] Turner entwickelt einerseits das auf Arnold van Gennep[69] zurückgehende Strukturschema der Übergangsriten weiter und gibt Einblick in die vielfältigen Ordnungsfunktionen der Religion im Prozess gesellschaftlicher Übergänge. Gleichzeitig arbeitet Turner heraus, dass dem Ritual aber auch das Potential zur Antistruktur innewohnt. Am ethnologischen Material weist er auf, dass mit der „Liminalität" des Noch-Nicht und Nicht-Mehr eine Aufhebung und Umkehrung des Oben und Unten der gewohnten hierarchischen Sozialverhältnisse verbunden ist und das Ritual somit eine spontanschöpferische, anarchische Anti-Struktur auszubilden vermag. Ähnlich wie Mary Douglas sieht Turner die Bedeutung seiner Analyse von Struktur und Antistruktur des Rituals nicht auf das Zusammenleben in Stammesgesellschaften beschränkt.[70] In allen strukturierten Gesellschaften ist es für Turner nicht selten gerade das an den Rand gedrängte, inferiore und marginale Mitglied, der Fremde und Außenseiter, der die „Werte der Communitas im Gegensatz zur Zwangsmacht der höchsten politischen Herrscher"[71] symbolisiert. Er verweist auch auf eine Strukturanalogie zwischen den Merkmalen des Schwellenzustands in Stammesritualen und den Eigenschaften millenarischer religiöser Bewegungen, die ihr Ursprungsmilieu in den entwurzelten Massen gesellschaftlicher Umbruchsituationen haben. Überraschend tauchen für ihn die Werte der antihierarchischen Communitas auch in den Lebensformen der Beatgeneration der späten 1960er Jahre auf. Turners Ritualanalyse erweist sich damit als wichtiger Impulsgeber für die Forschungen zu den religiösen und kulturellen Alternativbewegungen. Wird das Ritual in der Regel der Ordnungsfunktion der Religion zugeordnet, so zielt die Ritualanalyse Turners gerade darauf, die andere, die kreative und anarchische Seite des Rituals sichtbar zu machen.

Haben wir es beim Ritual mit einem thematischen Schwerpunkt der Religionssoziologie zu tun, der ihre Geschichte wie ein roter Fa-

---

[68] Michael N. Ebertz, Kirche im Gegenwind. Zum Umbruch der religiösen Landschaft, Freiburg/Basel/Wien 1997, 36-76.

[69] Arnold van Gennep, Übergangsriten (Les rites de passage). Aus dem Französischen von Klaus Schomburg und Sylvia M. Schomburg-Scherff. Mit einem Nachwort von Sylvia M. Schomburg-Scherff (franz. 1909), Frankfurt/M. / New York 1986.

[70] Mary Douglas, Ritual, Tabu und Körpersymbolik. Sozialanthropologische Studien in Industriegesellschaft und Stammeskultur, Frankfurt/M. 1993.

[71] Turner, Das Ritual (Anm. 66), 108.

den durchzieht, so lässt sich ein präziser Startpunkt der Karriere des
Themas *Zivilreligion* angeben: das Jahr 1967, in dem der US-ameri-
kanische Religionssoziologe Robert Bellah seinen Essay zur amerikanischen Zivilreligion veröffentlichte.[72] Im achten Kapitel des vierten Buches ‚Vom Gesellschaftsvertrag' hatte Rousseau von einer
‚religion civile' als notwendiger religiöser Verpflichtung des Bürgers
gegenüber dem Staat gesprochen.[73] Robert Bellah greift den Begriff
auf und gibt ihm eine spezifische, auf die amerikanische religiöse
und politische Kultur bezogene Wendung. Unter Zivilreligion versteht er einen Komplex von Überzeugungen, Symbolen und Ritualen, die sich auf die amerikanische Nation beziehen. Ihr religiöser
Charakter steht für Bellah außer Zweifel, obwohl sie sich keiner der
verfassungsmäßig strikt vom Staat getrennten amerikanischen Denominationen und Religionsgemeinschaften zuordnen lassen. „Nur
wenige" – so die These Bellahs – „haben [...] erkannt, dass in Amerika neben den Kirchen, und von ihnen ziemlich deutlich unterscheidbar, eine entwickelte und fest institutionalisierte Zivilreligion
besteht".[74]

Als Beleg verweist er unter anderem auf die Antrittsrede John F.
Kennedys. Die amerikanische Zivilreligion besteht für Bellah aus zivilreligiösen Symbolen wie der amerikanischen Flagge, religiösen
Überzeugungen wie der, dass der einzelne wie die Nation in Amerika unter Gottes Willen stehen, und aus Ritualen, in denen der zivilreligiöse Glaube inszeniert und aktualisiert wird. Den heutigen Kontext der amerikanischen Zivilreligion sieht Bellah in einer dritten Zeit
der Bewährung der amerikanischen Nation, die sich nach dem Un-
abhängigkeitskampf und der Durchsetzung der Bürgerrechte für alle
Amerikaner auf die Schaffung einer globalen Ordnung im Sinne einer Universalisierung des Menschenrechtsethos bezieht.[75] Diese frühen Ausführungen Bellahs entbehren – nach dem 11. September 2001
wiedergelesen – nicht einer erstaunlichen Aktualität.

---

[72] Robert N. Bellah, Zivilreligion in Amerika, in: Heinz Kleger / Alois Müller (Hg.), Religion des Bürgers. Zivilreligion in Amerika und Europa,
München 1986, 19-41 (Abdruck aus: „Religion in America", in: Daedalus. Journal of the American Academy of Arts and Sciences, Winteraus-
gabe 1967, Boston, Massachussetts); in diesem Band: 317-332.

[73] Jean-Jacques Rousseau, Vom Gesellschaftsvertrag (franz. 1762), Frank-
furt/M. 1996, 179f.

[74] Bellah, Zivilreligion (Anm. 72), 19.

[75] Bellah, Zivilreligion (Anm. 72), 35-38.

Hatte Rousseaus Begriff der ‚religion civile‘ vor 1967 im religionssoziologischen Diskurs so gut wie keine Rolle gespielt, so ändert sich dies nach der Veröffentlichung von Bellahs ‚Civil Religion in America‘ schlagartig. In Amerika wird der Terminus civil religion zu einem festen Bestandteil der kultur- und religionswissenschaftlichen Fachsprache, der in Handbüchern zur Religion in Geschichte und Gegenwart Amerikas nicht fehlen darf. In Deutschland erreichte die von Bellah angestoßene Diskussion unter Religionssoziologen, Theologen, Politikwissenschaftlern und Philosophen in den Jahren zwischen 1981 und 1987 ihren Höhepunkt.[76] Obwohl der Diskurs über den Terminus Zivilreligion seit der religionsfreundlichen Wende der 1980er Jahre bis in die Gegenwart hinein fortgesetzt wurde, ist der empirische wie theoretische Status des Begriffs umstritten geblieben. Die Verschränkung der Thematik der Zivilreligion im Sinne Bellahs mit der Zivilgesellschaft als Ort der Religion im Sinne Casanovas hat verständlicher Weise die begriffliche Klarheit des Konzepts nicht erhöht.[77]

Noch stärker als beim Phänomen und Begriff der Zivilgesellschaft handelt es sich bei einem anderen, im neueren religionssoziologischen Diskurs stark beachteten Terminus um einen Sammelbegriff, der eine Vielzahl von Erscheinungen umfasst und notorische Schwierigkeiten der Abgrenzung besitzt. Es handelt sich um den seit den 1980er Jahren eingeführten Begriff der *Neuen Religiösen Bewegungen*.[78] Ähnlich wie der Begriff der Zivilreligion versucht er Phänomene auf den Begriff zu bringen, die eine Zuschreibung als religiös erhalten bzw. beanspruchen, aber jenseits der kirchlich verfassten Religion des Christentums liegen. Neue, gegenüber der jeweils herrschenden Religion alternative Formen hat es immer gegeben. Eine der weltweit besten Kennerinnen der Szene der Neuen Religiösen Be-

---

[76] Kleger/Müller (Hg.), Religion des Bürgers (Anm. 72), mit Texten von Robert N. Bellah, Niklas Luhmann und Hermann Lübbe. Einen Überblick geben: Wolfgang Vögele, Zivilreligion in der Bundesrepublik Deutschland, Gütersloh 1994; Thomas Hase. Zivilreligion. Religionswissenschaftliche Überlegungen zu einem theoretischen Konzept am Beispiel der USA, Würzburg 2001; Rolf Schieder, Wieviel Religion verträgt Deutschland?, Frankfurt/M. 2001.

[77] Vgl. Schieder, Wieviel Religion (Anm. 76), 206-210.

[78] Einen Überblick gibt: Detlef Pollack, Wiederkehr des Religiösen? Neue Religiöse Bewegungen im Kontext des religiösen und gesellschaftlichen Wandels, in: Sociologia Internationalis. Internationale Zeitschrift für Soziologie, Kommunikations- und Kulturforschung 38, 2000, 13-44.

wegungen, die britische Religionssoziologin *Eileen Barker*, ist deshalb darum bemüht, das Neue an den Neuen Religiösen Bewegungen begrifflich schärfer in den Blick zu nehmen.[79] Während bis zum Ende des Zweiten Weltkriegs die religiösen Erweckungsbewegungen und Neubildungen sich durchweg an die jüdisch-christliche Tradition anlehnten, gilt dies – so betont Eileen Barker – für die Hauptströmungen der Neuen Religiösen Bewegungen nicht mehr. Zwar lassen sich die weltweit rasant wachsenden charismatischen und pfingstlerischen Gruppen christlicher Provenienz auch zu den Neuen Religiösen Bewegungen rechnen, im Zentrum stehen aber religiöse Bewegungen, die Buddhismus oder Hinduismus, Schamanismus oder Esoterik bzw. die Gedankenwelt des New Age zum Hintergrund haben. Um angesichts der Fülle und Verschiedenheit der Phänomene zu einer für die Forschung praktikablen Definition und Abgrenzung zu kommen, schlägt Eileen Barker vor, von Neuen Religiösen Bewegungen dann zu sprechen, wenn sie nach dem Zweiten Weltkrieg entstanden sind und zu den herkömmlichen Religionen alternative religiöse Antworten auf letzte Sinnfragen geben.

Ihren Nährboden beziehen die Neuen Religiösen Bewegungen aus weltweit wirksamen gesellschaftsstrukturellen und kulturellen Veränderungen und Neuentwicklungen. Nach dem Zweiten Weltkrieg nimmt der strukturelle und kulturelle Pluralismus ein bisher unbekanntes Ausmaß an. Es entwickeln sich globale Reiserouten, auf denen sich massenhaft Personen und Ideen nicht mehr nur von West nach Ost, sondern auch in umgekehrter Richtung bewegen. In den entwickelten Ländern entstehen zum ersten Mal in der Geschichte relativ autonome Jugendkulturen, die von jungen Gebildeten mit relativ hohen materiellen und zeitlichen Ressourcen geprägt werden. Den Funken, der ein weltweit spürbares Feuer entstehen lässt, werfen die Jugendlichen und jungen Erwachsenen, die sich Ende der 1960er Jahre enttäuscht von der politischen Protestbewegung abwenden und sich Formen und Techniken der spirituellen Lebenserweiterung zuwenden. Das Entstehungsmilieu der Neuen Religiösen Bewegungen prägt auch insofern ihre weitere Ausbreitung, als sie nicht primär unter den unterprivilegierten und sozial benachteiligten Jugendlichen und jungen Erwachsenen Fuß fassen, sondern die größ-

[79] Eileen Barker, New Religious Movements: A Practical Introduction, London 1989; dies., Neue religiöse Bewegungen. Religiöser Pluralismus in der westlichen Welt, in: Sonderheft 33 der Kölner Zeitschrift für Soziologie und Sozialpsychologie 1993, 231-248; in diesem Band: 335-352.

te Anziehungskraft auf bildungsprivilegierte Schichten ausüben. Bei aller Bedeutsamkeit des Phänomens der Neuen Religiösen Bewegungen warnt Eileen Barker auf dem Hintergrund ihrer Forschungserfahrungen davor, die tatsächliche Mitgliedschaft in den Gruppierungen der Neuen Religiösen Bewegungen zu überschätzen. So ist auch in den 1970er und 1980er Jahren die Zahl derer, die sich in Europa von den etablierten Kirchen abwenden, um ein Vielfaches höher als die Zahl derer, die eine Mitgliedschaft in den Neuen Religiösen Bewegungen eingehen. Bedeutsamer schätzt Barker die Wirkung der Ideen und Techniken der Neuen Religiösen Bewegungen auf das allgemeine kulturelle Milieu in der westlichen Hemisphäre ein.

Wo es um die Beschreibung der religiösen Landschaft in den westlichen Gesellschaften geht, darf heute der Hinweis auf die Neuen Religiösen Bewegungen nicht fehlen. Nach wie vor sind aber im religionssoziologischen Diskurs sowohl eine uneinheitliche Begriffsverwendung als auch weit voneinander abweichende Einschätzungen der Bedeutung der Neuen Religiösen Bewegungen zu beobachten. So präferiert Hubert Knoblauch, der sich unter den deutschen Religionssoziologen mit dem Phänomenbereich am intensivsten beschäftigt hat, in neueren Veröffentlichungen den Begriff „alternative Religiosität".[80] Er gehört auch zu denen, die davon ausgehen, dass die alternative Religiosität in Europa eine sehr starke Verbreitung gefunden hat. Mit der Erfahrungsorientierung, der religiösen Subjektivierung und der Betonung der Ganzheitlichkeit in der europäischen alternativen Religiosität sieht er Parallelen zu den weltweiten charismatischen und pfingstlerischen Bewegungen. Deshalb sei es auch unberechtigt, von Europa im Unterschied zur übrigen Welt als von einem säkularisierten Kontinent zu sprechen.[81] Mit Hinweis auf empirische Umfragedaten wird Knoblauch in diesem Punkt aber immer wieder deutlich widersprochen. Empirisch – so argumentieren etwa Detlef Pollack und Gert Pickel – lassen sich zwar die Prozesse der De-Institutionalisierung des Religiösen in Deutschland und Europa gut belegen, nicht aber eine kompensierende Hinwendung zu Formen außerkirchlicher Religiosität.[82] Unschwer las-

---

[80]  Hubert Knoblauch, Ganzheitliche Bewegungen, Transzendenzerfahrung und die Entdifferenzierung von Kultur und Religion in Europa, in: Berliner Journal für Soziologie 12, 2002, 295-307.

[81]  Knoblauch, Ganzheitliche Bewegungen, 295.

[82]  Siehe neuerdings: Detlef Pollack/Gert Pickel, Deinstitutionalisierung des Religiösen und religiöse Individualisierung in Ost- und Westdeutsch-

sen sich hinter der Kontroverse unterschiedliche begrifflich-konzeptionelle Entscheidungen hinsichtlich des Religionsbegriffs und differierende Präferenzen für quantitative oder qualitative Forschungsmethodologien in der Religionsforschung erkennen.[83]

Unter den Themenschwerpunkten innerhalb des neueren religionssoziologischen Diskurses kommt der Frage nach dem *religiösen Fundamentalismus*, seinen Erscheinungsformen, Hintergründen und Zukunftsentwicklungen, eine besondere Aktualität zu.[84] Angesichts der Neigung gesellschaftlicher Akteure, den Fundamentalismusbegriff auf alle möglichen Phänomene auszudehnen und jedwedem unnachgiebigen Gegner im Diskurs fundamentalistische Positionen zuzuschreiben, ist es von besonderem Vorteil, dass *Martin Riesebrodt* schon vor dem neuerlichen Anschwellen der Diskussion einen spezifisch soziologischen Fundamentalismusbegriff ausgearbeitet hat.[85] Er gewinnt ihn, indem er Strukturanalogien zwischen dem protestantischen Fundamentalismus im ersten Viertel des 20. Jahrhunderts in den USA und dem schiitischen Fundamentalismus im Iran zwischen 1961 und 1979 feststellt. Den Kern des religiösen Fundamentalismus sieht Riesebrodt in einem *radikalen Patriarchalismus*, der den modernen Tendenzen des Relativismus und des Autoritätsverfalls die unbedingte Gültigkeit überkommener religiöser Wahrheiten entgegensetzt, sich der Auflösung des traditionellen Geschlechterverhältnisses als Garant der unverrückbar gültigen Ordnung des Lebens überhaupt entgegenstellt und die eigenen religiösen Wurzeln als rein, gut und gottgegeben betrachtet, während das Übel und die Mächte des Bösen von außen drohen. Als rein anti-moderne Bewegung wäre der Fundamentalismus für Riesebrodt aber in wesentlichen Aspekten verkannt. Die fundamentalistischen Bewegungen sind modern in den Mitteln, die sie anwenden. Insbesondere sind es moderne Mittel der Massenmobilisierung, auf die fundamentalistische

---

land, in: Kölner Zeitschrift für Soziologie und Sozialpsychologie 55, 2003, 447-474.

[83] Karl Gabriel, Einleitung, in: ders. (Hg.), Religiöse Individualisierung oder Säkularisierung. Biographie und Gruppe als Bezugspunkte moderner Religiosität, Gütersloh 1996, 9-13.

[84] Einen Überblick geben die Beiträge in: Heiner Bielefeldt / Wilhelm Heitmeyer (Hg.), Politisierte Religion. Ursachen und Erscheinungsformen des modernen Fundamentalismus, Frankfurt/M. 1998.

[85] Martin Riesebrodt, Fundamentalismus als patriarchalische Protestbewegung. Amerikanische Protestanten (1910-28) und iranische Schiiten (1961-79) im Vergleich, Tübingen 1990.

Bewegungen zurückgreifen. Als antimoderne Modernisierung lässt sich für Riesebrodt das Programm des Fundamentalimus auf den Begriff bringen. Er zieht jene gesellschaftlichen Gruppen an, die sich in einer solchen antimodernen Modernisierung die Aufhebung ihrer sozialen Benachteiligung und ihrer mangelnden gesellschaftlichen Anerkennung erhoffen. Fundamentalistische Milieus sehen sich für Riesebrodt von modernistischen Gegenmilieus herausgefordert und suchen krisenhafte Modernisierungserfahrungen durch die Dramatisierung absoluter Werte zu verarbeiten. Die politisierte Form des Fundamentalismus betrachtet Riesebrodt dabei lediglich als eine seiner Varianten, die für ihn keineswegs die Regel darstellt.

Riesebrodt sieht den religiösen Fundamentalismus als Teilaspekt einer „globalen Rückkehr der Religionen als politische Kraft, Potential sozialer Identitätsbildung sowie als formendes Prinzip religiöser Subjekte."[86] Religionen und ihre institutionellen Ausformungen kontrollieren für Riesebrodt eine zentrale kulturelle Ressource, und zwar das individuelle wie kollektive Krisenbewältigungspotential einer Gesellschaft. Als Verarbeitungsform von Ohnmachtserfahrungen kehrt die Religion nicht zufällig zu dem Zeitpunkt in die Moderne zurück, wo sich deren Versprechen hinsichtlich der Kontrolle der Natur, des menschlichen Körpers und der sozialen Ordnung als brüchig erweisen.

Gegenüber alternativen Zugangsweisen zum Phänomen des religiösen Fundamentalismus weist der Ansatz Riesebrodts den Vorteil auf, die fundamentalistisch geprägte religiöse Revitalisierung in einem konsistenten religionssoziologischen Begriffsrahmen zu explizieren und sie mit anderen religiösen Revitalisierungsbewegungen vergleichbar zu machen.

Das *Geschlechterverhältnis* hat im neueren religionssoziologischen Diskurs bisher keine prominente Rolle gespielt.[87] Angesichts der Bedeutung feministischer Ansätze in der neueren Theologie muss dieser Befund überraschen. Insbesondere die zentrale Rolle des Ge-

---

[86] Martin Riesebrodt, Die Rückkehr der Religion. Fundamentalismus und der „Kampf der Kulturen", München 2000, 35; in diesem Band 355-376.

[87] Zum gegenwärtigen Forschungsstand siehe: Ingrid Lukatis / Regina Sommer / Christof Wolf (Hg.), Religion und Geschlechterverhältnis, Opladen 2000; Katharina Liebsch, Religion und Geschlechterverhältnis. Zur Ordnungsfunktion religiöser Symbolisierungen des Geschlechterverhältnisses, in: Minkenberg/Willems (Hg.), Politik und Religion (Anm. 3), 68-87.

schlechterverhältnisses in den religiösen fundamentalistischen Bewegungen fordert heute eine intensivere religionssoziologische Beschäftigung mit dem Thema heraus.[88] Wie der Zugangsweg von Monika Wohlrab-Sahr und Julika Rosenstock zum Thema verdeutlicht,
ist der Ansatz Max Webers bei einem spezifischen Substitutions- und
Konkurrenzverhältnis zwischen religiöser und erotischer Erfahrung
bisher in der Religionssoziologie in seiner Fruchtbarkeit noch nicht
voll ausgeschöpft worden.[89] Das religionsgeschichtliche Material
und die Religionstheorie Luhmanns regen die Autorinnen zu dem
Versuch an, die Differenz von Reinheit und Unreinheit als eine zentrale Zweitcodierung des Codes religiöser Kommunikation von Transzendenz und Immanenz zu interpretieren. Sie bringen damit das Geschlechterverhältnis in eine interessante Beziehung zu einem anderen
Zweitcode des Religionssystems, der die Aufmerksamkeit Luhmanns
auf sich gezogen hat, nämlich dem von Heil und Verdammnis.

Wie nicht anders zu erwarten, fehlen unter den in diesem Band
vertretenen Themenschwerpunkten einige wichtige Forschungsbereiche der neueren Religionssoziologie. Mit einiger Berechtigung
lassen sie sich zu den hier aufgeführten Schwerpunkten als Quer-
schnittsthemen betrachten. Der auch in Europa gewachsene religiöse
Pluralismus, der über die christlichen Kirchen hinaus die nichtchrist-
lichen Weltreligionen, die alternative Religiosität des New Age und
fundamentalistische Milieus in den Religionen einschließt, hat zur
Konsequenz, dass sich das Thema der religiösen Konversion neu
stellt.[90] Das aktuell stärker in den Blick kommende Forschungsfeld
der religiösen Konversion hat wiederum Überschneidungsflächen
mit dem in der neueren Religionssoziologie breit diskutierten Thema einer Individualisierung und Biographisierung der religiösen Erfahrung.[91] Auf biographisch reflexive Funktionen der Religion in

---

[88]  Judy Brink / Joan Mencher (eds.), Gender and Religious Fundamentalism
      Cross Culturally, New York 1998; Riesebrodt, Rückkehr (Anm. 86), 95-
      140.
[89]  Monika Wohlrab-Sahr / Julika Rosenstock, Religion – soziale Ordnung
      – Geschlechterordnung. Zur Bedeutung der Unterscheidung von Reinheit
      und Unreinheit im religiösen Kontext, in: Lukatis/Sommer/Wolf (Hg.),
      Religion (Anm. 87), 279-298, in diesem Band: 379-396.
[90]  Hubert Knoblauch, / Volkhard Krech / Monika Wohlrab-Sahr (Hg.), Re-
      ligiöse Konversion. Systematische und fallorientierte Studien in soziolo-
      gischer Perspektive, Konstanz 1998.
[91]  Monika Wohlrab-Sahr (Hg.), Biographie und Religion. Zwischen Ritual
      und Selbstsuche, Frankfurt/M./New York 1995; Karl Gabriel (Hg.), Re-

Differenz zur lebensgeschichtlich-ordnenden Funktion des religiösen Rituals haben die Forschungen zur Ausprägung der New-Age-
Religiosität in Differenz zur kirchlichen Religiosität hingewiesen.[92]
Im Anschluss an Forschungen zur Ritual- und Opfertheorie wie zum
religiösen Fundamentalismus haben sich Fragen nach dem Zusammenhang von Religion und Gewalt in den Vordergrund geschoben.[93]
Schließlich lassen sich in aller Forschungsfeldern der neueren Religionssoziologie Bezugnahmen auf das spannungsreiche Verhältnis
von Religion und Globalisierung ausmachen, das sich gegenwärtig
als zentraler gesellschaftlicher Kontext einer sich neu dem gesellschaftlichen Bewusstsein wie dem öffentlichen Diskurs aufdrängen-
den Präsenz der Religion erweist.[94]

---

    ligiöse Individualisierung oder Säkularisierung. Biographie und Gruppe
als Bezugspunkte moderner Religiosität, Gütersloh 1996.

[92] Horst Stenger, Die soziale Konstruktion okkulter Wirklichkeit. Eine Soziologie des „New Age", Opladen 1993.

[93] René Girard, Das Heilige und die Gewalt, Frankfurt/M. 1994; Adel Theo-
dor Khoury / Ekkehard Grundmann / Hans-Peter Müller (Hg.), Krieg und
Gewalt in den Weltreligionen, Freiburg 2003.

[94] Peter Beyer (Hg.), Religion im Prozeß der Globalisierung, Würzburg
2001.

# 1. KLASSISCHE TEXTE

## 1.1 Gott als symbolischer Ausdruck der Gesellschaft: Émile Durkheims Theorie der sozialintegrativen Funktion von Religion

*Einführung*

1. PERSON UND WERK: Émile Durkheim (*1858 in Epinal/Lothringen, †1917 in Paris) wuchs als Sohn eines Rabbiners auf. Er pflegte zeitlebens eine agnostische Haltung mit achtungsvoller Distanz zum jüdischen Glauben. Nach dem Studium v.a. der Geschichte und Philosophie an der Elitehochschule *École Normale Superieure* arbeitete er zunächst als Philosophielehrer; von einem Studienjahr in Berlin und Leipzig (u.a. bei Rudolf von Ihering, Gustav Schmoller, Adolf Wagner, Wilhelm Wundt) kehrte er mit dem Vorsatz zurück, die Soziologie in Frankreich zu etablieren. 1887 heiratete er Louise Dreyfus und übernahm eine Dozentur für Sozialwissenschaften und Pädagogik in Bordeaux, wo er zwei Jahre nach seiner französischen Dissertation ‚De la division du travail social' (1893) seine erste Professur erhielt. Durkheims Studien zur soziologischen Methode (Les règles de la méthode sociologique, 1895) und zum Suizid (Le Suicide, 1897) sowie die Gründung der schulbildenden Zeitschrift ‚L' Année sociologique' verschafften ihm hohe Anerkennung und führten 1902 zur Berufung auf den Lehrstuhl für Erziehungswissenschaft (ab 1913 auch für Soziologie) an der Sorbonne in Paris. In dieser Zeit erscheint das religionssoziologische Hauptwerk ‚Les formes élémentaires de la vie religieuse' (1912). Posthum werden die Beiträge zur Moraltheorie herausgegeben (Sociologie et Philosophie, 1924; L'éducation morale, 1925). Die von Durkheim personifizierte Verbindung von Soziologie und Pädagogik verdeutlicht das praktisch-politische Motiv seines Werkes: die Suche nach einer säkularen, menschen- und bürgerrechtlich orientierten Moral der III. Französischen Republik. Zu seinen direkten Schülern zählten Marcel Mauss, Henri Hubert, Maurice Hauriou, Maurice Halbwachs.

2. THEORETISCHER ANSATZ: Durkheim knüpft an die Tradition des französischen Rationalismus und Positivismus (Comte) an, modifiziert sie jedoch in eigenständiger Weise durch Motive des angelsächsischen Utilitarismus und Evolutionismus (Spencer) sowie der Mo-

ralphilosophie Kants. Für Durkheim ist soziale Integration das Grundproblem der Soziologie: Ihre Aufgabe ist die Erklärung sozialer Ordnung, die sich ihrerseits aus sozialen Tatbeständen (*faits sociaux*) konstituiert, d.h. aus dem Individuum äußerlichen, allgemeingültigen, auf physischen und moralischen Zwang gestützten Verhaltensmustern. Die Untersuchung zur Teilung der sozialen Arbeit thematisiert den Wandel dieser kollektiven „Solidarität" von der „mechanischen" (in Stammesgesellschaften) zur „organischen" Solidarität (in funktional differenzierten Gesellschaften). Das Phänomen der sozialen Regellosigkeit („Anomie"), das Durkheim eindrucksvoll in seiner Suizid-Studie analysiert, lässt jedoch Zweifel aufkommen, ob die moderne Arbeitsteilung aus sich heraus die erforderlichen sozialen Bindekräfte hervorbringen kann. Der Lösung dieses Problems sind zunächst die Arbeiten zu Moralbewusstsein und -erziehung gewidmet. Durkheim begreift moralisches Handeln als gegenseitige Durchdringung von individuellem Wollen und situationsunabhängig bindender Pflicht; deren Allgemeingültigkeit gründet im kollektiven Konsens der Gesellschaft, der evolutionär zu moralischem Universalismus und zur Sakralisierung des Individuums tendiert. In der zum Erhalt sozialer Ordnung notwendigen Unterscheidung von Heiligem und Profanem entdeckt Durkheim seit 1895 die zentrale Leistung der Religion.

3. Zum Text: In seinem religionssoziologischen Hauptwerk entwickelt Durkheim im einleitenden 1. Buch folgende Definition: „Eine Religion ist ein solidarisches System von Überzeugungen und Praktiken, die sich auf heilige, d.h. abgesonderte und verbotene Dinge, Überzeugungen und Praktiken beziehen, die in einer und derselben moralischen Gemeinschaft, die man Kirche nennt, alle vereinen, die ihr angehören." (Die elementaren Formen des religiösen Lebens, 75). Die Analyse der auf das Sakrale gerichteten elementaren Glaubensvorstellungen (2. Buch) und der den Umgang mit dem Heiligen regelnden religiösen Riten (3. Buch) geht anhand ethnographischer Berichte über die australischen Ureinwohner vom Totemismus als frühester Form der Religion aus. Unter der Voraussetzung, dass sich die einfachsten Elemente der primitiven Religion auch in allen ihren entwickelten Formen finden, verfolgt Durkheim auf diesem Umweg das Ziel einer allgemeinen soziologischen Theorie der Religion, ohne in den aktuellen religionspolitischen Konflikten Frankreichs Partei ergreifen zu müssen. Der folgende Text ist dem 7. Kapitel des 2. Buches entnommen, das nach Einführung des Zentralbegriffs der reli-

giösen Kraft (*mana*) dem Ursprung religiöser Glaubensüberzeugungen nachgeht. Dass das Totemzeichen sowohl das göttliche Prinzip wie auch die Zugehörigkeit zum Klan symbolisiert, führt in einer bestimmten Hinsicht zur Annahme der Identität beider: Der im Totem gegenständlich verehrte Gott des Klan ist letztlich die Gruppe selbst; Gott ist der symbolische Ausdruck der Gesellschaft. Diese ist für den Einzelnen nicht nur Instanz moralischer Autorität, sondern ebenso die Quelle schöpferischer Energien der Selbstüberschreitung, in der sich die soziale Integration beständig erneuert. Aus Analogien zwischen dem ethnologischen Material und der neueren politischen Geschichte seit der Französischen Revolution entwickelt Durkheim die These von der Entstehung religiöser Ideen aus kollektiven Erfahrungen von Ekstase und Selbsttranszendenz.

4. Bedeutung für den religionssoziologischen Diskurs: Die Bedeutung der Religionssoziologie Durkheims liegt weniger in den konkreten Resultaten seiner Untersuchungen – diese erfahren massive Kritik –, als in seinem methodischen Ansatzpunkt: Religiöse Phänomene werden von ihrer sozialen Funktion, nämlich derjenigen gesellschaftlicher Integration her erfasst und damit als Strukturelement von Gesellschaft begriffen. Dieser Ansatz ist in der späteren strukturfunktionalistischen Soziologie breit weitergeführt worden. Er opponiert den unterschiedlichen Varianten einer einseitig evolutionistisch orientierten Kritik der Religion, die diese lediglich als irrationales Relikt eines vormodernen Wirklichkeitsverständnisses oder als Ausdruck einer gesellschaftlichen Mangelsituation zum Absterben verurteilt sieht. Die Universalität der Religion als soziale und anthropologische Konstante schließt freilich einen grundlegenden Wandel in ihren Erscheinungsformen ein. Bei gegebenem Funktionsverlust religiöser Glaubensvorstellungen für die Wissenschaft vermutete Durkheim die Zukunft der Religion im öffentlichen Kultus der Gesellschaft, insbesondere in der symbolisch-rituellen Vergegenwärtigung der an Recht und Würde des Individuums orientierten Legitimationsgrundlage des modernen Staates.

*Hans-Richard Reuter*

## Der Ursprung dieser Glaubensvorstellungen
## (Schluß)

*3. Genese des Begriffs des Totemprinzips oder des mana*

Die Behauptung, die wir im letzten Kapitel aufgestellt haben, legt die Begriffe fest, mit deren Hilfe das Problem der Ursprünge des Totemismus gestellt werden muß. Da der Totemismus in seiner Gesamtheit vom Begriff eines quasi-göttlichen Prinzips beherrscht wird, das bestimmten Kategorien von Menschen und Dingen immanent ist, und unter einer tierischen oder pflanzlichen Form gedacht wird, so heißt diese Religion zu erklären im wesentlichen, diesen Glauben zu erklären; es heißt danach zu suchen, wie die Menschen dazugekommen sind, diese Idee zu ersinnen, und woraus sie sie aufgebaut haben.

I

Offensichtlich waren es nicht die Sinneseindrücke, die im Bewußtsein jene Dinge erweckten, die als Totems dienten. Wir haben gezeigt, daß diese Dinge oft unbedeutend sind. Die Eidechse, die Raupe, die Ratte, die Ameise, der Frosch, die Pute, die Brasse, der Pflaumenbaum, der Kakadu usw., um nur einige zu nennen, die häufig auf der Liste der australischen Totems vorkommen, haben von sich aus nichts, was den Menschen so starke oder dauerhafte Eindrücke vermitteln könnte, die, wie auch immer, religiösen Gemütsregungen ähneln, und den Dingen, die diese hervorrufen, einen heiligen Zug vermitteln können. Zweifellos gilt das nicht für die Sterne, die großen Wetterphänomene, die im Gegenteil alles haben, um die Einbildung heftig zu erregen. Aber gerade diese dienen nur ausnahmsweise als Totems. Es ist sogar wahrscheinlich, daß man sie nur zögernd dazu verwendet hat.[1] Es ist also nicht die Natur des Dinges, dessen Namen der Klan trägt, die es zum Gegenstand eines Kultes macht. Wenn im übrigen die Gefühle, die es erweckt, tatsächlich der Grund für die Totemriten und -überzeugungen wären, dann wäre auch

---

[1]  Siehe oben S. 146 [bezieht sich auf den Originaltext, d. Hg.].

es recht eigentlich das heilige Wesen; dann spielten die Tiere und die Pflanzen, die als Totems dienen, die herausragende Rolle im religiösen Leben. Wir wissen jedoch, daß das Zentrum des Kults woanders liegt. Die figürliche Darstellung dieser Pflanze oder jenes Tieres, die Wappen und die Totemsymbole aller Art besitzen das Maximum an Heiligkeit. In ihnen liegt also die Quelle der Religiosität, von der die wirklichen Gegenstände, die diese Bilder darstellen, nur einen Widerschein erhalten.

Das Totem ist also vor allem ein Symbol, ein materieller Ausdruck von etwas anderem.[2] Aber wovon?

Aus unserer Analyse ging hervor, daß es zwei Arten verschiedener Dinge ausdrückt und symbolisiert. Einerseits ist es die äußere und sinnenhafte Form dessen, was wir das Totemprinzip oder den Totemgott genannt haben. Andererseits ist es auch das Symbol jener spezifischen Gesellschaft, die Klan genannt wird. Es ist die Klansfahne; das Zeichen, mit dem sich die Klane voneinander unterscheiden; das sichtbare Zeichen ihrer Persönlichkeit; das Zeichen, das alle tragen, die zum Klan gehören: Menschen, Tiere und Dinge. Wenn es also sowohl das Symbol des Totems wie der Gesellschaft ist, bilden dann nicht Gott und die Gesellschaft eins? Wie hätte das Wappen der Gruppe das Zeichen für diese Quasigottheit werden können, wenn die Gruppe und die Gottheit zwei unterschiedliche Realitäten gewesen wären? Der Gott des Klans, das Totemprinzip kann also nichts anderes als der Klan selber sein, allerdings vergegenständlicht und geistig vorgestellt unter der sinnhaften Form von Pflanzen- oder Tiergattungen, die als Totem dienen.

Aber wie war diese Vergottung möglich und wie kommt es, daß sie auf diese Weise stattgefunden hat?

II

Es ist, ganz allgemein gesprochen, nicht zweifelhaft, daß eine Gesellschaft alles hat, um in den Geistern, allein durch ihre Wirkung auf sie, das Gefühl des Göttlichen zu erwecken; denn sie ist für ihre Mitglieder das, was ein Gott für seine Gläubigen ist. Ein Gott tatsächlich ist zuerst ein Wesen, das sich der Mensch in gewissen Zügen als sich selbst überlegen vorstellt und von dem er glaubt abzuhängen. Ob es sich um eine bewußte Persönlichkeit handelt wie Zeus

---

2  Pikler hatte schon in seiner oben erwähnten Schrift auf etwas dialektische Weise das Gefühl ausgedrückt, daß darin das Wesen des Totems bestünde.

oder Jahve, oder um abstrakte Kräfte, wie die des Totemismus, im einen wie im anderen Fall glaubt sich der Gläubige zu bestimmten Handlungsweisen verpflichtet, die ihm von der Natur des heiligen Prinzips auferlegt werden, mit dem er in Beziehung steht. Nun erzeugt aber die Gesellschaft in uns ebenfalls das Gefühl einer dauernden Abhängigkeit. Weil sie von einer eigenständigen Natur ist, die sich von unserer Natur als Individuen unterscheidet, verfolgt sie Ziele, die ihr ebenfalls eigen sind: da sie sie aber nur über unsere Vermittlung erreichen kann, verlangt sie gebieterisch unsere Mitarbeit. Sie verlangt, unter Mißachtung unserer Interessen, daß wir ihr dienen, und unterwirft uns allen möglichen Zwängen, Entbehrungen und Opfern, ohne die das soziale Leben unmöglich wäre. So sind wir zu jedem Augenblick verpflichtet, uns Verhaltens- und Denkregeln zu unterwerfen, die wir weder gemacht noch gewählt haben und die manchmal gegen unsere tiefsten Neigungen und Instinkte gehen.

Wenn die Gesellschaft von uns diese Zugeständnisse und Opfer nur durch einen materiellen Zwang erhielte, so könnte sie in uns nur den Gedanken einer physischen Kraft erwecken, der wir gezwungen weichen würden, und nicht den einer moralischen Macht, die den Mächten gleicht, die die Religionen verehren. In Wirklichkeit liegt die Macht, die sie über unser Gewissen ausübt, viel weniger in der physischen Überlegenheit, die ihr eigen ist, als in der moralischen Autorität, mit der sie bekleidet ist. Wenn wir ihren Befehlen gehorchen, so nicht einfach darum, weil sie über unseren Widerstand triumphieren kann, sondern vor allem, weil sie Gegenstand einer wirklichen Ehrfurcht ist.

Von einem individuellen oder kollektiven Träger behauptet man, daß er Ehrfurcht einflößt, wenn das Bild, das man sich von ihm macht, mit einer derartigen Kraft begabt ist, daß es automatisch Handlungen hervorruft oder verhindert, *von denen man überhaupt nicht mehr bedenkt, ob sie nützlich oder schädlich sind.* Wenn wir einer Person aufgrund der moralischen Autorität gehorchen, die wir ihr zuerkennen, dann folgen wir ihrer Meinung, nicht weil sie uns klug erscheint, sondern weil der Idee, die wir uns von dieser Person machen, eine psychische Energie einer bestimmten Art zukommt, die unseren Willen bezwingt und ihn in die erforderliche Richtung lenkt. Die Ehrfurcht ist das Gefühl, das wir empfinden, wenn wir diesen innerlichen und rein geistigen Druck in uns fühlen. Was uns dann bestimmt, sind nicht die Vor- oder Nachteile der Einstellung, die uns vorgeschrieben oder empfohlen sind; es ist die Art und Weise, wie wir uns jenen vorstellen, der sie uns empfiehlt oder vorschreibt. Da-

rum hat der Befehl im allgemeinen kurze, schneidende Formeln, die
dem Zaudern keinen Platz lassen. In dem Maß, in dem er nur als Befehl auftritt und nur durch seine eigenen Kräfte wirkt, schließt er jeden Gedanken an Überlegung und an Berechnung aus. Der Wirkungs-
grad des Befehls hängt von der Intensität des Geisteszustands ab, in
dem er gegeben wird. Diese Intensität ist es, die das ausmacht, was
wir moralischen Zwang nennen.

Nun sind aber die Handlungsweisen, die die Gesellschaft ihren
Mitgliedern aufzuzwingen besonders geneigt ist, eben hierdurch in
einer besonderen Weise gekennzeichnet: Sie rufen Respekt hervor.
Weil sie eine Kollektivarbeit sind, klingt die Lebendigkeit, mit der
sie jeder einzelne gedacht hat, in den jeweils anderen wider. Die
Vorstellungen, die sie in jedem von uns hervorrufen, erreichen dadurch eine solche Intensität, die im Bewußtseinszustand Einzelner
niemals erreicht werden kann; denn sie summieren die unzähligen
Einzelvorstellungen, die zu ihrer Bildung beigetragen haben. Es ist
die Gesellschaft selbst, die mit der Stimme derer spricht, die diese
Vorstellungen in unserer Gegenwart vertreten: Wir hören die Gesellschaft, wenn wir sie hören, und die Stimme aller hat einen Nachdruck, den die Stimme eines Einzelnen niemals haben kann.[3] Die
Heftigkeit, mit der die Gesellschaft durch Tadel oder gar durch materielle Unterdrückung gegen die Versuche der Auflehnung reagiert,
trägt gerade zur Festigung der gemeinsamen Überzeugungen bei,
indem sie hierdurch derart deutlich auf deren Geltung verweist.[4] Mit
einem Wort: Wenn etwas Gegenstand der gemeinsamen Überzeugung ist, gewinnt die Vorstellung, die jedes Individuum davon besitzt, aus diesen Ursprüngen und Bedingungen, unter denen sie entstanden ist, eine derartige Macht, die selbst jene fühlen, die jene
Überzeugung nicht teilen. Sie neigt dazu, die Vorstellungen zu ver-
drängen, die ihr widersprechen und hält sie auf Abstand; dagegen
befiehlt sie Handlungen, die sie verwirklichen, und das nicht aus
materiellem Zwang oder in Hinsicht auf einen derartigen Zwang,
sondern durch die einfache Ausstrahlung geistiger Energie, die in
ihr liegt. Sie hat eine Wirkung, die ihr einzig und allein aus ihren
psychischen Eigenschaften kommt, und gerade an diesem Zeichen
erkennt man ihre moralische Autorität. Die Meinung, ein primär soziales Phänomen, ist also die Quelle der Autorität, und man kann
sich sogar fragen, ob nicht alle Autorität die Tochter der Meinung

---

[3]   Siehe unsere *Division du travail social*, S. 64 ff.
[4]   *Ibid.*, S. 76.

ist.[5] Man kann einwerfen, daß die Wissenschaft oft der Gegner der Meinung ist, die sie bekämpft und deren Fehler sie berichtigt. Aber sie kann diese Aufgabe nur erfüllen, wenn sie genügend Autorität besitzt; aber diese Autorität kann sie auch wieder nur von der öffentlichen Meinung beziehen. Glaubt ein Volk nicht an die Wissenschaft, so haben alle wissenschaftlichen Demonstrationen keinen Einfluß auf die Geister. Selbst wenn heute die Wissenschaft sich gegen eine starke öffentliche Meinungsströmung stellt, gerät sie in Gefahr, ihren Kredit zu verlieren.[6]

Da der soziale Druck über geistige Wege ausgeübt wird, vermittelt er gleichwohl unweigerlich dem Menschen die Idee, daß es außerhalb seiner eine oder mehrere, moralische wirksame Kräfte gibt, von denen er abhängt. Er muß sie sich zum Teil als außerhalb seiner vorstellen, weil sie im Befehlston mit ihm sprechen und ihn manchmal zwingen, seinen natürlichsten Neigungen Gewalt anzutun. Hätte der Mensch gleich gesehen, daß diese Einflüsse, denen er unterworfen ist, von der Gesellschaft kommen, so wäre das System der mythologischen Interpretationen zweifelsohne nicht entstanden.

---

[5] Das ist wesentlich der Fall bei jeder moralischen Autorität, die von einer Gemeinschaft als solche anerkannt wird.

[6] Wir hoffen, daß diese Analyse und die Analysen, die folgen werden, einen Schlußstrich unter eine falsche Auslegung meiner Auffassung ziehen werden, die zu mehr als einem Mißverständnis geführt hat. Weil wir aus dem Zwang *das äußere Zeichen* gemacht haben, an dem die sozialen Fakten am leichtesten erkannt und von den Fakten der Psychologie unterschieden werden können, hat man geglaubt, daß der physische Zwang für uns das Wesentliche des sozialen Lebens wäre. In Wirklichkeit haben wir darin nur den materiellen und sichtbaren Ausdruck einer inneren und tiefen Tatsache gesehen, die selbst ganz ideell ist: nämlich *die moralische Autorität.* Das soziologische Problem – wenn man sagen kann, daß es dabei *ein* soziologisches Problem gibt – besteht darin, unter den verschiedenen Formen des äußeren Zwanges die verschiedenen Arten der moralischen Autorität zu suchen, die ihnen entsprechen, und die Ursachen zu finden, die sie hervorgerufen haben. Die Frage, die hier in diesem Buch abgehandelt wird, ist im besonderen, in welcher Form diese besondere Art der Moralautorität, die in allem liegt, was religiös ist, ihren Anfang nahm und woraus sie besteht. Weiter unten wird dann festgestellt, daß wir, wenn wir aus dem sozialen Druck ein Definitionsmerkmal der soziologischen Phänomene machen, damit nicht sagen wollen, daß er das einzige ist. Wir werden einen anderen Aspekt des Kollektivlebens aufzeigen, der dem erwähnten Aspekt fast entgegensteht, der aber nicht weniger wirklich ist (siehe S. 291 f.) [hier: 61f., d. Hg.].

Aber soziales Handeln folgt zu großen und zu dunklen Umwegen und bedient sich zu komplexer psychischer Mechanismen, als daß der einfache Beobachter wahrnehmen könnte, woher es kommt. Solange die wissenschaftliche Analyse es ihn nicht lehrt, fühlt er sehr wohl, daß er ein Gegenstand von Einflüssen ist, aber nicht durch wen. Er mußte sich also aus dem Stegreif Begriffe dieser Macht bilden, mit denen er sich in Beziehungen fühlte; daraus können wir ersehen, wie er dazu kam, sie sich in Formen, die ihnen fremd sind, vorzustellen und sie gedanklich zu verformen.

Aber ein Gott ist nicht nur eine Autorität, von der wir abhängen. Er ist auch eine Kraft, auf die sich unsere Kraft stützt. Der Mensch, der seinem Gott gehorcht und aus diesem Grund glaubt, ihn auf seiner Seite zu haben, steht der Welt mit Zuversicht und mit dem Gefühl einer erhöhten Energie gegenüber. – Ebenso beschränkt sich soziales Handeln nicht darauf, von uns Opfer, Entbehrungen und Anstrengungen zu verlangen; denn die kollektive Macht liegt nicht völlig außerhalb unser. Sie bewegt uns nicht nur von außen. Da aber die Gesellschaft nur in den individuellen Bewußtseinen und durch sie existieren kann[7], muß sie uns durchdringen und sich in uns organisieren. Damit wird sie ein integraler Teil unseres Wesens, erhöht und vergrößert es.

Es gibt Umstände, unter denen dieses stärkende und belebende Handeln der Gesellschaft besonders deutlich ist. Innerhalb einer Ansammlung, die eine gemeinsame Leidenschaft erregt, haben wir Gefühle und sind zu Akten fähig, deren wir unfähig sind, wenn wir auf unsere Kräfte allein angewiesen sind. Löst sich die Ansammlung auf und stehen wir allein da, dann sinken wir auf unsere gewöhnliche Ebene zurück und können dann die Höhe ermessen, über die wir uns über uns hinaus erhoben haben. Die Geschichte ist voll solcher Beispiele. Wir brauchen nur an die Nacht des 4. August[8] zu denken, als eine Versammlung sich plötzlich zu Opfern und Verzichten bereit erklärte, die jedes Mitglied am Tag vorher verweigert hätte und über die alle am nächsten Morgen erstaunt waren.[9]

---

7   Das heißt selbstverständlich nicht, daß das Kollektivbewußtsein nicht seine spezifischen Züge hat (siehe darüber Représentations individuelles et représentations collectives, in: *Revue de Métaphysique et de Morale,* 1898, S. 73 ff.

8   Es handelt sich um den 4. August 1789, als die *Assemblée Constituante* das Feudalrecht abschaffte.

9   Das beweisen die Länge und die Leidenschaft der Debatten, in denen man den prinzipiellen Entschlüssen, die in einem Augenblick kollektiver Be-

Das ist der Grund, warum alle politischen, ökonomischen oder konfessionellen Parteien periodisch Versammlungen einberufen, auf denen ihre Anhänger ihren gemeinsamen Glauben beleben können, indem sie ihn gemeinsam bezeugen. Um diese Gefühle zu stärken, die, alleingelassen, verkümmern würden, genügt, diejenigen, die sie empfinden, einander näher und in enge Beziehung zu bringen. Das erklärt auch die besondere Haltung desjenigen, der zu einer Menge spricht, wenigstens wenn es ihm gelungen ist, mit ihr in Kommunikation zu treten. Seine Sprache wird großsprecherisch, was unter gewöhnlichen Umständen lächerlich wäre; seine Gesten haben etwas Herrisches; selbst seine Gedanken werden maßlos und lassen sich leicht zu allen möglichen Arten von Übertreibungen verleiten. Er fühlt eben ein ungewöhnliches Übermaß an Kräften, die ausufern und nach außen drängen. Manchmal hat er sogar das Gefühl, daß er von einer moralischen Macht besessen ist, die ihn übersteigt und deren Interpret er ist. An diesem Zug erkennt man, was man oft den Dämon der Beredsamkeit genannt hat. Nun ist aber dieses ungewöhnliche Übermaß an Kräften höchst wirklich: Es wächst dem Redner aus der Gruppe zu, an die er sich wendet. Die Gefühle, die er hervorruft, kommen zu ihm zurück, nur mächtiger und vergrößert, und verstärken wiederum seine eigenen Gefühle. Die leidenschaftlichen Energien, die er entfacht, hallen in ihm wieder und steigern seine Stimme. Es spricht nicht mehr der einzelne, sondern die verkörperte und personifizierte Gruppe.

Außerhalb dieser vorübergehenden und zeitweiligen Zustände gibt es noch andere, dauernde, in denen sich dieser verstärkte Einfluß der Gesellschaft nachhaltiger und oftmals auffallender durchsetzt. Es gibt historische Perioden, in denen die sozialen Interaktionen unter dem Einfluß großer kollektiver Erschütterungen häufiger und aktiver werden. Die Individuen streben zueinander und sammeln sich mehr als jemals. Daraus entsteht eine allgemeine Gärung, die für revolutionäre oder schöpferische Epochen kennzeichnend ist. Aus dieser Überaktivität folgt eine allgemeine Stimulation individueller Kräfte. Man lebt mehr und anders als in normalen Zeiten. Die Ver-

---

geisterung gefaßt wurden, eine juridische Form gab. Viele Leute aus dem Priesterstand und dem Adel nannten diese Nacht die „Nacht der Betrogenen" (Nuit des dupes) oder mit Rivarol die ‚Bartholomäusnacht der Eigentümer' (Siehe Stoll, *Suggestion und Hypnotismus in der Völkerpsychologie*, 2. Aufl., S. 618).

änderungen sind nicht mehr nur Gradunterschiede; der Mensch wird anders. Die Leidenschaften, die ihn erschüttern, sind derart heftig, daß ihnen nur mit gewalttätigen und unmäßigen Handlungen Genüge getan werden kann: mit Heldentaten oder blutrünstiger Barbarei. Das erklärt zum Beispiel die Kreuzzüge[10] und viele jener teils herrlichen, teils abscheulichen Szenen der Französischen Revolution.[11] Unter dem Einfluß des allgemeinen Überschwangs verwandelt sich der unscheinbarste und harmloseste Bürger in einen Helden oder einen Henker.[12] Und alle diese geistigen Vorgänge gleichen so sehr jenen, die sich an den Wurzeln der Religion finden, daß sich die Individuen den Druck, dem sie derart nachgegeben haben, oftmals ausdrücklich unter einer religiösen Form vorgestellt haben. Die Kreuzritter glaubten, Gott mit dem Befehl, zur Eroberung des Heiligen Landes aufzubrechen, in ihrer Mitte zu fühlen; Jeanne d'Arc glaubte, himmlischen Stimmen zu gehorchen.[13]

Aber dieses stimulierende Handeln der Gesellschaft ist nicht nur bei außerordentlichen Anlässen fühlbar. Es gibt sozusagen keinen Augenblick in unserem Leben, in dem uns nicht ein Energiefluß von außen erreicht. Der Mensch, der seine Pflicht erfüllt, findet in allen möglichen Bezeugungen an Sympathie, Wertschätzung und Zuneigung, die seine Mitbürger für ihn empfinden, jenes Gefühl der Stärkung, das er meistens nicht wahrnimmt, das ihn aber aufrichtet. Das Gefühl, das die Gesellschaft für ihn hat, erhöht das Gefühl, das er von sich selber hat. Weil er in moralischer Harmonie mit seinen Zeitgenossen lebt, zeigt sein Handeln mehr Vertrauen, Mut und Kühnheit, ganz wie der Gläubige, der glaubt, den wohlwollenden Blick seines Gottes auf sich ruhen zu fühlen. So entsteht eine dauerhafte Stütze unseres moralischen Seins. Da diese Unterstützung sich aufgrund von zahllosen äußeren Umständen ändert, je nachdem, ob unsere Beziehungen mit den Sozialgruppen, die uns umgeben, mehr oder weniger aktiv sind, bleibt uns nicht verborgen, daß dieser Moraltonus eine äußere Ursache besitzt. Aber wir bemerken weder, wo diese Ursache liegt noch worin sie besteht. Wir stellen sie uns meis-

---

[10] Siehe Stoll, *op. cit.*, S. 353 ff.

[11] *Ibid.*, S. 619, 635.

[12] *Ibid.*, S. 622 ff.

[13] Die Gefühle der Angst und der Furcht können ebenfalls unter denselben Einflüssen entstehen und sich verstärken. Sie entsprechen, wie wir sehen werden, einer ganzen Seite des religiösen Lebens (Siehe 2. Buch, 5. Kap.) [bezieht sich auf den Originaltext, d. Hg.].

tens in Form einer moralischen Macht vor, die zwar in uns liegt, aber
trotzdem etwas anderes darstellt als uns selbst: Nämlich als das moralische Bewußtsein, von dem sich im übrigen der gewöhnliche
Mensch nur mit Hilfe von religiösen Symbolen einen ungefähren Begriff gemacht hat.

Außer diesen Kräften im freien Zustand, die ständig unsere Kräfte verstärken, gibt es noch jene, die in den Techniken und Traditionen aller Art liegen, die wir benützen. Wir sprechen eine Sprache,
die wir nicht gemacht haben; wir nutzen Instrumente, die wir nicht
erfunden haben; wir berufen uns auf Rechte, die wir nicht eingesetzt
haben; ein Schatz an Kenntnissen wird jeder Generation vermacht,
den sie nicht angehäuft hat usw. Diese verschiedenen Zivilisations-
güter verdanken wir der Gesellschaft, und wenn wir auch im allgemeinen nicht wissen, aus welcher Quelle sie kommen, so wissen wir
wenigstens, daß sie nicht unser Werk sind. Sie aber geben dem Menschen seine persönliche Physiognomie unter allen Lebewesen. Denn
der Mensch ist nur Mensch, weil er zivilisiert ist. Er müßte also fühlen, daß es außerhalb seiner Wirkgründe gibt, aus denen ihm die charakteristischen Attribute seiner Natur zuwachsen, wohlwollende
Mächte, die ihm beistehen, die ihn beschützen und die ihm ein pri-
vilegiertes Schicksal sichern. Notwendigerweise maß er diesen
Mächten eine Würde zu, die in Beziehung zu dem hohen Wert der
Güter stand, den er ihnen zuschrieb.[14]

So erscheint uns die Umwelt, in der wir leben, wie bevölkert von
gleicherweise gebieterischen wie hilfreichen, von erhabenen wie
wohlwollenden Kräften, mit denen wir in Beziehung stehen. Da sie
auf uns einen Druck ausüben, dessen wir bewußt sind, müssen wir
sie außerhalb unser ansiedeln, so wie wir es für die objektiven Ursachen unserer Sinneseindrücke tun. Andererseits sind die Gefühle, die
sie in uns erwecken, von denen verschieden, die wir für die einfachen, sinnhaften Dinge haben. Solange diese auf ihre empirischen
Züge beschränkt sind, so wie sie sich der gewöhnlichen Erfahrung

---

[14] Das ist die andere Seite der Gesellschaft, die uns sowohl gebieterisch wie
gleichzeitig gütig und wohlwollend erscheint. Sie beherrscht uns und
stützt uns. Wenn wir die soziale Tatsache eher mit dem ersten als mit dem
zweiten ihrer Charakterzüge definiert haben, so darum, weil er leichter
zu beobachten ist, da er sich in äußeren und sichtbaren Zeichen äußert;
aber wir haben niemals versucht, die Wirklichkeit des zweiten zu leugnen (Siehe *Règles de la méthode sociologique*, Vorwort zur 2. Aufl. S.
XX, n. 1.).

zeigen, und solange sie die religiöse Phantasie nicht verwandelt hat, empfinden wir nichts, was der Ehrfurcht gleicht und sie haben nichts, um uns über uns selbst zu erleben. Die Vorstellungen, die sie ausdrücken, erscheinen uns also von denen sehr verschieden zu sein, die die kollektiven Einflüsse in uns erwecken. Beide bilden in unserem Bewußtsein zwei Kreise unterschiedlicher und getrennter Geisteszustände, so wie die beiden Lebensformen, denen sie entsprechen, getrennt sind. Wir haben folglich den Eindruck, daß wir mit zwei Arten von ebenfalls unterschiedlichen Wirklichkeiten in Beziehung stehen, und daß eine deutliche Trennungslinie sie voneinander scheidet: auf der einen Seite die Welt der profanen Dinge und auf der anderen die Welt der heiligen Dinge.

Im übrigen sehen wir, daß die Gesellschaft jetzt genauso wie früher ständig heilige Dinge erschafft. Wenn sie sich für einen Menschen begeistert, in dem sie die wesentlichen Sehnsüchte zu entdecken glaubt, die sie selbst bewegen und die Mittel, um sie zu befriedigen, dann sondert sie ihn aus und vergöttert ihn beinahe. Die öffentliche Meinung bekleidet ihn mit einer Majestät, die der ähnlich ist, die die Götter beschützt. Das ist mit vielen Herrschern geschehen, in die ihr Jahrhundert Vertrauen hatte: wenn man aus ihnen schon keine Götter machte, so sah man in ihnen doch direkte Stellvertreter der Gottheit. Das Zeichen, das die Gesellschaft allein der Schöpfer dieser Art von Apotheosen ist, besteht darin, daß sie oft Menschen verherrlicht, die ihren Verdiensten nach gar kein Recht dazu hatten. Die Ehrerbietung, die Menschen, die eine hohe soziale Funktion ausüben, einflößen, ist auch nichts anderes als der religiöse Respekt. Sie drückt sich durch die gleichen Bewegungen aus: man wahrt Abstand vor einer hohen Persönlichkeit; man nähert sich ihr nur mit Bedacht; um sich mit ihr zu unterhalten, benützt man eine andere Sprache und andere Gesten als jene des Umgangs mit gewöhnlichen Sterblichen. Das Gefühl, das man unter solchen Umständen hat, ist dem religiösen Gefühl so nahe verwandt, daß viele Völker sie verwechselt haben. Um die Achtung zu erklären, die Prinzen, Adlige und politische Führer genießen, hat man ihnen einen heiligen Charakter zugeschrieben. In Melanesien und in Polynesien zum Beispiel sagt man von einem einflußreichen Mann, daß er *mana* hat, und diesem *mana* schreibt man seinen Einfluß zu.[15]

---

[15] Codrington, *The Melanesians*, S. 50, 103, 120. Im übrigen ist man im allgemeinen der Ansicht, daß in den melanesischen Sprachen das Wort *mana* ursprünglich den Sinn Autorität hatte (Siehe Tregear, *Maori Comparative Dictionary*).

Natürlich ist es klar, daß seine Stellung einzig und allein aus der Bedeutung kommt, die die Meinung ihm beimißt. Die moralische Macht, die die öffentliche Meinung vermittelt, und die Macht, mit der die heiligen Wesen bekleidet sind, haben also im Grund denselben Ursprung und bestehen aus denselben Elementen. Das erklärt auch, warum ein und dasselbe Wort beide bezeichnen können.

Genauso wie Menschen heiligt die Gesellschaft Dinge und besonders Ideen. Wird eine Vorstellung einstimmig von einem Volk geteilt (und zwar aus Gründen, die wir weiter oben erklärt haben), dann darf man daran nicht rühren, d. h. sie verneinen oder bestreiten. Nun ist aber das Verbot der Kritik ein Verbot wie alle anderen und beweist, daß man vor etwas Heiligem steht. Wie groß auch die Freiheit ist, die wir uns heute gegenseitig zugestehen, so würde doch ein Mensch, der den Fortschritt völlig leugnet, der das menschliche Ideal verspottet, dem sich die modernen Gesellschaften verschworen haben, den Eindruck eines Gotteslästerers machen. Es gibt mindestens ein Prinzip, das die Völker, die die freie Kritik üben, über jede Diskussion stellen und für unberührbar, d. h. heilig halten: das Prinzip der freien Kritik selbst.

Die Fähigkeit der Gesellschaft, sich zu vergotten oder Götter zu erschaffen, ist nirgends deutlicher zu sehen als in den ersten Jahren der Französischen Revolution. Unter dem Einfluß der allgemeinen Begeisterung, wurden seinerzeit rein profane Dinge durch die öffentliche Meinung vergöttlicht: das Vaterland, die Freiheit, die Vernunft.[16] Sogar eine Religion wurde geschaffen, die ihre Dogmen[17], ihre Symbole[18], ihre Altäre[19] und ihre Feste[20] hatte. Diesen spontanen Drang versuchte der Kult der Vernunft und des höchsten Wesens offiziell zu befriedigen. Natürlich war diese religiöse Erneuerung nur von kurzer Dauer. Das lag daran, daß die patriotische Begeisterung, die zuerst die Massen bewegt hatte, selber immer schwächer wurde.[21] Die Ursache verschwand, und so konnte sich die Wirkung nicht mehr halten. Obwohl diese Erfahrung nur kurz war, behält sie doch ihr soziologisches Interesse. In einem spezifischen Fall hat man gesehen, wie die Gesellschaft und ihre wesentlichen Ideen direkt und

---

[16] Siehe Albert Mathiez, *Les origines des cultes révolutionnaires* (1789-1792).

[17] *Ibid.*, S. 24.

[18] *Ibid.*, S. 29, 32.

[19] *Ibid.*, S. 30.

[20] *Ibid.*, S. 46.

ohne irgendwelche Änderung das Objekt eines wahrhaften Kults geworden sind.

Alle diese Fakten vermitteln schon einen ersten Eindruck, wie der Klan bei seinen Mitgliedern die Idee erwecken kann, daß es außerhalb ihrer Kräfte gibt, die sie beherrschen und zu gleicher Zeit unterstützen, d. h. im ganzen genommen religiöse Kräfte: denn es gibt keine andere soziale Gruppe, von der der Primitive direkter und solidarischer abhängt. Die Bande, die ihn an den Stamm binden, sind lockerer und werden weniger fühlbar. Obwohl er für ihn nicht fremd ist, so sind es doch die Leute des Klans, mit denen er die meisten Dinge gemeinsam hat. Das Handeln dieser Gruppe fühlt er sofort. Sie wird sich also vorzugsweise vor jeder anderen in religiösen Symbolen ausdrücken.

Aber diese erste Erklärung ist zu allgemein, da sie auf jede Art von Gesellschaft angewendet werden kann und folglich auf jede Religion. Wir müssen also versuchen zu präzisieren, welche besondere Form diese Kollektivhandlung im Klan annimmt, und wie sie dort das Gefühl für das Heilige hervorruft. Sie ist auch nirgend anderswo leichter zu beobachten und sichtbarer in ihren Ergebnissen.

III

Das Leben der australischen Gesellschaften geht abwechselnd durch zwei verschiedene Phasen.[22] Entweder ist die Bevölkerung in kleinen Gruppen zerstreut, die unabhängig voneinander ihren Beschäftigungen nachgehen; jede Familie lebt allein, jagt, fischt, sucht sich, mit einem Wort, die notwendige Nahrung mit den Mitteln, über die sie verfügt. Oder im Gegenteil, die Bevölkerung versammelt und verdichtet sich für eine Zeit, die zwischen einigen Tagen und mehreren Monaten liegen kann, an bestimmten Orten. Diese Ansammlungen finden statt, wenn ein Klan oder ein Teil des Stammes[23] zu seinen Sitzungen zusammengerufen wird und man bei dieser Gele-

---

[21] Mathiez, *La Théophilanthropie et le culte décadaire*, S. 36.

[22] Spencer und Gillen, *North. Tr.*, S. 33.

[23] Es gibt Zeremonien (besonders die Zeremonien der Initiation), zu denen Mitglieder fremder Stämme eingeladen werden. Ein ganzes System von Botschaften und Botschaftern wird für diese Einladungen organisiert, ohne die es keine großen Feierlichkeiten gibt (siehe Howitt, Notes on Australian Message-Sticks and Messengers, in: *J. A. I.,* 1889; Nat. Tr., S. 83, 678-691; Spencer und Gillen, *Nat. Tr.,* in: *J. A. I.,* 1889; *Nat. Tr.*.

genheit eine religiöse Zeremonie feiert, oder wenn man einen *corr-obbori*[24] hält, wie die Ethnographen sagen.

Diese beiden Phasen unterscheiden sich auf das deutlichste. In der ersten Phase herrscht die ökonomische Tätigkeit vor, die im allgemeinen sehr wenig intensiv ist. Das Sammeln von den notwendigen Körnern und Gräsern für die Nahrung, die Jagd oder der Fischfang sind keine Beschäftigungen, die große Leidenschaften erwecken.[25] Die Zerstreuung, in der die Gesellschaft lebt, macht das Leben vollends gleichförmig, schleppend und farblos.[26] Aber wenn ein *corrobbori* stattfindet, dann ist alles anders. Weil die Empfindungen und Leidenschaften des Primitiven nur unzulänglich seiner Vernunft und seinem Willen unterworfen sind, verliert er leicht die Selbstbeherrschung. Schon ein geringes Ereignis bringt ihn außer sich. Erhält er eine gute Nachricht, hat er einen Anfall von Begeisterung. Tritt das Gegenteil ein, läuft er wie ein Irrer umher, bewegt sich zusammenhanglos, schreit, heult, scharrt Staub zusammen und wirft ihn in alle Richtungen, beißt sich, schüttelt wild seine Waffen usw.[27] Nun wirkt aber die Ansammlung allein schon wie ein besonders mächtiges Reizmittel. Sind die Individuen einmal versammelt, so entlädt sich auf Grund dieses Tatbestands eine Art Elektrizität, die sie rasch in einen Zustand außerordentlicher Erregung versetzt. Jedes ausgedrückte Gefühl hallt ohne Widerstand in dem Bewußtsein eines jeden wider, das den äußeren Eindrücken weit geöffnet ist. Jedes Bewußtsein findet sein Echo in den anderen. Der erste Anstoß vergrößert sich auf solche Weise immer mehr, wie eine Lawine anwächst, je weiter sie läuft. Und da diese starken und entfesselten Leidenschaften nach außen drängen, ergeben sich allenthalben nur heftige Gesten, Schreie, wahrhaftes Heulen, ohrenbetäubendes Lärmen jeder Art, was wiederum dazu beiträgt, den Zustand zu verstärken, den sie ausdrücken.

---

[24] Beim *corrobbori* ist, zum Unterschied von der rein religiösen Zeremonie, der Zutritt der Frauen und der Nicht-Initiierten gestattet. Wenn man diese beiden Kollektivveranstaltungen auch unterscheiden muß, sind sie trotzdem eng verwandt. Wir kommen im übrigen später noch einmal zur Erklärung auf diese Verwandtschaft zurück.

[25] Außer im Fall großer Treibjagden.

[26] „The peaceful monotony of this part of his life"; sagen Spencer und Gillen, *North. Tr.*, S. 33.

[27] Howitt, *Nat. Tr.*, S. 683. Es handelt sich hier um Kundgebungen, die stattfinden, wenn eine Botschaftergruppe, die zu einer fremden Gruppe ausgeschickt worden war, mit günstigen Nachrichten ins Lager zurückkommt. Siehe Brough Smyth, I, S. 138; Schulze, *loc. cit.*, S. 222.

Zweifellos kann ein Kollektivgefühl nur dann kollektiv ausgedrückt werden, wenn eine bestimmte Ordnung eingehalten wird, die den Einklang und die Gesamtbewegungen erlaubt; darum neigen diese Gesten und Schreie von selbst dazu, rhythmisch und regelmäßig zu werden: daher die Gesänge und Tänze. Aber selbst wenn diese eine regelhaftere Form annehmen, so verlieren sie doch nichts von ihrer natürlichen Heftigkeit; auch der geregelte Tumult bleibt Tumult. Die menschliche Stimme genügt für diese Aufgabe nicht mehr. Man verstärkt sie auf künstliche Weise: die Bumerangs werden aneinander geschlagen; *bull-roarers* (Schwirrhölzer) werden gedreht. Höchstwahrscheinlich haben diese Instrumente, deren Anwendung bei den religiösen Zeremonien in Australien so allgemein ist, dazu gedient, um besser die Gefühlserregung zu verdeutlichen. Aber indem sie sie verdeutlichen, verstärken sie sie gleichzeitig. Die Erregung wird manchmal derart stark, daß sie zu unerhörten Akten verführt. Die entfesselten Leidenschaften sind so heftig, daß sie durch nichts mehr aufgehalten werden können. Man ist derart außerhalb der gewöhnlichen Lebensbedingungen und man ist sich dessen derart bewußt, daß man sich notwendigerweise außerhalb und über der gewöhnlichen Moral erhebt. Die Geschlechter begatten sich entgegen den Regeln, die sonst den Sexualverkehr regeln. Die Männer wechseln ihre Frauen. Selbst Inzestverbindungen, die normalerweise als verwerflich gelten und schwer bestraft werden, werden bisweilen offenkundig und straflos eingegangen.[28] Dazu kommt, daß diese Zeremonien im allgemeinen in der Nacht stattfinden, in der Dunkelheit, die nur hin und wieder vom Schein der Feuer durchbrochen werden. Man kann sich entsprechend leicht vorstellen, welche Wirkung solche Szenen auf die Stimmung jener ausüben, die daran teilnehmen. Das führt zu einer so heftigen Überreizung des physischen und geistigen Lebens, daß es nicht lange ertragen werden kann: Der Akteur, der die Hauptrolle spielt, fällt schließlich erschöpft zu Boden.[29]

---

[28] Spencer und Gillen, *Nat. Tr.*, S. 96-97; *North Tr.*, S. 137; Brough Smyth, II, S, 319. – Diese rituelle Geschlechtermischung kann besonders bei den Initiationsriten beobachtet werden (Spencer und Gillen, *Nat. Tr.*, S. 267, 381; Howitt, *Nat. Tr.*, S. 657), und bei totemistischen Zeremonien (Spencer und Gillen, *North. Tr.*, S. 214, 237 und 298). In diesen letzteren werden die gewöhnlichen exogamen Regeln verletzt. Trotzdem bleiben bei den Arunta die Verbindungen zwischen Vater und Tochter, Sohn und Mutter, Brüdern und Schwestern (es handelt sich hier immer um Blutsverwandte) verboten *(Nat. Tr.,* S 96-97).

[29] Howitt, *Nat. Tr.*, S. 535, 545. Das kommt sehr häufig vor.

Dieses allzu schematische Bild können wir durch einige Szenen aus Spencer und Gillen ergänzen.

Eine der höchsten religiösen Feierlichkeiten bei den Warramunga ist das Fest der Schlange Wollunqua. Es besteht aus einer Reihe von Zeremonien, die sich über mehrere Tage hinziehen. Am vierten Tag findet folgendes Fest statt:

Nach dem Brauch der Warramunga nehmen Vertreter der beiden Phratrien daran teil. Die einen als Offizianten, die anderen als Gehilfen und Zuschauer. Nur die Leute der Phratrie Uluuru dürfen die Riten zelebrieren. Dagegen dürfen die Mitglieder der Phratrie Kingilli die Akteure schmücken, den Platz und die Instrumente vorbereiten und die Rolle der Versammelten spielen. Dazu müssen sie im vorhinein aus feuchtem Sand einen Hügel errichten, auf dem mit roten Flaumfedern eine Figur ausgeführt wird, die die Schlange Wollunqua darstellt. Die wirkliche Zeremonie, an der Spencer und Gillen teilnahmen, begann erst mit Einbruch der Nacht. Um 22 oder 23 Uhr erschienen die Uluuru und die Kingilli. Sie setzten sich auf den Hügel und begannen zu singen. Alle waren in einem Zustand der Überreizung *(every one was evidently very excited)*. Etwas später in der Nacht holten die Uluuru ihre Frauen und übergaben sie den Kingilli[30], die mit ihnen Sexualverkehr hatten. Dann kamen Jugendliche hinzu, die erst kürzlich initiiert worden waren, und sie erklärten ihnen die Zeremonie in allen Einzelheiten. Bis 3 Uhr früh wurde ununterbrochen gesungen. Dann fand eine wilde Szene statt (a scene of the wildest excitement). Während die überall errichteten Feuer die weißen Gummibäume erhellten, knieten die Uluuru hintereinander neben dem Hügel nieder; dann umkreisten sie ihn, indem sie sich alle zugleich erhoben, die Hände auf die Schenkel gestützt, und etwas weiter wieder niederknieten, und so weiter. Zu gleicher Zeit neigten sie den Körper nach rechts und nach links, und bei jeder Bewegung stießen sie ein wahres Geheul aus: Yrrsh! Yrrsh! Yrrsh! Die Kingilli ließen derweil in großer Erregung ihre Bumerangs erklingen; der Anführer war noch erregter als seine Gefährten. Nachdem die Prozession der Uluuru zweimal den Hügel umkreist hatten, setzten sie sich nieder und begannen wieder zu singen; bisweilen hörte der Gesang auf, um plötzlich wieder zu beginnen. Beim Morgengrauen sprangen alle hoch. Die erloschenen Feuer wurden wieder entzündet; die Uluuru, von den Kingilli angefeuert, stürmten mit ihren Bu-

---

[30] Diese Frauen waren Kingillifrauen und dieser Verkehr verletzte folglich der Exogamie.

merangs, ihren Lanzen und Stöcken den Hügel und in einigen Minuten war er zerstört. Die Feuer erstarben, und es folgte eine große Stille.[31]

Spencer und Gillen sahen eine noch heftigere Szene bei den Feuerzeremonien der Warramunga.

Seit Nachtbeginn hatten alle möglichen Arten von Prozessionen, Tänzen und Gesängen bei Fackelschein stattgefunden. Die allgemeine Erregung nahm ständig zu. Auf einmal nahmen 12 Teilnehmer je eine große brennende Fackel in die Hand. Sie hielten sie wie ein Seitengewehr und gingen auf eine Eingeborenengruppe los. Die Schläge wurden mit Stock- und Lanzenschlägen abgewehrt. Es folgte ein allgemeines Gemenge. Die Männer sprangen, bäumten sich auf und stießen ein wildes Geheul aus. Die Fackeln glänzten und prasselten, wenn sie auf die Köpfe und Leiber niedersausten, und die Funken spritzten nach allen Seiten. „Der Rauch, die hellbrennenden Fackeln, der Funkenregen, diese Masse tanzender und heulender Menschen, all das bildete eine Szene von einer Wildheit, die mit Worten nicht zu schildern ist."[32]

Man kann sich leicht vorstellen, daß sich der Mensch bei dieser Erregung nicht mehr kennt. Er fühlt sich beherrscht und hingerissen von einer Art äußeren Macht, die ihn zwingt, anders als gewöhnlich zu denken und zu handeln. Ganz natürlich hat er das Gefühl, nicht mehr er selbst zu sein. Er glaubt sogar, ein neues Wesen geworden zu sein. Die Verkleidungen, die Masken, mit denen er sein Gesicht verdeckt, drücken wirklich diese innere Verwandlung aus, mehr noch: sie tragen dazu bei, sie hervorzurufen. Da sich aber zur gleichen Zeit auch seine Genossen auf die gleiche Weise verwandelt fühlen und ihr Gefühl durch ihre Schreie, ihre Gesten und ihre Haltung ausdrücken, so geschieht es, daß er sich wirklich in eine fremde, völlig andere Welt versetzt glaubt als die Welt, in der er gewöhnlich lebt, in eine Umwelt voller intensiver Kräfte, die ihn überfluten und verwandeln. Wie sollen solche Erfahrungen, besonders wenn sie sich wochenlang täglich wiederholen, in ihm nicht die Überzeugung stärken, daß es wirklich zwei verschiedene und miteinander nicht vergleichbare Welten gibt? In der einen schleppt er träge sein tägliches

---

[31] *North. Tr.,* S. 237.

[32] *North. Tr.,* S. 391. Andere Beispiele kollektiver Erregung während religiöser Zeremonien findet man in *Nat. Tr.,* S. 244-246, 365-366, 509-510 (diese letztere findet während einer Totenfeier statt). Siehe *North. Tr.,* S. 213, 351.

Leben dahin, in die andere kann er aber nicht eindringen, ohne alsbald mit außerordentlichen Mächten in Verbindung zu treten, die ihn bis zur Raserei aufpeitschen. Die erste ist die profane Welt, die zweite die Welt der heiligen Dinge.

In diesem gärenden sozialen Milieu und aus dieser Gärung selbst scheint also die religiöse Idee geboren worden zu sein. Die Bestätigung, daß das ihr wahrer Ursprung ist, scheint damit gegeben zu sein, daß in Australien die eigentlich religiöse Tätigkeit fast ausschließlich auf die Zeiten konzentriert ist, in der solche Versammlungen stattfinden. Natürlich gibt es kein Volk, bei dem die großen Kultfeierlichkeiten nicht mehr oder weniger periodisch sind; aber bei den fortgeschritteneren Gesellschaften gibt es sozusagen keinen Tag, an dem man den Göttern nicht irgendeinen Kultdienst leistet. In Australien hingegen ist die Zeit außerhalb der Klans- und Stammesfeste fast völlig mit weltlichen und profanen Handlungen ausgefüllt. Zweifellos gibt es Verbote, die selbst in diesen Perioden weltlicher Tätigkeit beachtet werden müssen und beachtet werden. So ist es niemals gestattet, das Totemtier zu töten und unbeschränkt davon zu essen, dort zum mindesten, wo das Verbot noch in seiner vollen Strenge besteht: aber es wird fast kein positiver Ritus gefeiert, keine Zeremonie von einiger Bedeutung. Diese finden eben nur im Schoß von versammelten Gruppen statt. Das fromme Leben des Australiers geht also durch Phasen völliger Erstarrung und, im Gegensatz dazu, von Überreizung, und das soziale Leben schwankt im gleichen Rhythmus. Das betont das Band, das beide verbindet, während bei den sogenannten zivilisierten Völkern die relative Kontinuität beider Bereiche ihren Zusammenhang zum Teil maskiert. Man kann sich sogar fragen, ob die Heftigkeit dieses Gegensatzes nicht notwendig war, um das Gefühl des Heiligen überhaupt hervorzurufen.

Weil sich fast das gesamte Kollektivleben auf einen bestimmten Zeitpunkt konzentriert hatte, konnte es in der Tat sein Maximum an Intensität und Wirkung erreichen und folglich dem Menschen ein lebhafteres Gefühl für die doppelte Existenz geben, die er führt, und von der doppelten Natur, an der er teilhat. [...]

*Émile Durkheim, Genese des Begriffs des Totemprinzips oder des mana (gekürzt), in: ders., Die elementaren Formen des religiösen Lebens (1912), übersetzt von Ludwig Schmidts, 3. Aufl. Frankfurt/M. 1984, 283-326 (hier: 283-301)*

## 1.2 Vergesellschaftung und Individuation:
## Das Problem der Religion in Georg Simmels formaler
## Soziologie

*Einführung*

1. PERSON UND WERK: Georg Simmel (\*1858 in Berlin, †1918 in Straßburg) wuchs als jüngster Sohn einer Kaufmannsfamilie jüdischer Herkunft in Berlin auf. Der Vater konvertierte früh zum Katholizismus, die Mutter zum Protestantismus. Getauft nach der mütterlichen Konfession, trat Simmel während des 1. Weltkriegs dem Wunsch nach weltanschaulicher Ungebundenheit folgend aus der Kirche aus. Auf das Studium der Geschichte, Völkerpsychologie und Philosophie in Berlin folgte 1881 die Promotion über Kants Materiebegriff, 1883 die Habilitation über dessen Raum und Zeitlehre. Ab 1885 als Privatdozent, seit 1901 als Extraordinarius wirkend erhielt Simmel eine ordentliche Professur erst mit 56 Jahren in Straßburg. Breiter Anerkennung im Ausland und großem Erfolg beim gebildeten Publikum stand die ambivalente, latent antisemitische Haltung gegenüber, mit der ihm weite akademische Kreise in Deutschland begegneten. Sein die Disziplinengrenzen übergreifendes Werk, das neben Monographien eine Vielzahl von Essays umfasst, lässt sich drei Arbeitsphasen zuordnen. In der sog. positivistischen Phase (bis 1900) dominiert die empirische Perspektive, z.B. in der Studie ‚Über soziale Differenzierung. Soziologische und psychologische Untersuchungen‘ (1890). Das Erscheinen der ‚Philosophie des Geldes‘ (1900) und der ‚Soziologie. Untersuchungen über die Formen der Vergesellschaftung‘ (1908) umschließt die kulturtheoretische Phase: In Anlehnung an den südwestdeutschen Neukantianismus erfolgt eine Revision des eigenen, tendenziell relativistischen Ansatzes und die Zuwendung zu den autonomen Sphären der objektiven Kultur (Religion, Kunst, Wissenschaft, Philosophie usw.). In der lebensphilosophischen Phase (ab 1908) bemüht sich Simmel um eine Metaphysik der Individualität und Einmaligkeit menschlichen Lebens, z.B. ‚Lebensanschauung. Vier metaphysische Kapitel‘ (1918).

2. THEORETISCHER ANSATZ: Mit seiner „formalen Soziologie" will Simmel den spezifischen Gegenstand der Soziologie erfassen, der ihr den Rang einer eigenständigen akademischen Wissenschaft sichert. Dazu setzt er nicht wie ältere Entwürfe (Auguste Comte, Herbert

Spencer) bei der Gesellschaft an, sondern bei Vergesellschaftungsprozessen, die in Kleingruppen und zwischen ihnen stattfinden. Tra-
gende methodische Bedeutung haben die (zunächst erkenntnistheo-
retisch eingeführte) Form-Inhalt-Differenz und der (später zu einem
metaphysischen Prinzip weitergeführte) Wechselwirkungsbegriff.
Aufgabe der Soziologie ist es, die empirischen sozialen Wechselbe-
ziehungsprozesse auf die reinen Formen der Vergesellschaftung hin
zu analysieren. Simmel bezieht seine Fragestellung ebenso auf gesellschaftstheoretische Probleme (z.b. die aus dem Geldmechanis-
mus abgeleitete soziale Differenzierung) wie auf alltagssoziologische
Phänomene (Mode, Schmuck, Scham). Der Wechselwirkungsbegriff
als Leitinstrument führt zu neuen Einsichten in der Herrschafts- und
Konfliktsoziologie, der Ansatz bei formalen Bedingungen der Vergesellschaftung zur Analyse der sozialen Bedeutung von Raum und
Zahl. Religion beruht subjektiv auf einer Bewusstseinsdisposition
(dem religiösen Apriori), objektiv auf bestimmten sozialen Beziehungsformen.

3. ZUM TEXT: Der hier abgedruckte Aufsatz erschien ursprünglich in:
Neue Deutsche Rundschau (Freie Bühne), 9. Jg., Erstes und zweites
Quartal (= 1.Bd.), 1898, 111-123. Er gehört der ersten, primär soziologischen Arbeitsphase Simmels an, setzt die Theorie sozialer Differenzierung sowie Einsichten aus der ‚Moralwissenschaft' (1892/3)
voraus, entfaltet aber erstmals einen explizit religionssoziologischen
Ansatz. Religion wird als eine spezifische Formung sozialer Interaktion („Wechselwirkungsverhältnisse") verstanden, die sich im gesellschaftlichen Entwicklungsprozess gegenüber Recht, Wissenschaft, Wirtschaft, Moral und Kunst zu einem eigenständigen
Gebilde ausdifferenziert. Den Zusammenhang von sozialem Inhalt
und religiöser Form erläutert Simmel durch das Verfahren der Analogie zwischen Vergesellschaftungsprozessen und religiösen Vorstellungen, und zwar am Beispiel des für zwischenmenschliche Beziehungen unverzichtbaren Glaubens, der sozialen Einheitsbildung und
der moralischen Beziehungen des Individuums zur Gesellschaft oder
zu Gott. Der Text enthält in nuce Grundgedanken der späteren Schrift
über ‚Die Religion' (1906), in der die Annahme religiös gefärbter
Sozialbeziehungen zum Theorem der „religiösen Halbprodukte" (des
„Religioiden") führt. Da Simmel mit einer Rückwirkung religiöser
Semantik auf Vergesellschaftungsprozesse rechnet, bietet der Aufsatz Anschlussmöglichkeiten für spätere genuin religionsphilosophische Reflexionen. Diese setzen direkt beim Religiösen als apriori-

scher Bewusstseinskategorie an und sind u.a. von Friedrich Schleiermachers Religionsverständnis und der Mystik Meister Eckharts beeinflusst.

4. BEDEUTUNG FÜR DEN RELIGIONSSOZIOLOGISCHEN DISKURS: Obwohl
von Max Weber als Begründer der Religionssoziologie in Deutschland bezeichnet, ist die Wiederentdeckung Georg Simmels als Religionssoziologe eher neueren Datums. Sie verbindet sich mit dem
gesteigertem Interesse an seinem Werk im Rahmen einer umfangrei-
chen Gesamtausgabe (1989ff). Das von ihm vertretene Religionskon-
zept bietet den Vorteil, Alternativen zu vermeiden, die mit anderen
prominenten Ansätzen verbunden sind. Bezugsproblem der Religion
ist für Simmel das Zusammenspiel von Sozialisation bzw. Vergesellschaftung und Individuation. Als subjektive Religiosität transzendiert
sie die Gesellschaft und geht deshalb nicht in einer sozialen Integrationsfunktion auf. Da „Gott als transzendenter Ort der Gruppenkräfte" für Religion konstitutiv bleibt, dehnt Simmel den
Religionsbegriff (trotz des von ihm frühzeitig diagnostizierten modernen Trends religiöser Individualisierung) nicht auf jede Form „re-
ligioider" Sinnbildung aus. Religion thematisiert die Differenzerfah-
rung von Individuum und Gesellschaft und ermöglicht dem
Individuum, seine biographische Einheit und ethische Selbstbehauptung gegenüber der ausdifferenzierten Gesellschaft zu wahren.

*Hans-Richard Reuter*

## Zur Soziologie der Religion

Die vieldeutige Dämmerung, die den Ursprung und das Wesen der Religion für uns umgiebt, wird sich nicht lichten, solange man in ihr nur *ein* Problem, das *eines* Lösungswortes bedürfte, zu sehen glaubt. Niemand vermochte bisher eine Definition zu geben, die uns, ohne vage Allgemeinheit und doch alle Erscheinungen einschließend, sagte, was „Religion" ist, die letzte Wesensbestimmtheit, die den Religionen der Christen und der Südseeinsulaner, Buddhas und Vitzliputzlis gemeinsam ist. Weder gegen blos metaphysische Spekulation auf der einen Seite, noch gegen Gespensterglauben auf der anderen, ist sie sicher begrenzt, nicht einmal so, daß ihre reinsten und tiefsten Erscheinungen davor geschützt wären, auf den Beisatz dieser Elemente hin geprüft zu werden. Solcher Unbestimmbarkeit ihres Wesens entspricht die Vielheit der psychologischen Motive, aus denen das Nachdenken sie entspringen ließ. Mag man die Furcht oder die Liebe, die Ahnenverehrung oder die Selbstvergötterung, die moralischen Triebe oder das Abhängigkeitsgefühl als die innere Wurzel der Religion ansehen – ganz irrig ist jede dieser Theorieen sicher nur dann, wenn sie *den* Ursprung, berechtigt aber, wenn sie *einen* Ursprung der Religion anzugeben behauptet. Darum wird man sich der Lösung des Problems nur so nähern, daß man alle Impulse, Ideen, Verhältnisse, die auf diesem Gebiet wirksam werden, inventarisiert, aber mit dem ausdrücklichen Verzicht darauf, die Bedeutung einzelner Motive über die Fälle ihrer Festgestelltheit hinaus zu allgemeinen Gesetzen des religiösen Wesens zu erweitern. Und nicht nur dieses Vorbehaltes bedarf es für den Versuch, aus Aeußerungen des sozialen Lebens, die ganz jenseits aller Religion liegen, dennoch für diese ein Verständniß zu gewinnen; sondern auf das entschiedenste muß betont werden, daß, auf welche sehr irdische, sehr empirische Weise auch das Zustandekommen der Vorstellungen vom Ueberirdischen und Ueberempirischen erklärt werde, dadurch weder der subjektive Gefühlswerth der zustandegekommenen Vorstellung noch die Frage nach ihrem objektiven Wahrheitswerth überhaupt berührt wird. Das Reich beider Werthe liegt jenseits der Grenzen, an denen unsere nur genetische, nur psychologische Untersuchung ihr Ziel findet.

Wenn wir so versuchen, die Ansatzpunkte für das religiöse Wesen in Beziehungen der Menschen untereinander, die an sich noch garnicht Religion sind, zu finden, so folgen wir damit nur einer sonst schon anerkannten Methode. In Bezug auf die Wissenschaft ist längst zugegeben, daß sie nur eine Steigerung, Durchbildung, Verfeinerung aller der Erkenntnißmittel ist, deren niedrigere und trübere Grade uns auch zu den Einsichten und Erfahrungen des täglichen, praktischen Lebens verhelfen. Zu einem genetischen Verständniß der Kunst werden wir erst kommen, wenn wir die ästhetischen Momente, in den Lebensgestaltungen, die selbst noch nicht Kunst sind, analysirt haben werden: in der Sprache, im konkreten Empfinden, im praktischen Handeln, in den sozialen Formungen. Alle solche hohen und reinen Gestaltungen treten zunächst gleichsam versuchsweise, keimhaft, in Verwebung mit anderen Formen und Inhalten auf; aber in diesen unausgebildeten Stadien müssen wir sie aufsuchen, um sie in ihren höchsten und selbständigen zu begreifen. Ihr psychologisches Verständniß hängt daran, daß man ihren Platz in einer Reihe finde, deren Glieder durch allmählige Entwicklung in einander übergehn, gleichsam mittels eines organischen Wachsthums durch eine Mannigfaltigkeit von Stufen hindurch, so daß das Neue und Eigne in jeder als die Entfaltung von Keimen in der vorangehenden erscheint. So mag es uns zur Einsicht in das Entstehen und in den Bestand der Religion verhelfen, wenn wir in allerhand Beziehungen und Interessen, die jenseits, oder vielmehr diesseits ihrer stehen, gewisse religiöse Momente entdecken, die Ansatzpunkte zu demjenigen, was als „Religion" Selbständigkeit und Geschlossenheit erlangt hat. Ich glaube nicht, daß die religiösen Gefühle und Impulse sich nur in der Religion äußern; vielmehr, daß sie sich in vielerlei Verbindungen finden, als ein bei vielerlei Gelegenheiten mitwirkendes Element, in dessen Aufgipfelung und Isolierung nur die Religion als selbständiger Lebensinhalt, als ein Gebiet eigenster Begrenzung besteht. Um nun die Punkte zu finden, wo innerhalb der Wechselbeziehungen zwischen Menschen Fragmente des religiösen Wesens – sozusagen: der Religion, bevor sie Religion ist – entstehen, bedarf es des Umweges über einige, auf den ersten Blick ganz abseits liegende Erscheinungen.

Es ist schon lange bekannt, daß die soziale Lebensform in niedrigeren Kulturverhältnissen die Sitte ist. Eben dieselben Lebensbedingungen der Gesellschaft, die später einerseits als Recht kodifizirt und von der Staatsgewalt erzwungen werden, andererseits der Freiheit des kultivirten und gezüchteten Menschen überlassen sind – werden in engeren und primitiven Kreisen durch jene eigenthümliche, unmittelbare Aufsicht der Umgebung über den Einzelnen garantirt, die man

Sitte nennt. Sitte, Recht, freie Sittlichkeit des Einzelnen sind verschiedene Verbindungsarten der sozialen Elemente, die alle ganz dieselben Gebote zum Inhalt haben können, und bei verschiedenen Völkern und zu verschiedenen Zeiten auch haben.[*] So können manche Normen und Resultate des öffentlichen Lebens gleichmäßig von dem freien Spiel konkurrirender Kräfte wie von der reglementirenden Bevormundung niederer Elemente durch höhere getragen werden; so werden vielerlei soziale Interessen zu Zeiten von der Familienorganisation gewahrt, um später oder anderswo von den rein beruflichen Vereinigungen oder der staatlichen Verwaltung übernommen zu werden. Allgemein ausgedrückt: die Wechselbeziehungen, die das Leben der Gesellschaft ausmachen, erheben sich immer auf Grund bestimmter Zwecke, Ursachen, Interessen; und indem diese letzteren, gleichsam die Materie des sozialen Lebens, beharren, können die Beziehungsformen, in denen sie verwirklicht werden, sehr verschiedene sein – wie andererseits die gleiche Form und Art der sozialen Wechselwirkung die mannigfaltigsten Inhalte in sich aufnehmen kann. Es scheint mir, als ob unter diesen Formen, die die Beziehungen der Menschen unter einander annehmen und die die Träger sehr verschiedener Inhalte sein können, sich eine befände, die man nur als die religiöse bezeichnen kann – freilich eine Bezeichnung, die den Namen des reifen Gebildes für seine Anfänge und Vorbedingungen vorwegnimmt. Denn nicht von schon bestehender Religion soll auf jene Beziehungen die Färbung überstrahlen, die ihr Recht, so genannt zu werden, begründet; sondern die Menschen entwickeln in ihren Berührungen, in dem rein Psychologischen ihrer Wechselwirkung, den bestimmten Ton, dessen gesteigerte, losgelöste, zu eigner Wesenheit erwachsene Entwicklung Religion heißt.

Wir können nämlich feststellen, daß vielerlei Verhältnisse von Menschen untereinander ein Element des Religiösen enthalten. Die Beziehung des pietätvollen Kindes zu seinen Eltern, des enthusiastischen Patrioten zu seinem Vaterland oder des enthusiastischen Kosmopoliten zur Menschheit; die Beziehung des Arbeiters zu seiner sich emporringenden Klasse oder des adelsstolzen Feudalen zu seinem Stand; die Beziehung des Unterworfenen zu seinem Beherrscher, un-

---

[*]  Dieser funktionelle Unterschied kann natürlich von sehr großer Bedeutung sein: Sokrates mußte darüber sterben, weil er dieselben sittlichen Lebensinhalte, die das Alt-Griechenthum durch die Strenge von Sitte und Konvention schützte, durch das frei prüfende Gewissen der Einzelnen realisirt wissen wollte.

ter dessen Suggestion er steht, und des rechten Soldaten zu seiner Armee – alle diese Verhältnisse mit so unendlich mannigfaltigem Inhalt, können doch auf die Form ihrer psychischen Seite hin angesehen, einen gemeinsamen Ton haben, den man als religiös bezeichnen muß. Alle Religiosität enthält eine eigenartige Mischung von selbstloser Hingabe und eudämonistischem Begehren, von Demuth und Erhebung, von sinnlicher Unmittelbarkeit und unsinnlicher Abstraktion; damit entsteht ein bestimmter Spannungsgrad des Gefühles, eine specifische Innigkeit und Festigkeit des inneren Verhältnisses, eine Einstellung des Subjektes in eine höhere Ordnung, die es doch zugleich als etwas Innerliches und Persönliches empfindet. Dieses religiöse Moment scheint mir in den oben genannten Verhältnissen und manchen anderen enthalten zu sein; es verleiht ihnen eine Note, die sie von den auf reinen Egoismus oder reine Suggestion oder rein äußerliche oder sogar rein moralische Kräfte gegründeten Beziehungen noch unterscheidet Selbstverständlich tritt dieses Element in größerer oder geringerer Stärke auf, es kann jene Beziehungen nur wie ein leichter Oberton begleiten, es kann ihnen aber auch die entscheidende Färbung verleihen. In vielen und wichtigen Fällen wird dadurch ein Entwicklungsstadium von Verhältnissen charakterisirt werden; d. h. eben derselbe Inhalt, der vorher und nachher von anderen Formen der Beziehung zwischen Menschen getragen wird, nimmt in einer Periode die Form der religiösen Beziehung an. Am deutlichsten wird dies bei Gesetzgebungen, die zu gewissen Zeiten oder an gewissen Orten theokratischen Charakter zeigen, völlig unter religiöser Sanktion stehen, um anderwärts von der Staatsgewalt oder von der Sitte garantirt zu werden. Ja, es scheint, daß die nothwendige Ordnung der Gesellschaft vielfach von einer ganz undifferenzirten Form ausgegangen wäre, in der die moralischen, die religiösen, die juristischen Sanktionen noch in ungeschiedener Einheit geruht hätten; so das Dharma der Inder, die Themis der Griechen, das *fas* der Lateiner – und daß dann, je nach den verschiedenen historischen Umständen, bald die eine bald die andere Bildungsform sich zum Träger solcher Ordnungen entwickelt habe. Auch im Verhältniß des Einzelnen zur Gesammtgruppe bemerken wir solchen Wechsel: in Zeiten eines erregten Patriotismus nimmt dies Verhältniß eine Weihe, Innigkeit und Hingebung an, die wir als religiös bezeichnen, während es zu andern Zeiten von der Konvention oder vom Staatsgesetz geleitet wird. Für uns ist das Wichtige, daß es sich hier doch überall nur um Beziehungen zwischen Menschen handelt, und daß es nur eine Aenderung gleichsam des Aggregatzustandes dieser

Beziehungen ist, wenn sie aus dem rein konventionellen in den religiösen, von dem religiösen in den rechtlichen, von dem rechtlichen in den Zustand freier Sittlichkeit übergehen; wie denn thatsächlich viele sozial schädliche Unsittlichkeiten erst durch die Ahndung innerhalb der kirchlichen Gemeinschaft hindurch ihre Stelle im Strafgesetzbuch gefunden haben; oder wie der Antisemitismus uns zeigt, daß eine sozial-ökonomische oder rassenhafte Beziehung zwischen gewissen Abtheilungen der Gruppe in die religiöse Kategorie gehoben werden kann, ohne doch inhaltlich etwas anderes als ein soziales Verhältniß zu werden; oder wie vermuthet wird, daß die Kultprostitution nur die religiöse Formung einer früher oder anderwärts durch reine Konvention getragenen Ordnung des Sexuallebens war.

Nun ist angesichts dieser Beispiele ein vorhin angedeutetes Mißverständniß ausführlicher abzuwehren. Nicht das ist der Sinn der hier auseinanderzusetzenden Theorie, daß gewisse soziale Interessen und Vorgänge dem für sich schon bestehenden religiösen Wesen unterstellt werden. Das kommt zwar oft genug vor, schafft Kombinationen von der größten historischen Wichtigkeit und besitzt solche auch für die angeführten Beispiele. Allein was ich meine, ist gerade die umgekehrte, freilich viel unscheinbarere und schwerer herauszulösende Verknüpfung: daß in jenen Beziehungen der Sozialelemente die Färbung, welche wir nachher oder wegen der Analogie mit anderwärts bestehender Religiosität religiös nennen, spontan auftritt, als eine rein sozialpsychologische Konstellation, eine der möglichen Verhaltungsweisen des Menschen zu anderen. Die Religion, als ein selbständiges, an die Vorstellung eigenartiger Substanzen und Interessen angebautes Gebiet, ist dem gegenüber erst etwas Abgeleitetes, ungefähr wie der Staat im römischen und im modernen Sinne, als ein objektives und für sich bestehendes Wesen, etwas sekundäres ist gegenüber den ursprünglichen Wechselwirkungen, Bindungen und Ordnungen, die zwischen den Sozialelementen unmittelbar herrschten und die die Bewahrung und Exekutive ihres Inhaltes erst allmählig auf das besondere, nun jenseits ihrer stehende Gebilde, den Staat, projizirt oder abgegeben haben. Die ganze Geschichte des gesellschaftlichen Lebens wird von diesem Prozeß durchzogen: daß die unmittelbar gegenseitigen Bestimmungen der Individuen, mit denen ihr Zusammenleben beginnt, zu gesonderten und selbständigen Organen aufwachsen. So entstehen aus den zur Selbsterhaltung der Gruppe erforderlichen Verhaltungsweisen einerseits das Recht, das sie kodifizirt, andrerseits der Richterstand, dem die Anwendung desselben arbeitstheilig obliegt. So bildet sich aus der gesellschaftlich

nothwendigen Arbeit, die zuerst in unmittelbarer Kooperation Aller
und nach der rohen Empirie des Tages geleistet wurde, einerseits die
Technik heraus, als ein ideales System von Erkenntnissen und Regeln, andrerseits der Arbeiterstand, der nun der differenzirte Träger
der entsprechenden Leistungen ist. In ähnlicher Weise – obgleich in
diesen unendlich komplizirten Dingen die Analogie immer von unzähligen Abweichungen umspielt wird – mag es sich mit der Religion verhalten. Der Einzelne in einer Gemeinschaft verhält sich zu
anderen oder zu der Gesamtheit in jener beschriebenen Weise, seine
Beziehung hat jenen charakteristischen Grad von Erhebung, Hingabe, Weihe, Innerlichkeit. Daraus kann sich einerseits ein idealer
Inhalt entwickeln: Götter, welche die Beschützer der so gestimmten
Beziehungen sind, welche als die Erreger dieser Gemüthsverfassun-
gen erscheinen, welche durch ihr Wesen das gleichsam gesondert darstellen, was bis dahin als bloße Beziehungsform und in Verschmelzung mit realeren Lebensinhalten existirt hatte. Und dieser Komplex
von Ideen oder Phantasievorstellungen gewinnt nun in der Priesterschaft gleichsam eine Exekutive und arbeitstheiligen Träger, wie das
Recht im Richterstand oder die Erkenntnißinteressen im Gelehrten-
stand. Ist diese Verselbständigung und Substantialisirung der Religion erst erfolgt, so wirkt sie von sich aus auf die unmittelbaren psychischen Verhältnisse der Menschen untereinander zurück und giebt
ihnen die nun bewußte und benannte Färbung der Religiosität. Damit giebt sie ihnen aber nur zurück, was sie ihnen ursprünglich selbst
verdankt. Und man kann vielleicht sagen, daß die oft so wunderli-
chen und abstrusen religiösen Vorstellungen ihre Macht in den
menschlichen Verhältnissen garnicht hätten erlangen können, wenn
sie nicht die bloße Formel oder Verkörperung schon vorher vorhan-
dener Verhältnißformen wären, für die das Bewußtsein nur noch keinen geschickteren Ausdruck gefunden hat.

Das Gedankenmotiv dieser Erörterung ist ein sehr allgemeines und
läßt sich als eine weitgreifende Regel ausdrücken, von der die materialistische Geschichtsauffassung einen Einzelfall darstellt. Indem
diese die gesamten Inhalte des historischen Lebens aus den Formen
der Wirthschaft herleitet und Sitte wie Recht, Kunst wie Religion,
Wissenschaftsbetrieb wie sozialen Aufbau von der Art bestimmt sein
läßt, in der die Gruppe ihre materiellen Existenzbedingungen produzirt – so wird damit eine Theilerscheinung eines sehr umfassenden
Prozesses zum alleinigen Inhalt desselben übertrieben. Die Entwicklung nämlich der Formen und Inhalte des sozialen Lebens, durch alle
Mannigfaltigkeit ihrer Gebiete und Erscheinungsweisen hindurch,

erfolgt derart, daß der gleiche Inhalt in vielerlei Formen, die gleiche
Form an vielerlei Inhalten sich auslebt. Die Ereignisse der Geschichte
ordnen sich so, *als ob* in ihr die Tendenz herrschte, mit jeder gege-
benen Summe von Momenten solange wie möglich auszukommen.
Dies ist ersichtlich der Grund, aus dem die Geschichte nicht in eine
Summe aphoristischer Momente auseinanderfällt, der vielmehr das
Nebeneinander wie das Nacheinander verwandtschaftlich verbindet.
Daß die einzelne Form des Lebens – des sozialen, literarischen, religiösen, personalen – ihre Verbindung mit einem einzelnen Inhalt
überlebt, und sich auch dem neuen ungeändert leiht; daß der einzelne
Inhalt seinen wesentlichen Bestand durch eine Fülle einander ablö-
sender Formen hindurchretten kann – das eben läßt die Continuität
im historischen Geschehen nicht reißen, das verhindert es, daß irgendwo ein unverständlicher Sprung, ein Abbrechen des Zusammenhanges mit allem Früheren geschehe. Da nun die Entwicklung der
Gattung im Allgemeinen vom Sinnlichen und Aeußerlichen zu der
Betonung des Geistigen und Innerlichen vorschreitet, – um dann freilich diese Richtung der Beeinflussung oft wieder umzukehren – so
werden Momente des ökonomischen Lebens sehr häufig in die Form
der Abstraktheit und Geistigkeit aufsteigen, die Formen, die die
wirthschaftlichen Interessen ausgebildet haben, werden sich in ganz
anders geartete Lebensinhalte hineinerstrecken. Aber das ist doch nur
*einer* der Fälle, in denen sich die Continuität und das Sparsamkeits-
prinzip in der Geschichte darstellen. Wenn sich etwa die Form des
Staatsregimentes in der Familienverfassung wiederholt; wenn die
herrschende Religion den künstlerischen Leistungen Stimmung und
Ideen leiht; wenn häufige Kriege den Einzelnen auch im Frieden bru-
tal und offensiv machen; wenn die Linie, die die politischen Parteien
trennt, sich auch durch ganz unpolitische Gebiete hindurch fortsetzt
und die divergenten Tendenzen des Kulturlebens an jene Parteien
auftheilt – so sind dies Aeußerungen des hervorgehobenen Charakters alles geschichtlichen Lebens, von dem die materialistische Ge-
schichtstheorie nur eine einzelne Seite beleuchtet. Und eben dieser
bezeichnet die Entwicklung, die uns hier beschäftigt: Formen der sozialen Beziehungen verdichten oder vergeistigen sich zu einer religiösen Vorstellungswelt, oder leiten der schon bestehenden neue Elemente zu; oder anders angesehen: ein spezifischer Gefühlsinhalt, in
der Form inter-individueller Wechselwirkung entstanden, überträgt
sich auf das Verhältniß zu einer transscendenten Idee; diese bildet
die neue Kategorie, an der sich Formen oder Inhalte ausleben, die in
den Beziehungen zwischen Menschen ihren Ursprung haben. – Ich

will versuchen, diesen allgemeinen Gedanken an einigen speziellen
Seiten des religiösen Wesens zu bewähren.

Der *Glaube*, den man als das Wesentliche und als die Substanz der
Religion angesprochen hat, tritt zunächst als ein Verhältnis *zwischen
Menschen* auf: denn es handelt sich um den *praktischen* Glauben, der
keineswegs nur eine Unterstufe oder Abschwächung des theoretischen Fürwahrhaltens ist. Wenn ich sage: ich glaube an Gott – so bedeutet dieses Glauben etwas völlig anderes als in den Sätzen, daß ich
an die Existenz des Lichtäthers, an die Bewohntheit des Mondes oder
an die Unveränderlichkeit der Menschennatur glaube. Es bedeutet
nicht nur, daß ich das Dasein Gottes, obgleich es nicht streng beweisbar sei, dennoch annehme; sondern es bedeutet zugleich ein bestimmtes innerliches Verhältniß zu ihm, eine Hingebung des Gefühls
an ihn, eine Dirigirung des Lebens auf ihn zu; in alledem eine ein-
zigartige Mischung des Glaubens, im Sinne einer Erkenntnißart, mit
praktischen Impulsen und Empfindungszuständen. Und nun die Analogie dazu in der Vergesellschaftung der Menschen. Wir bauen unsere gegenseitigen Beziehungen keineswegs nur auf dem auf, was
wir von einander beweisbar wissen. Vielmehr, unsre Gefühle und
Suggestionen drücken sich in gewissen Vorstellungen aus, die man
nur als glaubensmäßige bezeichnen kann, und die ihrerseits wieder
auf die praktischen Verhältnisse zurückwirken. Es ist eine ganz spezifische, schwer zu definirende psychologische Thatsache, die wir
damit bezeichnen, daß wir an jemanden glauben: das Kind an die Eltern, der Untergebene an den Vorgesetzten, der Freund an den Freund,
der Einzelne an sein Volk, der Untertan an seinen Fürsten. Die soziale Rolle dieses Glaubens ist noch garnicht untersucht, aber soviel
steht fest, daß ohne ihn die Gesellschaft auseinanderfallen würde. Auf
ihn gründet sich z. B. vielfach der Gehorsam. Das Gehorsamsver-
hältniß beruht unzählige Male nicht auf dem bestimmten Wissen von
Recht und Ueberlegenheit, aber auch nicht auf der bloßen Liebe oder
Suggestion, sondern auf jenem psychischen Zwischengebilde, das
wir den Glauben an einen Menschen oder an eine Kollektivität von
Menschen nennen. Man hat oft die Unbegreiflichkeit davon betont,
daß Individuen und ganze Klassen sich unterdrücken und ausbeuten
lassen, während sie Kraft genug zu ihrer Befreiung hätten. Das eben
bewirkt der gutwillige, unkritische *Glaube* an die Macht, das Verdienst, die Ueberlegenheit und Güte der Uebergeordneten, der sich
keineswegs nur als eine ungesicherte theoretische Annahme, sondern
als ein eigenartiges, aus Wissen, Instinkt und Gefühl zusammenge-
wachsenes Gebilde darstellt, das man einheitlich und einfach als den

Glauben an jene bezeichnet. Daß wir, entgegen allen verstandesmä-
ßigen Beweisen, allem noch so nachdrücklichen gegentheiligen
Scheine an dem Glauben an einen Menschen festhalten – das ist eins
der festesten Bänder, die die menschliche Gesellschaft zusammenhalten. Dieser Glaube ist nun entschieden religiösen Charakters. Ich
meine das nicht so, daß Religion vorhanden wäre, von der dann jene
soziologischen Verhältnisse ihren Charakter borgten. Ich glaube vielmehr, daß dieser ohne jede Rücksicht auf religiöse Daten entsteht,
als eine rein inter-individuelle psychologische Beziehungsform, die
sich dann in dem religiösen Glauben ganz rein und abstrakt darstellt.
In dem Glauben an Göttliches hat sozusagen der reine Prozeß des
Glaubens sich verkörpert, losgelöst von seiner Bindung an einen sozialen Gegenpart; aus dem subjektiven Glaubensprozeß wächst hier
umgekehrt erst sein Objekt heraus. Der Glaube, der an den Verhältnissen der Menschen, als eine soziale Nothwendigkeit lebt, wird nun
selbständige, typische Funktion des Menschen, die sich spontan, von
innen heraus bewährt; wie es denn auch sonst keine seltene Erscheinung ist, daß erst ein bestimmtes Objekt in uns einen bestimmten psychischen Vorgang produzirt, nachher aber dieser Vorgang, selbständig geworden, sich ein entsprechendes Objekt selbst bildet. Die
Praxis des menschlichen Verkehrs in seinen alltäglichen wie in seinen höchsten Inhalten, zeigt so vielfach die psychologische Form des
Glaubens als ihren Träger, daß in ihr wohl das Bedürfniß, überhaupt
zu „glauben" aufwächst und sich an eignen, dadurch und dazu krei-
erten Objekten eine Bewährung schafft – ungefähr wie der Trieb der
Liebe oder der Verehrung sich aus sich selbst heraus auf Objekte werfen kann, die an sich solche Gefühle keineswegs hervorrufen würden, sondern deren Qualifizirung hierzu nur von dem Bedürfniß des
Subjektes auf sie reflektirt; oder wie, von der anderen Seite gesehen,
der weltschaffende Gott als das Produkt des menschlichen Kausal-
bedürfnisses bezeichnet worden ist. Mit dieser letzteren Behauptung
ist natürlich in keiner Weise geleugnet, daß diese Vorstellung auch
objektive Wahrheit besäße, eine Wirklichkeit ihr entspräche; nur das
Motiv, aus dem sie von innen heraus als Vorstellung entstanden ist,
steht in Frage. Man nimmt an, daß die unendlich häufige Anwendung
der Kausalität auf ihrem Ursprungsgebiet, dem empirisch-relativen,
das Bedürfniß nach ihr schließlich zu dem alleinherrschenden gemacht habe; so daß sie sich die Befriedigung, die ihr auf dem Gebiet
des Absoluten eigentlich versagt ist, mit der Idee des absoluten Wesens, das die Ursache der Welt sei, selbst verschafft habe. Der gleiche Prozeß mag den Glauben über sein soziales Ursprungsgebiet zu

einem gleichsam organischen Bedürfniß steigern und ihm in der Vorstellung des Göttlichen seiner absoluten Gegenstand erzeugen.

Eine zweite Seite des sozialen Wesens, die sich zu einer entsprechenden innerhalb des religiösen Wesens emporbildet, liegt im Begriffe der *Einheit*. Daß wir die zusammenhangslose Mannigfaltigkeit der Eindrücke von den Dingen nicht einfach hinnehmen, sondern nach ihren Verbindungen und Wechselwirkungen suchen, die sie zu einer Einheit zusammenschlössen; ja, daß wir das Vorhandensein höherer Einheiten und Zentren der Einzelerscheinungen eigentlich überall voraussetzen, um uns durch das Gewirr der Erscheinungen hindurchzufinden – das ist sicher eine an den sozialen Wirklichkeiten und Notwendigkeiten großgewordene Eigenschaft. Nirgends stellt sich so unmittelbar und so fühlbar aus einzelnen Elementen ein Ganzes her, nirgends wird die Getrenntheit und freie Beweglichkeit derselben so energisch von der dennoch vorhandenen Zentralisation beherrscht, wie es in der Gens, in der Familie, im Staate, in jedem Zweckverbande geschieht. Wenn primitive Vereinigungen so oft als Zehentschaften organisiert sind, so deutet dies vernehmlich an, daß das Verhältnis der Gruppenelemente dem der Finger gleicht: eine relative Freiheit und selbständige Beweglichkeit des Einzelnen, der dennoch mit den andern in einer Einheit des Zusammenwirkens und Untrennbarkeit der Existenz verbunden ist. Indem alles soziale Leben Wechselwirkung ist, ist es eben damit Einheit; denn was anderes heißt Einheit, als daß das Viele gegenseitig verbunden sei und das Schicksal jedes Elementes kein anderes unberührt lasse. Gerade die Thatsache, daß gegen diese Einheit der Gesellschaft gelegentlich angekämpft wird, daß die Freiheit des Individuums sich ihr zu entziehen trachtet, daß sie sich selbst bei den engsten und naivsten Bindungen nicht so selbstverständlich durchsetzt, wie die Einheit eines Organismus in seinen Bestandtheilen – gerade das muß sie in das menschliche Bewußtsein emporgetrieben haben, als eine besondere Form und eben besonderen Werth des Seins. Die Einheit der Dinge und der Interessen, die uns zunächst auf dem sozialen Gebiete nahegebracht wird, findet ihre reine und gleichsam von aller Materie gelöste Darstellung in der Idee des Göttlichen – am vollkommensten natürlich in der monotheistischen, relativ aber auch in den niedrigeren Religionen. Es ist das tiefste Wesen der Gottesidee, daß in ihr die Mannigfaltigkeit und Entgegengesetztheit der Dinge Zusammenhang und Einheit findet – mag es nun die absolute Einheit des *einen* Gottes, oder mögen es die partiellen, auf einzelne Provinzen des Seins bezüglichen Einheiten des Polytheismus sein. So hat z. B. die soziale Lebensform der Alt-Araber mit ihrem allbeherrschenden Einfluß der Stammeseinheit, schon den Monotheismus präformirt; bei semitischen Völkern, wie den Juden, Phöniziern, Kanaaniten hat die Art ihrer sozialen Vereinheitlichung und deren Wandlungen sich deutlich in dem Charakter ihres göttlichen Prinzips gespiegelt: so lange die Familieneinheit die herrschende Lebensform war, bedeutete Baal nur den Vater, zu dem die Menschen wie Kinder gehören; in dem Maaße, in dem die soziale Gemeinschaft fremdere, nicht blutsverwandte Zweige zusammenschließt, wird er der in objektiver Höhe thronende Herrscher; sobald die *soziale* Einheit den Charakter der Verwandtschaftlichkeit verliert, thut es auch die religiöse, so daß diese gleichsam als die reine abgelöste Form jener erscheint. Ja sogar die Vereinheitlichung, die sich über der Differenzirung der Geschlechter erhebt, bildet einen besonderen religiösen Typus. Das psychologische Verwischen der Geschlechtsgegensätze, das im sozialen Leben der Syrer, Assyrer und Lyder bedeutsam auftrat, vollendete sich in der Vorstellung von Gottheiten, die diese Gegensätze in sich einheitlich zusammenfaßten: der halbmännlichen Astarte, des mannweiblichen Sandon, des Sonnengottes Nielkarth, der mit der Mondgöttin die Symbole des Geschlechtes austauscht. Es handelt sich hier nicht um den trivialen Satz, daß sich der Mensch in seinen Göttern malt, der in seiner Allgemeinheit nicht erst eines Beweises bedarf; sondern darum, die einzelnen Züge des Menschlichen aufzusuchen, deren Entwicklung und Steigerung über das Maß des Menschlichen hinaus die Götter schafft. Und es gilt zu erkennen, daß die Götter nicht nur in einer Idealisierung individueller Eigenschaften, der Kraft, der sittlichen oder auch unsittlichen Charakterzüge, der Neigungen und Bedürfnisse der Einzelnen bestehen, sondern daß die inter-individuellen Formen des sozialen Lebens vielfach den religiösen Vorstellungen ihren Inhalt geben. Indem gewisse Seiten und gewisse Intensitätsgrade der sozialen Funktionen ihre reinste, abstrakteste und zugleich doch verkörperte Gestaltung annehmen, bilden sie die Objekte der Religion, so daß man sagen kann, Religion bestehe, – außer allem, was sie sonst etwa ist – in sozialen Beziehungsformen, die in ihr, von ihren empirischen Inhalten gelöst, verselbständigt und auf eigene Substanzen projizirt werden.

Wie sehr gerade die *Einheit* der Gruppe zu den religiös auszugestaltenden Funktionen gehört, können noch zwei Ueberlegungen klar machen. Daß die Gruppe eine Einheit bildet, das wird, insbesondere in primitiveren Epochen, durch die Kampf und Konkurrenzlosigkeit innerhalb ihrer, im Gegensatz zu allem Verhältniß zu Außerhalbste-

henden, bewirkt oder markirt. Es giebt nun vielleicht kein Einzelge-
biet, auf dem diese Existenzform des konkurrenzlosen Nebeneinander, die Gleichheit der Ziele und Interessen, sich so rein und restlos
darstellte, wie auf dem religiösen. Der hervorgehobene Friedenscha-
rakter des inneren Gruppenlebens ist doch nur ein relativer. Mit der
Mehrzahl der Strebungen auch innerhalb dieser ist doch auch die Be-
mühung verbunden, Mitstrebende von dem gleichen Ziel auszuschließen, das Mißverhältniß zwischen Wünschen und Befriedigun-
gen möglichst, wenn auch auf Kosten Anderer, zu verbessern, zum
Mindesten in dem Unterschied gegen Andere den Werthmaaßstab eigenen Thuns und Genießens zu suchen. Fast allein auf religiösem
Gebiet können die Energieen der Einzelnen sich voll ausleben, ohne
miteinander in Konkurrenz zu gerahten, weil nach dem schönen
Worte Jesu, für Alle Platz in Gottes Hause ist. Obgleich das Ziel Allen gemeinsam ist, gewährt es doch Allen die Möglichkeit der Erreichung und hat nicht ein gegenseitiges Sich-Ausschließen, sondern
im Gegenteil ein Sich-Aneinander-Anschließen zur Folge. Ich erinnere an die tiefsinnige Art, in der die Kommunion es zum Ausdruck
bringt, daß die Religion ein für Alle gleiches Ziel mit einem für Alle
gleichen Mittel erreichen will, ich erinnere vor allem an die Feste,
die die Einheit aller in der gleichen religiösen Erregung Befaßten zur
äußerlichen Sichtbarkeit bringen – von den rohen Festen primitiver
Religionen, wo die Verschmelzung zur Einheit sich schließlich zur
sexuellen Orgie aufzugipfeln pflegt, bis zu jenem reinsten und über
die Einzelgruppe weithinausreichenden Ausdruck des *Pax homini-
bus.* Die Konkurrenzlosigkeit, die die Einheit als die Lebensform der
Gruppe bedingt, in ihr aber immer nur relativ und partiell herrscht,
hat auf dem religiösen Gebiet absolute und intensivste Verwirklichung gefunden. Man könnte hier, wie beim Glauben, sagen, daß die
Religion das in Substanz darstelle, ja gewissermaßen in der Substan-
tialisierung dessen bestände, was als Form und Funktion das Grup-
penleben regulirt. Und dies gewinnt nun wieder personale Form im
Priesterthum, das, trotz seiner historischen Verbindung mit bestimmten Ständen, doch seinem Grundgedanken nach über *allen* Einzelnen steht, eben dadurch den Schnittpunkt und die Einheit ihrer idealen Lebensinhalte bildend. So befreit der katholische Zölibat die
Priester von jeder *speziellen* Beziehung zu diesem und jenem Elemente und Elementenkomplex, um ihm so die gleichmäßige Beziehung zu jedem zu ermöglichen – wie die „Gesellschaft" oder der
„Staat" über allen Einzelnen als die abstrakte Einheit steht, die die
Verbindungen unter jenen an sich gezogen hat. Und um etwas ganz

Einzelnes zu nennen: die Kirche bot das ganze Mittelalter hindurch allen Wohlthätigkeitstrieben die große Bequemlichkeit, daß sie das Reservoir war, in dem jede milde Spende fraglos einmündete. Wer sich zu Gunsten Andrer eines Besitzes entäußern wollte, hatte nicht noch zu überlegen, in welcher Weise es am besten geschähe, sondern es war dazu ein allumfassendes Zentralorgan zwischen den Spendenden und den Bedürftigen da. Die Wohlthätigkeit, eine Form der sozialen Beziehung innerhalb der Gruppe, gewann in der Kirche eine über-individuelle Organisation und Einheit.

Gleichsam die Rückseite dieses Zusammenhanges, aber auf den gleichen Kern hinweisend, bildet das Verhalten zu den „Ketzern". Was namentlich große Massen in den Haß und die moralische Verurtheilung den Ketzern gegenüber treibt, ist gewiß nicht der Unterschied in dem dogmatischen Inhalte der Lehre, den sie unzählige Male gar nicht verstehen – sondern die Thatsache der *Opposition* Einzelner gegen die Gesamtheit. Die Verfolgung der Ketzer und Dissidenten entspringt dem Instinkte für die nothwendige *Einheit* der Gruppe. Besonders bezeichnend aber ist es nun, daß in vielen Fällen dieser Art die religiöse Abweichung sehr wohl mit der Einheit der Gruppe in allen vitalen Angelegenheiten zusammenbestehen könnte. Allein der soziale Einheitstrieb hat in der Religion so reine, abstrakte und zugleich substantielle Gestalt angenommen, daß es der Verbindung mit realen Interessen nicht mehr bedarf, sondern das Dissidententhum die Einheit, d. h. die Lebensform der Gruppe als solche und ihrer Idee nach zu bedrohen scheint. Wie ein Palladium oder ein sonstiges Symbol der Gruppeneinheit mit dieser direkt garnichts zu thun hat, dennoch aber jeder Angriff auf dasselbe die heftigste Reaktion hervorruft, so ist die Religion die reinste und über alle konkrete Einzelheit erhobne Einheitsform der Gesellschaft, die diesen Charakter durch die Energie beweist, mit der jede inhaltlich noch so irrelevante Ketzerei bekämpft wird.

Und endlich bieten diejenigen inneren Verknüpfungen zwischen dem Individuum und seiner Gruppe, die man die moralischen nennt, so tiefe Analogieen mit dem Verhältniß zu seinem Gott dar, als wäre dieses nichts anderes als Verdichtung und Umformung jener. Die ganze geheimnißvolle Fülle der ersteren spiegelt sich in der Vielfältigkeit der Wirkungen, in denen wir das Göttliche empfinden. Die zwingenden und strafenden Götter, der liebende Gott, der Gott Spinozas, der unsre Liebe nicht erwiedern kann, der Gott, der uns die Direktive des Handelns und zugleich die Kraft zu ihrer Befolgung verleiht oder nimmt – das eben sind ja die Zeichen, unter denen auch das ethische Verhältniß zwischen der Gruppe und ihren Individuen seine Kräfte und seine Gegensätze entfaltet. Ich hebe etwa das Gefühl der Abhängigkeit heraus, in dem das Wesen aller Religion erblickt hat. Das Individuum fühlt sich an ein Allgemeines, Höheres gebunden, aus dem es fließt und in das es fließt, aber von dem es auch Hebung und Erlösung erwartet, von dem es verschieden und doch auch mit ihm identisch ist. Alle diese Empfindungen, die sich in der Vorstellung Gottes wie in einem Brennpunkt begegnen, lassen sich auf das Verhältniß zurückführen, das der Einzelne zu seiner Gattung besitzt, und zwar einerseits zu den vergangenen Generationen, die ihm die hauptsächlichen Formen und Inhalte seines Wesens überliefert haben, andrerseits zu der mitlebenden, die ihm die Gestaltung derselben und das Maaß ihrer Entfaltung bestimmt. Wenn die Theorie richtig ist, nach der alle Religion vom Ahnenkultus ausgeht, von der Verehrung und Versöhnung der weiterlebenden Seele des Vorfahren, insbesondere des Helden und des Anführers – so mag sie diesen Zusammenhang bestätigen: denn wir hängen inderthat von dem ab, was vor uns war, und was sich am unmittelbarsten in der Autorität der Väter über die Nachkommenschaft konzentrirt. Die Vergötterung der Vorfahren, und insbesondere der thatkräftigsten und wirkungsreichsten ist gleichsam der zweckmäßigste Ausdruck für die Abhängigkeit des Individuums von dem zeitlich vorangegangenen Leben der Gruppe – so andre Motive dafür auch das Bewußtsein der Völker zeigen mag. So läßt sich jene Demuth, in der der Fromme, alles was er ist und hat, Gott zu verdanken bekennt, in ihm die Quelle seines Wesens und seiner Kraft erblickt, richtig auf das Verhältniß des Einzelnen zur Gesamtheit übertragen. Denn auch nicht schlechthin nichts ist der Mensch Gott gegenüber, sondern nur ein Staubkorn, eine schwache, aber immerhin doch nicht völlig nichtige Kraft, ein Gefäß, das jenem Inhalt aufnahmefähig entgegenkommt. Wenn eine geklärte Gottesidee ihr Wesen darin hat, daß alle bunten Mannigfaltigkeiten, alle Gegensätze und Verschiedenheiten des Seins und des Wollens und insbesondere unserer inneren Lebensinteressen in ihm ihren Ursprung und zugleich ihre Einheit finden, so können wir ohne Weiteres die soziale Gesamtheit an seine Stelle setzen; denn sie ist es, aus der die ganze Fülle der Triebe fließt, die sie uns als Resultate wechselnder Anpassungen vererbt, die Mannigfaltigkeit der Verhältnisse, in denen wir stehen, die Ausbildung der Organe, mit denen wir die verschiedenen und oft schwer zu vereinigenden Seiten der Welt auffassen – und doch ist die soziale Gruppe etwas hinreichend Einheitliches, um als realer Einheitspunkt dieser divergenten Ausstrah-

lungen angesehen zu werden. So ist ferner der göttliche Ursprung
der Fürsten nur der Ausdruck für die völlige Konzentrirung der Gewalt in ihren Händen; sobald die soziale Vereinheitlichung, die Objektivierung des Ganzen dem Einzelnen gegenüber einen gewissen
Grad erreicht hat, erscheint sie diesem als überirdische Macht, und
ihr gegenüber, mag sie noch unmittelbar als soziale bewußt sein oder
sich schon in das Gewand der Gottesidee gehüllt haben, erhebt sich
in genau gleicher Weise das Problem, wieviel der Einzelne thun könne oder müsse, um seinem Sollen zu genügen, und wieviel von dem
ihm jenseitigen Prinzip dazu geschieht. Die Selbständigkeit des Individuums im Verhältniß zu der Macht, von der es doch die Kraft der
Selbständigkeit empfangen hat und die dieser Ziele und Wege bestimmt, ist hier wie dort die Frage. So versetzt Augustin das Individuum in eine historische Entwicklung, der gegenüber es ebenso un-
selbständig und ohnmächtig ist, wie es nach ihm Gott gegenüber ist;
so geht die Frage des Synergismus durch die ganze Kirchengeschichte ebenso hindurch, wie sie die Geschichte der inneren Politik
bestimmt. Wie nach der streng religiösen Auffassung der Einzelne
nur ein Gefäß der Gnade oder des Zornes Gottes ist, so nach der sozialistischen ein Gefäß der von der Allgemeinheit ausgehenden Wirkungen; beide Fälle wiederholen die gleiche ethische Grundfrage
nach dem Wesen und dem Rechte des Individuums, und in beiden
Formen bietet die Hingabe desselben an das ihm jenseitige Prinzip
oft die letzte noch mögliche Befriedigung, wenn die auf sich selbst
angewiesene Individualität keine innere Bestandsfähigkeit mehr besitzt.*

Es ist für diese Rangirung der religiösen und der ethisch-sozialen
Vorstellungen sehr bezeichnend, daß Gott direkt als Personifikation
derjenigen Tugenden aufgefaßt wird, die er von den Menschen verlangt; die Eigenschaften der Güte, der Gerechtigkeit, der Langmuth
usw. *hat* er weniger, als daß er sie *ist*; er ist, wie wir es ausgedrückt
finden, die Vollkommenheit in Substanz vorgestellt, er ist „die Güte
selbst", „die Liebe selbst" usw. Die Sittlichkeit, die Imperative über
das Verhalten der Menschen zu einander, haben in ihm sozusagen
Dauerform gewonnen. Wie der praktische Glaube ein Verhältniß zwischen Menschen ist, das über diese Relationsform hinaus ein Abso-
lutes bildet; wie die Einheit eine Beziehungsform zusammenleben-
der Menschen ist, die sich zu jener Einheit der Dinge in personaler

---

*    Ich entnehme diese Ausführung meiner „Einleitung in die Moralwissen-
     schaft", 1. Bd.

Form steigert, als die das Göttliche auftritt; so enthält die Moral jene
Formen des Verhaltens von Mensch zu Mensch, die das Interesse der
Gruppe sanktionirt hat, so daß der Gott, der die relativen Inhalte in
absoluter Gestalt darstellt, einerseits die Rolle der fordernden und
gewährenden Gruppe dem Einzelnen gegenüber repräsentirt, andrerseits die ethisch-sozialen Verhaltungsweisen, die der Einzelne zu leisten hat, der Relativität entrückt und in absoluter Substantialität in sich
vorstellt. Die Verhältnisse der Menschen zu einander, den mannigfaltigsten Interessen entsprossen, von den entgegengesetztesten Kräften getragen, in die verschiedensten Formen gegossen, gelangen
eben auch in den Aggregatzustand, dessen Verselbständigung und Beziehung auf ein außerhalb stehendes Wesen wir Religion nennen –
indem sie abstrakt und doch zugleich konkret werden, in welcher
Doppelentwicklung eben die Stärke beruht, mit der die Religion auf
jene Verhältnisse zurückwirkt. Die alte Vorstellung, daß Gott das Absolute wäre, während alles Menschliche relativ ist, kommt hier zu einem neuen Sinn: es sind die Relationen zwischen den Menschen, die
in der Vorstellung des Göttlichen ihren substantiellen und idealen
Ausdruck finden.

Wenn solche, auf die Fundamente des Weltbildes hinstrebende Untersuchungen sonst der Wunsch begleitet, daß ihr Geltungsbereich
nur umfassend genug verstanden werde, so muß hier umgekehrt die
Sorge sein, daß die behaupteten Zusammenhänge nicht als Präten-
denten auf Nachbargebiete, jenseits ihrer sehr bestimmt gezogenen
Grenzen, aufzutreten scheinen. Den historischen Hergang der Reli-
gionsschöpfung können sie nicht beschreiben, sondern nur eine ihrer vielen Quellen aufweisen. völlig dahingestellt, ob dieselbe, mit
anderen sich begegnend, die gleichfalls den Gebieten des Noch-
Nicht-Religiösen entspringen, nun durch den Zusammenfluß mit
diesen Religion erzeugt; oder ob diese ihr Wesen und ihren Bestand
schon gefunden hat, wenn die hier betrachteten Quellen des religiösen Wesens als Nebenflüsse in ihren Strom einmünden – ihre Wirksamkeit ist an keinen bestimmten historischen Moment gebunden.
Auch ist Religion als seelische Wirklichkeit ja kein fertiges Ding,
keine feste Substanz, sondern ein lebendiger Prozeß, den, bei aller
Unerschütterlichkeit überlieferter Inhalte, doch jede Seele und jeder
Augenblick selbst hervorbringen muß; gerade in dieser Anforderung,
das religiös Gegebne fortwährend in den Fluß des Gefühles zu ziehen, dessen Bewegungen es stets neu zu formen haben, wie die stets
wechselnden Wassertröpfchen doch das feste Bild des Regenbogen
erzeugen – darin liegt die Kraft und Tiefe der Religion. Deshalb darf

ihre genetische Erklärung nicht nur den historischen Ursprung ihrer Traditionen umfassen, sondern auch die Kräfte jeder Gegenwart, die uns, was wir an religiösen Schätzen von den Vätern geerbt haben, erwerben lassen, um es zu besitzen; so daß es in diesem Sinne wirklich „Ursprünge" der Religion giebt, deren Auftreten und Wirksamkeit lange nach der Zeit des „Ursprunges" der Religion liegt.

Wichtiger aber noch, als die Insinuation einer historischen Entstehungstheorie hier abzuwehren, ist es für diese Untersuchungen, jegliche Frage nach der objektiven Wahrheit der Religion von ihren Zusammenhängen auszuschließen. Wenn es gelingt, das Zustandekommen der Religion als eines Ereignisses im Leben der Menschen aus den inneren Bedingungen eben dieses Lebens zu begreifen, so ist insoweit das Problem noch gar nicht berührt, ob die sachliche, außerhalb des menschlichen Denkens gelegne Wirklichkeit das Gegenstück und die Bestätigung jener psychischen Wirklichkeit enthalte oder nicht. So sucht die Psychologie des Erkennens begreiflich zu machen, wieso unser Weltbild ein räumlich ausgedehntes, nach drei Dimensionen sich erstreckendes ist, und überläßt es ganz andersartigen Untersuchungen, auszumachen, ob jenseits unseres Vorstellens eine Welt der Dinge an sich in den gleichen Formen bestehe oder nicht. Freilich mag überall ein Punkt erreicht werden, an dem die Erklärung der inneren Thatsächlichkeit aus bloß inneren Bedingungen nicht mehr zulangt, sondern erst eine äußere Wirklichkeit den Ursachenkreis der inneren zu schließen vermag. Allein diese Möglichkeit oder Nothwendigkeit muß nur denjenigen treffen, der Wesen und Entstehung der Religion in Vollständigkeit ergründen will, nicht aber uns, die wir nur einen der Strahlen, sich im Fokus der Religion treffen, in seiner Richtung zu verfolgen hatten.

Und endlich das Wichtigste: die Gefühlsbedeutung der Religion, das heißt, die in das innerste Gemüth zurückstrahlende Wirkung der Vorstellungen vom Göttlichen ist völlig unabhängig von allen Annahmen über die Art, wie diese Vorstellungen zustande gekommen seien. Das ist der Punkt des stärksten Mißverständnisses aller historisch-psychologischen Herleitung idealer Werthe. Noch immer empfinden weite Kreise so, als wäre der Reiz eines Ideals entblättert, die Würde eines Gefühls deklassirt, wenn seine Entstehung nicht mehr ein unbegreifliches Wunder, eine Schöpfung aus dem Nichts ist – als ob das Begreifen des Werdens den Werth des Gewordnen in Frage stellte, als ob die Niedrigkeit des Ausgangspunktes die erreichte Höhe des Zieles herabzöge, und als ob die reizlose Einfachheit der einzelnen Elemente die Bedeutsamkeit des Produktes zerstörte, die in dem Zusammenwirken, der Formung und Verwebung dieser Elemente besteht. Das ist die thörichte und verworrene Gesinnung, die die Menschenwürde entheiligt glaubte, weil der Mensch von einer niederen Thierart abstamme; als ob diese Würde nicht auf dem beruhte, was er in Wirklichkeit *ist*, ganz gleichgültig dagegen, von welchem Anfange aus er es geworden ist; es ist dieselbe, die sich immer dagegen sträuben wird, das Verständniß der Religion aus Elementen heraus zu gewinnen, die für sich noch nicht Religion sind. Grade ihr aber, die die Würde der Religion durch Zurückweisen ihrer historisch-psychologischen Ableitung aufrecht zu erhalten glaubt, wird man Schwäche des religiösen Bewußtseins vorwerfen können. Denn die innere Festigkeit und Gefühlstiefe desselben kann nur eine geringe sein, wenn es sich durch die Erkenntniß seines Werdeganges gefährdet, ja überhaupt nur berührt glauben kann. Denn wie die echte und tiefste Liebe zu einem Menschen durch die nachträgliche Klarheit über ihre Entstehungsgründe nicht angefochten wird, ja, ihre triumphirende Kraft darin zeigt, daß sie den Fortfall all jener einstmaligen Entstehungsgründe ungebrochen überlebt – so wird alle Stärke des subjektiven religiösen Gefühls erst durch die Sicherheit erwiesen, mit der es in sich ruht und seine Tiefe und Innigkeit ganz jenseits aller Ursprünge stellt, auf die die Erkenntniß es zurückleiten mag.

*Georg Simmel, Zur Soziologie der Religion (1898), in: ders., Aufsätze und Abhandlungen 1894-1900 (Gesamtausgabe Bd. 5), Frankfurt/M. 1992, 266-286*

## 1.3 Religion in den Spannungen der Wertsphären: Max Webers Konstruktion des Weltverhältnisses der Erlösungsreligionen

*Einführung*

1. PERSON UND WERK: Max Weber (*1864 in Erfurt, †1920 in München) wuchs als ältestes von acht Kindern in einer wohlhabenden und angesehenen Familie in Berlin auf. Der Vater – Mitglied des Preußischen Abgeordnetenhauses und des Reichstags – pflegte einen hedonistischen Lebensstil, die Mutter war strenge Calvinistin. Nach dem Studium der Jurisprudenz, Nationalökonomie, Geschichte und Philosophie in Heidelberg, Berlin und Göttingen wurde Max Weber mit Arbeiten zur Rechts- und Wirtschaftsgeschichte promoviert und habilitiert. 1893 zum außerordentlichen Professor für Handels- und deutsches Recht ernannt heiratete er Marianne Schnitger, eine Vorkämpferin der Frauenemanzipation; ein Jahr später übernahm er die Professur für Nationalökonomie in Freiburg. Weber bezeichnete sich selbst als „religiös unmusikalisch", war aber durch den liberalen Protestantismus geprägt. Er engagierte sich zeitweise im ‚Verein für Sozialpolitik' und im ‚Evangelisch-Sozialen Kongress'. 1897 erfolgte der Wechsel auf den Lehrstuhl für Nationalökonomie in Heidelberg, wo das Ehepaar Weber – zum Teil in Hausgemeinschaft mit den Troeltschs – ein Zentrum des intellektuellen und gesellschaftlichen Lebens bildete. Eine schwere Depression erzwang 1903 den Rückzug von der hauptamtlichen Professur. Seine berühmten Arbeiten zur Grundlegung der Soziologie, zur Religionssoziologie, zur politischen Soziologie und Wirtschaftsgeschichte hat Weber als Privatgelehrter und Honorarprofessor verfasst. Die Studie ‚Die Protestantische Ethik und der Geist des Kapitalismus' (1904/5) fasste er mit Untersuchungen zur ‚Wirtschaftsethik der Weltreligionen' in den dreibändigen ‚Gesammelten Aufsätzen zur Religionssoziologie' zusammen (1920). Andere klassische Werke wurden posthum herausgegeben, z.B.: ‚Gesammelte Politische Schriften' (1921), ‚Wirtschaft und Gesellschaft' (1922), ‚Gesammelte Aufsätze zur Wissenschaftslehre' (1922). Den 1. Weltkrieg begleitete er als politischer Publizist. 1919 übernahm Max Weber noch einmal ein Ordinariat für Soziologie in München, starb jedoch kurz darauf an einer Lungenentzündung. Sein äußerst umfangreiches, dennoch fragmentarisch gebliebenes Werk ist in einer Kritischen Gesamtausgabe (1984ff) zugänglich.

2. THEORETISCHER ANSATZ: Weber ist philosophisch durch den Neukantianismus und Nietzsches Lebensphilosophie geprägt. Die Soziologie konzipiert er als „eine Wissenschaft, welche soziales Handeln deutend verstehen und dadurch in seinem Ablauf und seinen Wirkungen ursächlich erklären will" (Wirtschaft und Gesellschaft, 1). Indem Weber soziales Handeln nicht nur als interessenbestimmtes, sondern grundlegender als am Verhalten anderer orientiertes sinnhaftes Handeln auffasst, gewinnt er Zugang zum religiös motivierten Handeln und damit zu den kulturellen Ursprüngen der gesellschaftlichen Ordnung. Im Zentrum seines Werkes steht die Frage nach den religiösen Wurzeln des modernen okzidentalen Rationalismus der Weltbeherrschung. Dabei bedient er sich methodisch der Konstruktion von (in der Realität nie rein auftretenden) „Idealtypen", d.h. der analytischen Auswahl bestimmter Aspekte eines Phänomens, um es von anderen Phänomenen zu unterscheiden und in seiner Entstehung zu erklären. In diesem Sinn besteht Webers berühmter Studie zufolge zwischen „Protestantischer Ethik" und „Geist des Kapitalismus" eine spezifische Wahlverwandtschaft: Die Verbindung von harter Arbeit, innerweltlicher Askese und methodisch-rationaler Lebensführung geht auf den prägenden Einfluss des Calvinismus und die alltagsweltliche Deutung der calvinistischen Prädestinationslehre zurück. Denn diese verbinden die religiöse Aufwertung des weltlichen Berufs mit dem Gedanken, dass der Erfolg der Berufsarbeit Zeichen menschlichen Erwähltseins ist. Allerdings bedarf der siegreiche Kapitalismus der religiösen Stütze nicht mehr, sondern vollendet den modernen Rationalisierungsprozess, der die Religion ins Irrationale abdrängt. Die große Untersuchung über ‚Die Wirtschaftsethik der Weltreligionen' dient dazu, durch einen Vergleich des westlichen Rationalitätstypus mit den östlichen Typen die Genese und das Profil des okzidentalen Sonderweges herauszuarbeiten; sie berücksichtigt außerdem die sozioökonomisch determinierten Interessen sozialer Trägergruppen der Religion.

3. ZUM TEXT: Der Text enthält die wesentlichen Passagen der „Zwischenbetrachtung" aus der ‚Wirtschaftsethik der Weltreligionen', die zwischen die Kapitel über die chinesischen und indischen Kulturreligionen eingeschoben ist (eine frühere Fassung findet sich unter dem Titel „Religiöse Ethik und Welt" im religionssoziologischen Kapitel von ‚Wirtschaft und Gesellschaft'). Weber will in diesem Abschnitt verdeutlichen, aus welchen Motiven religiöse Ethosformen der Weltverneinung entstanden sind und welche Konflikte zwischen der „Brü-

derlichkeitsethik" der „Erlösungsreligion" und den Wertsphären bzw. Lebensordnungen der „Welt" möglich sind. Dazu geht Weber idealtypisch von der Gegenüberstellung von (aktiver) Askese und (passiver) Mystik aus, die jeweils eine stärker innerweltlich-gestaltende oder außerweltlich-weltflüchtige Form annehmen können; die weltflüchtige Mystik des indischen Weisen und die innerweltliche Askese des jüdischen Propheten treten so als äußerster Gegensatz hervor. Bezugsproblem des erlösungsreligiösen Weltverhältnisses ist die Theodizee-Thematik: Die Erfahrung des ungerechten Leidens führt zum Postulat eines jenseitigen Heilsgutes, das – obwohl innerweltlich nicht realisierbar – die Ausbildung eines heilsversichernden „Dauerhabitus" zur Folge hat. Vor diesem Hintergrund sind die abgedruckten Passagen dem Spannungsverhältnis der Erlösungsreligion zu den Sphären der Ökonomie, Politik, Ästhetik, Erotik und Wissenschaft gewidmet.

4. Bedeutung für den religionssoziologischen Diskurs: Weit über die vieldiskutierte Protestantismus-Kapitalismus-These hinaus stellen die Arbeiten Max Webers den eindrucksvollsten Beitrag der Soziologie zum Verständnis der Ursprünge der westlichen Kultur und ihrer Probleme dar. Im Rahmen seines kultursoziologischen Ansatzes tritt die zentrale Rolle der Religion für die Lebensführung und die institutionelle gesellschaftliche Ordnung hervor. Seine skeptische Diagnose der religiösen Lage angesichts des neuzeitlichen Prozesses der „Entzauberung" der Welt und des „Polytheismus der Werte" ist nicht Ausdruck eines fortschrittsoptimistischen Säkularisierungstheorems, sondern einer illusionslosen Sicht der inneren Widersprüche der modernen Gesellschaft, der Weber nur durch den Dezisionismus individueller Entscheidung zu begegnen wusste. Unabhängig von dieser weltanschaulichen Option sind das methodische Instrumentarium seiner Religionssoziologie, die Analyse der Interdependenz von Weltbildern und religiösen Ethosformen einerseits, Interessen und Sozialstruktur andererseits, die Ansätze zur Typologie der Religiosität, ihrer Träger und ihrer Vergemeinschaftungsformen von unvermindert aktueller Bedeutung.

*Hans-Richard Reuter*

*Text*

## Zwischenbetrachtung : Theorie der Stufen und Richtungen religiöser Weltablehnung

[...] Prophetische und Heilands-Religionen lebten, wie alles soeben Gesagte als selbstverständlich voraussetzt, in einem großen und entwicklungsgeschichtlich besonders wichtigen Bruchteil der Fälle in einem nicht nur (wie nach der angenommenen Terminologie selbstverständlich ist) akuten, sondern in einem dauernden Spannungsverhältnis zur Welt und ihren Ordnungen. Und zwar, je mehr sie eigentliche Erlösungsreligionen waren, desto mehr. Dies folgte aus dem Sinn der Erlösung und dem Wesen der prophetischen Heilslehre, sobald diese sich, und um so mehr, je prinzipieller sie sich zu einer rationalen und dabei an *innerlichen* religiösen Heilsgütern als Erlösungsmitteln orientierten Ethik entwickelte. Je mehr sie, heißt das im üblichen Sprachgebrauch, vom Ritualismus hinweg zur „Gesinnungsreligiosität" sublimiert wurde. Und zwar wurde die Spannung von ihrer Seite her um so stärker, je weiter auf der anderen Seite die Rationalisierung und Sublimierung des äußerlichen und innerlichen Besitzes der (im weitesten Sinne) „weltlichen" Güter auch ihrerseits fortschritt. Denn die Rationalisierung und bewußte Sublimierung der Beziehungen des Menschen zu den verschiedenen Sphären äußeren und inneren, religiösen und weltlichen, Güterbesitzes drängte dann dazu: *innere Eigengesetzlichkeiten* der einzelnen Sphären in ihren Konsequenzen *bewußt* werden und dadurch in jene Spannungen zueinander geraten zu lassen, welche der urwüchsigen Unbefangenheit der Beziehung zur Außenwelt verborgen blieben. Es ist dies eine ganz allgemeine, für die Religionsgeschichte sehr wichtige Folge der Entwicklung des (inner- und außerweltlichen) Güterbesitzes zum Rationalen und bewußt Erstrebten, durch *Wissen* Sublimierten. Machen wir uns an einer Reihe dieser Güter die typischen Erscheinungen, die bei sehr verschiedenen religiösen Ethiken irgendwie wiederkehren, klar.

Wenn die Erlösungsprophetie Gemeinschaften auf rein religiöser Grundlage schuf, so war die erste Macht, mit welcher sie in Konflikt geriet, und welche durch sie Entwertung zu befürchten hatte, die naturgegebene *Sippen*gemeinschaft. Wer seinen Hausgenossen, Vater und Mutter, nicht feind sein kann, der kann kein Jesus-Jünger sein: „Ich bin nicht gekommen, den Frieden zu bringen, sondern das

Schwert" heißt es (Matth. 10, 34) in diesem (und, wohlgemerkt: nur in diesem) Zusammenhang. Gewiß reglementierte die weit überwiegende Mehrzahl aller Religionen auch die innerweltlichen Pietätsbande. Aber daß der Heiland, Prophet, Priester, Beichtvater, Bruder im Glauben dem Gläubigen letztlich näher zu stehen habe, als die natürliche Anverwandtschaft und Ehegemeinschaft rein als solche, verstand sich um so mehr von selbst, je weitgreifender und innerlicher das Ziel der Erlösung gefaßt wurde. Unter mindestens relativer Entwertung jener Beziehungen und unter Sprengung der magischen Gebundenheit und Exklusivität der Sippen schuf die Prophetie, vor allem, wo sie zur soteriologischen Gemeindereligiosität wurde, eine neue soziale Gemeinschaft. Innerhalb dieser entwickelte sie nun eine religiöse Brüderlichkeitsethik. Zunächst meist unter einfacher Uebernahme der urwüchsigen Grundsätze sozialethischen Verhaltens, welche der „Nachbarschaftsverband": die Gemeinschaft der Dorf-, Sippen-, Zunft-, Schiffahrts-, Jagdzugs-, Heereszuges-Genossen, darbot. Diese aber kannten zwei elementare Grundsätze: I. den Dualismus der Binnen- und Außenmoral, 2. für die Binnenmoral die einfache Reziprozität: „Wie du mir, so ich dir". Als den ökonomischen Ausfluß dieser Grundsätze aber: das Prinzip der brüderlichen Nothilfepflicht, beschränkt auf die Binnenmoral: entgeltlose Gebrauchsleihe, zinsloses Darlehen, Gastfreiheits- und Unterstützungspflicht des Besitzenden und Vornehmen gegenüber dem Unbemittelten, unentgoltene Bittarbeit auf dem Nachbar- und ebenso auf dem Herrenhof gegen bloßen Unterhalt. Alles nach dem – natürlich nicht rational *erwogenen*, wohl aber im *Gefühl* mitschwingenden – Grundsatz: was heute dir mangelt, kann morgen mir mangeln. Dementsprechend die Beschränkung des Feilschens (bei Tausch und Leihe) und der dauernden Versklavung (z. B. als Folge von Schulden) auf die nur gegenüber dem Ungenossen geltende Außenmoral. Die Gemeindereligiosität übertrug diese alte ökonomische Nachbarschaftsethik auf die Beziehung zum Glaubensbruder. Die Nothilfepflicht der Vornehmen und Reichen für Witwen und Waisen, für den kranken und verarmten Glaubensbruder, das Almosen des Reichen zumal, von dem die heiligen Sänger und Magier ebenso wie die Asketen ökonomisch abhingen, wurden Grundgebote aller ethisch rationalisierten Religionen der Welt. Bei den Erlösungsprophetien im besonderen war nun das allen Bekennern gemeinsame, wirkliche oder stets drohende, äußere oder innere *Leiden* das konstitutive Prinzip ihrer Gemeinschaftsbeziehung. Je rationaler und gesinnungsethisch sublimierter die Idee der Erlösung gefaßt wurde, desto mehr steigerten sich daher jene aus

der Reziprozitätsethik des Nachbarschaftsverbandes erwachsenen
Gebote äußerlich und innerlich. Aeußerlich bis zum brüderlichen
Liebeskommunismus, innerlich aber zur Gesinnung der Caritas, der
Liebe zum Leidenden als solchen, der Nächstenliebe, Menschenliebe
und schließlich: der Feindesliebe. Die Schranke des Glaubensban-
des und schließlich die Tatsache des Hasses erschienen angesichts
der Konzeption der Welt als einer Stätte unverdienten Leidens nun
als Folgen der gleichen Unvollkommenheiten und Verderbtheiten alles Empirischen, die auch das Leiden verschulden. Rein psycholo-
gisch wirkte dabei allgemein in der gleichen Richtung vor allem die
eigentümliche Euphorie aller Arten von sublimierter religiöser Ekstase. Von der andächtigen Rührung bis zum Gefühl des unmittelbaren Besitzes der Gemeinschaft mit Gott neigten sie alle zum Ausströ-
men in einen objektlosen Liebesakosmismus. Die tiefe ruhige
Seligkeit aller Helden akosmistischer Güte schmolz deshalb in den
Erlösungsreligionen stets mit dem erbarmungsvollen Wissen um die
natürliche Unvollkommenheit wie des eigenen, so alles menschlichen
Wesens zusammen. Dabei konnte freilich die psychologische Färbung sowohl wie die rationale ethische Deutung dieser inneren Haltung im übrigen sehr verschiedenen Charakter haben. Stets aber lag
ihre ethische Anforderung irgendwie in der Richtung einer universalistischen Brüderlichkeit über alle Schranken der sozialen Verbände,
oft einschließlich des eigenen Glaubensverbandes, hinweg. Immer
stieß diese religiöse Brüderlichkeit, je mehr sie in ihren Konsequenzen durchgeführt wurde, desto härter mit den Ordnungen und Werten der Welt zusammen. Und zwar pflegte – und darauf kommt es
hier an – je mehr diese ihrerseits nach ihren Eigengesetzlichkeiten
rationalisiert und sublimiert wurden, desto unversöhnlicher dieser
Zwiespalt sich geltend zu machen.

Am offensichtlichsten wurde dies in der *ökonomischen* Sphäre.
Alle urwüchsige, sei es magische oder mystagogische Beeinflussung
der Geister und Götter im Interesse von *Einzel*interessen erstrebte,
neben langem Leben, Gesundheit, Ehre, Nachfahren und, eventuell,
Besserung des Jenseitsschicksals, den Reichtum als selbstverständ-
liches Ziel, die eleusinischen Mysterien ebenso wie die phönikische
und vedische Religion, die chinesische Volksreligion, das alte Judentum, der alte Islam und die Verheißungen für die frommen hinduistischen und buddhistischen Laien. Dagegen die sublimierte Erlösungsreligion und die rationalisierte Wirtschaft gerieten in
zunehmende Spannung zueinander. Rationale Wirtschaft ist sachlicher *Betrieb*. Orientiert ist sie an *Geld*preisen, die im Interessen-

kampf der Menschen untereinander auf dem *Markt* entstehen. Ohne
Schätzung in Geldpreisen, also: ohne jenen Kampf, ist keinerlei *Kalkulation* möglich. Geld ist das Abstrakteste und „Unpersönlichste",
was es im Menschenleben gibt. Der Kosmos der modernen rationalen kapitalistischen Wirtschaft wurde daher, je mehr er seinen immanenten Eigengesetzlichkeiten folgte, desto unzugänglicher jeglicher
denkbaren Beziehung zu einer religiösen Brüderlichkeitsethik. Und
zwar nur immer mehr, je rationaler und damit unpersönlicher er wurde. Denn man konnte zwar die persönliche Beziehung zwischen Herren und Sklaven ethisch restlos regulieren, eben weil sie persönlich
war. Nicht aber – wenigstens nicht im gleichen *Sinn* und mit dem
gleichen *Erfolg* – die zwischen den wechselnden Inhabern von Pfandbriefen und den ihnen unbekannten und ebenfalls wechselnden
Schuldnern der Hypothekenbank, zwischen denen keinerlei persönliches Band bestand. Versuchte man es doch, so waren die Folgen
die, welche wir in China kennen lernten: *Hemmung* der formalen Rationalität. Denn formale und materiale Rationalität standen hier im
Konflikt miteinander. Gerade die Erlösungsreligionen haben daher,
– obwohl in ihnen, wie wir sahen, selbst die Tendenz zu einer eigenartigen Verunpersönlichung der Liebe im Sinne des Akosmismus lag,
– mit tiefem Mißtrauen die Entfaltung der in einem anderen Sinne
ebenfalls unpersönlichen, aber eben dadurch spezifisch brüderlichkeitsfeindlichen ökonomischen Mächte betrachtet. Das katholische
„Deo placere non potest" war dauernd für ihre Stellung zum Erwerbsleben charakteristisch, und bei aller rationalen Erlösungsmethodik
wurde die Warnung vor dem Haften an Geld und Gut bis zur Perhorreszierung gesteigert. – Die Gebundenheit der religiösen Gemeinschaften selbst, ihrer Propaganda und Selbstbehauptung, an ökonomische Mittel und ihre Akkommodation an die Kulturbedürfnisse
und Alltagsinteressen der Massen zwang sie zu jenen Kompromissen, für welche die Geschichte der Zinsverbote nur *ein* Beispiel ist.
Die Spannung selbst aber war für eine echte Erlösungsethik letztlich
kaum überwindlich.

Die religiöse Virtuosenethik hat auf das Spannungsverhältnis am
äußerlich radikalsten durch Ablehnung des ökonomischen Güterbesitzes reagiert. Die weltflüchtige Askese durch Verbot des Individualbesitzes des Mönchs, Existenz durchweg von eigner Arbeit, und
vor allem auch: entsprechende Einschränkung der Bedürfnisse auf
das absolut Unentbehrliche. Die Paradoxie aller rationalen Askese:
daß sie den Reichtum, den sie ablehnte, selbst schuf, hat dabei dem
Mönchtum aller Zeiten in gleicher Art das Bein gestellt. Ueberall

wurden Tempel und Klöster ihrerseits selbst Stätten rationaler Wirtschaft. – Die weltflüchtige Kontemplation konnte in prinzipieller Wendung nur den Grundsatz aufstellen: daß der besitzlose Mönch, für den die Arbeit ja etwas ihn von der Konzentration auf das kontemplative Heilsgut Abziehendes war, überhaupt nur das genießen dürfe, was ihm von der Natur und den Menschen freiwillig dargeboten werde: Beeren und Wurzeln und freie Almosen. Auch sie machte, durch Schaffung von Bettelsprengeln, ihre Kompromisse (so in Indien). – Der Spannung prinzipiell und *innerlich* zu entgehen, gab es nur zwei konsequente Wege. Einmal die Paradoxie der puritanischen Berufsethik, welche, als Virtuosenreligiosität, auf den Universalismus der Liebe verzichtete, alles Wirken in der Welt als Dienst in Gottes, in seinem letzten Sinn ganz unverständlichen, aber nun einmal allein erkennbaren positiven Willen und Erprobung des Gnadenstandes rational versachlichte und damit auch die Versachlichung des mit der ganzen Welt als kreatürlich und verderbt entwerteten ökonomischen Kosmos als gottgewollt und Material der Pflichterfüllung hinnahm. Das war im letzten Grunde der prinzipielle Verzicht auf Erlösung als ein durch Menschen und für jeden Menschen erreichbares Ziel zugunsten der grundlosen, aber stets nur partikulären Gnade. Eine eigentliche „Erlösungsreligion" war dieser Standpunkt der Unbrüderlichkeit in Wahrheit nicht mehr. Für eine solche gab es nur die Uebersteigerung der Brüderlichkeit zu jener den Liebesakosmismus des Mystikers ganz rein darstellenden, nach dem Menschen, dem und für welchen sie sich opfert, überhaupt nicht mehr fragenden, an ihm im letzten Grunde kaum noch interessierten „Güte", die ein für allemal das Hemd gibt, wo der Mantel gefordert wird, an jeden, der ihr zufällig in den Weg kommt, und nur, weil er ihr in den Weg kommt: – eine eigentümliche Weltflucht in Gestalt objektloser Hingabe an jeden Beliebigen, nicht um des Menschen, sondern rein um der Hingabe als solcher, mit Baudelaires Worten: um der „heiligen Prostitution der Seele", willen. –

Die Spannung gegenüber den *politischen* Ordnungen der Welt mußte für die konsequente Brüderlichkeitsethik der Erlösungsreligionen ebenso scharf werden. Für die magische und Funktionsgötter-Religiosität bestand das Problem nicht. Der alte Kriegsgott und der Gott, der die Rechtsordnung garantierte, waren Funktionsgötter, welche unbezweifelte Alltagsgüter schützten. Den Lokal-, Stammes- und Reichsgott gingen nur die Interessen seiner Verbände an. Er hatte gegen andere seinesgleichen zu kämpfen wie die Gemeinschaft selbst und gerade im Kampf seine göttliche Macht zu bewähren. Das

Problem entstand vielmehr erst mit Sprengung dieser Schranken durch universalistische Religionen, mit dem einheitlichen Welt-Gott also, und in voller Stärke da, wo dieser ein Gott der „Liebe" sein sollte: – für die Erlösungsreligion auf dem Boden der Brüderlichkeitsforderung. Und zwar auch hier, wie bei der ökonomischen Sphäre, je rationaler die politische Ordnung wurde, desto mehr. Sachlich, „ohne Ansehen der Person", „sine ira et studio", ohne Haß und daher ohne Liebe, verrichtet der bureaukratische Staatsapparat und der ihm eingegliederte rationale homo politicus, ebenso wie der homo oeconomicus, seine Geschäfte einschließlich der Bestrafung des Unrechtes gerade dann, wenn er sie im idealsten Sinne der rationalen Regeln staatlicher Gewaltordnung erledigt. Auch er ist daher kraft ihrer Verunpersönlichung einer materialen Ethisierung, so sehr der Anschein für das Gegenteil besteht, in wichtigen Punkten weniger zugänglich als die patriarchalen Ordnungen der Vergangenheit, welche auf persönlichen Pietätspflichten und konkreter persönlicher Würdigung des Einzelfalles gerade „unter Ansehung der Person" beruhten. Denn der gesamte Gang der innerpolitischen Funktionen des Staatsapparates in Rechtspflege und Verwaltung reguliert sich trotz aller „Sozialpolitik" letzten Endes unvermeidlich stets wieder an der sachlichen Pragmatik der Staatsräson: an dem absoluten – für jede universalistische Erlösungsreligion letztlich sinnlos erscheinenden – Selbstzweck der Erhaltung (oder Umgestaltung) der inneren und äußeren Gewaltverteilung. Erst recht galt und gilt dies für die Außenpolitik. Der Appell an die nackte Gewaltsamkeit der Zwangsmittel nach außen nicht nur, sondern auch nach innen ist jedem politischen Verband schlechthin wesentlich. Vielmehr: er ist das, was ihn für unsere Terminologie zum politischen Verband erst macht: der „Staat" ist derjenige Verband, der das Monopol *legitimer Gewaltsamkeit* in Anspruch nimmt, – anders ist er nicht zu definieren. Dem: „Widerstehet nicht dem Uebel mit Gewalt" der Bergpredigt setzt er das: „Du *sollst* dem Recht auch mit *Gewalt* zum Siege verhelfen, – bei eigener Verantwortung für das Unrecht" entgegen. Wo das fehlte, da fehlte der „Staat": der pazifistische „Anarchismus" wäre ins Leben getreten. Gewalt und Bedrohung mit Gewalt gebiert aber nach einem unentrinnbaren Pragma alles Handelns unvermeidlich stets erneut Gewaltsamkeit. Die Staatsräson folgt dabei, nach außen wie nach innen, ihren Eigengesetzlichkeiten. Und der *Erfolg* der Gewalt oder Gewaltandrohung selbst hängt natürlich letztlich von Machtverhältnissen und *nicht* vom ethischen „*Recht*" ab, selbst wenn man objektive Kriterien eines solchen überhaupt als auffindbar ansieht. Jedenfalls muß jeder religiösen Rationalisierung bei konsequenter Besinnung die gerade für den rationalen Staat – im Gegensatz zum unbefangenen naturwüchsigen Heldentum – typische Erscheinung des völlig gutgläubigen „Rechthabens" einer jeden der im Gewaltkampf einander gegenübertretenden Gruppen oder Gewalthaber nur als eine Aeffung der Ethik und vollends das Hineinziehen Gottes in die politischen Gewaltkampf als ein Unnützlichführen seines Namens gelten, dem gegenüber die gänzliche Ausschaltung alles Ethischen aus dem politischen Räsonnement als das Reinlichere und allein Ehrliche erscheinen kann. Alle Politik muß ihr nur um so brüderlichkeitsfremder gelten, je „sachlicher" und berechnender, je freier von leidenschaftlichem Gefühl, Zorn und Liebe, sie ist.

Die Fremdheit beider Sphären gegeneinander bei voller Rationalisierung jeder von beiden wirkt sich nun aber besonders scharf noch darin aus, daß in entscheidenden Punkten die Politik, im Gegensatz zur Oekonomik, als direkte Konkurrentin der religiösen Ethik aufzutreten vermag. Der *Krieg* als die realisierte Gewaltandrohung schafft, gerade in den modernen politischen Gemeinschaften, ein Pathos und ein Gemeinschaftsgefühl und löst dabei eine Hingabe und bedingungslose Opfergemeinschaft der Kämpfenden und überdies eine Arbeit des Erbarmens und der alle Schranken der naturgegebenen Verbände sprengenden Liebe zum Bedürftigen als Massenerscheinung aus, welcher die Religionen im allgemeinen nur in Heroengemeinschaften der Brüderlichkeitsethik ähnliches zur Seite zu stellen haben. Und darüber hinaus leistet der Krieg dem Krieger selbst etwas, seiner konkreten Sinnhaftigkeit nach, Einzigartiges: in der Empfindung eines Sinnes und einer Weihe des Todes, die nur ihm eigen ist. Die Gemeinschaft des im Felde stehenden Heeres fühlt sich heute, wie in den Zeiten der Gefolgschaft, als eine Gemeinschaft bis zum Tode: die größte ihrer Art. Und von jenem Sterben, welches gemeines Menschenlos ist und gar nichts weiter, ein Schicksal, welches jeden ereilt, ohne daß je gesagt werden könnte, warum gerade ihn und gerade jetzt, welches ein Ende setzt, wo doch gerade mit steigender Entfaltung und Sublimierung der Kulturgüter ins Unermeßliche hinein stets nur ein Anfang sinnvoll sein zu können scheint: – von diesem lediglich unvermeidlichen Sterben scheidet sich der Tod im Felde dadurch, daß hier, und in dieser Massenhaftigkeit *nur* hier, der Einzelne zu wissen *glauben* kann daß er „für" etwas stirbt. Daß, warum und wofür er den Tod bestehen muß, kann ihm – und außer ihm nur dem, der „im Beruf" umkommt – in aller Regel so zweifellos sein, daß das Problem des „Sinnes" des Todes in jener allgemeinsten Bedeutung, in welchem sich die Erlösungsreligionen mit ihm zu befassen veranlaßt sind, gar keine Voraussetzungen seiner Entstehung findet. Diese Leistung einer Einstellung des Todes in die Reihe der sinnvollen und geweihten Geschehnisse liegt letztlich allen Versuchen, die Eigenwürde des politischen Gewaltsamkeitsverbandes zu stützen, zugrunde. Die Art aber, wie der Tod hier als sinnvoll erfaßt werden kann, liegt nach radikal anderen Richtungen als eine Theodicee des Todes in einer Brüderlichkeitsreligiosität. Dieser muß die Brüderlichkeit der kriegsverbundenen Menschengruppe als bloßer Reflex der technisch raffinierten Brutalität des Kampfes entwertet scheinen und jene innerweltliche Weihe des Kriegstodes als Verklärung des Brudermordes. Und gerade die Außeralltäglichkeit der Kriegsbrüderlichkeit und des Kriegstodes, welche er mit dem heiligen Charisma und dem Erlebnis der Gottesgemeinschaft teilt, steigert die Konkurrenz auf die äußerst mögliche Höhe. – Konsequente Lösungen gibt es auch hier nur einerseits: für den Gnadenpartikularismus der puritanischen Berufsaskese, welcher an feststehende offenbarte Gebote des im übrigen ganz unverständlichen Gottes glaubt und dessen Willen dahin versteht: daß diese Gebote dieser kreatürlichen und deshalb der Gewaltsamkeit und ethischen Barbarei unterworfenen Welt eben auch durch deren eigene Mittel: Gewalt, aufgezwungen werden sollen. Das bedeutet aber dann mindestens Schranken der Brüderlichkeitspflicht im Interesse von Gottes „Sache". Andererseits: für den radikalen Antipolitismus der mystischen Heilssuche mit ihrer akosmistischen Güte und Brüderlichkeit, welche mit dem Satz: „Widerstehe nicht dem Uebel" und mit der in den Augen jeder selbstsicheren weltlichen Heldenethik notwendig ordinären und würdelosen Maxime vom „Hinhalten des andern Backens" dem für alles politische Handeln unentrinnbaren Gewaltsamkeitspragma sich entzieht. Alle anderen Lösungen sind mit Kompromissen oder der echten Brüderlichkeitsethik notwendig unehrlich erscheinenden oder unannehmbaren Voraussetzungen belastet. – Einige dieser Lösungen erwecken als Typen trotzdem ein prinzipielles Interesse.

Jede Organisation der Erlösung in einer universalistischen Gnaden*anstalt* wird sich für die Seelen aller, oder doch aller ihr anvertrauten, Menschen vor Gott verantwortlich und daher berechtigt und verpflichtet fühlen, auch mit rücksichtsloser Gewalt ihrer Gefährdung durch Irreleitung im Glauben entgegenzutreten und die Ausbreitung der rettenden Gnadenmittel zu fördern. Und auch der Heilsaristokratismus gebiert, wo er, wie im Calvinismus (in anderer Art

im Islam), mit dem Gebot seines Gottes belastet ist: zu dessen Ruhm
die Welt der Sünde zu bändigen, die Erscheinung des aktiven „Glau-
benskämpfers". Zugleich aber die Scheidung des „heiligen" oder
„gerechten", d. h. zur Vollstreckung von Gottes Gebot, um des Glaubens willen, unternommenen Krieges, der stets in irgendeinem Sinne ein Religionskrieg ist, von allen andern, rein weltlichen und daher tief entwerteten, Kriegsunternehmungen. Den Zwang, an solchen
nicht als heilig und Gottes Willen entsprechend feststehenden, nicht
vom eignen Gewissen bejahten, Kriegen der politischen Gewalten
teilzunehmen, wird er daher – wie das siegreiche Cromwellsche Heer
der Heiligen in seiner Stellungnahme gegen den Militärdienstzwang
tat – ablehnen, das Söldnertum also dem Zwang zum Kriegsdienst
vorziehen. Für den Fall der Vergewaltigung von Gottes Willen durch
Menschen, insbesondere des Glaubens wegen, wird er kraft des Satzes: daß man Gott mehr gehorchen müsse als den Menschen, die Konsequenz der aktiven Glaubensrevolution ziehen. – Genau umgekehrt
war die Stellungnahme z. B. der lutherischen Anstaltsreligiosität. Unter Ablehnung des Glaubenskrieges und des aktiven Widerstandsrechts gegen weltliche Vergewaltigung des Glaubens, als einer die
Erlösung in das Gewaltpragma hineinverflechtenden Eigenmächtig-
keit, kannte sie auf diesem Gebiet nur die passive Resistenz, bejahte
dagegen die Unbedenklichkeit des Gehorsams gegen die Weltobrig-
keit auch da, wo diese weltlichen Krieg befahl, weil sie, und nicht
der Einzelne, die Verantwortung trage und weil die ethische Selbständigkeit der Ordnung der weltlichen Gewalt, im Gegensatz zur innerlich universalistischen (katholischen) Heilsanstalt, anerkannt wurde. Jener Einschlag mystischer Religiosität, der dem persönlichen
Christentum Luthers eignete, zog hier halbe Konsequenzen. Denn die
eigentlich mystische oder pneumatische, religiös charismatische,
Heilssuche der religiösen Virtuosen ist naturgemäß überall apolitisch
oder antipolitisch gewesen. Sie hat die Selbständigkeit der irdischen
Ordnungen zwar bereitwillig anerkannt, aber nur um daraus konsequent auf ihren radikal diabolischen Charakter zu schließen oder,
zum mindesten, jenen absoluten Indifferenzstandpunkt zu ihnen ein-
zunehmen, dessen Ausdruck der Satz war: „Gebt dem Kaiser, was
des Kaisers ist" (denn: was kommt auf diese Dinge für das Heil an?).
    Die eigene Verflochtenheit der religiösen Organisationen in
Machtinteressen und Machtkämpfe, der stets unvermeidliche Kollaps
auch der höchstgesteigerten Spannungsverhältnisse gegen die Welt
in Kompromisse und Relativierungen, die Eignung und der Gebrauch
der religiösen Organisationen zur politischen Domestikation der

Massen, das Bedürfnis insbesondere nach religiöser Legitimitäts-
weihe der bestehenden Gewalten bedingten die untereinander überaus verschiedenen empirischen Stellungnahmen der Religionen zum
politischen Handeln, welche die Geschichte aufweist. Fast alle waren Formen der Relativierung der religiösen Heilswerte und ihrer
ethisch rationalen Eigengesetzlichkeit. Ihr praktisch bedeutendster
Typus aber war die *„organische"* Sozialethik, welche in mannigfa-
chen Formen verbreitet war und deren Berufskonzeptionen das prinzipiell wichtigste Gegenbild gegen den Berufsgedanken der innerweltlichen Askese bildeten.

Auch sie steht (wo sie religiös unterbaut ist) auf dem Boden der
„Brüderlichkeit". Aber im Gegensatz zum mystischen Liebesakosmismus ist es eine kosmische, rationale, Brüderlichkeitsforderung,
die sie beherrscht. Die erfahrungsgemäße Ungleichheit des religiösen Charismas ist der Ausgangspunkt. Eben dies: daß darnach das
Heil nur Einigen, nicht Allen, zugänglich sein soll, ist ihr das Uner-
trägliche. Ihre Sozialethik sucht daher eben diese Ungleichheit der
charismatischen Qualifikationen in Verbindung mit der weltlichen
ständischen Gliederung zu einem Kosmos berufsteilig geordneter
gottgewollter Leistungen zusammenzubiegen, innerhalb dessen jedem Einzelnen und jeder Gruppe nach persönlichem Charisma und
schicksalsbedingter sozialer und ökonomischer Lage bestimmte Aufgaben zufallen. In der Regel stehen sie im Dienste der zugleich so-
zialutilitarisch und providentiell interpretierten Verwirklichung eines
bei allem Kompromißcharakter dennoch Gott wohlgefälligen Zustandes, welcher angesichts der Sündenverderbtheit der Welt wenigstens
eine relative Bändigung der Sünde und des Leidens und die Bewahrung und Errettung wenigstens möglichst vieler gefährdeter Seelen
für das Gottesreich ermöglicht. Die weit pathetischere Theodicee,
welche die indische Karmalehre gerade umgekehrt vom Standpunkt
der rein an den Interessen des Individuums orientierten Heilspragmatik aus der organischen Gesellschaftslehre zuteil werden ließ,
werden wir bald kennen lernen. Ohne diese sehr besondersartige Verknüpfung bleibt jede organische Gesellschaftsethik für den Standpunkt der radikalen, mystischen, religiösen Brüderlichkeitsethik unvermeidlich eine Akkommodation an die Interessen der weltlich
privilegierten Schichten, während ihr, vom Standpunkt der innerweltlichen Askese aus gesehen, der innere Antrieb zu einer ethischen
Durchrationalisierung des individuellen Lebens abgeht. Denn es fehlt
ihr dann eine Prämie für die rationale *methodische* Gestaltung des
Lebens des einzelnen durch diesen selbst im Interesse des eigenen

Heils. Der organischen Heilspragmatik ihrerseits muß dagegen der
Heilsaristokratismus der innerweltlichen Askese mit ihrer rationalen
Versachlichung der Lebensordnungen als die härteste Form der Lieblosigkeit und Unbrüderlichkeit, derjenige der Mystik aber als subli-
miertes, in Wahrheit unbrüderliches Genießen nur des eigenen Charisma gelten, dem der planlose Liebesakosmismus nur egoistisches
Mittel eigener Heilssuche wird. Beide verdammen ja die soziale Welt
letztlich zur absoluten Sinnlosigkeit oder mindestens Gottes Ziele mit
ihr zur vollkommenen Unverständlichkeit. Der Rationalismus der religiösen organischen Gesellschaftslehre erträgt diesen Gedanken
nicht und sucht seinerseits die Welt als einen in aller Sündenverderbtheit doch die Spuren des göttlichen Heilsplanes an sich tragenden,
also mindestens relativ rationalen Kosmos zu erfassen. Eben diese
Relativierung aber ist dem absoluten Charismatismus der Virtuosenreligiosität das eigentlich Verwerfliche und Heilsfremde. [...]

Wenn die religiöse Brüderlichkeitsethik mit den Eigengesetzlichkeiten des zweckrationalen Handelns in der Welt in Spannung lebt,
so nicht minder mit jenen innerweltlichen Mächten des Lebens, deren Wesen von Grund aus arationalen oder antirationalen Charakters
ist. Vor allem mit der ästhetischen und erotischen Sphäre.

Mit der ersteren steht die magische Religiosität in intimster Beziehung. Idole, Ikonen und andere religiöse Artefakte, magische Stereotypierung ihrer erprobten Formungen als erste Stufe der Ueberwindung des Naturalismus durch einen fixierten „Stil“, Musik als
Mittel der Ekstase oder des Exorzismus oder apotropäischer Magie,
Zauberer als heilige Sänger und Tänzer, die magisch erprobten und
daher magisch stereotypierten Tonverhältnisse als früheste Vorstufen
von Tonalitäten, der magisch und als Mittel der Ekstase erprobte
Tanzschritt als eine der Quellen der Rhythmik, Tempel und Kirchen
als größte aller Bauten, unter stilbildender Stereotypierung der Bau-
aufgabe durch ein für allemal feststehende Zwecke und der Baufor-
men durch magische Erprobtheit, Paramente und Kirchengeräte aller Art als kunstgewerbliche Objekte in Verbindung mit dem durch
religiösen Eifer bedingten Reichtum der Tempel und Kirchen: dies
alles machte von jeher die Religion zu einer unerschöpflichen Quelle künstlerischer Entfaltungsmöglichkeiten einerseits, der Stilisierung durch Traditionsbindung andererseits. – Für die religiöse Brüderlichkeitsethik ebenso wie für den apriorischen Rigorismus ist die
Kunst als Trägerin magischer Wirkungen nicht nur entwertet, sondern direkt verdächtig. Die Sublimierung der religiösen Ethik und
Heilssuche einerseits und die Entfaltung der Eigengesetzlichkeit der

Kunst andererseits neigen ja schon auch an sich zur Herausarbeitung eines zunehmenden Spannungsverhältnisses. Alle sublimierte Erlösungsreligiosität blickt allein auf den Sinn, nicht auf die Form, der für das Heil relevanten Dinge und Handlungen. Die Form entwertet sich ihr zum Zufälligen, Kreatürlichen, vom Sinn Ablenkenden. Von seiten der Kunst kann zwar das unbefangene Verhältnis gerade dann ungebrochen bleiben oder sich immer wieder herstellen, solange und so oft das bewußte Interesse des Rezipierenden naiv am Inhalt des Geformten, nicht an der Form rein als solcher haftet, und solange die Leistung des Schaffenden sich entweder als (ursprünglich: magisches) Charisma des „Könnens" oder als ein freies Spiel fühlt. Indessen die Entfaltung des Intellektualismus und die Rationalisierung des Lebens verschieben diese Lage. Die Kunst konstituiert sich nun als ein Kosmos immer bewußter erfaßter selbständiger Eigenwerte. Sie übernimmt die Funktion einer, gleichviel wie gedeuteten, innerweltlichen *Erlösung*: vom Alltag und, vor allem, auch von dem zunehmenden Druck des theoretischen und praktischen Rationalismus. Mit diesem Anspruch aber tritt sie in direkte Konkurrenz zur Erlösungsreligion. Gegen diese innerweltliche irrationale Erlösung muß sich jede rationale religiöse Ethik wenden als gegen ein Reich des, von ihr aus gesehen, verantwortungslosen Genießens und: geheimer Lieblosigkeit. In der Tat neigt ja die Ablehnung der Verantwortung für ein ethisches Urteil, wie sie intellektualistischen Zeitaltern, infolge teils subjektivistischen Bedürfnisses, teils der Angst vor dem Anschein traditionell-philiströser Befangenheit, zu eignen pflegt, dazu: ethisch gemeinte Werturteile in Geschmacksurteile umzuformen („geschmacklos" statt: „verwerflich"), deren Inappellabilität die Diskussion ausschließt. Gegenüber der „Allgemeingültigkeit" der ethischen Norm, welche wenigstens insofern Gemeinschaft stiftet, indem sich der einzelne, der einem Tun ethisch ablehnend aber menschlich mitlebend gegenübersteht, sich ihr selbst, um die eigene kreatürliche Bedürftigkeit wissend, mit unterstellt, *kann* diese Flucht vor der Notwendigkeit rationaler ethischer Stellungnahme sich der Erlösungsreligion sehr wohl als eine tiefste Form unbrüderlicher Gesinnung darstellen. Dem künstlerisch Schaffenden aber wie dem ästhetisch erregten Rezipierenden andererseits wird die ethische Norm als solche leicht als Vergewaltigung des eigentlich Schöpferischen und Persönlichsten erscheinen können. Die irrationalste Form des religiösen Sichverhaltens aber, das mystische Erlebnis, ist in seinem innersten Wesen nicht nur formfremd, unformbar und unaussagbar, sondern formfeindlich, weil es gerade im Gefühl der Sprengung aller Formen das Eingehen in das jenseits jeder Art von Bedingtheit und Formung liegende All-Eine erhoffen zu können glaubt. Ihm kann die unzweifelhafte psychologische Verwandtschaft der künstlerischen mit der religiösen Erschütterung nur ein Symptom des diabolischen Charakters jener bedeuten. Gerade die Musik, die „innerlichste" der Künste, vermag in ihrer reinsten Form: der Instrumentalmusik, als eine durch die Eigengesetzlichkeit eines nicht im *Innern* lebenden Reiches vorgetäuschte, verantwortungslose Surrogatform des ersten religiösen Erlebens zu erscheinen: die bekannte Stellungnahme des Tridentiner Konzils dürfte auf diese Empfindung mit zurückgehen. Die Kunst wird dann „Kreaturvergötterung", konkurrierende Macht und täuschendes Blendwerk, das Bildnis und Gleichnis religiöser Dinge rein als solches Blasphemie.

In der empirischen Realität der Geschichte freilich hat diese psychologische Verwandtschaft immer erneut zu jenen für die Kunstentwicklung bedeutsamen Bündnissen geführt, welche die große Mehrzahl aller Religionen irgendwie eingegangen sind, um so systematischer, je mehr sie universalistische Massenreligionen sein wollten und also auf Massenwirkung und emotionale Propaganda hingewiesen waren. Am sprödesten blieb gegenüber der Kunst, aus dem Pragma des inneren Gegensatzes heraus, alle eigentliche Virtuosenreligiosität, sowohl in ihrer aktiv asketischen wie in ihrer mystischen Wendung, und zwar um so schroffer, je mehr sie entweder die Ueberweltlichkeit ihres Gottes oder die Außerweltlichkeit der Erlösung betonte. –

Wie zur ästhetischen Sphäre, so steht die religiöse Brüderlichkeitsethik der Erlösungsreligionen auch zu der größten irrationalen Lebensmacht: der geschlechtlichen Liebe, in einem tiefen Spannungsverhältnis. Und zwar auch hier um so schroffer, je sublimierter die Geschlechtlichkeit einerseits, je rücksichtsloser konsequent die Erlösungsethik der Brüderlichkeit andererseits entwickelt wird. Das ursprüngliche Verhältnis war auch hier sehr intim. Der Geschlechtsverkehr war sehr oft Bestandteil der magischen Orgiastik[1], die heilige Prostitution – die mit angeblicher „ursprünglicher Promiskuität" gar nichts zu schaffen hatte – meist ein Rest dieses Zustandes, in dem jede Ekstase als „heilig" galt. Die profane, heterosexuelle wie homo-

---

[1] Oder ungewollte Folge der orgiastischen Erregung. Die Gründung der Skopzen- (Kastraten-) Sekte in Rußland ging aus dem Streben hervor, dieser als sündlich gewerteten Folge des orgiastischen Tanzes (Radjenie) der Chlüsten zu entrinnen.

sexuelle, Prostitution war uralt und oft ziemlich raffiniert (Züchtung von Tribaden bei sog. Naturvölkern kommt vor). Der Uebergang von ihr zur rechtlich geformten Ehe war durch die Existenz von allerhand Zwischenformen flüssig. Die Auffassung der Ehe als einer ökonomischen Angelegenheit zur Sicherung der Frau und des Erbrechtes des Kindes, und daneben als einer wegen der Totenopfer der Nachkommen auch für das Jenseitsschicksal wichtigen Institution zur Gewinnung von Kindern ist vorprophetisch und universell, hat daher mit Askese an sich noch nichts zu tun. Das Geschlechtsleben als solches hatte seine Geister und Götter, wie jede andere Funktion auch. Eine gewisse Spannung trat nur in der ziemlich alten temporären, kultischen, Keuschheit der Priester zutage, bedingt wohl dadurch, daß von einem streng stereotypierten Ritual eines regulierten Gemeinschaftskultes her angesehen, die Sexualität doch bereits leicht als spezifisch dämonisch beherrscht galt. Aber weiterhin war es dann allerdings nicht zufällig, daß die Prophetien und ebenso die priesterlich kontrollierten Lebensordnungen fast ohne jede bemerkenswerte Ausnahme den Geschlechtsverkehr zugunsten der *Ehe* reglementiert haben. Der Gegensatz aller rationalen Lebensregulierung gegen die magische Orgiastik und alle Arten irrationaler Rauschformen drückt sich darin aus. Die weitere Steigerung der Spannung wurde dann durch Entwicklungsmomente bedingt, welche auf beiden Seiten lagen. Bei der Sexualität durch ihre Sublimierung zur „Erotik" und damit zu einer – im Gegensatz zu dem nüchternen Naturalismus der Bauern – *bewußt* gepflegten und dabei *außeralltäglichen* Sphäre. Außeralltäglich nicht nur und auch nicht notwendig im Sinne des Konventionsfremden. Die Ritterkonvention pflegt ja gerade die Erotik zum Gegenstand der Regelung zu machen. Allerdings charakteristischerweise unter Verhüllung der naturalen und organischen Basis der Geschlechtlichkeit. Die Außeralltäglichkeit lag eben in dieser Hinwegentwicklung vom unbefangenen Naturalismus des Geschlechtlichen. Diese war aber in ihren Gründen und in ihrer Bedeutung einbezogen in die universellen Zusammenhänge der Rationalisierung und Intellektualisierung der Kultur. [...]

Die Möglichkeit einer Problematik und Tragik prinzipieller Art wurde in die erotische Sphäre zunächst durch bestimmte Verantwortlichkeitsansprüche eingeschaltet, welche im Okzident christlicher Provenienz sind. Der Wertakzent der rein erotischen Sensation als solcher aber entfaltete sich dort primär vor allem unter den Kulturbedingungen feudaler Ehrbegriffe. Dadurch nämlich, daß ritterliche Vasallensymbolik in die erotisch sublimierten Sexualbeziehungen hineingetragen wurde. Am allermeisten dann, wenn dabei irgendwelche Kombinationen mit kryptoerotischer Religiosität oder direkt mit Askese eingegangen wurden, wie dies im Mittelalter der Fall war. Die Ritterminne des christlichen Mittelalters war bekanntlich ein erotischer Vasallendienst *nicht* gegenüber Mädchen, sondern ausschließlich gegenüber fremden Ehefrauen mit (in der Theorie !) enthaltsamen Liebesnächten und kasuistischem Pflichtenkodex. Es begann damit – darin lag ein schroffer Gegensatz zum Maskulinismus des Hellenentums – die „Bewährung" des Mannes nicht vor seinesgleichen, sondern vor der erotischen Interessiertheit der „Dame", deren Begriff durch eben diese Funktion erst konstituiert wurde. Eine weitere Steigerung des spezifischen Sensationscharakters der Erotik entwickelte der Uebergang von der, – in ihrer übrigens großen Unterschiedenheit, – doch wesentlich maskulin agonalen und insofern der Antike verwandteren, die christliche Ritteraskese abstreifenden Renaissancekonvention etwa noch des Cortegiano und der Shakespeareschen Zeit zum zunehmend unmilitärischen Intellektualismus der Salonkultur. Diese ruhte auf der Ueberzeugung von der Werte schaffenden Macht der intersexuellen Konversation, für welche die offene oder latente erotische Sensation und die agonale Bewährung des Kavaliers vor der Dame unentbehrliches Anregungsmittel wurde. Seit den lettres Portugaises wurde reale weibliche Liebesproblematik ein spezifisches geistiges Marktobjekt und weibliche Liebeskorrespondenz zur „Literatur". Die letzte Steigerung des Akzents der erotischen Sphäre vollzog sich auf dem Boden intellektualistischer Kulturen schließlich da, wo sie mit dem unvermeidlich asketischen Einschlag des Berufsmenschentums zusammenstieß. Es konnte unter diesem Spannungsverhältnis zum rationalen Alltag das außeralltäglich gewordene, speziell also das ehefreie, Geschlechtsleben als das einzige Band erscheinen, welches den nunmehr völlig aus dem Kreislauf des alten einfachen organischen Bauerndaseins herausgetretenen Menschen noch mit der Naturquelle alles Lebens verband. Die so entstehende gewaltige Wertbetontheit dieser spezifischen Sensation einer innerweltlichen Erlösung vom Rationalen: eines seligen Triumphes darüber, entsprach in ihrem Radikalismus der unvermeidlich ebenso radikalen Ablehnung durch jede Art von außer- oder überweltlicher Erlösungsethik, für welche der Triumph des Geistes über den Körper gerade hier sich aufgipfeln sollte und der das Geschlechtsleben geradezu den Charakter der einzigen unausrottbaren Verbindung mit dem Animalischen gewinnen konnte. Diese Spannung aber mußte im Falle der systematischen Herauspräparierung der Sexualsphäre zu einer hochwertigen, alles rein Animalische der Beziehung verklärend umdeutenden erotischen Sensation am schärfsten und unvermeidbarsten gerade dann werden, wenn die Erlösungsreligiosität den Charakter der Liebesreligiosität: der Brüderlichkeit und Nächstenliebe, annahm. Gerade deshalb, weil die erotische Beziehung unter den angegebenen Bedingungen den unüberbietbaren Gipfel der Erfüllung der Liebesforderung: den direkten Durchbruch der Seelen von Mensch zu Mensch, zu gewähren scheint. Allem Sachlichen, Rationalen, Allgemeinen so radikal wie möglich entgegengesetzt, gilt die Grenzenlosigkeit der Hingabe hier dem einzigartigen Sinn, welchen dies Einzelwesen in seiner Irrationalität für dieses und nur dieses andere Einzelwesen hat. Dieser Sinn und damit der Wertgehalt der Beziehung selbst aber liegt, von der Erotik aus gesehen, in der Möglichkeit einer Gemeinschaft, welche als volle *Eins*werdung, als ein Schwinden des „Du" gefühlt wird und so überwältigend ist, daß sie „symbolisch": – *sakramental* – gedeutet wird. Gerade darin: in der Unbegründbarkeit und Unausschöpfbarkeit des eigenen, durch kein Mittel kommunikablen, *darin* dem mystischen „Haben" gleichartigen Erlebnisses, und nicht nur vermöge der Intensität seines Erlebens, sondern der unmittelbar besessenen Realität nach, weiß sich der Liebende in den jedem rationalen Bemühen ewig unzugänglichen Kern des wahrhaft Lebendigen eingepflanzt, den kalten Skeletthänden rationaler Ordnungen ebenso völlig entronnen wie der Stumpfheit des Alltages. Den (für ihn) *objektlosen* Erlebnissen des Mystikers steht er, der „das Lebendigste" mit sich verbunden weiß, wie einem fahlen hinterweltlichen Reich gegenüber. Wie die wissende Liebe des reifen Mannes zu der leidenschaftlichen Schwärmerei des jugendlichen Menschen verhält sich der Todesernst dieser Erotik des Intellektualismus zur ritterlichen Minne, der gegenüber sie gerade das Naturhafte der Geschlechtssphäre wieder, aber: bewußt, als leibgewordene Schöpfermacht, bejaht. – Eine konsequente religiöse Brüderlichkeitsethik steht dem allem radikal feindlich gegenüber. [...]

Aber freilich: am größten und prinzipiellsten wird schließlich die bewußte Spannung der Religiosität gerade zum Reich des denkenden Erkennens. Ungebrochene Einheit gibt es da im Bereich der Magie und des rein magischen Weltbildes, wie wir es in China kennen lernten. Weitgehende gegenseitige Anerkennung ist möglich auch für die rein metaphysische Spekulation. Obwohl diese leicht zur Skepsis zu führen pflegt. Nicht selten betrachtete daher die Religiosität die rein empirische, auch naturwissenschaftliche Forschung als besser mit ihren Interessen vereinbar als die Philosophie. So vor allem

der asketische Protestantismus. Wo immer aber rational empirisches
Erkennen die Entzauberung der Welt und deren Verwandlung in einen kausalen Mechanismus konsequent vollzogen hat, tritt die Spannung gegen die Ansprüche des ethischen Postulates: daß die Welt ein
gottgeordneter, also irgendwie ethisch *sinnvoll* orientierter Kosmos
sei, endgültig hervor. Denn die empirische und vollends die mathe-
matisch orientierte Weltbetrachtung entwickelt prinzipiell die Ablehnung jeder Betrachtungsweise, welche überhaupt nach einem „Sinn"
des innerweltlichen Geschehens fragt. Mit jeder Zunahme des Rationalismus der empirischen Wissenschaft wird dadurch die Religion
zunehmend aus dem Reich des Rationalen ins Irrationale verdrängt
und nun erst: *die* irrationale oder antirationale überpersönliche Macht
schlechthin. Das Maß von Bewußtheit oder doch von Konsequenz in
der Empfindung dieses Gegensatzes ist freilich sehr verschieden. Es
scheint nicht undenkbar, – was behauptet wird: – daß Athanasius seine, rational angesehen, schlechthin absurde Formel vielleicht wirklich auch deshalb im Kampf gegen die Mehrzahl der damaligen hel-
lenischen Philosophen durchgesetzt hat, um das ausdrückliche Opfer
des Intellekts und eine feste Grenze des rationalen Diskutierens zu
erzwingen. Alsbald aber wurde die Trinität selbst rational begründet
und diskutiert. Und gerade wegen der unversöhnlich scheinenden
Spannung steht die Religion, die prophetische wie die priesterliche,
immer wieder in intimen Beziehungen zum rationalen Intellektualismus. Je weniger sie Magie oder bloße kontemplative Mystik und
je mehr sie „Lehre" ist, desto mehr besteht für sie das Bedürfnis nach
rationaler Apologetik. Von den Zauberern, welche überall die typischen Bewahrer der Mythen und Heldensage wurden, weil sie bei
der Erziehung und Schulung der jungen Krieger zum Zwecke der Erweckung der Heldenekstase und Heldenwiedergeburt beteiligt waren, übernahm die Priesterschaft, als allein zur Erhaltung einer pe-
rennierenden Tradition fähig die Schulung der Jugend im Gesetz und
oft auch in rein verwaltungstechnischen Kunstlehren, vor allem: in
der Schrift und im Rechnen. Je mehr nun die Religion Buchreligion
und Lehre wurde, desto literarischer und daher desto mehr ein pries-
terfreies rationales Laiendenken provozierend wirkte sie. Aus dem
Laiendenken aber entstanden immer wieder sowohl die priester-
feindlichen Propheten, wie die ihr religiöses Heil priesterfrei suchen-
den Mystiker und Sektierer und schließlich die Skeptiker und glau-
bensfeindlichen Philosophen, gegen die dann wieder eine
Rationalisierung der priesterlichen Apologetik reagierte. Die antire-
ligiöse Skepsis als solche war in China, in Aegypten, in den Veden,

in der nachexilischen jüdischen Literatur im Prinzip ganz ebenso vertreten wie heute. Es sind fast keine neuen Argumente hinzugetreten.
Monopolisierung der Jugenderziehung wurde daher zentrale Macht-
frage für die Priesterschaft. Deren Macht konnte mit zunehmender
Rationalisierung der politischen Verwaltung steigen. Wie anfänglich
sie allein in Aegypten und Babylonien dem Staat die Schreiber lieferte, so noch den mittelalterlichen Fürsten mit beginnender Schrift-
lichkeit der Verwaltung. Von den großen Systemen der Pädagogik haben nur der Konfuzianismus und die mittelländische Antike, der
erstere durch die Macht seiner Staatsbureaukratie, die letztere umgekehrt durch das absolute Fehlen bureaukratischer Verwaltung, sich
dieser Macht der Priesterschaft zu entziehen gewußt und damit auch
die Priesterreligion ausgeschaltet. Die Priesterschaft war sonst regel-
mäßige Trägerin der Schule. Nicht nur diese eigentlichsten Priester-
interessen aber bedingten die immer neue Verbindung der Religion
mit dem Intellektualismus, sondern auch die innerliche Nötigung
durch den rationalen Charakter der religiösen Ethik und das spezifisch intellektualistische Erlösungsbedürfnis. Im Effekt stand dabei
jede Religiosität in ihrem psychologischen und gedanklichen Unter-
bau und in ihren praktischen Konsequenzen verschieden zum Intellektualismus, ohne daß doch die Wirkung jener letzten inneren Spannung, welche in der unvermeidlichen Disparatheit der letzten
Formungen des Weltbildes liegt, je verschwände. Es gibt durchaus
*keine* ungebrochene, als Lebensmacht wirkende, Religion, welche
nicht an *irgend*einer Stelle das „credo non quod, sed *quia* absurdum“,
– das „Opfer des Intellekts“, – fordern müßte.

Es ist schwerlich nötig und wäre auch nicht möglich, die Stadien
dieser Spannung zwischen Religion und intellektuellem Erkennen
hier einzeln vorzuführen. Die Erlösungsreligion wehrt sich gegen den
Angriff des selbstgenugsamen Intellektes am prinzipiellsten natürlich durch den Anspruch: daß ihr eignes Erkennen in einer anderen
Sphäre sich vollziehe und nach Art und Sinn gänzlich heterogen und
disparat sei gegenüber dem, was der Intellekt leiste. Nicht ein letztes intellektuelles Wissen über das Seiende oder normativ Geltende,
sondern eine letzte Stellungnahme zur Welt kraft unmittelbaren Er-
fassens ihres „Sinnes“ sei das, was sie darbiete. Und sie erschließe
ihn nicht mit den Mitteln des Verstandes, sondern kraft des Charisma
einer Erleuchtung, welche nur dem zuteil werde, der sich durch die
dafür an die Hand gegebene Technik von den irreleitenden Schein-
surrogaten, welche der verworrene Eindruck der sinnlichen Welt und
die in Wahrheit für das Heil gleichgültigen und leeren Abstraktionen

des Verstandes als Erkenntnis liefern, befreie und so in sich für die Aufnahme der praktisch allein wichtigen Erfassung des Sinnes der Welt und des eigenen Daseins die Stätte zu bereiten wisse. In allen Unternehmungen der Philosophie, jenen letzten Sinn und die ihn erfassende (praktische) Stellungnahme demonstrabel zu machen, ebenso aber in dem Versuch, irgendwelche Intuitionserkenntnisse von prinzipiell anderer Dignität, die aber doch auch das „Sein" der Welt betreffen, zu gewinnen, wird sie nichts als das Bestreben des Intellekts sehen, seiner Eigengesetzlichkeit zu entrinnen. Und vor allem: ein ganz spezifisches Produkt eben jenes Rationalismus, dem der Intellektualismus dadurch so gern entgehen möchte. – Aber freilich wird sie selbst, von ihrer eignen Position aus gesehen, sich gleich unkonsequenter Übergriffe schuldig machen, sobald sie die unangreifbare Inkommunikabilität des mystischen Erlebnisses aufgibt, für welches es, konsequenter Weise, nur Mittel seiner Herbeiführung als *Ereignis*, nicht aber: der adäquaten Mitteilung und Demonstration geben könnte. Dies zu tun, muß jeder Versuch der Wirkung auf die Welt sie in Gefahr bringen, sobald er den Charakter der Propaganda annimmt. Ebenso aber jeder Versuch einer rationalen Deutung des Weltsinns, der dennoch immer erneut gemacht worden ist. –

Die „Welt" kann, alles in allem, unter verschiedenen Gesichtspunkten mit religiösen Postulaten in Konflikt geraten. Immer ist der betreffende Gesichtspunkt zugleich der wichtigste inhaltliche Richtungspunkt für die Art des Strebens nach *Erlösung*. [...]

*Max Weber, Zwischenbetrachtung (gekürzt), in: ders., Gesammelte Aufsätze zur Religionssoziologie I (1920), 8. Aufl. Tübingen 1988, 536-573 (hier: 541-552, 554-558, 559-561, 564-567)*

## 1.4 Kirche, Sekte, Mystik: Ernst Troeltschs Idealtypen religiöser Vergesellschaftung

*Einführung*

1. PERSON UND WERK: Ernst Peter Wilhelm Troeltsch wurde 1865 in Haunstetten bei Augsburg in eine bildungsbürgerliche Familie geboren, studierte ab 1884 evangelische Theologie in Erlangen, Berlin und Göttingen und wurde nach seiner Ordination 1888 mit einer Untersuchung zur Geschichte der altprotestantischen Theologie 1891 in Göttingen zugleich lizenziert (promoviert) und habilitiert. Nach einem kurzen Extraordinariat in Bonn lehrte und forschte er von 1894 bis 1915 in Heidelberg, wo er in engem Austausch mit bedeutenden Kollegen wie Gustav Adolf Deißmann, Wilhelm Windelband und Georg Jellinek, besonders jedoch in einer Haus- und Arbeitsgemeinschaft mit Max Weber religionssoziologische Fragestellungen – 1910 war Troeltsch Gründungsmitglied der Deutschen Gesellschaft für Soziologie – in seine Arbeiten zur Geschichte des Protestantismus in der Neuzeit einbezog. 1902 legte er seine bis heute viel gelesene Schrift ,Die Absolutheit des Christentums und die Religionsgeschichte' vor. 1912 erschien eines seiner Hauptwerke ,Die Soziallehren der christlichen Kirchen und Gruppen', das als religionssoziologische Pioniertat das im Entstehen begriffene Fach maßgeblich befördert hat. 1915 wechselte Troeltsch auf den für ihn in der philosophischen Fakultät unter erheblichem Einsatz Adolf v. Harnacks geschaffenen Lehrstuhl für ,Kultur-, Geschichts-, Gesellschafts- und Religionsphilosophie und christliche Religionsgeschichte' nach Berlin, wo er im Februar 1923 unerwartet kurz vor Antritt einer Vortragsreise nach England starb. Als einer von wenigen deutschen Professoren engagierte er sich auch politisch für die junge Weimarer Demokratie, war Abgeordneter der Deutschen Demokratischen Partei in der Preußischen Landesversammlung und 1919/20 sogar Parlamentarischer Unterstaatssekretär im Preußischen Kultusministerium mit Verantwortung für die Kirchen- und Kulturpolitik.

2. THEORETISCHER ANSATZ: Als Systematiker der sog. ,Religionsgeschichtlichen Schule', die das Christentum nicht innerchristlich-normativ, sondern religions-, kultur- und geschichtswissenschaftlich untersucht, stellt er sich der Herausforderung, die durch den Historismus ausgelöst wird. Die wichtigsten Themen seiner Veröf-

fentlichungen kreisen um Fragen, wie die wissenschaftliche Theologie angesichts der Herausforderungen von Religionsgeschichte und -philosophie Bestand hat bzw. umgebildet werden muss, welche Bedeutung und Einordnung dem Protestantismus bei der Evolution der modernen Welt zukommt, wie die Grundstruktur der christlichen Ethik theologisch und historisch zu bestimmen ist und wie eine europäische Kultursynthese gestaltet werden kann, also stets um das übergreifende Thema nach der Koexistenz von Christentum und moderner Welt und Wissenschaft. In seinen materialreichen Untersuchungen überschreitet er die engen Fachgrenzen hin zu einer interdisziplinären Weite, die theologische und philosophische, kulturtheoretische und soziologische Sichtweisen auf Geschichte und Gegenwart beinhaltet.

3. ZUM TEXT: ‚Die Soziallehren der christlichen Kirchen und Gruppen‘, das wahrscheinlich wirksamste und bislang nicht überbotene Hauptwerk, wurde als Parallele zu Adolf von Harnacks monumentaler Dogmengeschichte konzipiert. Inhaltlich geht es um eine breite, die bisherigen ideengeschichtlichen Darstellungen der christlichen Ethik und ihrer je eigentümlichen Formung in den sozialen Bildungen der Kirchengeschichte religionssoziologisch weiterführende Untersuchung. Die verschiedenen historisch ausgebildeten und im Gegensatz von Christentum und moderner Welt auffindbaren Soziallehren haben ihren Ursprung in der eschatologischen Predigt Jesu. Sie materialisieren sich gleichsam in den drei Typen der historischen und sozialen Organisation des Christentums, die Troeltsch als Kirche, Sekte und Mystik auf den soziologischen Begriff bringt, wobei er sich besonders vom Austausch mit Max Weber und Georg Simmel befruchten lässt. Die idealtypische Begrifflichkeit erlaubt es, in heuristischer Absicht große epochale Zusammenhänge zu zeichnen. Der hier abgedruckte Text fasst die Ergebnisse der fast 1000-seitigen Untersuchung leicht gekürzt zusammen. Sie nimmt – in Troeltschs eigenen Worten – „von den sozialethischen Aufgaben und Möglichkeiten des Christentums in der Gegenwart" ihren Ausgangspunkt, geht dann zurück „auf die Scheidung der sozialen Selbstgestaltung der religiösen Idee von ihren Beziehungen auf die profanen sozialen Bildungen" und entdeckt, „daß diese Beziehungen sich sehr verschieden gestalten je nach der besondern Fassung der christlichen Idee und der dieser Fassung entsprechenden organisatorischen Selbstgestaltung". Sie stellt dabei „die verschiedenen Kirchen- und Gruppenbildungen und die ihnen jedesmal entsprechende Sozial-

ethik" dar, stößt dabei „auf die Bedingtheit all dieser Bildungen durch die allgemeinen Kulturverhältnisse" und wirft „überall die Frage nach dem jeweils vorliegenden wechselseitigen Beeinflußungsverhältnis" auf (966).

4. Bedeutung für den religionssoziologischen Diskurs: Troeltschs Bedeutung für die nachfolgende Religionssoziologie, aber auch Theologie, Geschichtswissenschaft und Philosophie kann kaum überschätzt werden. Besonders in den USA wurde seine Religionssoziologie durch die Vermittlung der Gebrüder Reinhold und H. Richard Niebuhr sehr einflussreich, und das idealtypische Konzept von Kirche, Sekte und Mystik wird vielfach diskutiert und weitergeführt. Wenn auch sein Werk durch die Dialektische Theologie zeitweise in den Hintergrund gerückt wurde, kann man seit den 70er Jahren des letzten Jahrhunderts von einer Troeltschrenaissance sprechen, die sich u.a. in der auf 20 Bände angelegten ‚Ernst Troeltsch Kritische Gesamtausgabe', den ‚Troeltsch-Studien' und den ‚Mitteilungen der Ernst-Troeltsch-Gesellschaft' niederschlägt.

*Wolfgang Marhold*

**Schluss**

[...]

*1. Die drei Haupttypen der soziologischen Selbstgestaltung der
christlichen Idee*

Es ist klar geworden, wie wenig eindeutig bestimmt das Evangelium
und das Urchristentum in der Gestaltung der religiösen Gemeinschaft
selbst war. Das Evangelium Jesu war freie personalistische Religiosität mit dem Drang nach innerstem Verstehen und Verbinden der Seelen, aber ohne jede Richtung auf kultische Organisation, auf Schaffung einer Religionsgemeinschaft. Erst in dem Glauben an Jesus, in
der Erhöhung des Auferstandenen zu dem Kultmittelpunkt einer neu-
en Gemeinde trat die Notwendigkeit hierzu ein. Dabei zeigten sich
von Anfang an die drei Haupttypen der soziologischen Selbstgestaltung der christlichen Idee: die Kirche, die Sekte und die Mystik. Die
Kirche ist die mit dem Ergebnis des Erlösungswerkes ausgestattete
Heils- und Gnadenanstalt, die Massen aufnehmen und der Welt sich
anpassen kann, weil sie von der subjektiven Heiligkeit um des objektiven Gnaden- und Erlösungsschatzes willen bis zu einem gewissen Grade absehen kann. Die Sekte ist die freie Vereinigung stren-
ger und bewußter Christen, die als wahrhaft Widergeborene
zusammentreten, von der Welt sich scheiden, auf kleine Kreise beschränkt bleiben, statt der Gnade das Gesetz betonen und in ihrem
Kreise mit größerem oder geringerem Radikalismus die christliche
Lebensordnung der Liebe aufrichten, alles zur Anbahnung und in der
Erwartung des kommenden Gottesreiches. Die Mystik ist die Verin-
nerlichung und Unmittelbarmachung der in Kult und Lehre verfes-
tigten Ideenwelt zu einem rein persönlich-innerlichen Gemütsbesitz,
wobei nur fließende und ganz persönlich bedingte Gruppenbildungen sich sammeln können im übrigen Kultus, Dogma und Ge-
schichtsbeziehung zur Verflüssigung neigen. Diese drei Formen sind
schon in den Anfängen vorgebildet und treten bis heute auf jedem
Konfessionsgebiet nebeneinander auf mit allerhand Verschlingungen
und Uebergängen untereinander. Zu einer großen Massenwirkung
sind nur die Kirchen befähigt. Die Sekten nähern im Fall der Mas-
senausbreitung sich den Kirchen an. Die Mystik hat Wahlverwandt-

schaft zur Autonomie der Wissenschaft und bildet das Asyl für die
Religiosität wissenschaftlich gebildeter Schichten ; in wissenschaftlich unberührten Schichten wird sie zum Orgiasmus und zur gefühls-
mäßigen Devotion, mit alledem eine gern gepflegte Ergänzung von
Kirchen und Sekten.

## 2. Die soziologische Bedingtheit des Dogmas und der Theologie

Es erhellt die Abhängigkeit der ganzen christlichen Vorstellungswelt
und des Dogmas von den soziologischen Grundbedingungen, von der
jeweiligen Gemeinschaftsidee. Das einzige besondere christliche Ur-
Dogma, das Dogma von der Göttlichkeit des Christus, entsprang erst
aus dem Christuskult und dieser wiederum aus der Notwendigkeit
der Zusammenscharung der Gemeinde des neuen Geistes. Der Christuskult ist der Organisationspunkt einer christlichen Gemeinschaft
und der Schöpfer des christlichen Dogmas. Da der Kultgott der
Christen, nicht wie ein anderer Mysteriengott polytheistisch zu verstehen ist, sondern die erlösende Offenbarung des monotheistischen
Gottes der Propheten darstellt, so wird aus dem Christusdogma das
Trinitätsdogma. Alle philosophischen und mythologischen Entleh-
nungen sind nur Mittel für diesen aus der inneren Notwendigkeit der
christlichen Kultgemeinschaft sich bildenden Gedanken. Dieses
Christusdogma gewinnt nun aber auf dem Boden der Kirche, der Sekte und der Mystik eine sehr verschiedene Bedeutung. Der Christus
der Kirche ist der Erlöser, der in seinem Heilswerk die Erlösung und
Begnadigung ein für allemal vollbracht hat und, durch Amt, Wort und
Sakramente in der Kirche wunderbar wirkend, sein Heilswerk den
einzelnen zueignet. Der Christus der Sekte ist der Herr, das Vorbild
und der Gesetzgeber von göttlicher Würde und Autorität, der seine
Gemeinde in der irdischen Pilgerschaft durch Schmach und Elend
gehen läßt, aber die eigentliche Erlösung bei seiner Wiederkunft und
der Aufrichtung des Gottesreiches vollziehen wird. Der Christus der
Mystik ist ein innerlich geistiges, in jeder Erregung frommen Gefühls, jeder Wirkung des Samens und Funkens gegenwärtiges Prinzip, das in dem geschichtlichen Christus göttlich verkörpert war, aber
nur in innerer Geisteswirkung erkannt und bejaht werden kann und
das daher mit dem göttlichen verborgenen Lebensgrunde des Menschen überhaupt zusammenfällt. Wie mit dem Ur-Dogma, so geht es
auch mit allen anderen. Wie das Christusdogma die ursprüngliche
Jesus-Verkündigung vom Gottesreich in sich aufgezehrt hat, so ist

mit den Wandelungen des Christusdogmas auf den verschiedenen
Gebieten auch das Schicksal dieses zweiten christlichen Hauptge-
dankens bestimmt. Die Kirche ist das Christusreich und daher mit
dem Gottesreich in der Welt identisch oder doch das Mittel seiner
beständigen Erzeugung. In der Sekte bleibt Jesus der Verkündiger
und Bringer des kommenden Gottesreiches und sie neigt zum Chili-
asmus. In der Mystik ist die Christusherrschaft die Herrschaft des
göttlichen Geistes und daher ist hier das Gottesreich lediglich inwendig in uns. Ganz analog steht es mit dem Erlösungsgedanken. Für die
Kirche ist das Erlösungswerk fertig im Sühnetod des Christus; es stat-
tet die Kirche mit der Kraft der Sündenvergebung und Heiligung aus.
Für die Sekte liegt die eigentliche Erlösung in der Wiederkunft Christi und der Aufrichtung des Reiches, wofür alles andere nur Vorbe-
reitung war. Für die Mystik ist die Erlösung der immer neu sich wie-
derholende Vorgang der Einswerdung der Seele mit Gott, wofür
Christus nur Anreger und Symbol ist. Die verschiedenen Typen mi-
schen und verbinden sich in Wirklichkeit natürlich ebenso wie die
Typen der christlichen Gemeinschaftsidee. Aber von dieser Abstraktion aus versteht man doch die Dogmengeschichte sehr viel klarer
und einfacher, als das bisher der Fall war. Sie ist weder eine immanente Entwickelung der christlichen Gottesidee, noch ein Amalgam
antiker Mysterienmythologie und spekulativer Philosophie, noch
eine Anhäufung kirchlicher Lehrbestimmungen, noch ein unmittelbarer Ausdruck der jeweiligen christlichen Lebensstimmung. Die religiöse Lehre ist der Ausdruck der zunächst im Kultus sich sammeln-
den und ausströmenden religiösen Lebendigkeit und die Ausbildung
des Gedankens, soweit Gedanken überhaupt zu diesem Zwecke nötig waren. Alles Philosophische und rein Dogmatische ist sekundär.
Die hinter dem Kultus und der jeweiligen Gemeinschaftsidee liegende instinktive Fassung der Gottesidee selbst hat man sich dialektisch klar zu machen nie das Bedürfnis empfunden. Man hat nur die
Einzelheiten verkettet und systematisiert. Die eigentlich religiöse
Grundidee selbst liegt im Unbewußten und hier wiederum eingebettet in die instinktiv damit gegebene Gemeinschafts- und Kultusidee.
Daß einzelne Denker in die Tiefen dringen und theologisch und re-
ligionsphilosophisch sich in die christliche Gotteserkenntnis hinein-
bohren, ist dabei nur selbstverständlich; aber solange sie an irgendwelche Gemeinschaft gebunden bleiben, kehrt auch bei ihnen diese
Bedingtheit durch den soziologischen Charakter des ihnen vorschwe-
benden Gemeinschaftsgedankens wieder. Umgekehrt bringt eine wesentliche dogmatische Kritik auch eine Verschiebung in der soziolo-

gischen Grundempfindung mit sich. Das bedeutet dann aber auch einen erleuchtenden Aufschluß über Wesen und Schicksal der Theologie, der wissenschaftlichen Bearbeitung der christlichen Vorstellungswelt. Die Theologie des Katholizismus, der durch und durch kultisch und sakramental bedingten Entwickelung der christlichen Ideenwelt, ist die formelhafte Fixierung und die Einstellung des depositum fidei der Erlösungsanstalt in den Rahmen der spätantiken idealistischen Entwicklungsmetaphysik. Die Theologie des Protestantismus, des Kult und Sakrament verinnerlichenden und vergeistigenden Kirchenprinzips, hat das gereinigte Dogma zu einem Gedankensystem gemacht, das aber auf die kultische Predigt und auf den autoritativen Gnaden- und Lehrfond bezogen bleibt; infolgedessen bewegt sie sich hin und her zwischen einem System von durch sich selbst gültigen Gedanken und einem historisch-autoritativen, wunderbeglaubigten Dogmenkreis, ein Schwanken, das mit der zunehmenden Beeinflussung durch moderne Wissenschaft nur immer heftiger geworden ist. Die Sekte, die ihrem ganzen Wesen nach der Unterschicht angehört und der Vermittelungen mit dem allgemeinen Denken nicht bedarf, geht auf den vorkirchlichen und vorwissenschaftlichen Standpunkt zurück und hat überhaupt keine Theologie, sondern eine strenge Ethik, einen lebendigen Mythos und eine leidenschaftliche Zukunftshoffnung. Der Spiritualismus allein faßt die christliche Religiosität als lebendig fortzeugende Gegenwartsbewegung und als Moment in der allgemeinen Bewegung des religiösen Bewußtseins überhaupt. Daher hat er allein eine eigentlich wissenschaftliche, auf das Allgemeine zurückgehende, religionsphilosophische Theologie erzeugt und eine wirkliche Fortbildung eröffnet. Daher ist auch er allein unter allen christlichen Gedankenbildungen von den großen Denkern des modernen Idealismus übernommen und fortgebildet worden. Aber wie er aus der Brechung des eigentlich kirchlichen Geistes entstanden ist, so findet er nur schwer ein Verhältnis zu den Kirchen und den Bedingungen fester und dauernder Organisation. An diesem Punkte liegt das schwere Problem der heutigen Christlichkeit in der modernen Bildungsschicht.

### 3. Wahrhaftigkeitsbegriff und Toleranz

Es tritt die Verschiedenheit des christlichen Wahrheitsbegriffes in den drei verschiedenen Typen zutage, und von ihm aus klärt sich das verwickelte und widerspruchsvolle Verhältnis des Christentums zur

Staatsgewalt und zur Toleranzidee. Die Kirche will Massen- und
Volkskirche sein und verlegt daher die Göttlichkeit und Heiligkeit aus
den Subjekten in die objektive Heilsanstalt und ihre göttliche Gna-
den- und Wahrheitsausstattung. Sie besitzt, wie eine schlechthin wunderbare, aller sonstigen menschlichen Kraft entgegengesetzte Erlö-
sungsgnade, so eine absolute, unmittelbar göttliche, aller
menschlichen Subjektivität entgegengesetzte Wahrheit und Lehrau-
torität. Solche Wahrheit muß ihrem Wesen nach uniform und allbe-
herrschend sein. So wird sie in der Kirche selbst gegen Geistliche und
Lehrer, aber auch gegen Gläubige und Laien diese unwandelbare
Wahrheit mit Zwang aufrecht zu erhalten berechtigt und verpflichtet
sein. Jeder idealistische Versuch, diese Durchsetzung der Wahrheit der
inneren Wunderkraft der Kirche selbst ohne Zwang zuzuschreiben,
scheitert an der praktischen Undurchführbarkeit und hat die Rückkehr zum Zwang zur Folge. Aber auch nach außen wird dieser Zwang
sich schließlich äußern müssen, indem volksverderbende, Gottes Ehre
schmähende Irrtümer und Sitten nicht geduldet werden dürfen und
das in die Kirche hineingeborene Volk nicht der Versuchung schutz-
los ausgeliefert werden darf. Schließlich muß dafür gesorgt werden,
daß das ganze Volk zur Kenntnis der Heilspredigt komme und jedermann wenigstens mit dem göttlichen Heil in Berührung gebracht werde. Das verlangt die Barmherzigkeit, und dazu berechtigt die absolute Göttlichkeit der Heilswahrheit. Hier darf man die Menschen zu
ihrem Wohle zwingen. Das aber verlangt die Mitwirkung der materiellen Gewalt oder des Staates, ohne welchen weder die Uniformität
der Kirche nach innen noch die Ausbildung von Volks- und Landes-
kirchen jemals zustande gekommen wäre. Er tut damit nur seine
Pflicht gegen die göttliche Wahrheit. Damit entsteht das verwickelte
Konformitätsverhältnis zum Staate. Ganz anders aber denken hier die
Sekten. Sie wollen nicht Massenkirchen, sondern Bekenntnisgemein-
den heiliger Christen sein. Das sind kleine Gemeinden, die neben dem
Staate und der Gesellschaft stehen. Auch sie behaupten die absolute
Wahrheit des Evangeliums zu haben, aber sie erheben sie hoch über
jede Erkenntniskompetenz der Masse und des Staates und verlangen
daher die Freiheit vom Staate; da überdies gerade dieses absolute
Evangelium ihnen Gewalt, Macht und Recht verbietet, so müssen sie
auch auf die gewalttätige Durchsetzung nach innen und außen verzichten. So fordern sie die Toleranz nach außen, die religiöse Neutralität des Staates. Nach innen aber betätigen sie eine geistliche Lehr-
und Sittenzucht. Sie haben die Toleranz des an seine eigene Sache
glaubenden Idealismus und verbieten es, aus der Absolutheit der

Wahrheit deren gewaltsame Durchsetzung zu folgern, erwarten überhaupt vor dem jüngsten Tage keine Massendurchsetzung. Bei verschiedenen Sektenbildungen nebeneinander können sie es auf den rein
geistigen Kampf und den bloß ethischen Wetteifer ankommen lassen,
ohne an der Absolutheit ihrer Wahrheit irre zu werden. Sie ist keine
Wahrheit für die Masse und Allgemeinheit und wird erst am jüngsten
Tage in ihr herrschendes Recht eingesetzt werden. Sie kennen die Toleranz und Gewissensfreiheit als eine solche neben den Kirchen und
als den Standpunkt der herrschenden Gewalten. Nach innen kennen
sie keine oder nur sehr wenig Toleranz, da hier das biblische Gesetz
herrscht. Aber indem sie auf die Mitwirkung der Staatsgewalt für die
Aufrechterhaltung dieser Einheit verzichten und höchstens auf das
Mittel des sozialen Boykotts angewiesen sind, entstehen hier unend-
liche Spaltungen; wirkliche Konformität gibt es eben nur mit Hilfe
des Staates und der materiellen Zwangsgewalt. Wieder anders schließlich denkt die spiritualistische Mystik. Sie verinnerlicht und relativiert die Heilswahrheit zu einem individuellen persönlichen Besitz,
der unaussprechlich hinter den buchstäblichen Formen liegt. Die bloß
relative Bedeutung der biblischen, dogmatischen, kultischen Form
macht sie von jeder geschichtlichen Form unabhängig, und die innere
Einheit des Geistes eint ganz von selbst alle Seelen in der gemeinsamen rein geistigen, doch nicht formulierbaren Wahrheit. Auf diesem
Standpunkt und auf diesem allein ist Toleranz und Gewissensfreiheit
auch innerhalb der religiösen Gemeinschaft möglich, indem die Organisation lediglich zu einem Mittel der Kirchenpflege wird, das religiöse Leben selbst aber unter den verschiedenen relativ berechtig-
ten Ausdrucksformen sich frei bewegen kann. Freilich entstehen dann
auch hier Schwierigkeiten, mit welcher Entscheidungsinstanz und
nach welchem Maßstabe hier die Christlichkeit überhaupt noch festgestellt werden kann. Die gewöhnliche Antwort, daß der Geist den
Geist erkennt, ist praktisch wertlos. Darum ergibt sich von diesem
Standpunkt aus leicht der Verzicht auf alle und jede organisierte Gemeinschaft oder der Rückzug auf private Gesinnungsgemeinschaften
rein persönlicher Art. Die Mystik droht mit der Konformität alle Gemeinschaft überhaupt aufzuopfern und verfällt leicht einem relativistischen Individualismus. In diesem Zirkel bewegt sich das Problem
der christlichen Toleranz und Gewissensfreiheit im Verhältnis zu den
Bedingungen der religiösen Gemeinschaftsbildung. Aus ihm gibt es
kein Entrinnen. Es gibt nur wechselnde praktische Auskünfte von an-
nähernder Brauchbarkeit aus diesem tragischen Widerspiel der Kräfte heraus.

## 4. Die Entwicklungsgeschichte der christlichen Ethik

Es erleuchtet sich die Geschichte des christlichen Ethos, deren Darstellung bekanntlich außerordentliche Schwierigkeiten hat. Das Ethos des Evangeliums ist von einer unendlichen Erhabenheit und kindlichen Innigkeit: einerseits die Selbstheiligung für Gott durch Fernhaltung alles dessen, was die innere Gemeinschaft mit Gott stört und durch Betätigung alles dessen, was mit seinem Willen innerlich verbindet, und andrerseits die Bruderliebe, die in Gott alle Spannungen und Härten des Kampfes ums Dasein, des Rechtes, der bloß äußerlichen Ordnung auflöst und die Seelen zu innigstem Verstehen wie zu opferwilligster Liebe verbindet, die auch schon in ihren einfachsten Äußerungen eine Ahnung des wahren göttlichen Wesens ist. Es ist ein Ideal, das zu seiner vollen Durchführung eine neue Welt verlangt, die dementsprechend auch Jesus in dem Gottesreich verkündet hat. Aber es ist ein Ideal, das in der dauernden irdischen Welt ohne Kompromiß nicht durchführbar ist. Daher wird die Geschichte des christlichen Ethos zu einem immer neuen Suchen nach diesem Kompromiß und zu immer neuen Bekämpfungen der Kompromißgesinnung. Als Volks- und Massenanstalt ist nun aber vor allem die Kirche zum Kompromiß genötigt, und durch ihre Verlegung der Heiligkeit in die Anstalt und die ihr eignende Vergebungsgnade ist sie befähigt, ihn zu finden. Sie hat ihn gefunden durch das Bündnis mit der stoischen Idee von dem relativen Naturrecht des Sündenfalls, die für die Dauer des irdischen Lebens Recht, Macht, Gewalt, Krieg, Privateigentum, Besitzstreben als Folgen wie als Heilungsmittel der Sünde anerkennt. Mit diesem Kompromiß trat dann freilich in der Kirche die durchschnittliche Weltmoral und die strenge Heiligkeitsmoral auseinander. Die letztere floß mit der spätantiken dualistischen Askese zusammen und organisierte sich in den Klöstern, um aus diesen immer wieder in die Welt hineinzudringen. So ergab sich eine Moral der Doppelstufigkeit die die klassische katholische Theorie in ein sinnreiches Entwickelungssystem des Aufstiegs von der Natur zur Gnade gebracht hat. Der kirchliche Protestantismus hat diese Doppelstufigkeit aufgelöst und beides in seiner Berufsmoral ineinander gezogen, das Luthertum mit läßlicher Ergebung in die gegebenen und mit der Sünde gesetzten Weltverhältnisse, der Calvinismus und der asketische Protestantismus mit dem Versuch, rationell innerhalb des Weltlebens die heilige Gemeinde herzustellen. Neben diesen kirchlichen Kompromissen aber stand von Anfang an die Sekte, die das reine Ideal der Bergpredigt ohne Kompromiß durchführen wollte und damit in einen scharfen Weltgegensatz gedrängt wurde. Sie hat ihn als leidende und duldende Sekte mit dem möglichen Mindestmaß von Zugeständnissen in engen und stillen Kreisen durchgeführt und sich des kommenden Gottesreiches getröstet, bis auch sie durch den Anschluß an den asketischen Protestantismus einen Weg zur Eingliederung in die dauernde Welt gefunden hat. Als aggressive und welterneuernde Sekte hat sie, wenn ihr das klar bevorstehende Weltende das Recht zum Gebrauch der Gewalt zu geben schien, die christliche Lebensordnung mit Gewalt durchzusetzen gesucht, selbstverständlich nie mit dauerndem Erfolg und immer unter Preisgabe ihrer eigentlichen Christlichkeit; anstelle des Evangeliums traten dann für sie die Apokalypse und das Alte Testament. Unbekümmert aber schließlich um beides, um Kompromiß und Kompromißlosigkeit, lebt die spiritualistische Mystik in der Freiheit des Geistes und des Gewissens, antinomistisch im guten und gelegentlich auch im bösen Sinn; auch wo sie streng asketisch ist, ist sie es im Sinne der Freiheit. Sie tut und unterläßt, wie die Quäker sagen, alles, was dem Gefühl einer innigen Gemeinschaft mit dem lebendigen und heiligen Gott entspricht oder entgegensteht, und ergießt sich in eine rein innere persönliche Seelengemeinschaft. Damit verliert sie freilich die Möglichkeit zur Massenwirkung und zu jeder Gesamtorganisation des Lebens. Aber nach der strebt sie überhaupt von Hause aus nicht oder sie erwartet sie erst von der inneren Macht des Geistes. Sie läßt es darauf ankommen, was von ihrem Geiste in die Allgemeinheit fließen und dort auf eine innerliche Weise sie umgestalten mag. In allen diesen ethischen Bildungen aber steckt als die treibende Kraft der christliche Weltgegensatz. Diese Grundrichtung des Christentums ist heute von der modernen Lebensbewegung mit ihrem Utilitarismus, ihrem Optimismus, ihrer Immanenz, ihrem Naturalismus und ihrer ästhetischen Naturverherrlichung empfindlich gebrochen, oft bis zum völligen Unverständnis ihrer selbst gebracht worden. Aber sie bricht aus den religiösen Grundgedanken und aus der Selbstauflösung jedes rein innerweltlichen Optimismus immer neu hervor. Sie stellt heute der christlichen Ethik wiederum von neuem inmitten aller Kulturseligkeit und alles bloß skeptischen Pessimismus ihre Aufgabe. Das Problem der Überweltlichkeit und ihrer unvermeidlichen Folge, der Askese im metaphysisch-dualistischen oder im disziplinär-rigorosen Sinne, ist daher noch heute das Grundproblem des christlichen Ethos, das doch zugleich keine einfache Welt- und Selbstverneinung ist. Andererseits ist sein zweites Grundproblem die Ergänzung dieser religiösen Einseitigkeit durch eine mit ihr vereinbare Kulturethik. Die Kirche hat diese Ergänzung aus der spätantiken Philosophie als sittliches Naturgesetz aufgenommen. Die Sekte, sofern sie auf die Ergänzung verzichtet hat, verfiel in Kulturlosigkeit und Bedeutungslosigkeit, die Mystik in völlig einsame Resignation. Wo beide zu Bedeutung sich erhoben, haben sie jede auf ihre Weise gleichfalls Ergänzungen herangeholt. Die alten Ergänzungen aber sind heute bei einer völlig neuen Kulturlage unmöglich geworden. Eine neue Ergänzung ist also nötig. Das christliche Ethos kann für sich allein nicht leben und genügen in einer dauernden Welt. Die Frage ist nur, wie diese Ergänzung heute gestaltet werden kann. Hier liegen die Aufgaben einer neuen christlichen Ethik. [...]

## 7. Die zweckmäßigste Organisation des christlich-religiösen Lebens in der Gegenwart

Diese sozialethischen Gedanken und Kräfte quellen aus der christlichen Religiosität. Damit sie es können, ist die Lebendighaltung und Fortpflanzung dieser religiösen Kräfte notwendig und für beides wieder eine sie fortleitende und beständig neu erzeugende Organisation. Es ist daher die Frage: was lehrt unsere Darstellung über dieses gerade in der Gegenwart so brennende Problem, über die Bildung der religiösen Gemeinschaft selbst und deren Einfügung in die anderen großen Gemeinschaften? Lernen wir aus einem dicken Bande, der von den Gemeinschaftstheorien des Christentums handelt, nicht etwas zur Ueberwindung unseres täglich schlimmer werdenden Kirchenelends? Auch hier ist der Ertrag ein reicher, freilich auch hier mehr eine Sache freier Zweckmäßigkeitseinsicht als wissenschaftlicher Beweisführung. Die *erste* Lehre ist, daß das religiöse Leben auf der Stufe der Geistesreligion einer selbständigen, von den naturgegebenen Gliederungen unterschiedenen Organisation bedarf. Darnach strebt es im ersten Augenblick seiner selbständigen Selbsterfassung, und das bleibt immer eines seiner wichtigsten Probleme. Das Zentrum solcher Organisationen ist der Kultus; die Herleitung der zusammenfassenden Kräfte von ihm oder die Angliederung an ihn ist das große Problem. Ohne Gemeindeorganisation und ohne Kultus ist das Christentum nicht fortpflanzungs- und zeugungsfähig. Jeder Rückzug auf den bloßen freischwebenden Geist und seine organisationslose Selbstdurchsetzung ist eine Utopie, die die wirklichen Bedingungen des Lebens verkennt und nur die Verflüchtigung und Entkräftung des Ganzen zur Folge hat. Bezüglich der Formen dieser Organisation zeigte sich *zweitens* die Ueberlegenheit des Kirchentypus über den Sektentypus und die Mystik. Er hält an dem vollen Heils- und Gnadencharakter der Religion fest, ermöglicht die Unabhängigkeit des Gnadenbesitzes von den Leistungen der Individuen, kann die verschiedensten Stufen der Reife und Verchristlichung umfassen und ist darum allein fähig, eine Volksreligion mit den unumgänglichen verschiedenen Abstufungen der Mitglieder zu umhegen. Darin ist er der Sekte überlegen und vollends der Mystik. Darum verläuft die eigentliche Hauptmasse der christlichen Religionsgeschichte als Kirchengeschichte und ist die „allgemeine christliche Kirche" das nächste Ergebnis der urchristlichen Missionsarbeit. Er ist aber allerdings zugleich eine Herabminderung der christlichen Idee auf das Niveau praktischer Möglichkeiten und Durchschnittlichkeiten, ein Prinzip der weitestgehenden Anpassungen und Kompromisse. Der Kirchentypus selber aber hat *drittens* gerade wegen der in ihm enthaltenen Spannungen zwischen reiner Christlichkeit und Weltanpassung eine sehr wechselreiche Geschichte gehabt und ist heute in voller Wandelung begriffen. Die reine und konsequente Ausprägung des Kirchentypus ist der römische Katholizismus, der in steigendem Maße die Innerlichkeit, Persönlichkeit und Beweglichkeit der Religion der festen Objektivierung in Dogma, Sakrament, Hierarchie, Papsttum und Infallibilität geopfert und den sektenhaften wie den mystischen Motiven nur im Ordenswesen und den Devotionen ein Ventil geöffnet hat. Seit seiner Krisis im 15. Jahrhundert, wo die naive Selbstverständlichkeit seiner Herrschaft aufzuhören anfing, hat er darum sich immer mehr objektiviert und zentralisiert. Im Gegensatze dazu suchte der Protestantismus den Gedanken der kirchlichen Heilsanstalt wieder mehr zu subjektivieren und zu verinnerlichen, indem er das objektive organisierende Element in die heilige Schrift und die ihr innewohnende Geisteskraft, sowie in das sie auslegende Predigtamt verlegte, Luther mit einem bald enttäuschten Vertrauen zu der Alle bekehrenden Macht des Geistes und Wortes, Calvin mit der Nachhilfe einer festen und zur Kontrolle der Gläubigen fähigen Kirchenverfassung. Alle Kirchentümer haben zu ihrer Aufrechterhaltung und Durchsetzung mit der rein moralischen Macht nicht ausgereicht, sondern den weltlichen Arm in Anspruch nehmen müssen. Ohne seine Hilfe gibt es kein dauerndes, konformes und unzertrennbares Kirchentum. Es ist ohne Zwang nicht denkbar, und der Zwang ist wiederum nicht denkbar ohne Hilfe des Staates. In Zeiten einer allgemeinen naiven Gläubigkeit wirkt ein solcher Zwang auch nicht schädlich oder un-

religiös. Weiß man die Wahrheit schlechthin sicher und sind die allgemeinen Instinkte der Völker in ihr einig, so ist die Bewahrung vor
Torheit, Irrtum und Verführung nur verständig und gesund, die Voraussetzung für die Aufrechterhaltung der geistigen Einheit der Gesellschaft überhaupt, die man nicht dem doktrinären und überidea-
listischen Ideal einer freien Selbstgesetzgebung des Einzelnen
opfern darf. Aber eben wegen dieses Zusammenhanges des Kirchentypus mit der ungebrochenen Einheit der Weltanschauungsinstinkte
großer Völkergruppen ist *viertens* der ungebrochene Kirchentypus
nur solchen Zeiten innerlich angemessen. Unsere Darstellung zeigt,
wie er seit der Auflösung dieser Voraussetzungen im Einschrump-
fen oder in der Zersetzung begriffen ist. Die Tage des reinen Kirchentypus in unserer Kultur sind gezählt. Die Selbstverständlichkeiten der modernen Lebensanschauung fallen mit denen der Kirche
nicht mehr zusammen. Der Zwang ist nicht mehr eine Bewahrung
des Ganzen vor Einzelstörungen, sondern eine Vergewaltigung der
wirklichen Lebensströmungen. Der weltliche Arm hat sich zurückgezogen, ganz oder teilweise, und wird bald nur mehr überall den
kleinen Finger geben oder gar nichts. Die verschiedenen Kirchentümer stehen in konfessionell gemischten Bevölkerungen als eine
sich selbst aufhebende Vielzahl absoluter Alleinwahrheiten gegenüber. Die Seelen der Völker entgleiten den Kirchen, und ein guter
Teil ihrer Funktionen ist an Schule, Literatur, Staat und Vereinswe-
sen übergegangen. Unter diesen Umständen ist der Kirchentypus des
Katholizismus zu einer immer gewaltsameren und äußerlicheren Ge-
wissensherrschaft gezwungen. Das protestantische Kirchentum aber
ist zu einer ähnlichen Entwickelung teils zu schwach fundiert, teils
enthält es in seiner Subjektivierung des Kirchentums starke, ihr ent-
gegenwirkende Kräfte. So hat es dem mit der modernen Welt wahl-
verwandten Sektentum und der Mystik nicht widerstehen können.
Es hat sich mit Sektenmotiven und mystisch-spiritualistischem Relativismus durchsetzt. Es ist kein reines Kirchentum mehr, wenn
auch der kirchliche Konformitätsgeist leidenschaftlich genug gegen
diese unaufhaltsame Entwickelung sich empört und verschämt oder
unverschämt nach katholischen Idealen hinüberschielt. Seine stark
hervortretenden Entwickelungsrichtungen sind die Ablösung vom
Staate, die Freigebung der Kirchenbildung, die Independenz der Ein-
zelgemeinde, die Verwandelung der Staatskirchen in Volkskirchen,
die zusammenhalten in der gemeinsamen Verwaltung, aber den Ein-
zelgemeinden freie Hand lassen, eben damit aber einen ihren Zusammenhalt beständig bedrohenden Konfliktsstoff in sich tragen.

Auch unter der Hülle einer scheinbar noch fortbestehenden einheitlichen Bekenntniskirche hat die Bekenntnislosigkeit der ungeheueren Mehrzahl der Kirchenglieder diesen Zustand erzwungen. Es ist eine immer zunehmende Durchdringung der Lebensgehalte des Kirchentypus mit denen der Sekte und der Mystik, die uns die Geschichte des Protestantismus gezeigt hat. Während der Katholizismus beide immer unwirksamer macht, werden im Protestantismus beide immer mächtiger. In der gegenseitigen Durchdringung der drei soziologischen Grundformen und ihrer Vereinigung zu einem all diese Motive versöhnenden Gebilde liegen seine Zukunftsaufgaben, Aufgaben soziologisch-organisatorischer Natur, die dringender sind als alle Aufgaben der Dogmatik. Die Anstrengungen, durch diese eine vermittelnde Einheit zu schaffen, sind gescheitert. Es gibt keine „protestantisch-kirchliche Dogmatik" mehr. So wird auch Einigung und Zusammenhalt auf einem anderen Boden als dem der Dogmatik gesucht werden müssen. Es wird nur möglich sein unter der Voraussetzung, daß die von Zwang, Gewalt, Staatsreligion und Konformität geschaffenen Kirchen zu Gehäusen werden, in denen jetzt friedlich die verschiedenen christlichen Geister wohnen und wirken können. Die kirchlichen Organisationen behaupten sich durch ihr eigenes geschichtliches Schwergewicht, und können, einmal geschaffen, anderen Zwecken dienen als denen, für die sie ursprünglich gebaut worden sind. Die Schmerzen und Qualen, die das Staatskirchentum seinerzeit gekostet hat, mögen als das Opfer betrachtet werden, das die Erbauung gekostet hat, das aber nicht ewig wiederholt zu werden braucht. Was Zwang, Härte und starknervige Uniformität erbaut hat, kann von feineren und vor allem von sehr verschiedenen Geistern bewohnt werden, die dann freilich gegenseitig für Verträglichkeit sorgen müssen. Während das bloße Freikirchen-System oder System der Trennung von Kirche und Staat nur eine Gewissensfreiheit neben und außer den Kirchen gewährt, in ihnen selbst aber erst recht die Intoleranz aufrichtet, kann ein solches System die Volkskirche behaupten und die heiß ersehnte Gewissensfreiheit in der Kirche gewähren, soweit sie überhaupt möglich ist. Vom Geiste des Kirchentypus aber behauptet sich dann der große Gedanke einer gemeinsamen historischen Lebenssubstanz, die in allen individuellen Gemeindebildungen und Verkündigungen nur besondert und verflüssigt wird. Wir behalten Gemeingefühl und Vererbungsbewußtsein, ein „Minimum von Kirche", wie Richard Rothe sagte.

## 8. *Das Christentum und das moderne soziale Problem*

Wo aber bleibt die Frage, von der wir ursprünglich ausgegangen sind, die Frage nach der Bedeutung des Christentums für die Lösung des heutigen sozialen Problems, das das Problem der kapitalistischen Wirtschaftsperiode und des von ihm geschaffenen industriellen Proletariats, der militärisch-bureaukratischen Riesenstaaten, der in Welt- und Kolonialpolitik auslaufenden ungeheuren Bevölkerungssteigerung, der unermeßliche Lebensstoffe erzeugenden, im Weltverkehr alles mobilisierenden und verknüpfenden, aber auch Menschen und Arbeit mechanisierenden Technik ist? Man braucht die Frage nur so zu formulieren, um nach allem Bisherigen als wichtigste Antwort zu erkennen, daß das überhaupt ein neues, für die christliche Sozialarbeit bisher überhaupt nicht vorhandenes Problem ist. Die radikalen sozialreformerischen Ideale der chiliastischen Sekte sind dem ungeheuren Ernst dieses Problems gegenüber Kinderspiel und Kindertraum; ehrenwert und edel, aber utopisch auch in ihrer modernen Gestalt eines radikalen welterneuernden christlichen Sozialismus. Die Mystik verzichtet von vornherein auf jede Lösung und sieht in diesen Wirrsalen nur die Unmöglichkeit, daß die Welt den Frieden gebe, der über alle Vernunft ist. Die Kirchen aller Konfessionen – am wenigsten freilich die lutherischen – entfalten Programme zur Linderung dieser schweren, allen Geist und alles Gemüt bedrohenden Nöte und arbeiten an ihrem Teile rührig und aufopfernd. Aber sie gehen dabei im wesentlichen nur auf die alten großen Haupttypen ihrer Sozialphilosophie zurück, die sie für die grandiosen Kämpfe der Gegenwart von neuem mobil zu machen versuchen. Wir haben nun gesehen, daß es nur zwei solcher großer Haupttypen gibt, die eine umfassende historische Bedeutung und Kraft erlangt haben. Der eine ist die ständisch-zünftig-patriarchalische Sozialphilosophie des mittelalterlichen Katholizismus, der die relative Gebundenheit des Kampfes ums Dasein, die Begründung aller Gemeinschaft auf persönliche Autoritäts- und Pietätsbeziehungen, die relativ einfachen Wirtschaftsformen und Bedürfnisse der vorkapitalistischen Periode, die Reste alter Solidaritäten in Bluts- und Bodengebundenheit mit dem christlichen Ethos des individuell-persönlichen Wertes und der universalen Liebesgemeinschaft in der kirchlichen Lebensorganisation zu verbinden wußte. Der andere ist die Sozialphilosophie des asketischen Protestantismus, der aus dem freikirchlich und pietistisch gefärbten Calvinismus und den der Verkirchlichung angenäherten asketischen Sekten emporwuchs, der mit dem modernen Utilitarismus und Rationalismus, der Betriebsamkeit des Berufes und der Verherrlichung der Arbeit um ihrer selbst willen, mit der politischen Demokratie und dem Liberalismus, mit der freien Bewegung des Individuums und dem alles beherrschenden Vereinsgedanken innerlich verwandt ist, der aber die ethisch gefährlichen Folgen dieses modernen Lebens durch die religiösen Ideen der Verantwortung des Individuums und der Liebespflicht des Einzelnen wie der Gemeinschaft, durch die Verpönung von Luxus, Mammonismus und Genußstimmung, schließlich durch einen überall der Sache Christi dienenden Heroismus zu neutralisieren weiß. Was neben diesen beiden Haupttypen an christlichen Sozialidealen sich gebildet hatte, vermochte schon seinerzeit nicht den harten Stoff der sozialen Wirklichkeit aufzulösen; es prallt heute vollends an diesem Felsen ab. Aber auch jene beiden mächtigen Typen haben sich – trotz großer bis heute dauernder Leistungen – erschöpft. Was der zünftig-patriarchalische Katholizismus will, das ist teils überhaupt nicht wieder möglich, teils kann es mit den geschwächten religiösen Kräften des Katholizismus nicht durchgeführt werden, die überdies die unerträglichsten Nebenwirkungen mit sich führen. Was der asketische Protestantismus als rationelles Mittel für die Aufrichtung der Christusherrschaft dem religiösen Gedanken unterordnete, das ist diesem längst über den Kopf gewachsen und hat die religiösen, ja überhaupt die gedanklichen und metaphysischen Eingrenzungen und Richtpunkte von sich geworfen; andererseits fordert seine kühle Härte, nüchterne Sachlichkeit und betriebsame Bekehrungslust, sein unkünstlerischer und puritanischer Charakter alle Instinkte der modernen Kultur zur Gegnerschaft heraus; und auch vom rein religiösen Standpunkte aus ist seine Neigung zur Gesetzlichkeit und zum Pharisäismus, zur Treiberei und Schablonisierung nichts weniger als in voller Übereinstimmung mit den tiefsten christlichen Ideen. Unter diesen Umständen ist das Ergebnis unserer Untersuchung die Einsicht in die problematische Lage aller christlich-sozialen Arbeit. Sie ist problematisch überhaupt, weil die Fähigkeit der Idee zur Bemeisterung der brutalen Wirklichkeit immer eine dunkle und schwierige Sache bleibt, problematisch insbesondere weil die geschichtlichen Hauptformen der christlichen Gesellschaftslehre und -gestaltung gegenüber den bestehenden Aufgaben aus verschiedenen Gründen heute versagen. Soll es eine christlich-soziale Bemeisterung der Lage geben, so werden hier neue Gedanken nötig sein, die noch nicht gedacht sind und die dieser Lage entsprechen, wie die älteren Formen älteren Lagen entsprochen haben. Sie werden aus der inneren Triebkraft der christlichen Idee und ihrer lebendig-gegenwärtigen Neugestaltung herausgeholt werden müssen und nicht lediglich aus dem Neuen Testament, wie ja auch jene beiden großen Hauptformen nicht aus dem Neuen Testament, sondern aus der jeweiligen Gegenwartsbewegung der religiösen Idee herausgeholt worden sind. Und sie werden das Schicksal haben, das alles Schaffen der religiös-ethischen Idee hat: sie werden unentbehrliche Dienste leisten und innerlichste Kräfte entfalten, aber sie werden ihren eigentlichen idealen Willen nie voll verwirklichen in dem Bereiche der irdischen Lebenskämpfe. Das Reich Gottes auf Erden als einen vollendeten sozialethischen Organismus werden sie so wenig schaffen, als irgend eine andere Macht der Erde. Es ist eine der ernstesten und wichtigsten Einsichten unserer Untersuchung, daß aller Idee die brutale Tatsächlichkeit und aller Emporentwickelung die inneren und äußeren Hemmnisse entgegenstehen. Es gibt keine absolute christliche Ethik, die jetzt erst zu entdecken wäre, sondern nur Bemeisterungen der wechselnden Weltlagen, wie das auch die frühere auf ihre Weise gewesen ist. Es gibt auch keine absolute Ethisierung, sondern nur das Ringen mit der materiellen und der menschlichen Natur. So wird auch die jetzige und kommende christliche Ethik eine Anpassung an die Lage sein und nur das Mögliche wollen. Darin ist die unaufhörlich vorwärts treibende Spannung und ebenso die Unvollendbarkeit der ethischen Arbeit begründet. Das können nur ideologische Doktrinäre oder im Glauben alles Irdische überfliegende Schwärmer verkennen. Der Glaube ist die Kraft des Lebenskampfes, aber das Leben bleibt ein auf immer neuen Fronten sich immer neu erzeugender Kampf. Für jede bedrohliche Kluft, die sich schließt, geht eine neue auf.

Es bleibt dabei – und das ist das alles zusammenfassende Ergebnis – das Reich Gottes ist inwendig in uns. Aber wir sollen unser Licht in vertrauender und rastloser Arbeit leuchten lassen vor den Leuten, daß sie unsere Werke sehen und unseren himmlischen Vater preisen. Die letzten Ziele aber alles Menschentums sind verborgen in seinen Händen.

*Ernst Troeltsch, Schluß (gekürzt), in: ders., Die Soziallehren der christlichen Kirchen und Gruppen (1912), 3. Neudruck, Tübingen 1994, 965-986 (hier: 967-975, 979-986)*

## 2. Neoklassische Entwürfe

### 2.1 Privatisierung und Individualisierung: Thomas Luckmanns phänomenologischer Zugang zur heutigen Sozialform der Religion

*Einführung*

1. Person und Werk: Thomas Luckmann wurde im Jahre 1927 im Jesenice/Slovenien geboren. Er begann seine Studien der Soziologie, Philosophie, Psychologie und Sprachwissenschaften in Wien, setzte sie in Innsbruck fort und beendete sie in New York an der Graduate Faculty of the New School for Social Research mit dem Master of Arts in Philosophie und dem PhD in Soziologie. Seine Lehrtätigkeit begann er 1957 ebenfalls im Staate New York, zunächst am Hobard College in Geneva, bevor er wieder an der Hochschule wirke, an der er seine Abschlussqualifikationen erwarb. Dort trat er in engen Arbeitskontakt mit Peter L. Berger, den er zuvor in einem Seminar des Philosophen Karl Löwith kennen gelernt hatte, übernahm im Jahre 1967 eine Soziologieprofessur in Frankfurt am Main, bevor er endgültig ab 1972 an der Universität Konstanz, als Gastprofessor auch in anderen deutschen, amerikanischen, australischen und österreichischen Universitäten, bis zu seiner Emeritierung lehrte. In den 1950er Jahren war er in Deutschland Mitarbeiter im Projekt ‚Religion im heutigen Deutschland‘ und führte Feldforschungen in vier bundesrepublikanischen Kirchengemeinden – ebenfalls mit Peter L. Berger – durch. Der Freundschaft und Zusammenarbeit mit Berger sowie ihrer Inanspruchnahme der Vorarbeiten von Alfred Schütz, Helmut Plessner und Arnold Gehlen verdankt sich 1966 das gemeinsame Buch ‚The Social Construction of Reality‘, deutsch 1970 ‚Die gesellschaftliche Konstruktion der Wirklichkeit‘, eine viel beachtete und einflussreich gewordene Neukonzeption der Wissenssoziologie. Daneben sind Luckmanns Beiträge zur Klärung methodologischer Grundfragen sowie zur Kommunikations- und Sprachsoziologie von großer Bedeutung. Zudem hat er Arbeiten auf den Gebieten der Phänomenologie, der Philosophie der Sozialwissenschaften, der Theorie der Sprache und personaler Identität vorgelegt.

2. THEORETISCHER ANSATZ: In seinen eigenen religionssoziologischen Arbeiten bestimmt er den Religionsbegriff funktionalistisch neu – darin sich von Berger trennend – und verbindet ihn mit der Funktion der Sinnstiftung. Religiosität ist eine anthropologische Konstante: „„Religion' findet sich ...überall, wo Zugehörige der Gattung Mensch in Handelnde innerhalb einer sie als ‚natürliche' Organismen transzendierenden, geschichtlich entstandenen gesellschaftlichen Ordnung verwandelt werden" (18), wo der Einzelne ihn transzendierende vergangene, gegenwärtige und zukünftige Erfahrungen in seinen Lebenslauf integriert und im gesellschaftlichen Kommunikationsprozess zu einer Weltansicht formt, die durch sprachlich vermittelte Typisierungen, Deutungs- und Verhaltensschemata das Gesamt der weltlichen Erfahrung sinnhaft deutet und zum Handeln anleitet. Wie viele Soziologen geht Luckmann von einer modernen Institutionen- und Rollendifferenzierung im Zuge einer funktionalen Segmentierung gesellschaftlicher Teilbereiche/Systeme aus. Diese entwickeln sich zu autonomen Bereichen, die eigenen funktional-rationalen Normen folgen und den Einzelnen als quasi austauschbaren und unpersönlichen Rollenspieler immer unwichtiger für diese Bereiche werden lassen. Durch die modernen Privatisierungs- und Individualisierungsprozesse ist so dem Einzelnen die Aufgabe zugefallen, Erlösung und persönlichen Sinn auf sich alleine gestellt in der Privatsphäre zu finden. Die kirchlich institutionalisierte Religion, die in vormodernen Gesellschaften gleichsam Hüterin und Repräsentantin des gesamtgesellschaftlich geteilten ‚Heiligen Kosmos' war, wird marginal. Aber es gibt kein religiöses Vakuum, sondern als ‚unsichtbare Religion' schlüpft sie in subjektbezogene und auf diesseitige Transzendenzen sich stützende Formen, die nicht ohne weiteres in einem traditionellen Sinne als religiös zu identifizieren sind. Zu solchen ‚religiösen' Sinnsystemen rechnet Luckmann etwa ideologisch-politische Konstrukte, Selbsthilfegruppen, Körper- und Familienkulte, Selbstverwirklichungstendenzen in Verbindung mit hedonistischen Motiven und utilitaristischen Kalkülen. Der Kulturbetriebsmarkt, die Massenmedien und viele gesellschaftliche Sinnanbieter konkurrieren in der Konstruktion von Transzendenzerfahrungsangeboten. Die moderne Sozialform der Religion zeichnet sich durch das Fehlen allgemein glaubwürdiger und verbindlicher gesellschaftlicher Modelle für dauerhafte, allgemein menschliche Erfahrungen der Transzendenz aus. „Will man das" so resümiert Luckmann „als Säkularisierung bezeichnen, soll es mir recht sein. Dann bezeichnet das Wort

aber nicht das Ende der religiösen Grundfunktion, sondern deren Privatisierung." (28)

3. ZUM TEXT: Von einer berühmt gewordenen, außerordentlich kritisch verfahrenden Sammelbesprechung religionssoziologischer Literatur ging Luckmanns Beschäftigung mit der heutigen Sozialform der Religion aus. In ihr finden sich bereits wichtige Gedanken, die er in seinen Büchern: ‚Das Problem der Religion in der modernen Gesellschaft' (1963) und als Überarbeitung in ‚The Invisible Religion' (1967) konzipierte, das 1991 als wiederum erweiterte Übersetzung ‚Die unsichtbare Religion' erschien: nämlich die Kritik an einer verengten Kirchensoziologie und besonders an der Auffassung von Säkularisierung als religiösem Schrumpfungsprozess. Indem Luckmann den Religionsbegriff funktionalistisch weit fasst, ist es wenig sinnvoll, in der empirischen Religionssoziologie sich auf kirchlich-dogmatische Kategorien von Religiosität zu fixieren und abzuprüfen, welche Zustimmungs- oder Ablehnungsgrade der Bevölkerung zu diesen Kategorien bestehen und anhand eines unbestritten feststellbaren Schwundes der Zustimmung *Säkularisierung* zu identifizieren. Der hier ausgewählte Text gibt in sehr komprimierter Weise den aktuellen Stand seines Konzepts wieder, das von der Fassung seines Religionsbegriffs über die subjektive Erfahrung von Transzendenz, die Entstehung ‚anderer' Wirklichkeiten bis hin zur Schilderung der Sozialform der Religion in der Moderne reicht.

4. BEDEUTUNG FÜR DEN RELIGIONSSOZIOLOGISCHEN DISKURS: Luckmanns Konzept hat eine breite Diskussion innerhalb der Religionssoziologie befördert, eine naive, Fliegenbein zählende Kirchensoziologie als obsolet erwiesen – wenngleich sie in vielen Versuchen fröhliche Urständ feiert –, besonders aber auch viel Kritik hinsichtlich seines allzu weit gefassten Religionsbegriffs evoziert, der kaum noch eine distinkte Bestimmung seines Gegenstandsbereiches erlaubt.

*Wolfgang Marhold*

**Privatisierung und Individualisierung. Zur Sozialform der Religion in spätindustriellen Gesellschaften**[1]

## I. Einleitung

Im Vergleich etwa zu den Gesellschaften der Ureinwohner Australiens, oder des alten Ägyptens und auch des mittelalterlichen Europas wird man die modernen Industriegesellschaften für durch und durch rationalistisch und unbeirrbar diesseitsorientiert halten. Ihre prägenden politischen Institutionen sind längst nicht mehr auf traditionelle, ausdrücklich religiöse Rechtfertigung angewiesen. Die in ihnen vorherrschende Weltansicht – die der modernen Wissenschaft – beruft sich auf keine erkennbar religiösen Mythen, und die vorherrschenden Ideologien stützen sich auf die Wissenschaft als den Urquell ihrer Rechtfertigung. Die Mehrheit der Bevölkerung moderner Industriegesellschaften sieht sich nicht mehr streng und ausschließlich an die eine oder andere von Amts wegen etablierte religiöse Gemeinschaft mit ihren verpflichtenden Dogmen und Ritualen gebunden. Die sozialen Strukturen der modernen Welt sind also in einem früheren Zeiten und anderen Gesellschaften unbekannten Ausmaß „weltlich".

Für das Gemenge dieser Zu- und Umstände wird allgemein – so auch in der Soziologie – der Begriff der Säkularisierung angeboten. Das neue Verständnis von Säkularisierung impliziert, wie Lübbe schreibt, daß „moderne Kultur einerseits und ihre christliche Herkunft und Vergangenheit andererseits als gegenwärtig sich ausschließende, miteinander kämpfende Gegensätze erfahren werden" (Lübbe, Säkularisierung. Geschichte eines ideenpolitischen Begriffs, 1965, 40). Mit dieser Vorstellung von Säkularisierung versuchte ein ganzes Zeitalter, seine Bestimmungen abzuleiten. In ihr waren Wirklichkeitseinsichten nahezu unlösbar mit Wertungen und Fiktionen verknüpft. Optimistische Bejahung der Gegenwart auf der einen und Sehnsucht nach dem Goldenen Zeitalter auf der anderen Seite bildeten die Pole dieser Wertungen und Fiktionen, die schließlich dazu

---

[1]   Dieser Text beruht in seinem Hauptteil auf einem ausführlicheren Beitrag: Luckmann, Die unsichtbare Religion, 1991, 167-182

führten, daß der Säkularisierungsbegriff zur Bezeichnung eines ein-
schneidenden geschichtlichen Wandels verwendet wurde. Mit Säkularisierung bezeichnet man heute einen globalen Prozeß historischer
Veränderung. Sicher könnten nur wenige, die diesen Begriff verwenden, angeben, auf welche Dimensionen kulturellen und sozialen
Wandels dieser Begriff exakt zutrifft. Manchen dient er zur Beschreibung von „Rationalität": des Einsatzes von Vernunft in allen Wis-
sensbereichen und in allen – außer vielleicht den innersten – Belangen des Lebens. Max Weber schrieb: „Es ist das Schicksal unserer
Zeit, mit der ihr eigenen Rationalisierung und Intellektualisierung,
vor allem: Entzauberung der Welt, daß gerade die letzten und sub-
limsten Werte zurückgetreten sind aus der Öffentlichkeit, entweder
in das hinterweltliche Reich mystischen Lebens oder in die Brüderlichkeit unmittelbarer Beziehungen der Einzelnen zueinander" (Weber, Wissenschaft als Beruf, in: Gesammelte Aufsätze zur Wissenschaftslehre, 1922, 554). Außerdem verweist ein engerer Begriff der
Säkularisierung auf einen deutlicher begrenzten sozialen Wandel: auf
den schwindenden Einfluß der Kirchen und der Religion; dort, wo
sie früher ein Monopol zu haben schienen.

Ich möchte dem im Säkularisierungsmythos erstarrten Begriff der
Religion als spezialisierter Institution ein anderes Religionsverständnis entgegenstellen, von dem ich meine, daß es geeigneter ist, Religion im allgemeinen und besonders in der Moderne zu erfassen.

Ich gehe davon aus, daß – so sehr sich die Lebensweise der Menschen in modernen Gesellschaften von jenen anderen Kulturen unterscheiden mag – die religiöse Verfassung menschlichen Daseins
im Grund erhalten geblieben ist. Das menschliche Leben ist, im Unterschied zu den Lebensformen anderer Gattungen, durch diese elementare Religiosität gekennzeichnet. Die grundlegenden sozialen
und kulturellen Wandlungen änderten nichts daran. Die sozialen Bedingungen des modernen Lebens erzeugten kein von Grund auf neues menschliches Wesen. Die Hauptthemen der gesellschaftlich konstruierten Modelle der Wirklichkeit, mit deren Hilfe sich die
Menschen jeweils einzurichten hatten, haben sich zweifellos geändert. Als Folge der strukturellen Wandlungen, welche die moderne
Gesellschaft hervorbrachte, haben sich auch die Erfahrungsmuster
und Lebensorientierungen gewandelt, an denen sich das Bewußtsein
des Einzelnen ausrichtet. Aber wie immer wird der Einzelne in eine
ihn transzendierende Wirklichkeit gestellt und führt sein Leben in
ihr. Schon dies kann man als einen grundlegend religiösen Vorgang
bezeichnen.

„Religion" findet sich nach dieser Auffassung überall dort, wo das Verhalten der Gattungsmitglieder zum sinn-orientierten Handeln wird, wo ein Selbst sich in einer Welt findet, die von seinesgleichen bevölkert ist, mit welchen, für welche und gegen welche es wertend handelt – wissend, daß sein Handeln von den anderen beurteilt wird. „Religion" findet sich also überall, wo Zugehörige der Gattung Mensch in Handelnde innerhalb einer sie als „natürliche" Organismen transzendierenden, geschichtlich entstandenen gesellschaftlichen Ordnung verwandelt werden.

Diese Ansicht wird keinem einleuchten, der meint, Religion sei nur, was seiner Erfahrung von Religion in unserer Gesellschaft entspricht. Wenn wir jedoch die Wirkens- und Leidensgeschichte der Menschheit betrachten, sehen wir eine Vielfalt sozialer Gegebenheiten, die der grundlegend religiösen Funktion dienten, Menschen in eine historische soziale Ordnung einzubetten. Der Totemismus der Arunta, die Stammeskulturen der Sioux und der Wikinger, der sibirische Schamanismus, der Götterkosmos Ägyptens, der Jahwismus des Alten Israel, die verschiedenen hinduistischen und buddhistischen Weltansichten, der Konfuzianismus, der griechische Olymp, die alte römische Staatsreligion, das Christentum, vom synkretistischen sizilianischen Volkskatholizismus bis zu den puritanischen Gemeinschaften Neuenglands, Voodoo auf Haiti, die amerikanische Zivilreligion und die Sokka Gakkai in Japan – sie scheinen wenig Gemeinsames aufzuweisen. Denn es unterscheiden sich nicht nur die „Inhalte" dieser Religionen, sondern auch deren Einbettung in die Sozialstruktur, also deren Sozialform.

Obwohl das Hauptinteresse der Soziologie den Sozialformen der Religion gilt, sollen zunächst einige Bemerkungen zu den „Inhalten" vorausgeschickt werden. Auch diese sind Ergebnis zweier eng miteinander verbundener historischer, gesellschaftlicher Vorgänge. In diesen wird die gewöhnliche menschliche Wirklichkeit – eine gesellschaftliche Konstruktion – mehr oder weniger systematisch mit etwas in Beziehung gebracht, das diese Wirklichkeit in der subjektiven Erfahrung als eine „andere" Wirklichkeit transzendiert. Ebensowenig wie die alltägliche ist auch diese „andere" Wirklichkeit nicht schlicht da, einfach vorgegeben, sondern in den noch zu beschreibenden Vorgängen gesellschaftlich aufgebaut und verfestigt.

In einem ersten Vorgang werden subjektive Erfahrungen verschiedenster diesseitiger und jenseitiger Transzendenzen bzw. die subjektiven Erinnerungen an solche Erfahrungen, in kommunikativen Vorgängen intersubjektiv rekonstruiert und der *gesellschaftlichen*

Erinnerung „angeboten". Unter bestimmten Umständen (ihrer legitimatorischen Brauchbarkeit oder Gefährlichkeit), schließen sich diesen Rekonstruktionen weitere gesellschaftliche Verarbeitungen an. Manche Rekonstruktionen werden aufgenommen, andere verworfen. Die aufgenommenen werden systematisch aufeinander bezogen. Als approbierte Zeugnisse einer „anderen" Wirklichkeit führen sie zur gesellschaftlichen Ontologisierung subjektiver Transzendenzerfahrung. Darüber soll gleich gesprochen werden, nach einer kurzen Erläuterung dessen, was hier mit der Rede von „Transzendenz" bzw. subjektiven Erfahrungen von Transzendenz und mit dem Ausdruck „anderer" Wirklichkeit gemeint ist.

## II. Zur subjektiven Erfahrung von Transzendenz

Schon eine erste phänomenologische Betrachtung zeigt, daß keine Erfahrung in vollkommener Immanenz in sich selbst geschlossen bleibt. Die alltägliche Erfahrung stößt immer wieder an Grenzen. Manche dieser Grenzen werden zwar innerhalb dieser Wirklichkeit immer wieder auch überschritten. Zu anderen als alltäglichen Wirklichkeiten gelangt man jedoch nur in radikalen Bewußtseinsveränderungen, sozusagen im „Sprung". Und manche Grenzen sind gar nicht überschreitbar. Was jenseits ihrer liegt, läßt sich nur erahnen. So weiß jedermann um all das, was jeweils seine augenblickliche Erfahrung transzendiert und er nimmt Kenntnis davon, daß die Welt sein Dasein transzendiert.

Wir halten es in der „natürlichen" Einstellung der Alltagspraxis für unvermeidlich, daß vieles geschieht, das wir nicht wollen, und daß wir vieles wollen, das nicht eintritt. Oft warten wir, nicht selten vergebens. Vieles, das wir bewirkt haben, schwindet dahin; dann hinterlassen aber unsere Taten Spuren, auf die wir stoßen, nachdem wir die Tat selbst längst vergessen haben. Jeder Mensch begegnet anderen, seinesgleichen und sieht, daß sie älter werden, sterben. Wir gewöhnen uns daran, nachts einzuschlafen, die alltägliche Welt zu verlieren – und sie am nächsten Morgen wiederzufinden. Der Alltag nimmt seinen gewohnten Gang; seine Grenzen erschrecken uns kaum.

Schon in der alltäglichen Einstellung wird die Welt als eine Wirklichkeit erfahren, zu der wir gehören, mit der wir aber nicht eins sind. Die Unterscheidung von ich-bezogenen und ich-überschreitenden Erfahrungen, die stillschweigend hingenommen wird, liegt dem Wis-

sen um die Transzendenz der Welt zugrunde. Jede jeweils gegenwärtige Erfahrung hat einen vergegenwärtigten Kern und einen Horizont
von gegenwärtig Nicht-Erfahrenem: Der Erfahrungskern verweist
automatisch auf Noch-Nicht- und Nicht-Mehr-Erfahrenes. Diesem
Umstand entstammt die ursprüngliche und allgemeine „Miterfah-
rung" von Transzendenz. Darauf beruhen verschiedene Stufen der
eigentlichen Transzendenzerfahrung, und zwar je nachdem, wie sich
das Nicht-Erfahrene zum Erfahrenen verhält. Wenn das in der gegenwärtigen Erfahrung angezeigte Nicht-Erfahrene grundsätzlich ebenso erfahrbar ist wie das gegenwärtig Erfahrene, spreche ich von
„kleinen" Transzendenzen, den raum-zeitlichen Abwesenheiten innerhalb des Alltäglichen. Wenn jedoch etwas als anwesend – und
zwar als im gemeinsamen Alltag anwesend – und zugleich abwesend,
als ein Anderes erfahren wird, will ich von „mittleren" Transzendenzen sprechen. Wenn schließlich etwas überhaupt nur als Verweis auf
eine in jeder Hinsicht andere, und als solche überhaupt nicht erfahr-
bare Wirklichkeit erfaßt wird, als eine wesensmäßige Abwesenheit,
spreche ich von „großen" Transzendenzen.

Selbst die „kleinen" Transzendenzen sind nicht belanglos. Dennoch halten wir es für selbstverständlich, daß wir sie bewältigen können, denn es geht ja nur um die räumlichen und zeitlichen Grenzen
der *jeweils* gegenwärtigen Erfahrung und des jeweiligen Handelns.
Grundsätzlich steht nichts der Möglichkeit im Wege, daß diese Grenzen in weiteren Erfahrungen und späteren Handlungen umgangen
oder überschritten werden. Zwar ist auch die Bewältigung der „kleinen" Transzendenzen von Raum und Zeit eine beachtliche Leistung,
aber das merken wir gewöhnlich erst, wenn uns die Bewegungsfä-
higkeit verläßt, wenn wir nur noch vergeblich warten, uns gar nicht
mehr erinnern können. Aber auch schon die „Bewältigungen" dieser
Transzendenzen sind immer nur provisorisch: nach der ersten Grenze kommt die zweite, nachdem sich ein Warten erfüllt hat, beginnt
das nächste.

In unserer unmittelbaren Umwelt begegnen wir unseresgleichen –
Mitmenschen. Sie werden als selbst in ihrer Umwelt befindlich erfahren, in einer Umwelt, die auch uns einschließt. Die Grenze, an die
man in der Erfahrung dieser „mittleren" Transzendenzen stößt, kann
jedoch nicht überschritten werden, so „undicht" sie auch manchmal,
z.B. in der Ekstase einer großen Passion, erscheinen mag. Das „Außen" des anderen verkörpert ein „Innen", das als solches nicht unmittelbar erfahren werden kann. Aber es verkörpert es so vertraut,
daß wir meinen können, das Innen sei unmittelbar im Äußeren er-

lebbar. Bei den „kleinen" und „mittleren" Transzendenzen sind die Erfahrungsabgrenzungen in ein und denselben Wirklichkeitsbereich eingetragen.

In der Abkehr vom alltäglichen Leben in Schlaf und Traum wird eine andersartige Grenze überschritten. Hier stößt die Erfahrung an eine andere Schranke als die ihres notwendigen eigenen Endes, an einen anderen Rand als den der jeweiligen unmittelbaren Umwelt, an eine andere Abwesenheit als jene, welche auch einen anwesenden Menschen vom anderen trennt. Der Stillstand unseres gewohnten tätigen Bewußtseins bringt uns an eine Grenze, hinter der etwas ganz anderes liegt als vor ihr, eine andere Wirklichkeit als die des täglichen Lebens. Zwar treten wir in sie täglich bzw. nächtlich ein, aber wir überschreiten eine Erfahrungsschwelle, hinter der keine gleichartige Erfahrung wartet, und aus der wir zurückkehren, indem wir wieder eine tief eingekerbte Grenze überschreiten. Die im Alltag vorherrschenden Relevanzstrukturen verlieren teilweise oder zur Gänze ihre Geltung. Das tägliche Leben büßt seinen Wirklichkeitsanspruch ein, nachdem man sich in den „anderen Zustand" begeben hat. Worauf die Erfahrungen in diesem Zustand hinweisen, kann vielleicht erahnt werden. Da aber ohnehin gesellschaftlich vorgeprägte Deutungen zur Verfügung stehen, müssen sich solche Erfahrungen nach der Rückkehr in den Alltag nicht notwendig verflüchtigen, sondern können ihre Bedeutung beibehalten – und unter Umständen als Zeichen einer anderen Wirklichkeit zur Deutung des Alltags herangezogen werden. Anders als Schlaf und Traum wird der Tod nicht als Grenze erfahren. Vom Tode weiß man im voraus: das Wissen um den Tod als Grenze menschlicher Lebens wird aus der Erfahrung des Todes anderer gewonnen.

Ebenso wie jede gesellschaftliche Konstruktion alltäglicher Wirklichkeit auf elementaren subjektiven Sinnschichten der Erfahrung und des Handelns aufbaut, setzt auch die gesellschaftliche Konstruktion „anderer" Wirklichkeiten grundlegende subjektive Transzendenzerfahrungen voraus. Diese Schicht ist keine konkrete empirische Gegebenheit, die als sozialwissenschaftliches Datum rekonstruiert werden könnte. Sie ist vielmehr phänomenologisch zugänglich und als „Datum" der phänomenologischen Reduktion beschreibbar. Empirisch aufweisbar sind hingegen die gesellschaftlichen Konstruktionen alltäglicher und „anderer" Wirklichkeiten. Menschen werden in diese Wirklichkeiten hineingeboren; sie sind für sie ein gesellschaftlich-geschichtliches A priori, das den konkreten Sinn ihrer subjektiven Erfahrungen und Handlungen mitprägt.

## III. Zur Entstehung „anderer" Wirklichkeiten

Es wurde gesagt, daß „inhaltlich" sehr verschiedene historische Gegebenheiten der gesellschaftlichen Wirklichkeit der universalen,
anthropologischen Funktion der Religion dienen können. Es ist ja die
gesamte Sinnkonfiguration einer Gesellschaft, deren historische Kultur, die den Einzelnen in einer ihn transzendierenden geschichtlich-
gesellschaftlichen Welt verortet. Im engeren Sinne religiös kann man
jedoch den Kern einer gesamtgesellschaftlichen Sinnkonfiguration
bezeichnen, der aus der Konstruktion einer „anderen" Wirklichkeit
besteht. Diese Konstruktion baut auf zwei Schichten kommunikati-
ver Vorgänge auf, in denen subjektive Erfahrungen von Transzendenz
erstens intersubjektiv rekonstruiert und zweitens gesellschaftlich bearbeitet werden.

In den kommunikativen Vorgängen erster Stufe, der Stufe elemen-
tarer Intersubjektivität, werden subjektive Erfahrungen der verschiedenen Arten von Transzendenz, von den „kleinen" alltäglichen, bis
hin zu den außeralltäglichen „großen", anderen Menschen mitgeteilt,
indem sie zeichenhaft objektiviert, in kommunikative Formen ein-
geschmolzen werden. Genauer müßte man sagen: nicht die Erfahrungen selbst, sondern die kurz- oder langzeitigen Erinnerungen an
diese Transzendenzerfahrungen werden mitgeteilt – mit all dem, was
an Erfahrungsformung durch Sprache schon in die Erinnerung selbst
eingeht. Und man sollte hinzufügen: mitgeteilt an andere, aber auch
an sich selbst. Ohne auf die Einzelheiten der sprachlichen, durch vielfältige Genres vermittelten Formung (zunächst der Erinnerung und
dann der Mitteilung) einzugehen, kann man die zwei Haupttypen der
intersubjektiven Rekonstruktion von Transzendenzerfahrung anführen: Erzählungen, in welchen die Erfahrungen von Transzendenz gestaltet und zur Wiedererzählung bereitgestellt werden, und Rituale
(genauer müßte es heißen: Proto-Rituale), in welchen solche Erfahrungen kommemoriert und die jenseitige Wirklichkeit solcher Rituale
beschworen wird.

Die kommunikativen Handlungen zweiter Stufe nehmen die intersubjektiven Rekonstruktionen von Transzendenzerfahrungen sozusagen als Rohmaterial, das nach gesamtgesellschaftlichen Interessen-
lagen „bearbeitet" wird. Abgesehen von archaischen Gesellschaften
werden vor allem Herrschaftsinteressen von Experten unterschiedlicher Art auch in der Behandlung religiöser Themen vertreten. Intersubjektive Rekonstruktionen von Transzendenzerfahrungen werden,
sofern sie überhaupt publik werden, als Gegebenheiten fragwürdi-

gen Charakters betrachtet. Erfahrungen „anderer" Wirklichkeiten
sind für bestehende gesellschaftliche Ordnungen potentiell gefährlich. Sie können die Selbstverständlichkeiten des geregelten Alltags
stören oder gar sprengen – wenn sie nicht der gesellschaftlichen Kontrolle unterworfen werden. Solche Erfahrungen bedürfen der „rich-
tigen" Deutung und müssen den legitimatorischen Erfordernissen an-
gepaßt werden oder hinsichtlich solcher Erfordernisse zumindest
neutralisiert werden. Dann müssen die Deutungen aufeinander bezogen werden, so daß ihr Sinn in Übereinstimmung gebracht werden kann, und dementsprechend umformuliert werden. Wo sich die
Rekonstruktionen der Erfahrung „anderer" Wirklichkeiten solchen
Bearbeitungen gegenüber als widerspenstig erweisen, müssen sie –
und die Erfahrungen selbst – abgelehnt werden. Gesellschaftliche
Systematisierungen intersubjektiver Rekonstruktionen subjekiver
Transzendenzerfahrungen enthalten sowohl Auswahl wie Verwer-
fung, Kanonisierung wie Zensur. So wird das Verhältnis zwischen
der alltäglichen und der „anderen" Wirklichkeit auf eine Weise „erklärt", die dort, wo es um gesamtgesellschaftliche (bzw. herrschafts-
bezogene) Relevanz- und Legitimationsansprüche geht, die alltägliche soziale Ordnung mit ihren Institutionen nicht gefährdet.

Selbstverständlich löst das Spannungsverhältnis zwischen den beiden Wirklichkeiten häufig gesellschaftlichen Wandel aus. Es besteht
zwar – bildlich gesprochen – eine Tendenz des „Systems", die Normen, die das alltägliche Handeln der Gesellschaftsmitglieder leiten
und der Aufrechterhaltung der gesellschaftlichen Ordnung dienen,
an die Bedeutungen und Werte einer übergeordneten, die gesellschaftliche Ordnung legitimierenden „anderen" Wirklichkeit anzu-
binden. Daher werden – ceteris paribus – solche „anderen" Wirklichkeiten bevorzugt, die eine solche Anbindung ohne allzu große
Schwierigkeiten zulassen. Die Domestizierung von Transzendenzerfahrungen gelingt natürlich nicht immer und wenn, dann nicht immer vollständig. Die gleichzeitige Aufrechterhaltung der den Alltag
regierenden gesellschaftlichen Ordnung (vor allem im Bereich der
Herschaft und der Wirtschaft) und einer nicht voll legitimations-"wil-
ligen" „anderen" Wirklichkeit erfordert jedenfalls kompliziertere
Adjustierungen: von der Schaffung interpretativer Zwischenschich-
ten, welche Kompromisse zwischen „Theologie" und „Volksreligion" ermöglichen (wie z.B. in verschiedenen synkretistischen Fröm-
migkeitsveranstaltungen), bis zur Bereitstellung von Enklaven für
religiöse Virtuosen (z.B. Klöstern). Wenn Kompromisse unmöglich
erscheinen, kommt es zur Verketzerung und dogmatischen Vernich-

tung oder gar physischen Eliminierung der Häretiker und ihrer Ersetzung durch kompromißbereitere irdische Verwalter der Transzendenzen.

Die Wirklichkeit alltäglicher oder außeralltäglicher Art, die in den allgemeinmenschlichen Erfahrungen der Transzendenz durchschimmern, in ihnen erahnt, erträumt, erhofft und befürchtet werden, die zunächst in intersubjektiven kommunikativen Handlungen rekonstuiert werden, gewinnen also jedenfalls dann, wenn dieser zweite Vorgang der gesellschaftlichen Konstruktion einer transzendenten Wirklichkeit einigermaßen erfolgreich verläuft, einen festen und – auf kurz oder lang – verbindlichen ontologischen Status.

## IV. Zur Sozialform der Religion in der Moderne

Nun unterscheiden sich offensichtlich die gesellschaftlichen, strukturellen Bedingungen, unter denen die alltägliche wie außeralltägliche Wirklichkeit in den heutigen westlichen Gesellschaften geschaffen, aufrechterhalten und verändert wird, ganz deutlich von denen, die in archaischen Gesellschaften und den traditionellen Hochkulturen vorherrschten.

Eines der besonderen Merkmale moderner Gesellschaften ist die Ausgliederung institutioneller Bereiche, die auf bestimmbare und abgegrenzte Grundfunktionen gerichtet sind. Während in der archaischen Gesellschaft ökonomische, religiöse und verwandtschaftliche Funktionen als Aspekte mehr oder minder einheitlicher Handlungsabläufe auftreten, verdichten sich in der modernen Gesellschaft wirtschaftliche und herrschafts-, religions- und familienbezogene Handlungen zu jeweils eigenen Bereichen zusammengehöriger Institutionen. Wirtschaft, Herrschaft, Familie und auch Religion sind institutionell spezialisiert. Diese Teilsysteme der Sozialstruktur können zwar voneinander nicht völlig unabhängig sein, folgen aber doch im wesentlichen funktions-gerichteten (gleichsam funktionsoptimierenden) eigenen Normen. Das bedeutet, daß die Verhaltensorientierungen und Regeln aus einem Institutionsbereich nicht ohne weiteres – bzw. gar nicht – auf einen anderen übertragbar sind. Die Sinnhorizonte der menschlichen Handlungen in verschiedenen Bereichen sind nach dieser Entwicklung überhaupt nicht mehr auf die Sinnintegrationserfordernisse einer persönlichen Identiät bezogen. Sie sind vielmehr an die Funktionserfordenisse der spezialisierten Institutionen gebunden. Die Grundfunktionen der Institutionsbereiche (z.B. Güterproduktion und Güterverteilung, soziale Kontrolle und Herrschaft, Fortpflanzung und Sozialisation) bestimmen die „zweckrationale" Handlungsorganisation innerhalb der Bereiche. Diese sind damit weitgehend oder ganz aus einem „religiösen" Sinnzusammenhang herausgelöst. Die verschiedenen Handlungen im gesellschaftlichen Alltag verlieren ihren Bezug auf ein übergeordnetes symbolisches Universum, das eine Verbindung zwischen Sozialstruktur und Einzelexistenz herstellt und sowohl Alltagsleben wie Krisensituationen mit einer außergewöhnlichen transzendierenden Wirklichkeitsebene in Beziehung setzt.

Der Ausgliederung der Sozialstruktur in spezialisierte Institutionsbereiche entspricht eine tiefgreifende Veränderung im Verhältnis des Individuums zu den einzelnen Institutionen und der Gesellschaftsordnung insgesamt. Wesentliche Phasen des sozialen Daseins des Einzelnen in der modernen Gesellschaft bestehen aus Rollenhandlungen, die funktional spezialisiert, nicht an bestimmte Individuen als Personen gebunden und weitgehend anonymisiert sind. Hochspezialisierte, von der Lebensführung und den unmittelbaren sozialen Beziehungen der Mehrheit der Bevölkerung weit entfernte ökonomische und politische Institutionen bestimmen Inhalt und Form großer Abschnitte des Alltagslebens. Was aber nicht institutionell als Rollenhandeln bestimmt ist, entzieht sich zunehmend nicht nur der sozialen Kontrolle, sondern auch der verbindlichen sozialen Prägung, der gesellschaftlichen Modellierung. Es bildet sich ein Privatbereich aus, in dem das Individuum, weit mehr als in anderen Gesellschaftsformen, seiner Subjektivität überlassen wird. Die umfassende Privatisierung des Lebens außerhalb institutionell eng definierter Handlungsbereiche ist eine für die Sinnhaftigkeit des Einzeldaseins besonders bedeutsame Folge des hohen Grades der funktionalen Differenzierung der Sozialstruktur in den modernen Gesellschaften. Ihr Kernstück ist die Privatisierung der Religion.

Wie sich der jeweilige institutionell geregelte Handlungsablauf in den „subjektiven" Sinnzusammenhang der Lebensgeschichte des Einzelnen einfügen läßt, ist ein Problem, das in der Organisation der Funktionen moderner Gesellschaften vernachlässigt wird. Die Rollenbestimmtheit des Handelns in ihrem Verhältnis zur persönlichen Identität des Handelnden kann deswegen erst in modernen Gesellschaften zu einem massenhaft auftretenden subjektiven Problem werden. Mehr oder minder anonyme Rollen sind zwar bis zu einem gewissen Grad für die Handlungsorganisation aller, erst recht aber moderner industrieller Gesellschaftsordnungen notwendig. Wenn jedoch wie in den letzteren die meisten sozialen Rollen weitgehend anonym sind und entpersönlicht werden, wird die persönliche Identität des Individuums durch die Gesellschaftsordnung, in der es lebt, weder eindeutig geformt noch gestützt.

Eine bedeutsame Folge der funktionalen Segmentierung der modernen Sozialstruktur ist, daß kein einigermaßen allgemeines, selbstverständlich verbindliches, gesellschaftlich konstruiertes Modell einer „anderen" Wirklichkeit wirksam wird, ja, werden kann. Die *spezifisch* religiösen Erfahrungsprägungen und Modelle, also diejenigen, die auf die „großen" Transzendenzen des Lebens hinweisen, waren in den westlichen Gesellschaften einst unter der monopolhaften Kontrolle der christlichen Kirche. Mittlerweile sind auf dem kulturbetrieblichen „Markt" „anderer" Wirklichkeiten keineswegs nur noch die traditionell christlichen, spezifisch religiösen Themen vertreten. Vielmehr müssen diese mit religiösen Orientierungen (modellhaften Rekonstruktionen verschiedener Transzendenzerfahrungen) unterschiedlichster Herkunft konkurrieren. Der Warenmarkt der Transzendenzen beruht vor allem auf dem Vertrieb über Massenmedien wie Bücher, Zeitschriften, Radio, Fernsehen und über intermediäre Institutionen und Veranstaltungen wie Akademien, Seminare, seelentherapeutische Praxen. In Medien und Seminaren umherschweifende Gurus tragen das ihre bei. Überdies konkurrieren spezifisch religiöse Orientierungen, auf „große" Transzendenzen hin ausgerichtet, die sich aus den traditionellen „heiligen Universa" herleiten und nun in einem musée imaginaire der Weltreligionen versammelt sind, nicht nur mit ihresgleichen. Sie konkurrieren auch mit Lebensorientierungsmodellen, die sich aus Rekonstruktionen diesseitiger Transzendenzen ableiten.

Die innere Stimmigkeit der modernen Weltansichten, in denen alltägliche mit transzendenten Wirklichkeiten verbunden werden, ist viel schwächer als in archaischen und traditionellen Gesellschaften. Die gesellschaftlichen Konstruktionen, welche die subjektive Erfahrung verschiedener Transzendenzen bzw. ihrer intersubjektiven Rekonstruktion zu Erfahrungsmustern zusammenfassen, sind außerordentlich heterogen. Schon seit mehreren Generationen ist der traditionelle christliche „heilige Kosmos" nicht mehr die einzige „andere" Wirklichkeit, mit der breite Schichten der Bevölkerung in Berührung kommen. Die traditionellen, institutionell spezialisierten Kirchen konnten ihr Monopol nicht einmal für die spezifisch religiösen Themen aufrecht erhalten. Denn Weltansichten und Ideologien, die aus sozialen Konstruktionen der Erfahrung „mittlerer" Transzendenzen abgeleitet worden waren (Nation, Rasse, klassenlose Gesell-

schaft, „Befreiungen" verschiedenster Art usw. usf. ), formten entscheidend das moderne Bewußtsein mit. Außerdem breitete sich die
sakralisierende Beschäftigung mit „kleinen" Transzendenzen, symbolisiert durch solipsistische Begriffe wie Selbstverwicklichung und
dergleichen, immer weiter aus. Die Abstammungslinie dieser Beschäftigung führt erkennbar auf die Romantik, bestimmte Zweige des
philosophischen Idealismus und etwas später entstandene „Tiefen-
psychologien" zurück. Die einst noch randständigen Unternehmungen der intellektuellen Bohème scheinen mittlerweile in die Massen-
kultur der breitesten Mittelschichten übergegangen zu sein. Sie
prägen in weitem Ausmaß das moderne Bewußtsein. Die in der modernen Gesellschaft vertriebenen religiösen Modelle haben eine un-
verkennbare Tendenz zu intersubjektiven Rekonstruktionen von Erfahrungen „mittlerer" und, in zunehmendem Maße, „kleiner"
Transzendenzen. Dies kann als eine inhaltliche, kulturthematische
Entsprechung der gesellschaftsstrukturellen Privatisierung des Einzeldaseins angesehen werden. Man kann von einer Wahlverwandtschaft zwischen der sozial-strukturellen Privatisierung und der „Sakralisierung" des Subjekts in der modernen Kultur ausgehen.

Offensichtlich sind aber die traditionellen Orientierungen, deren
Kern moralisierende soziale Konstruktionen der Erfahrung „großer"
Transzendenzen enthält, nicht verschwunden. Die soziale Verbreitung dieser Orientierungen hat allerdings eine schmalere Basis und
die institutionell spezialisierte gesellschaftliche Verortung dieser Orientierungen, die Kirchen, steht nicht mehr für die vorherrschende Sozialform der Religion. Die Kirchen sind Institutionen unter anderen
Institutionen geworden: die von ihnen getragenen und sie rechtferti-
genden traditionell religiösen Orientierungen sind im modernen Bewußtsein von solchen überschattet, die sich ausschließlich auf diesseitige Transzendenzen verschiedenen Niveaus beziehen: die Nation,
das Volk, die gesellschaftlichen Klassen bzw. deren „Überwindung",
die Individuen, das alter ego („Gemeinschaft") und das sakralisierte,
weitgehend selbstgenügsame Ich.

Die weithin „privatisierten" Sinnwelten, welche den sogenannten
Pluralismus moderner Gesellschaften kennzeichnen, stehen in keinem übergreifenden Bedeutungszusammenhang. Sie haben allerdings noch so etwas wie einen kleinsten gemeinsamen Nenner: ihm
lassen sich inhaltlich dehnbare subjekt-bezogene Begriffe wie Toleranz und Freiheit, Selbstverwirklichung und Selbsterfüllung, Emanzipation und Autonomie in Verbindung mit hedonistischen Motiven
und utilitaristischen Kalkülen zuordnen.

Eine große Zahl verschiedener gesellschaftlicher Klein- und Groß-
unternehmungen beschäftigt sich mit den Konstruktionen von aller-
lei Transzendenzerfahrungsmodellen und (oder) ihrem Klein- und
Massenvertrieb. Die Grundstruktur, innerhalb derer der Vertrieb stattfindet, ist, wie schon bemerkt wurde, der zwar demonopolisierte, aber
zu Oligopolen tendierende Kulturbetriebsmarkt. Dort wirken vor allem die Massenmedien. Dort wirken auch die Kirchen, teils als Ge-
meindeinstitutionen, teils als gelegentliche Gruppen oder über Mas-
senveranstaltungen, und teils auch selbst über massenmedialen
Vertrieb (vom TV-Evangelismus in den USA zu den Papstreisen mit
Bodenkuß, die am Bildschirm mit den soap-operas konkurrieren). Sie
gliedern sich so in den Prozeß der modernen sozialen Konstruktion
„anderer" Wirklichkeiten ein, obwohl sie, als Monumente einer früheren Epoche der institutionell spezialisierten Religion, nicht nur Äl-
teres, den heiligen Kosmos einer besonderen Tradition, aufbewah-
ren. Restaurative und fundamentalistische Strömungen sind in ihnen
eine wiederkehrende Option. Überdies sind halbinstitutionelle, mehr
oder weniger „neue" und (im traditionellen Verständnis des Wortes)
mehr oder weniger „religiöse" Gemeinschaften entstanden, die sich
in diesen Prozeß einzuschalten versuchen.

Die Sozialstruktur hat aufgehört, auf eine zusammenhängende
und verbindliche Weise zwischen dem subjektiven Bewußtsein und
seinen Erfahrungen der Transzendenz, den kommunikativen Rekonstruktionen dieser Erfahrungen und konkurrierenden Versionen „heiliger Universa" zu vermitteln. Jedenfalls läßt sich Privatisierung als
die vorherrschende moderne Sozialform der Religion eher durch etwas charakterisieren, was sie nicht ist, als durch das, was sie ist: Sie
zeichnet sich durch das Fehlen allgemein glaubwürdiger und verbindlicher gesellschaftlicher Modelle für dauerhafte, allgemein
menschliche Erfahrungen der Transzendenz aus. Will man das, oder
das zusammen mit der Schwächung oder Eliminierung spezifisch und
traditionell religiöser Legitimationsbedürfnisse des Gefüges von Institutionen als Säkularisierung bezeichnen, soll es mir recht sein.
Dann bezeichnet das Wort aber nicht das Ende der religiösen Grundfunktion, sondern deren Privatisierung.

*Thomas Luckmann, Privatisierung und Individualisierung. Zur So-
zialreform der Religion in spätindustriellen Gesellschaften (1991),
in: Karl Gabriel (Hg.), Religiöse Individualisierung oder Säkularisierung, Gütersloh 1996, 17-28*

## 2.2 Erfahrung, Tradition, Reflexion: Peter L. Bergers Optionen des Umgangs mit Religion in der Moderne

*Einführung*

1. LEBEN UND WERK: Peter Ludwig Berger wurde 1929 in Wien geboren. Die Familie emigrierte 1939 nach dem Anschluss Österreichs an das Deutsche Reich über Frankreich und Israel schließlich 1946 in die Vereinigten Staaten von Amerika. Dort studierte Berger Theologie, Philosophie und Sozialwissenschaften und erwarb an der New School für Social Research in New York seinen Master (1950) und PhD (1952). Nach einem Aufenthalt als Forschungsdirektor an der Evangelischen Akademie in Bad Boll 1955 und 1956 war er Assistenzprofessor zunächst an der University of North Carolina und dann ab 1958 am theologischen Hartford Seminary in Connecticut, bevor er 1963 wieder an die New School for Social Research nach New York wechselte. Weitere Stationen waren die Rutgers University in New Brunswick/New Jersey und 1981 die Boston University. Dort war er ab 1985 Direktor des Institute for the Study of Economic Culture. Als lutherischer Christ und Soziologe beschäftigte er sich zunächst kritisch mit religions- bzw. kirchensoziologischen Fragen in ‚The Noise of Solemn Assemblies‘, ‚The Precarious Vision‘ (beide 1961), dann verfasste er 1963 seine ‚Invitation to Sociology‘ in humanistischer Perspektive, bevor er die mit Thomas Luckmann erarbeitete Wissenssoziologie ‚The Social Construction of Reality‘ (dt. Die gesellschaftliche Konstruktion der Wirklichkeit 1969) folgen ließ. Weitere wichtige Studien zur Religionssoziologie waren: 1967 ‚The Sacred Canopy‘ (dt. Zur Dialektik von Religion und Gesellschaft 1973), ‚A Rumor of Angels‘ (dt. Auf den Spuren der Engel 1970) und 1979 ‚The Heretical Imperative‘ (dt. Der Zwang zur Häresie 1980), aus dem der folgende Text stammt. Daneben hat sich Berger vielen anderen soziologischen Fragen zugewandt. Für sein reiches wissenschaftliches Werk hat er zahlreiche Ehrungen – darunter 1998 den Ehrendoktor der Evangelisch-theologischen Fakultät der Universität München – erhalten.

2. THEORETISCHER ANSATZ: Berger sieht gemeinsam mit Thomas Luckmann wissenssoziologisch die gesellschaftliche Wirklichkeit im dreiphasigen Vorgang von *Externalisierung*, *Objektivierung* und *Internalisierung* fundiert. In diesem Prozess werden in sozialer In-

teraktion gesellschaftliche Institutionen wie Identitäten der einzelnen Gesellschaftsmitglieder in *Individuierung* und *Sozialisation*
aufgebaut. Berger begreift auch die Entstehung von religiösem Wissen und der dazugehörigen Institutionen als sozial konstituiert. Von
Luckmann unterscheidet er sich in der substantiellen Fassung seines Religionsbegriffs, den er in Anschluss an Friedrich Schleiermacher und Rudolf Otto bestimmt als „ein Aggregat menschlicher Einstellungen, Glaubenshaltungen und Handlungen angesichts von
zwei Erfahrungsformen: der Erfahrung des Übernatürlichen und der
Erfahrung des Heiligen" (Zwang, 55). Gegenüber den Bedrohun-
gen der Routinen des Alltags durch „andere Wirklichkeiten" wie
Unfall, Leid, Zufall, Tod bedarf der Mensch einer verlässlichen Ordnung, eines *Nomos*, eines verbindlichen Sinns, den Berger, falls er
in den Stand gesellschaftlicher Anerkanntheit gelangt, *Kosmos*
nennt, und ,heiligen Kosmos‘, wenn er sogar einen ontologischen
Status gewinnt und mit letzter Gewissheit ausgestattet wird. Zur Religion gehören dann gesellschaftlich konstruierte Legitimationen,
die die Gestalt religiöser Lehren, Dogmen und Erzählungen annehmen oder als religiöse Rituale zur Stabilisierung des brüchigen
Alltags oder vorhersehbarer Passageschritte in der Biographie des
Einzelnen oder in gesamtgesellschaftlichen Not- und Ausnahme-
zuständen beitragen. *Theodizee* ist eine der wichtigsten Aufgaben
der Religion.

3. ZUM TEXT: Die Ausdifferenzierung der modernen Gesellschaft
in viele gleichberechtigt nebeneinander existierende Teilsysteme
mit ihrer je eigenen Rationalität, Normgebung und Funktionsweise
führt – und damit sind wir bei dem abgedruckten Text – zu einem
Pluralismus innerhalb der Gesellschaft. Er macht auch vor den
durch religiöse Erfahrungen ausgebildeten Traditionen, deren ,We-
sen‘ Berger eindrücklich schildert, nicht Halt, sondern erfordert ihnen gegenüber eine bewusste Reflexion. Hinzu kommt die Privatisierung der religiösen Habitusformationen, denen eine zunehmende
Marktorientierung und Konkurrenz auf dem Weltanschauungs- und
Sinnanbietermarkt korrespondiert. Der moderne westliche Mensch
sieht sich einem „Zwang zur Häresie", einem Imperativ zum Aus-
wählen und sich jeweils neu Verhalten ausgesetzt. Für Berger bieten sich heute drei idealtypische Optionen angesichts dieser Situation an, die er – deutlich hierarchisierend – als *deduktive*, *reduktive*
und *induktive* Optionen im Umgang mit religiöser Tradition kennzeichnet.

4. BEDEUTUNG FÜR DEN RELIGIONSSOZIOLOGISCHEN DISKURS: Die religionssoziologischen Fragestellungen wurden von Berger und seinem zeitweiligen Weggefährten Luckmann perspektivisch stark erweitert. Es wurde ein Weg beschritten, der von der Kirchensoziologie
zur Religionssoziologie führte und der durch die beiden Autoren eine
Wendung erfuhr, die man zum Teil als Schritt von der Religionssoziologie zur Soziologie der Wissens- und Deutungssysteme bezeichnen könnte. Ebenfalls wurde die Frage der Säkularisierung je eigentümlich aufgeworfen und jenseits aller einlinigen oder monokausalen
Erklärungen einer differenzierten Diskussion zugeführt.

*Wolfgang Marhold*

## 2. Religion: Erfahrung, Tradition, Reflexion
[...]

VIELE REALITÄTEN

Wenn wir uns dem religiösen Phänomen in der [...] empirischen Einstellung nähern, dann liegt auf der Hand, daß es uns, zuallermindest
am Anfang, als ein *menschliches* Phänomen erscheint. Das heißt,
wenn es unsere Absicht ist, das, was man gemeinhin religiöse Erfahrung nennt, innerhalb eines größeren Spektrums menschlicher Erfahrungen zu lokalisieren, dann müssen [...] alle übermenschlichen Erklärungen des Phänomens ausgespart, beiseite gelassen werden.
Solch eine Untersuchung bedeutet überhaupt nicht, daß metahumane
Erklärungen a priori ausgeschlossen sind, oder daß der Mensch, der
solch eine Untersuchung durchführt, sich als Atheist bekennt, sondern es geht nur darum, daß er für den Augenblick die Grenzen einer solchen Art von Untersuchung respektiert. Das alles kann man
mit den Worten zusammenfassen, daß die hier verwandte Methode
zur Religionsphänomenologie gehört; für den Zweck, den wir hier
verfolgen, genügt es, den Begriff „Phänomenologie" ganz einfach
als eine Methode aufzufassen, die ein Phänomen hinsichtlich der Art
und Weise untersucht, in der es in der menschlichen Erfahrung auftaucht, ohne sogleich die Frage nach seinem endgültigen Status in
der Realität aufzuwerfen.[1]
Realität wird nicht als ein einheitliches Ganzes erfahren. Vielmehr
erfahren die Menschen die Realität als miteinander verbundene Zo-
nen oder Schichten von höchst unterschiedlicher Qualität. Diese fundamentale Tatsache hat Alfred Schütz als die Erfahrung vielfacher
Realitäten bezeichnet.[2] Der Mensch erlebt zum Beispiel eine Reali-

---

[1]  Was den phänomenologischen Denkansatz gegenüber der Religion angeht,
so bin ich durch die Autoren Rudolf Otto, Gerardus van der Leeuw und Mircea Eliade beeinflußt worden. Als Überblick über diesen Ansatz vgl. Leeuw,
*Religion in Essence and Manifestation*, George Allen & Unwin, London
1938. Teile der Erörterung in diesem Kapitel, vor allem die Konzepte des
Übernatürlichen und des Heiligen, sind einem Aufsatz entnommen, den ich
zusammen mit Hansfried Kellner geschrieben habe: „On the Conceptuali-
zation of the Supernatural and the Sacred", *Dialog*, Winter 1978.

[2]  Vgl. Alfred Schütz, „On Multiple Realities", in: *Collected Papers*, Nijhoff,
Den Haag 1952, Bd. I, S. 207ff.

tätszone, wenn er träumt, eine ganz andere, wenn er wach ist. Als weiteres Beispiel gibt es eine Realitätszone, die man bei intensiver ästhetischer Erfahrung betritt (sagen wir, wenn man sich in das Zuhören eines Musikstücks „verliert"), und diese Zone ist ganz anders als die Realität der üblichen Alltagstätigkeiten. Nun gibt es aber eine Realität, die für das Bewußtsein eine hervorgehobene Stellung einnimmt, und dies ist genau die Realität des Hellwachseins im gewöhnlichen Alltagsleben. Das heißt, diese Realität wird als *realer* erlebt, und zwar die *meiste Zeit*, realer im Vergleich mit anderen Realitäten (wie die von Träumen oder des Aufgehens in Musik). Aus diesem Grund hat Schütz sie als oberste Realität bezeichnet. Von diesem Standpunkt aus betrachtet, erscheinen die anderen Realitäten als Art von Enklaven, in die das Bewußtsein sich hineinbegibt und aus denen es wieder in die „reale Welt" des Alltagslebens zurückkehrt. Dementsprechend nannte Schütz diese anderen Realitäten begrenzte Sinnprovinzen; er benutzte für sie auch den von William James geprägten Begriff der Subwelten.

Die oberste Realität ist demnach die Realität, wie man sie erlebt, wenn man hellwach und mit Tätigkeiten beschäftigt ist, die man normalerweise mit dem gewöhnlichen Alltagsleben identifiziert. Freilich ist dies auch die Realität, die man am leichtesten mit anderen teilen kann. Der einzelne wohnt in ihr gemeinsam mit einer großen Zahl anderer Menschen, die ihre Existenz und ihre Hauptmerkmale fortwährend bestätigen. Gerade diese fortwährende soziale Bestätigung vermag den übergeordneten Status dieser Realität im Bewußtsein weitgehend zu erklären: [...] Diese Realität hat die stärkste Plausibilitätsstruktur (gegenüber etwa der Realität von Träumen oder musikalischen Erlebnissen).

Dies alles sind keine abstrusen theoretischen Erwägungen, sondern vielmehr Erklärungen von allergewöhnlichsten Erfahrungen. Nehmen wir an, man schläft ein – vielleicht während man an seinem Schreibtisch arbeitet – und hat einen lebhaften Traum. Die Realität des Traums beginnt sofort zu verblassen, wenn man in den Wachzustand zurückkehrt, und dann wird einem bewußt, daß man die irdische Realität des Alltagslebens zeitweilig verlassen hat. Diese irdische Realität bleibt Ausgangs- und Orientierungspunkt, und wenn man zu ihm zurückkehrt, spricht man gemeinhin von einer „Rückkehr zur Realität", das heißt genau Rückkehr zur obersten Realität. Vom Standpunkt dieser obersten Realität werden andere Realitäten als Fremdzonen, Enklaven oder „Löcher" erlebt. Um es noch einmal zu sagen, mit solchen Worten trifft man keine theoretische Feststel-

lung über die letztendliche Seinsverfassung. Wer weiß, vielleicht erweist sich diese irdische Realität letztlich als Illusion. In der Zwischenzeit jedoch wird sie in dieser besonderen Art und Weise erlebt,
die meiste Zeit über und (um einen weiteren Begriff von James zu
benutzen) mit dem stärksten Realitätsakzent.

Das entscheidende Paradox der obersten Realität besteht darin, daß
sie *gleichzeitig* massiv real (*realissimum*) ist und sehr zerbrechlich.
Das erstere Merkmal hängt mit dem massiven Charakter der sie ab-
sichernden sozialen Bestätigung zusammen (praktisch jedermann,
dem man begegnet, teilt sie), das letztere mit dem Faktum, daß die
sozialen Sicherungsprozesse in sich fragil und leicht zu unterbrechen
sind, wie in der Tat durch das simple Ereignis des Einschlafens.
Schütz bemerkt dazu sehr treffend, daß der Realitätsakzent des gewöhnlichen Alltagslebens „bis auf weiteres" erhalten bleibt. Anders
gesagt, die oberste Realität wird leicht unterbrochen. Sobald dies geschieht, wird sie sogleich relativiert, und der Mensch findet sich in
einer ganz anderen Welt wieder (nebenbei, genau so wird er diesen
Vorgang wahrscheinlich beschreiben).

Die meiste Zeit ist sich der einzelne also dessen bewußt, daß er
sich in der massiv realen Welt des normalen Alltagslebens befindet,
und zwar gemeinsam mit den meisten anderen Menschen seiner Be-
kanntschaft (die wenigen Spinner oder anderen Exzentriker, die er
kennen mag, werden dieses Bewußtsein kaum stören). Doch der einzelne erlebt auch Brüche in dieser irdischen Welt, und sie werden als
Beschränkungen oder Grenzen der obersten Realität erfahren. Diese Brüche sind von der verschiedensten Art: Manche beruhen eindeutig auf physiologischen Vorgängen, wie Träume, die Grenzzu-
stände zwischen Schlafen und Wachen, starke körperliche
Empfindungen (schmerzhafte oder angenehme), halluzinatorische
Erlebnisse (wie die von Drogen hervorgerufenen). Die oberste Realität kann jedoch auch durch Erfahrungen unterbrochen werden, denen jegliche physiologische Grundlage zu fehlen scheint, wie Erfahrungen theoretischer Abstraktion (etwa wenn die Welt sich in den
Abstraktionen theoretischer Physiker oder reiner Mathematiker „auflöst"), ästhetische oder komische Erfahrungen. Wenn der Mensch einen solchen Bruch erlebt, hat er plötzlich das Gefühl, außerhalb der
irdischen Welt zu stehen, einer Welt, die ihm nun als rissig, absurd
oder gar illusionär erscheint. Ihr Realitätsakzent schwächt sich plötzlich ab oder schwindet ganz und gar. So sind alle diese Erfahrungen
von Brüchen in ihrem Wesen ekstatisch, im wörtlichen Sinne von *eks-
tasis*, von „außerhalb" der normalen Welt „stehend". Dieses ekstati-

sche Element eignet einem Traum ebenso wie der Subwelt eines Wit-
zes, wie allen Erfahrungen des „Weltverlorenseins", mag das im Or-
gasmus geschehen, in Mozarts Musik oder in den berauschenden
Abstraktionen der Quantentheorie.

Aus dem Erlebnis jeder dieser ekstatischen Brüche heraus wird die
gewöhnliche Welt nicht nur relativiert, sondern auch als behaftet mit einer zuvor nicht wahrgenommenen Qualität gesehen. Das kann man
durchaus mit dem deutschen Begriff „Doppelbödigkeit" bezeichnen, mit
einem Begriff, der aus der Welt des Theaters stammt und wortwörtlich
als Bedeutung des „einen doppelten Boden haben" zu verstehen ist. Die
zuvor als massiv und kohärent erlebte Normalwelt wird nun als etwas
leicht Zerbrechliches gesehen, als so etwas wie ein aus Pappe bestehendes, schadhaftes Bühnenbild, das jeden Augenblick zusammenbrechen
und seine Unwirklichkeit erkennen lassen kann. Mehr noch, durch die
frisch entdeckten Löcher im Gefüge dieser Welt kann man eine *andere
Realität* ausmachen. Man begreift nun, daß diese andere Realität die
ganze Zeit über dort gewesen ist, sozusagen auf einem „anderen Boden". Mit anderen Worten, die Erfahrung der Doppelbödigkeit macht
nicht nur eine unvertraute neue Realität sichtbar, sondern wirft auch ein
neues Licht auf die vertraute Realität gewöhnlichen Erlebens.[3]

Diese Erfahrung kann man in höchst unterschiedlichen Stärkegra-
den machen. Die Realität der gewöhnlichen Welt kann einen leich-
ten Schock erhalten, der sich ziemlich mühelos abtun läßt: „Das war
nur ein böser Traum." Oder: „Ich habe das nur wegen meiner wider-
lichen Zahnschmerzen so empfunden." Oder auch: „Oh, ich verstehe,
Sie haben sich nur einen Spaß erlaubt." Doch die oberste Welt kann
auch schwere Erschütterungen erleiden, mit Folgen für das Bewußtsein, die auch dann bestehenbleiben, wenn man sich wieder der Welt
des normalen Alltagslebens zugewandt hat: „Ich werde nie vergessen können, wie die Welt aussah, nachdem ich LSD genommen hat-

---

[3]   Die Formulierung „andere Realität" ist natürlich eine Schützsche. Doch
      nach meiner Meinung findet sich die meisterhafteste Behandlung dieser
      Kategorie in einem Romanwerk, nämlich in Robert Musils großem Werk
      *Der Mann ohne Eigenschaften*. Ich habe diesen Punkt in einem Aufsatz
      erörtert: „The Problem of Multiple Realities; Alfred Schutz and Robert
      Musil", In Maurice Natanson (Hrsg.), *Phenomenology and Social reality*,
      Nijhoff, Den Haag 1970, S. 213ff. Eine vergleichbare Darstellung (wenn-
      gleich, so meine ich, weniger eindrucksvoll als die Musils) findet sich in
      der berühmten Episode der Tea-party-Ekstase in Prousts *Du côté de chez
      Swann*. Dazu vgl. R.C. Zaehner, *Mysticism; Sacred an Profane*, Oxford
      University Press, London 1961, S. 52ff.

te." Oder: „Seit ich über dreißig Jahre alt bin, erkenne ich bei mir einen Sinn für Humor, der mich das Leben ganz anders als früher sehen läßt." Oder auch: „Seit dem Tode meiner Mutter hat sich das Leben für mich gründlich geändert." Mehr noch, der einzelne kann auf den verschiedensten Wegen zu Erfahrungen des Realitätsbruchs gelangen. Manche Menschen versuchen, durch bewußte Anstrengungen dorthin zu kommen, indem sie beispielsweise Drogen nehmen, bestimmte Formen ästhetischen Erlebens kultivieren oder sich sogar auf ein körperliches Abenteuer einlassen (etwa den Mount Everest besteigen), und zwar mit der betonten Absicht, sein Lebensgefühl zu ändern. Andere Erfahrungen von Realitätsbruch werden nicht willentlich gesucht. Erlebnisse von Krankheit und Tod strebt man nur selten mit Absicht an, doch auch die Entwicklung des Sinns für Humor oder Sarkasmus kann einem in der Lebensmitte als Überraschung widerfahren. All diese Erfahrungen haben gemeinsam, daß sie Realitäten aufschließen, die im wörtlichen Sinne „jenseits dieser Welt" liegen, das heißt jenseits der Welt der normalen Alltagsexistenz. Grundsätzlich läßt sich jede dieser „anderen Realitäten" beschreiben, auch wenn jeder Versuch, sie zu beschreiben, sich mit der Tatsache schwertut, daß die Sprache ihre Wurzeln in der irdischen Erfahrung hat. Darin liegt der Grund, warum alle „anderen Realitäten", angefangen von Zahnschmerzen bis zu Mozarts Musik, „schwer in Worte zu kleiden sind" (und natürlich praktisch unmöglich gegenüber jemandem, der keine ähnliche Erfahrung gemacht hat).

RELIGION ALS ERFAHRUNG
Keine der oben erwähnten Erfahrungen von Realitätsbruch würde man gemeinhin als religiös bezeichnen. Solche Erfahrungen sind bewußt ausgespart geblieben, denn die Absicht der hier angestellten Erörterung ist es, die gewöhnlich als religiös bezeichneten Erfahrungen in ein größeres Spektrum menschlicher Erfahrungen zu *stellen*. Empirisch formuliert, was man üblicherweise Religion nennt, umfaßt ein Aggregat menschlicher Einstellungen, Glaubenshaltungen und Handlungen angesichts von zwei Erfahrungsformen: der Erfahrung des Übernatürlichen und der Erfahrung des Heiligen. Das Wesen dieser beiden Erfahrungen müssen wir nun zu klären versuchen.
    Die Erfahrung des Übernatürlichen ist eine besondere „andere Realität" der soeben beschriebenen Art.[4] Vom Standpunkt der nor-

---

[4]  Dem Begriff des „Übernatürlichen" haften einige unglückliche Assoziationen an, wie man nicht eigens betonen muß. Im Sinne der jüngeren

malen Realität aus gesehen, hat sie natürlich ebenfalls die Qualität einer begrenzten Sinnprovinz, von der aus man „zur Realität zurückkehrt", das heißt zurückkehrt zu der Welt des normalen Alltagslebens. Ein im Vergleich zu anderen begrenzten Sinnprovinzen entscheidender Aspekt des Übernatürlichen ist seine radikale Qualität. Die Realität dieser Erfahrung, die Welt des Übernatürlichen, ist radikal, überwältigend *anders*. Man begegnet dabei einer ganzen Welt, die sich von der irdischen Erfahrung abhebt, ihr übergeordnet ist. Mehr noch, aus der Perspektive dieser Welt gesehen, ist die Welt der gewöhnlichen Erfahrung eine Art von *Vorzimmer*. Der Status der Enklave oder begrenzten Sinnprovinz ist damit radikal auf den Kopf gestellt: Das Übernatürliche ist keine Enklave mehr in der normalen Welt, es wölbt sich vielmehr darüber, umfängt sie, „sucht sie heim". Es stellt sich die Überzeugung ein, daß die andere Realität, die durch die Erfahrung erschlossen wird, das wahre *realissimum* darstellt, die letzte Realität, im Vergleich zu der die gewöhnliche Realität ganz und gar zur Bedeutungslosigkeit schrumpft.

An dieser Stelle muß mit Nachdruck betont werden, daß die Erfahrung des Übernatürlichen den Blick auf eine zusammenhängende, umfassende Welt freigibt. Die andere Welt wird als Welt erlebt, die immer dagewesen ist, auch wenn sie zuvor nicht wahrgenommen wurde, und sie drängt sich dem Bewußtsein als unleugbare Realität auf, als Realität, die darauf wartet, betreten zu werden. Die Welt des Übernatürlichen wird als „draußen" erfahren, als eine Welt, die un-

---

Theologie ist er immer noch mit einer erzreaktionären und antimodernen Haltung assoziiert (wie in der sogenannten Schule des Übernatürlichen der römisch-katholischen Theologie des neunzehnten Jahrhunderts). Der Begriff scheint auch eine radikale Entwertung der natürlichen Welt zu enthalten, eine Entwertung, die man eher für gnostisch oder manichäisch als für jüdisch-christlich halten könnte. Die Aufgabe, einen anderen Begriff zu suchen, stellt sich daher von selbst. Meine Suche ist bislang erfolglos verlaufen. Der Begriff „Heiliges" ist nicht geeignet, aus Gründen, die in der hier angestellten Erörterung entwickelt werden. „Transzendent", ein Begriff, den ich anderweitig benutzt habe, ist zwar besser, doch er besitzt mindestens ebensoviele Assoziationen, die in die Irre führen können (in diesem Falle philosophische und weniger theologische Assoziationen). Hier habe ich mich, *faut de mieux*, wieder für das „Übernatürliche" entschieden. Ich kann nur hoffen, daß eine genaue Beschreibung meiner Verwendung des Begriffs Mißverständnisse zumindest mildern wird. Die Hervorhebung von „Andersheit" geht natürlich auf Ottos „totaliter aliter" zurück, doch ich unterscheide mich von Otto insofern, als ich diese Qualität sowohl dem Übernatürlichen wie dem Heiligen zuschreibe.

widerstehliche Realität besitzt, unabhängig vom Willen des einzelnen, und dieser überwältigend objektive Charakter stellt den alten Realitätsstatus der normalen Welt in Frage.

Die radikale Qualität der Erfahrung des Übernatürlichen manifestiert sich in seiner inneren Organisation. Es entsteht ein Gefühl aufrüttelnder und vollkommen überzeugender Einsichten. In den Schilderungen solcher Erfahrungen taucht immer wieder das Bild eines plötzlichen Übergangs von Dunkelheit zum Licht auf. Während des Erlebnisses verwandeln sich die Kategorien der normalen Existenz, vor allem die Kategorien von Zeit und Raum. Immer wieder wird das Übernatürliche als etwas in einer anderen Raum- oder Zeitdimension Liegendes erfahren. Im Sinne räumlicher Symbole liegt es unter Umständen „da droben", im Gegensatz zu dem „hienieden" der irdischen Existenz.[5] Wie die biblische Sprache zwischen „diesem Zeitalter" und dem „kommenden Zeitalter"[6] unterscheidet, so mag das Übernatürliche auch als etwas in der zeitlichen Dimension Verschobenes erlebt werden. In diesem Zusammenhang können sich (wie Bibelgelehrte häufig betont haben) durchaus wichtige Konsequenzen für die Wahl zwischen Raum- und Zeitsymbolen ergeben. Doch für die jetzige Erörterung ist diese Wahl nicht von Belang. Jede Art symbolischen Ausdrucks deutet auf die gleiche grundlegende Erfahrung hin, auf eine Erfahrung, bei der die Kategorien der Alltagsrealität radikal in Frage gestellt, aufgesprengt, aufgehoben sind.

Die Erfahrung des Übernatürlichen verändert auch die Wahrnehmung seiner selbst und der anderen. Während des Erlebnisses tritt man sich selbst in einer radikal neuen und vermeintlich endgültigen

---

[5]  Die Gegenüberstellung von „da droben" und „hienieden" bildet ein ständig wiederkehrendes Thema im Werk Eliades.

[6]  Über das Übergewicht zeitlicher gegenüber räumlicher Symbolik in der Bibel ist von der jüngeren Theologie (so zum Beispiel von Rudolf Bultmann und Oscar Cullmann) viel Wesens gemacht worden. So haben einige Theologen die Meinung vertreten, die radikal zeitliche, eschatologische Symbolik des Neuen Testaments („dieses Zeitalter" im Gegensatz zu dem „kommenden Zeitalter") sei später durch hellenistisch beeinflußtes christliches Denken „verräumlicht" worden. Das ist mit aller Wahrscheinlichkeit eine richtige historische Interpretation. Doch ich behaupte, sie darf nicht in den Status eines kognitiven Kriteriums erhoben werden. Mit anderen Worten, mag es auch ganz richtig sein, daß die Hebräer von der Zeit und die Griechen vom Raum besessen waren, so ist es doch wichtig, daß man sich klarmacht: *Beide* beziehen sich auf eine Transzendenz der normalen Zeit-Raum-Realität.

Art und Weise gegenüber und hat das Empfinden, sein „wahres
Selbst" sei aufgedeckt worden. Damit ist notgedrungen eine andere
Wahrnehmung der Mitmenschen und seiner Beziehung zu ihnen verbunden. Schließlich führt das Erlebnis häufig (nicht immer) zu Begegnungen mit anderen Menschen, die in der normalen Realität nicht
möglich sind. Das mögen die „wahren Selbst" anderer Menschen
oder Tiere sein, die „Seelen" der Toten oder übernatürliche Wesen,
die in der Alltagswelt keinerlei Körperexistenz besitzen. Mit anderen Worten, die im Erlebnis des Übernatürlichen offenbarte andere
Welt ist häufig eine *bewohnte* Welt, und die Begegnung mit diesen
„Bewohnern" ist in solchen Fällen ein wichtiger Erfahrungsaspekt.

Aus dem bisher Gesagten dürfte deutlich werden, daß die Religionsgeschichte als Hauptquelle für eine Beschreibung von Erfahrungen des
Übernatürlichen dienen muß. Um so wichtiger ist es jedoch, nachdrücklich darauf hinzuweisen, daß diese Erfahrung sich *nicht* mit dem Phänomen Religion deckt, übrigens auch nicht mit dem, was man gemeinhin Mystizismus nennt. An dieser Stelle ist eine kurze Anmerkung zur
Definitionsfrage vonnöten. Für die hier geführte Erörterung läßt sich
Religion als menschliche Einstellung definieren, die den Kosmos (einschließlich des Übernatürlichen) als eine heilige Ordnung begreift.[7] Die

---

[7] In dieser Definition bringt die Hauptwendung „menschliche Einstellung"
eine grundlegende empirische Stoßkraft zum Ausdruck (die im späteren
Teil dieses Kapitels als induktive Option bezeichnet wird). Das bezieht
sich natürlich auf meinen Lebens- und Arbeitshintergrund als Sozialwissenschaftler, doch ich glaube nicht, daß solch ein Hintergrund unbedingt
notwendig ist, um die Nützlichkeit dieses definitorischen Ausgangspunkts
akzeptieren zu können. Die Wendung impliziert ganz einfach, daß Religion zum Zweck des Verstehens in einem empirischen Bezugsrahmen gesehen wird und daß, solange man in diesem Rahmen bleibt, Religion nur
als *menschliches* Problem erscheinen kann. Das bedeutet freilich *nicht*,
daß in einem anderen Bezugsrahmen das, was zunächst als menschlich
erschien, nun als Reaktion auf mehr-als-menschliche Realitäten angesehen werden kann. Es sei ferner betont, daß die richtige Beziehung zwischen diesen beiden Bezugsrahmen ein Hauptproblem jedes induktiven
Denkansatzes in Fragen der Religion darstellt, das heißt jedes Denkansatzes, der vom Empirismus zu irgendeiner Form theologischer Bestätigung gelangen möchte. Die Betonung auf „Kosmos" in der Definition geht
auf Eliade zurück, wenngleich Durkheim eine nützliche soziologische
Darstellung und Erläuterung all dessen bereithält, was eine solche „Kosmologie" in sich einschließt. Der Begriff des „Heiligen" wird im Sinne
von Otto benutzt, allerdings modifiziert durch seine Gegenüberstellung
mit dem „Übernatürlichen" (wie bereits erläutert).

Komponenten dieser Definition könnten natürlich in großer Ausführlichkeit erläutert werden, doch dafür ist hier nicht der Ort. Allerdings sollte hier betont werden, daß die Kategorie des Heiligen für diese Definition von zentraler Bedeutung ist, und zwar wirklich so zentral, daß man Religion auch einfacher als eine menschliche Einstellung angesichts des Heiligen definieren könnte. Diese letztere Kategorie ist jedoch nicht notwendig mit dem Übernatürlichen verknüpft. So haben Menschen durchaus als religiös zu bezeichnende Einstellungen (wie in Ritualen, Gefühlsreaktionen und kognitiven Glaubensvorstellungen) gegenüber eindeutig irdischen, von ihnen jedoch als heilig empfundenen Dingen eingenommen, wie etwa bei verschiedenen sozialen Belangen, angefangen vom Klan bis hin zum Nationalstaat. Umgekehrt haben Menschen die Möglichkeit, sich übernatürlichen Erfahrungen in einer entschieden nichtreligiösen Einstellung zu nähern, in einem profanen und nicht in einem heiligen Seinszustand, wie das bei Zauberern immer der Fall war und heutzutage auch für Forscher auf dem Gebiet der Parapsychologie gilt. Das Übernatürliche und das Heilige sind verwandte Phänomene, und aus historischer Sicht kann man durchaus annehmen, daß die letztere Erfahrung in der ersteren ihre Wurzel hat. Doch es ist sehr wichtig, die beiden Phänomene analytisch auseinanderzuhalten. Man kann sich ihr Verhältnis zueinander vergegenwärtigen, indem man sich das Übernatürliche und das Heilige als zwei einander überlappende, aber nicht zusammenfallende Kreise menschlicher Erfahrungen vorstellt.

Der Mystizismus ist, um es zu wiederholen, eine wichtige Quelle von Berichten über Erfahrungen mit dem Übernatürlichen, doch er ist nicht die einzige Quelle. Mystizismus läßt sich definieren als Zugang zum Übernatürlichen über das Eintauchen in die vermeintlichen „Tiefen" des Bewußtseins bei einem einzelnen Menschen.[8] Anders gesagt, der Mystiker begegnet dem Übernatürlichen in sich selbst, begegnet ihm als einer Realität, die mit den tiefsten Tiefen seines Selbst zusammenfällt. Es gibt jedoch Erfahrungen mit dem Übernatürlichen, die ganz anderer Natur sind, nämlich Erfahrungen, in denen das Übernatürliche als etwas Äußeres und möglicherweise sogar als etwas erlebt wird, was mit dem Selbst oder dem Bewußtsein des jeweiligen Menschen in Widerspruch steht. Vieles spricht dafür,

[8] Zur Definition des Mystizismus vgl. Zaehner, op. cit.

daß der Mystizismus stets ein Randphänomen der auf die Bibel zu-
rückgehenden Religionstraditionen gewesen ist. [...] Mystizismus
kann man mithin als ein Phänomen ansehen, das sich zwar mit der
Erfahrung des Heiligen überschneidet, aber nicht gleichbedeutend
mit ihm ist.

Die klassische Beschreibung der Erfahrung des Heiligen stammt
von Rudolf Otto, doch es ist nicht notwendig, sie hier im einzelnen
zu erörtern.[11] Allerdings sollten an dieser Stelle zwei zentrale und
irgendwie paradoxe Merkmale hervorgehoben werden: Das Heilige
wird einerseits als das völlig Andere, die Andersheit (*totaliter aliter*) erlebt, doch zur gleichen Zeit als etwas, das für Menschen von
höchster und geradezu erlösender Bedeutung ist. Sowohl die übermenschliche Andersheit wie die menschliche Bedeutung des Heiligen gehören unverbrüchlich zu seiner Erfahrung. Dennoch stehen
diese beiden Merkmale notgedrungen in einer gewissen Spannung
zueinander. Diese Spannung liegt wahrscheinlich dem zugrunde,
was Otto das *mysterium fascinans* des Heiligen genannt hat, ein
Mysterium, das zu einer eigentümlichen Ambivalenz in der religiösen Einstellung führt, die zwischen Anziehung und Flucht
schwankt, zwischen dem Hingezogensein zum Heiligen und dem
Wunsch, ihm zu entfliehen. Vom Standpunkt des einzelnen gesehen, ist das Heilige etwas entschieden anderes als er selbst, doch
zur gleichen Zeit etwas, das ihn im innersten Zentrum seines Seins
bestätigt und ihn in die kosmische Ordnung integriert. Mystizismus
ist nebenbei die radikalste Lösung dieser Ambivalenz, insofern sie
in der Bestätigung einer letztgültigen Einheit von Selbst und Kosmos geleugnet wird.

Kurz, sowohl das Übernatürliche wie das Heilige sind spezifische
menschliche Erfahrungen, die sich (innerhalb bestimmter sprachli-
cher Grenzen) beschreiben lassen und sich gegen andere Arten von
Erfahrungen abheben. Beide lassen sich im besonderen gegen die
Realität des normalen Alltagslebens abgrenzen. Tatsächlich ist für
beide ein Bruch wesentlich zwischen dieser irdischen Realität und
anderen Realitäten, zu denen die Erfahrungen des Übernatürlichen
und des Heiligen einen Zugang eröffnen. Des weiteren hat es den
Anschein, daß die Erfahrung des Übernatürlichen die fundamenta-

---

[11] Diese Beschreibung des Heiligen stammt fast vollständig aus Rudolf Ottos *Das Heilige*, Beck, München 1963.

lere der beiden Erfahrungen ist. Ursprünglich war das Heilige eine Manifestation innerhalb der Realität des Übernatürlichen. Doch selbst wenn das Heilige sich von der ursprünglichen übernatürlichen Grundlage gelöst hat, scheint mehr als nur ein schwaches Echo davon nachzuklingen. So ist auch der moderne Mensch, insoweit er sich vom Übernatürlichen „emanzipiert" hat, bereit und in der Lage, einer solchen Ehrfurcht vor als heilig verstandenen irdischen Dingen zu verfallen, daß ihm die Realität des normalen Lebens zerbrochen erscheint.

### RELIGION ALS TRADITION

Folglich kann nicht nachdrücklich genug betont werden, daß zum Kern des Phänomens Religion ein Ensemble höchst unterschiedlicher Erfahrungen gehört. Wenn man das oben über das Übernatürliche und das Heilige Gesagte unter dem geläufigen Begriff „religiöse Erfahrung" zusammenfaßt, so ist es genau diese Erfahrung, von der jegliche Religion sich ursprünglich herleitet. Religiöse Erfahrung ist jedoch nicht universell und in gleichem Maße unter den Menschen verteilt. Mehr noch, selbst Menschen, die eine solche Erfahrung mit dem sie begleitenden Gefühl überwältigender Sicherheit gemacht haben, erleben es als sehr schwierig, ihre subjektive Realität über die Zeitläufte hinweg zu bewahren. Religiöse Erfahrung wird deshalb in Traditionen verkörpert, die sie jenen Menschen vermitteln, die sie selbst nicht gemacht haben und die diese Erfahrung für sie wie für jene, die sie gemacht haben, institutionalisiert.

Die Verkörperung menschlicher Erfahrungen in Traditionen und Institutionen ist natürlich keineswegs nur für die Religion eigentümlich. Im Gegenteil, sie ist ein allgemeines Merkmal menschlichen Daseins, ohne das ein Sozialleben nicht möglich wäre.[12] Der besondere Charakter der religiösen Erfahrung bringt jedoch eine Anzahl von Problemen mit sich. An erster Stelle steht die Grundtatsache, daß religiöse Erfahrung die Realität des normalen Lebens aufbricht, während doch alle Traditionen und Institutionen Strukturen *innerhalb* der Realität des Normallebens bilden. Die Übertragung der erfahrenen Inhalte von einer Realität zur anderen führt fast unvermeidlich zur Verzerrung. Der Übersetzer beginnt zu stammeln oder zu umschrei-

---

[12] Zu Tradition und Institutionalisierung vgl. Peter L. Berger und Thomas Luckmann, *Die gesellschaftliche Konstruktion von Wirklichkeit*, S. Fischer, Frankfurt am Main 1969, Reihe Conditio humana.

ben, Dinge auszulassen oder hinzuzufügen. Seine Aussagen gleichen denen eines Dichters unter Bürokraten oder denen eines Menschen, der auf einer Geschäftskonferenz über seine Liebe erzählen möchte. Das Problem bestünde sogar dann, wenn der Übersetzer keinen anderen Beweggrund als den hätte, seine Erfahrung Menschen mitzuteilen, die solche Erfahrungen nicht gemacht haben. In diesem Fall kommen freilich Nebenabsichten von ganz besonderer Art hinzu, nämlich die Motive derer, die ein starkes Interesse haben an der Glaubwürdigkeit und Autorität der Tradition, welche die Übersetzung verkörpert.

Religiöse Erfahrung setzt ihre eigene Autorität, sei es mit der Majestät göttlicher Botschaft in Offenbarungsreligionen, sei es mit dem überwältigenden inneren Realitätsgefühl des Mystikers. Wenn die Erfahrung sich in einer Tradition verkörpert, geht die Autorität auf sie über. Genau diese Qualität des Heiligen wird in der Tat von dem, was *damals* in einer anderen Realität erfahren worden ist (Gott, Götter oder welche anderen übernatürlichen Wesenheiten auch immer), auf das übertragen, was *jetzt* in der irdischen Realität des Alltagslebens erfahren wird. Auf diese Weise tauchen heilige Rituale auf, heilige Bücher, heilige Institutionen und heilige Funktionäre dieser Institutionen. Das Unaussprechliche wird nun ausgesprochen, und es wird *routinemäßig* ausgesprochen. Das Heilige ist zur Gewohnheitserfahrung geworden, das Übernatürliche ist gleichsam „naturalisiert".

Sobald religiöse Erfahrung zur institutionalisierten Tatsache innerhalb des normalen Gesellschaftslebens wird, erhält der gleiche Prozeß, der auch jede andere Erfahrung plausibel bleiben läßt, die Plausibilität der religiösen Erfahrung aufrecht. Diese Prozesse sind im wesentlichen jene der sozialen Kontrolle und des sozialen Konsens: Die Erfahrung ist glaubhaft, weil jedermann behauptet, es sei so, oder so handelt, als wäre es so, und weil alle, die dies leugnen, mit Unannehmlichkeiten der verschiedensten Art und Stärke rechnen müssen. Damit gewinnt die Erfahrung im Bewußtsein des einzelnen offensichtlich einen erheblich anderen Stellenwert. So akzeptierte beispielsweise Mohammed die Wahrheit des Korans, weil sie ihn in der sogenannten Nacht des Ruhms mit Donnerstimmen überkam, mit Stimmen von nicht zu leugnender Realität. [...] Doch was ist mit dem normalen Muslim von heute, an die dreizehnhundert Jahre später? Oder übrigens mit dem normalen Muslim hundert oder auch nur zehn Jahre später? Besuche von Engeln waren selbst damals selten, und in der Zwischenzeit sind sie notorisch selten geworden. Dennoch umgibt die Frage kein großes Geheimnis: Der gewöhnliche Muslim von heute, und nunmehr seit Jahrhunderten, akzeptiert die Wahrheit des Korans, weil er in einem sozialen Milieu lebt, in dem diese Akzeptierung eine Routinetatsache des Soziallebens darstellt. Empirisch gesprochen, beruht die Autorität des Korans und der gesamten islamischen Tradition heutzutage auf diesem sozialen Fundament.

Diese Überlegungen kann man leicht dahingehend verstehen, als stände hinter ihnen eine radikal anti-institutionelle Einstellung, nach der das ganze Gesellschaftsleben als blanker Lug und Trug abgetan werden kann.[14] Das wäre jedoch ein Mißverständnis, sowohl ganz allgemein wie auch in bezug zur Religion in der Gesellschaft. Durch Hineinnahme in die irdische Realität wird das Überirdische unweigerlich verzerrt, doch nur kraft dieser Verzerrung kann inmitten der faden, langweiligen Geräusche des Alltagslebens ein schwaches Echo der ursprünglichen Erfahrung erhalten bleiben. Die Frage läßt sich folgendermaßen formulieren: *Wie können die nächtlichen Stimmen der Engel in der nüchternen Tageszeit des gewöhnlichen Lebens in Erinnerung bewahrt werden?* Die ganze Religionsgeschichte gibt eine unzweideutige Antwort: *durch Inkorporierung der Erinnerung in Traditionen, die soziale Autorität beanspruchen.* Überflüssig zu sagen, daß die Erinnerung dadurch zerbrechlich wird, empfindlich gegenüber sozialem Wandel, besonders empfindlich aber gegenüber Änderungen, welche die soziale Autorität schwächen. Aber für die Einsichten der religiösen Erfahrung gibt es keine andere Möglich-

---

[14] Solcher Anti-Institutionalismus ist charakteristisch für den modernen Existentialismus, der, zumindest in dieser Hinsicht, in einer langen Tradition religiösen Radikalismus steht. Ich für meinen Teil tendierte in meinen früheren Büchern über Religion und über Gesellschaft (so in *The Precarious Vision*, 1961, und in *Invitation to Sociology*, 1963, dt. Ausg.: *Einladung zur Soziologie*, Walter, Olten 1969) im allgemeinen zu dieser Position. Ich würde nicht ganz und gar in Abrede stellen, was ich seinerzeit über die Gesellschaft als „Fiktion" und über die beseligenden Qualitäten der „Ekstase" und dergleichen geschrieben habe. Eine Betrachtung der Welt in dieser Welt ist durchaus geeignet, einige wichtige Merkmale institutionalisierter Religion und in der Tat von Institutionen im allgemeinen zu zeigen (und „aufzuzeigen"). Doch sie übertreibt diese Merkmale auch und führt zu einer einseitig individualistischen (und *ipso facto* weniger als soziologisch angemessenen) Anschauung menschlicher Existenz.

keit, die Zeit zu überdauern, oder, um sich der religiösen Sprache zu bedienen, während jener Zeitläufte zu überdauern, wenn die Engel schweigen.

Welche Institutionen auch um sie herum entstanden sein mögen, eine religiöse Tradition bildet für die normale Alltagsrealität ein Faktum. Sie vermittelt die Erfahrung einer anderen Realität, sowohl denen, die sie niemals gemacht haben, wie auch denen, die sie zwar gemacht haben, aber immer in Gefahr sind, sie zu vergessen. Jede Tradition ist eine kollektive Erinnerung [15] Religiöse Tradition ist eine kollektive Erinnerung an jene Augenblicke, in denen die Realität einer anderen Welt in die oberste Realität des Alltagslebens eingebrochen ist. Doch die Tradition vermittelt die religiöse Erfahrung nicht nur, sie *domestiziert* sie auch Gerade durch ihr Wesen bildet die religiöse Erfahrung eine ständige Bedrohung der Sozialordnung – Sozialordnung nicht im Sinne dieses oder jenes soziopolitischen Status quo verstanden, sondern im grundlegenderen Sinne des Lebensgeschäftes. Religiöse Erfahrung relativiert radikal die gewöhnlichen Probleme des menschlichen Lebens, wenn sie diese Probleme nicht überhaupt entwertet. Wenn die Engel sprechen, verflüchtigen sich die Lebensbelange zur Bedeutungslosigkeit, ja sogar zur Irrealität. Sprächen die Engel die ganze Zeit, würde das Lebensgeschäft wahrscheinlich völlig zum Erliegen kommen. Die Gesellschaft könnte nicht überleben, wäre sie starr, unverrückbar auf die Begegnung mit dem Übernatürlichen eingestellt. Damit die Gesellschaft überleben kann (und das bedeutet, daß die Menschen weiterleben), müssen solche Begegnungen eingeschränkt, kontrolliert, begrenzt sein. Die Domestizierung der religiösen Erfahrung ist eine der fundamentalsten sozialen wie auch psychologischen Funktionen religiöser Institutionen. Somit ist religiöse Tradition auch ein Abwehrmechanismus der obersten Realität, ein Mechanismus, der die Grenzen dieser Realität gegen die Bedrohung absichert, von den Einbrüchen des Übernatürlichen überrannt zu werden.

Religiöse Tradition hält jene Nächte des Ruhms in Schach, die sonst das ganze Leben verschlingen könnten. Was sie auch immer sonst ist, religiöse Erfahrung ist auf jeden Fall gefährlich. Mit Hilfe der Institutionalisierung werden ihre Gefahren vermindert und zur Routine gemacht. Religiöse Rituale beispielsweise schreiben den Be-

---

[15] Im Sinne von Maurice Halbwachs. Vgl. sein *Les cadres sociaux de la mémoire*, Presses Universitaires de France, Paris 1952.

gegnungen mit der heiligen Realität bestimmte Zeiten und Orte zu
und unterwerfen sie der Kontrolle von allgemein umsichtigen und
gescheiten Funktionären. Überdies befreien religiöse Rituale das übrige Leben von der Last, sich solchen Begegnungen unterziehen zu
müssen. Dank dem religiösen Ritual kann der einzelne nun seinen
gewöhnlichen Geschäften nachgehen – Liebe machen, Geld machen,
Krieg machen und so weiter –, ohne dabei ständig von Botschaften
aus einer anderen Welt unterbrochen zu werden. Wenn man die Sache so ansieht, versteht man auch die lateinische Wurzel des Wortes
„Religion", das auf *relegere* zurückgeht –: „vorsichtig sein". Religiöse Tradition ist ein vorsichtiger Umgang mit einer höchst gefährlichen menschlichen Erfahrung.[16] Mit dem gleichen Prozeß der Domestizierung können die heiligen Qualitäten der Erfahrung auf
nichtübernatürliche Dinge und Gebilde übertragen werden, zunächst
auf die religiösen Institutionen selbst, anschließend auf andere (wie
den Staat, die Nation usw.).

Jede menschliche Erfahrung, die anderen mitgeteilt und über die
Zeit gerettet werden soll, muß in Symbolen ausgedrückt werden.[17]
Religiöse Erfahrung bildet da keine Ausnahme. Sobald der Inhalt einer solchen Erfahrung in Sprache mitgeteilt wird, ist er in ein bestimmtes System von Symbolismus mit eigener Geschichte und ge-
sellschaftlichem Ort eingeschlossen (oder wenn man will, gefangen).
[...] Zwischen religiöser Erfahrung und dem Symbolapparat, mittels
dessen sie kommuniziert wird (und sich in einer Tradition verkörpert), besteht ein dialektisches Verhältnis, das heißt, religiöse Erfahrung und symbolischer Apparat bestimmen einander wechselseitig.

Diese im Grunde einfache Tatsache schließt, sofern sie erst einmal verstanden ist, einseitige Interpretationen des Prozesses religiöser Kommunikation aus. Auf der einen Seite beugt sie der Ansicht
vor (wie sie beispielsweise immer noch von orthodoxen Moslems
vertreten wird), eine religiöse Botschaft könne die Gesamtheit an
Symbolen, mit denen sie kommunikativ vermittelt werde, ganz und
gar überwältigen. Mit anderen Worten, „wörtliche Inspiration" ist
nicht möglich, und wenn aus keinem anderen Grunde als dem, daß
die Sprache jeder religiösen Tradition eine *menschliche* Sprache ist,
das Produkt einer menschlichen Geschichte und die Trägerin einer

---

[16]  Diese Interpretation deutet sich an in Max Webers Theorie von der „Rou-
    tinisierung des Charisma", doch sie erhält hier eine weit größere Spann-
    weite.

[17]  Zu Symbole vgl. Schütz, op. cit., S. 287ff.

unermeßlichen Ansammlung menschlicher Erinnerungen, von denen die meisten aber rein gar nichts mit Religion zu tun haben. Auf der anderen Seite jedoch schließt die gleiche Tatsache die gegenteilige Ansicht aus, nämlich die, religiöse Erfahrung sei nichts als eine Widerspiegelung dieser besonderen Geschichte. Diese Auffassung kommt natürlich in Feuerbachs Begriff der „Projektion" zum Ausdruck, der anschließend in seiner Weiterentwicklung durch Marx und Freud eine immense Bedeutung erlangte. Diese Auffassung hat einen nützlichen Kern von Gültigkeit: Gerade weil religiöse Erfahrung sich in menschlichen Symbolen verkörpert, kann man sie als eine großflächige Symbolisierung begreifen, die *ipso facto* all die menschlichen Erfahrungen (einschließlich der Erfahrungen von Machtverhältnissen und Sexualität) „projiziert", die den in Frage stehenden symbolischen Apparat hervorgebracht, geschichtlich produziert haben. Doch damit liegt nur die eine Seite des Phänomens im Blickfeld. Als Mohammed von seinen Engeln erzählte, „projizierte" er die arabische Sprache mit all ihrer Fracht an soziohistorischen Bedeutungen in den Himmel. Doch er tat das nur deshalb, weil er als erstes die Erfahrung machte, daß von diesem Himmel aus sich eine ganz andere Realität in die irdische Realität *projizierte*, in eine Realität, in der er gemeinsam mit allen anderen Arabisch sprach. Anders gesagt: *Religion läßt sich als menschliche Projektion verstehen, weil sie in menschlichen Symbolen kommuniziert wird. Doch eben diese Kommunikation wird ausgelöst durch eine Erfahrung, mit der eine übermenschliche Erfahrung in das menschliche Leben injiziert wird.*

Ein wichtiger Bestandteil jeglicher religiöser Tradition ist die Entwicklung theoretischer Reflexion. Das kann sich im Aufbau theoretischer Gebäude von ungeheurer geistiger Fülle und Differenziertheit vollziehen, wie bei den sogenannten großen Weltreligionen. Doch diese Reflexion kann sich auch in relativ schlichten Systemen von Mythen, Legenden oder Maximen niederschlagen. Ganz unabhängig von der anthropologischen Grundtatsache, daß der Mensch ein reflektives Wesen ist, offensichtlich durch seine innere Natur dazu gedrängt, über seine Erfahrungen nachzudenken, unabhängig davon muß eine religiöse Tradition aufgrund der sozialen Forderung nach Legitimation reflektives Denken entwickeln. Jeder neuen Generation muß erklärt werden, warum die Dinge so sind, wie sie traditionell sind.[18] Im zeitlichen Verlauf der Tradition entsteht mit ihr ein Ensemble mehr oder weniger autoritativer Darstellungen und Interpretationen der ursprünglichen

---

[18] Zu Legitimierung vgl. Berger und Luckmann, op. cit., S. 98ff.

Erfahrung (ganz gleichgültig, ob dies in heiligen Schriften kodifiziert wird oder nicht). Zum Verständnis von Religion ist es unerläßlich, dieses Aggregat theoretischer Reflexion von der Ursprungserfahrung, die sie hervorgebracht hat, säuberlich zu unterscheiden. Jeder Mensch mit einem gewissen Maß an Kenntnissen in religiöser Gelehrsamkeit weiß, daß dies niemals einfach und zuweilen unmöglich ist. Ein klassisches Beispiel für diese Schwierigkeit ist die sogenannte Suche nach dem historischen Jesus, ist das Problem herauszufinden, was sich in jenen Tagen in Galiläa und Jerusalem „wirklich abgespielt hat", das heißt das Problem, unter den Ablagerungen späterer christlicher Interpretationen (die natürlich bereits jede Seite der Darstellungen im Neuen Testament durchziehen) den empirischen Kerngehalt freizulegen. Genauso wichtig ist die Unterscheidung zwischen religiöser Erfahrung und religiöser Reflexion. Denn sonst kann sich einer von zwei Irrtümern einschleichen: Entweder übersieht man den unvermeidlichen Verzerrungseffekt von Reflexion oder das Studium der Religion gerät zu einer Geschichte von Theorien oder „Ideen".

Um die unmittelbar vorausgegangenen Überlegungen zusammenzufassen, die Verkörperung religiöser Erfahrung in Traditionen und die Entwicklung theoretischer Reflexion über die ursprüngliche Erfahrung müssen als sowohl unvermeidlich wie als unvermeidlich verzerrend angesehen und verstanden werden. Das wirft freilich Schwierigkeiten auf, doch es ist auch eine Chance, denn damit eröffnet sich die Möglichkeit, sich so weit wie möglich bis zum Kern der Erfahrung zurückzutasten. Das ist von ganz besonderer Wichtigkeit für jeden, der zum Religionsverständnis die modernen intellektuellen Disziplinen der Geschichts- und der Sozialwissenschaft einsetzt. Diese Disziplinen sind in ihrer Wirkung zutiefst relativierend, das heißt, eine Tradition wird als Produkt vielfältiger historischer Ursachen verstanden, eine Theologie als Ergebnis dieses oder jenes sozio-ökonomischen Konflikts und so weiter. In den letzten zweihundert Jahren religiöser Gelehrsamkeit schien das Phänomen Religion in der Tat mehr als einmal unter diesen Relativierungen zu verschwinden. Um so nützlicher ist es, sich ins Gedächtnis zu rufen, daß die religiöse Erfahrung eine Konstante in der Menschheitsgeschichte darstellt. Um es noch einmal mit den Worten des Korans zu sagen: „Es gibt kein Volk, unter welchem nicht einst ein Prediger gewesen wäre."[19] Jen-

---

[19] Fünfunddreißigste Sure, Vers 25, in: *Der Koran, Das heilige Buch des Islam,* nach der Übertragung von Ludwig Ullmann, neu bearbeitet und erläutert von L.-W. Winter, Goldmann, München 1959.

seits aller Relativitäten der Geschichte und der irdischen Realität als
solcher muß diese Kern- oder Grunderfahrung in ihren verschiedensten Formen das letzte Objekt jeglicher Erforschung des religiösen
Phänomens bilden. Dieses Ziel läßt sich niemals vollständig erreichen, sowohl aufgrund des Charakters empirischer Beweiskraft wie
der Stellung des Forschers selbst innerhalb spezifischer soziohisto-
rischer Relativitäten. Dem Ziel kann man sich bestenfalls annähern.
Das sollte jedoch kein Alibi dafür sein, es nicht einmal zu versuchen.

NOCH EINMAL: DIE MODERNE SITUATION

Aus Gründen, die im vorherigen Kapitel in einiger Ausführlichkeit
erörtert worden sind, trägt die moderne Situation nicht gerade zur
Plausibilität religiöser Autorität bei. Somit übt die moderne Situation mit ihren untereinander eng verbundenen Aspekten der Säkularisierung und des Pluralismus einen, man kann sagen, kognitiven
Druck auf religiöse Denker aus. Insofern die säkulare Weltanschauung der Modernität sein soziales Umfeld beherrscht, ist der religiöse
Denker dem Druck ausgesetzt, die übernatürlichen Elemente seiner
Tradition zu dämpfen, wenn nicht gar ganz aufzugeben. Dabei steht
er natürlich keineswegs allein da, vielmehr teilt er diesen Druck mit
allen modernen Menschen, mit Intellektuellen wie Nichtintellektu-
ellen, mit denen, die noch einer religiösen Tradition anhängen, wie
mit denen, die das nicht mehr tun. Was das für die religiöse Erfahrung als solche, das heißt für die Erfahrung, die der Reflexion über
sie vorausgeht, mit sich bringt, ist anhand der vorliegenden Anhalts-
punkte noch gar nicht abzusehen. Zwei Hypothesen bieten sich an:
Einmal, daß moderne Menschen solche Erfahrungen gar nicht mehr
machen oder zumindest viel seltener, als dies in früheren Zeiten der
Fall zu sein pflegte. Oder zum zweiten, daß moderne Menschen solche Erfahrungen genauso häufig haben, wie die Menschen sie immer gehabt haben, daß sie sie aber aufgrund der Entlegitimierung der
Erfahrung durch die vorherrschende Weltanschauung verbergen oder
leugnen (die Leugnung könnte sich natürlich auf sie selbst wie auch
auf andere beziehen). Welcher Hypothese auch die größere Wahrscheinlichkeit beigemessen wird, es liegt auf der Hand, daß in der
modernen Situation weder die religiöse Erfahrung noch die religiöse
Reflexion mit solcher Ungezwungenheit stattfinden kann, wie das in
früheren Geschichtsperioden möglich war.

Angesichts der Universalität und der Zentralität religiöser Erfahrung in allen vorangegangenen geschichtlichen Epochen liegt es
ebenso auf der Hand, daß diese Unterdrückung oder Verleugnung

umwälzende Auswirkungen gehabt hat. Nietzsche hat diese Auswirkungen beredt in seiner Formulierung vom „Tod Gottes" festgehalten, und eine Welt, in der Gott tot ist, ist, wie er sich ausdrückt, kälter geworden. [...] Es bedarf keiner Erwähnung, daß die meisten modernen Menschen das Verschwinden des Göttlichen nicht so dramatisch erlebt haben. Auf jeden Nietzsche oder jeden Dostojewskij kommen tausend mehr oder weniger wohlangepaßte Agnostiker, mehr oder weniger angstgeschüttelte Atheisten.

Gleichviel, der moderne Mensch ist als Folge des Verschwindens/Leugnens religiöser Erfahrung in seiner Welt einsamer geworden. Und moderne Institutionen und Gesellschaften sind auch „einsamer" geworden, das heißt, sie sind der verläßlichen Legitimationen beraubt, die von den heiligen, aus religiöser Erfahrung abgeleiteten Symbolen immer bereitgestellt worden sind. Folglich ist die Geschichte der Säkularisierung auch eine Geschichte der Verdrängung und des Wiederauflebens dieser heiligen Symbole gewesen. Weil es dem Menschen sehr schwerfällt, allein im Kosmos zu sein, ob als Individuum oder im Kollektiv, ist das Heilige vom Übernatürlichen auf irdische Bezugsgrößen verschoben worden. So ist beispielsweise der säkulare arabische Nationalismus mit einer Heiligkeit ausgestattet worden, die in ihrem ursprünglichen islamischen Kontext nicht mehr plausibel ist. Aber es hat auch in einer Vielzahl von neuen Bekräftigungen religiöser Autorität heftige Reaktionen auf die repressive Säkularität der modernen Welt gegeben. So ist die islamische Welt bis zum heutigen Tag der Schauplatz von zwanzig oder mehr Erweckungsbewegungen gewesen, die angesichts all der gegenwärtigen Herausforderungen die Autorität des Islams erneut geltend machten. [...]

DREI OPTIONEN FÜR RELIGIÖSES DENKEN

Für das religiöse Denken in der pluralistischen Situation bieten sich drei grundlegende Optionen an, drei Wahlmöglichkeiten. Sie sollen hier als deduktive, reduktive und induktive Option bezeichnet werden. [...] Die soeben erwähnten Optionen sind typologische, und es besteht kein Grund zu der Annahme, die Typologie könne erschöpfend sein oder auf jede theologische Äußerung auf der Szene zutreffen. [...] Wenn man erst einmal anfängt, Typologien zu entwerfen, dann können sie auch dreiteilig sein und Namen verwenden, an die man sich erinnern kann. Mit all dem soll nur gesagt sein, daß Max Webers Warnung vor dem, was er „Idealtypen" nannte, auch hier gilt: In der Welt existiert keine Typologie als solche, sie ist immer ein intellektuelles Konstrukt. So trifft man sie niemals in reiner Form an, und es lassen sich immer Fälle anführen, die herausfallen. Doch das spielt keine Rolle. Die Typologie ist insoweit nützlich, als sie hilft, zwischen empirisch zu Gebote stehenden Fällen zu unterscheiden und, als Folge davon, Verständnis und Erklärung zu ermöglichen. Die Nützlichkeit einer Typologie erweist sich also nur dann, wenn sie auch tatsächlich und aktuell angewandt wird, und der Antitypologe sei hiermit aufgerufen, seine Irritation für einen Augenblick hintanzustellen.

Die deduktive Optionsmöglichkeit besteht darin, die Autorität einer Religionstradition angesichts der modernen Säkularität zu bekräftigen. Wenn die Tradition auf diese Weise wieder den Status eines Datums, eines apriori Gegebenen erhält, dann ist es anschließend möglich, die religiösen Affirmationen mehr oder weniger so, wie es in prämodernen Zeiten die Regel war, von diesem Datum zu deduzieren. [...] [So] gibt es verschiedene Möglichkeiten, die traditionelle Autorität erneut zu bekräftigen. Welche Möglichkeit der einzelne auch wählt, wenn er den Weg der deduktiven Option einschlägt, erfährt er sich als jemand, der auf eine religiöse Realität reagiert, die von den Relativierungen seiner eigenen soziohistorischen Situation auf souveräne Weise unabhängig ist. In einem christlichen Kontext (das gleiche gilt für einen jüdischen oder einen islamischen) stellt er sich erneut der majestätischen Autorität, die sich herleitet aus den Worten „Deus dixit", das heißt, Gott spricht erneut durch die heiligen Schriften und durch die wiederaufgenommene Verkündigung ihrer Botschaft, und damit spricht er zu den heutigen Menschen auf eine Weise, wie er zu den Propheten und Aposteln zu Anfang der Tradition gesprochen hat. Die deduktive Optionsmöglichkeit hat den kognitiven Vorteil, daß sie in die religiöse Reflexion wieder objektive Gültigkeitskriterien einbringt. Ihr Hauptnachteil besteht in der Schwierigkeit, in der modernen Situation die subjektive Plausibilität eines solchen Vorgehens aufrechtzuerhalten.

Von reduktiver Optionsmöglichkeit sprechen wir, wenn die Tradition uminterpretiert wird im Sinne der modernen Säkularität, die ihrerseits als zwingende Notwendigkeit der Teilhabe am modernen Bewußtsein betrachtet wird. Natürlich gibt es bei diesem Vorgehen Abstufungen oder Grade. So säkularisiert beispielsweise jeder, der sich der Methoden moderner Geschichtswissenschaft bedient, die Tradition schon aufgrund dieser Tatsache, denn diese wissenschaftlichen Verfahrensweisen sind Produkte eines modernen säkularen Bewußtseins. Die reduktive Option zeichnet sich jedoch durch etwas Radikaleres aus als durch die Verwendung dieses oder jenes intellektuellen Hilfsmittels. Es ist sozusagen ein Austausch von Autoritäten: Die Autorität des modernen Denkens oder Bewußtseins wird ersetzt durch die [Übersetzungsfehler, gemeint ist: tritt an die Stelle der] Autorität der Tradition, das *Deus dixit* von einst weicht dem gleichermaßen nachdrücklichen *Homo modernus dixit*. Mit anderen Worten, das moderne Bewußtsein und seine vermeintlichen Kategorien werden die einzigen Gültigkeitskriterien für die religiöse Reflexion. Diese Kriterien erhalten auch einen objektiven Status, insofern diejenigen, die diese Option wählen, zu sehr entschiedenen Vorstellungen darüber neigen, was einem modernen Menschen zu sagen „geziemt" und was nicht. Diese Optionsmöglichkeit erschließt ein kognitives Programm, durch das von der Tradition abgeleitete Bestätigungen systematisch im Sinne von „zulässig" im Rahmen der modernen Säkularität übersetzt werden. Der große Vorteil dieser Option besteht darin, daß er die kognitive Dissonanz vermindert oder zumindest den Anschein erweckt. Als großer Nachteil erweist sich, daß die Tradition mit all ihren religiösen Inhalten zu verschwinden oder sich im Prozeß der säkularisierenden Übertragung aufzulösen droht.

Die induktive Optionsmöglichkeit zielt darauf ab, die Erfahrung zur Grundlage aller religiösen Bestätigungen zu machen, die eigene Erfahrung, bis zu welchem Ausmaß dies auch immer möglich sein mag, und die in einem bestimmten Kreis von Traditionen verkörperten Erfahrungen. Dieser Kreis kann unterschiedlich weit sein, das heißt, er kann minimal auf die eigene Tradition beschränkt oder maximal so weit ausgedehnt sein, daß er das größtmöglich verfügbare Schriftmaterial der menschlichen Religionsgeschichte umfaßt. Wie dem auch sei, Induktion meint hier, daß die religiösen Traditionen als Beweissysteme verstanden werden in bezug auf religiöse Erfahrung und die aus der Erfahrung gewonnenen Einsichten. Mit dieser Option ist eine bewußt empirische Einstellung verbunden, ein abwägender und wertender geistiger Bezugsrahmen, nicht unbedingt kühl und leidenschaftslos, jedoch nicht gewillt, die Suche nach religiöser Wahrheit gewaltsam dadurch zu beenden, daß man sich auf irgendeine Autorität beruft, welche es auch sei, mag es nun die Autorität dieses oder jenes *Deus dixit* sein, doch genauso wenig die Autorität des modernen Denkens oder Bewußtseins. Der Vorteil dieser Option liegt in der geistigen Offenheit und Frische, die sich aus einer nicht-autoritären Betrachtungsweise von Wahrheitsfragen zu ergeben pflegt. Der Nachteil besteht, wie sich von selbst versteht, in dem Umstand, daß geistige Aufgeschlossenheit nicht selten mit geistigem Leerlauf (open-endedness) einhergeht, und dies frustriert den starken religiösen Hunger nach Sicherheit. Dem religiösen Temperament widerstrebt es zutiefst, an die Stelle von Verkündigung eine Hypothese zu setzen.

Trotz dieses Nachteils [...] liegt diesem Buch die Überzeugung zugrunde, daß nur die dritte Option einen Weg weist, sich sowohl den Herausforderungen der modernen Situation zu stellen wie sie zu überwinden. Natürlich muß diese Behauptung im einzelnen begründet werden. Doch es sollte inzwischen klargeworden sein, warum in diesem Kapitel eine eingehende Erörterung der Beziehung zwischen religiöser Erfahrung, Tradition und Reflexion notwendig war. Die induktive Option kann man nicht einmal in Erwägung ziehen, solange diese Unterscheidungen nicht gemacht worden sind. Die Relativierungen der Modernität sind nicht aufzuhalten, wenn die Religion lediglich als ein System theoretischer Behauptungen begriffen wird. In diesem Falle muß der Ersetzung einer Plausibilitätsstruktur durch eine andere notwendigerweise der Austausch von kognitiven Autoritäten folgen. Oder, wenn man will, säkulare Dogmatiker drängen sich in den Vordergrund, sobald traditionelle religiöse Dogmen nicht mehr plausibel sind. Die in diesem Kapitel erörterten Unterscheidungen ermöglichen auf der anderen Seite einen anderen Forschungsansatz, eine Suche nach der Erfahrung, die hinter oder unter dieser oder jener religiösen Tradition, dieses oder jenes von der religiösen Reflexion hervorgebrachten Ensembles theoretischer Behauptungen liegt. Zur induktiven Option gehört, daß man gegenüber den Schilderungen menschlicher Erfahrungen auf diesem Gebiet eine bewußt naive Einstellung einnimmt und so weit wie möglich und ohne dogmatische Vorurteile den eigentlichen Inhalt dieser Erfahrungen zu fassen sucht. In diesem Sinne ist die induktive Optionsmöglichkeit phänomenologisch. Ihre Naivität ist die gleiche, die Husserl in seinem berühmten Marschbefehl für Philosophen mit den Worten ausdrückte: „Zurück zu den Sachen!"[25]

Die induktive Option hat ihre Wurzeln in der modernen Situation und in ihrem häretischen Imperativ. Sie ist in der Tat die weitestmögliche Annahme dieses Imperativs. Doch es ist kein Bestandteil dieser Option, die Modernität in den Status einer neuen Autorität zu erheben, und dieser absolut fundamentale Gesichtspunkt unterscheidet

---

[25] Vgl. Maurice Natanson, *Edmund Husserl*, Northwestern University Press, Evanston, Ill. 1973, S. 42ff.

sie von der reduktiven Option. Die Erfahrungen der Modernität sind ebenfalls Bestandteil der Evidenz, nicht mehr und nicht weniger. Die Einstellung gegenüber der Modernität ist folglich weder Verdammung noch Erhöhung. Wenn überhaupt etwas, dann ist es eine distanzierte Einstellung. Mit dieser Einstellung sind einige Sicherungen sowohl gegenüber reaktionärer Nostalgie wie gegenüber revolutionärem Überschwang verbunden. Es ist keine übermäßig leichte Einstellung. Nur zu oft endet der induktive Ansatz in Reduktionismus oder seine Frustrationen können auch dazu führen, daß man sich den alten Sicherheiten ausliefert. Doch diese Option verschafft einem eine ziemlich klare, spezifische Erfahrung innerer Befreiung (die vielleicht an den Grenzen der eigentlich religiösen Erfahrung angesiedelt ist).

Die Hinwendung von der Autorität zur Erfahrung als dem Brennpunkt religiösen Denkens ist natürlich nicht neu. Sie ist das Kennzeichen des theologischen Liberalismus protestantischer Prägung zumindest seit Friedrich Schleiermacher gewesen. Es ist nicht notwendig, jeden Aspekt des Schleiermacherschen Denkens gutzuheißen, um den Wagemut zu erkennen und zu bewundern, mit dem er diese Wendung vollzogen hat. Noch ist es notwendig, jede Windung in der langen Geschichte dieser Denkschule mitzumachen, um sich mit ihrer grundlegenden Intention identifizieren zu können. Da sich dieses Buch mit der induktiven Option identifiziert, so identifiziert es sich freilich auch mit der Grundintention des protestantischen theologischen Liberalismus, allerdings ohne jegliche Apologie. [...] In dem gleichen Maße, in dem Modernität zu einem allgemeinen Kontext für religiöse Reflexion geworden ist, sind auch die protestantischen Bemühungen, mit der Modernität fertig zu werden, von allgemeinem Interesse. Obwohl die induktive Methode ein Zentralmotiv des theologischen Liberalismus protestantischer Provenienz gewesen ist, so ist sie jedoch mit Sicherheit keine auf Protestanten beschränkte Option. Genauso wie die Wiederherstellung traditioneller Autorität und die Säkularisierung für Katholiken, Juden, Moslems, Buddhisten und jedwede andere Gruppen, die die moderne Welt betreten haben (oder, genauer, zu denen die moderne Welt herabgestiegen ist), Optionsmöglichkeiten darstellen, so werden sich die kognitiven Übungen des Protestantismus angesichts der Modernität für jeden, der sich mit der modernen Situation der Religion beschäftigt, von höchster Relevanz erweisen. Um Pius XI. zu paraphrasieren: „Heute sind wir alle Protestanten." Diese Äußerung ist keine ethnozentrische Großtuerei, sie ist vielmehr eine

Drohung, ein Wehklagen, jedoch auch ein zögernder Ausdruck von
Hoffnung.

*Peter L. Berger, Religion: Erfahrung, Tradition, Reflexion (gekürzt),
in: ders., Der Zwang zur Häresie. Religion in der pluralistischen Gesellschaft, Frankfurt/M. 1980, 46-79 (hier: 50-67, 73-79)*

## 2.3 Das Beobachten des Unbeobachtbaren: Niklas Luhmanns systemtheoretische Auffassung religiöser Kommunikation

*Einführung*

1. PERSON UND WERK: Niklas Luhmann (*1927 in Lüneburg, †1998 in Oerlinghausen bei Bielefeld), Sohn eines Brauereiunternehmers und zunächst Verwaltungsjurist, wirkt nach Dissertation und Habilitation bei Helmut Schelsky und Dieter Claessens (Münster) von 1968 bis zu seiner Emeritierung 1993 als Professor für Soziologie an der Universität Bielefeld. Er wird – zunächst durch die kontroverse Debatte mit Jürgen Habermas zu Beginn der siebziger Jahre, dann aber durch die Ausarbeitung seiner Theorie, die nicht nur soziologische, sondern auch philosophische Ansprüche bedient – schnell national und international bekannt. Die Reichweite seiner Erörterungen, die weniger empirisch als systematisch-begrifflich und phänomenologisch vorgehen und zu deren Darlegung er eine eigene Theoriesprache entwickelt hat, erstreckt sich auf alle gesellschaftlichen Bereiche: Recht (Rechtssoziologie, 1972), Religion (Die Funktion der Religion, 1977; Die Religion der Gesellschaft, 2000), Liebe und Intimität (Liebe als Passion, 1982), Politik (Politische Theorie im Wohlfahrtsstaat, 1983), Wirtschaft (Die Wirtschaft der Gesellschaft, 1986), Fragen der Ökologie (Ökologische Kommunikation, 1986) oder der Wissenschaft (Die Wissenschaft der Gesellschaft, 1990), Kunst (Die Kunst der Gesellschaft, 1995) oder Medien (Die Realität der Massenmedien, 1995). Selbstverständlich legt er auch über Verfahren und Grundlage seines theoretischen Vorgehens explizit Rechenschaft ab – die Veröffentlichung seines grundlegenden Werkes ‚Soziale Systeme. Grundriß einer allgemeinen Theorie‘ (1984) markiert dabei eine sich schon seit Beginn der achtziger Jahre abzeichnende ‚autopoietische Wende‘, eine Veränderung seiner Theoriegrundlagen, die in der Forschung zur Unterscheidung von Früh- und Spätwerk geführt hat. Zu Luhmanns theoretischen Wurzeln gehört die strukturfunktionalistische Soziologie Talcott Parsons‘ sowie die phänomenologische Philosophie Edmund Husserls. Die vorliegenden einführenden Bemerkungen orientieren sich dabei an der jüngeren Phase seines Schaffens, der auch der ausgewählte Text entstammt.

2. THEORETISCHER ANSATZ: Luhmann hat seinen Ansatz selbst als ‚Paradigmenwechsel‘ in der soziologischen Theorie bezeichnet. Er bricht

dabei mit mehreren Traditionen – sowohl mit derjenigen philosophischen Tradition, die die Welt auf eine Einheit (etwa das ‚Sein‘, das alle Elemente der Welt gemeinsam haben sollen) zurückführen will, als auch mit derjenigen, die die Struktur der Welt in Analogie zum menschlichen Bewusstsein zu erläutern sucht. Auch die soziologische Tradition, die ihren Gegenstand im Handeln menschlicher Subjekte sieht, will er verlassen. Man kann seine Gesellschaftstheorie als konstruktivistisch bezeichnen: Er geht davon aus, dass es keine Realität unabhängig von Beobachtung gibt. ‚Beobachtung‘ ist in Luhmanns Verständnis nicht notwendig als Handlung eines menschlichen Subjekts definiert, sondern bedeutet das Bezeichnen eines Unterschiedes und die Markierung einer Seite der Unterscheidung. Das aber kann von sehr unterschiedlichen Systemen (von Organismen, Maschinen oder eben sozialen Systemen) vorgenommen werden. Systeme unterscheiden sich von ihrer Umwelt und müssen für diese Unterscheidung Regeln entwickeln. So sieht Luhmann ‚Kommunikation‘ als einen Prozess an, genauer: ein System, das nicht auf die beteiligten Menschen (‚personale Systeme‘, die als ‚Zwischenspeicher‘ genutzt werden) zurückgeführt werden kann: Wie ein Kommunikationsprozess verläuft, lässt sich weder aus den Absichten der Teilnehmenden noch gar aus ihren Gedanken erläutern und ist auch nicht an bestimmte Teilnehmende gebunden. Sie sind für das System Kommunikation vielmehr ‚Umwelt‘ – es muss sich in Abhängigkeit von dieser Umwelt entwickeln, und tut dies, indem es sich intern in bestimmter Weise strukturiert, aber es wird nicht von dieser Umwelt determiniert. ‚Gesellschaft‘ ist in dieser Perspektive nicht eine Versammlung handelnder menschlicher Subjekte oder Individuen, sondern Gesellschaft ist da, wo Kommunikation geschieht. Entsprechend versucht die Theorie, die Gesellschaft nicht in Gruppen oder Typen von Menschen einzuteilen, sondern orientiert sich an der Ausdifferenzierung spezifischer Kommunikationstypen und Semantiken. Das ‚Religionssystem‘ besteht in dieser Sicht nicht aus ‚bestimmten Menschen‘ und wird auch nicht durch bestimmte Handlungsarten konstituiert, sondern ist durch eine bestimmte Semantik geprägt, eine spezifische Art zu kommunizieren, zu unterscheiden und also zu beobachten, die Luhmann als ‚Code‘ bezeichnet. Sehr vereinfacht gesagt: Wo die Welt mit dem religiösen Code, der Differenz von Immanenz und Transzendenz beobachtet wird, dort lässt sich von ‚Religion‘ reden.

3. ZUM TEXT: Luhmann hat sich sowohl in seiner frühen wie in seiner späten Phase mit Religion beschäftigt. Der vorliegende Text ge-

hört in die letztere – sie ist dadurch gekennzeichnet, dass er Systeme
nun als Gebilde deutet, die sich aus ihren eigenen Elementen (‚selbst-
referentiell‘) selbst aufbauen (‚Autopoiesis‘). ‚Religion‘ wird in der
frühen Phase vorrangig als Subsystem der Gesellschaft mit der gesamtgesellschaftlichen Funktion der Kontingenzbewältigung gedeutet. Die Leistung der Diakonie bezieht sich dabei auf Subsysteme,
die der Seelsorge auf personale Systeme. Dabei genießen Organisationen und ihre Programme besondere Aufmerksamkeit. In der späteren Phase stellt Luhmann – den Schwerpunkt verschiebend – auf
ein Problem aller sinnhaften Operationen ab, das Religion paradigmatisch bearbeitet: Die Beobachtung des Nichtbeobachtbaren. Im
vorliegenden Text schärft er zunächst zwei Bedeutungen des Sinn-
begriffes in Bezug auf Kommunikation ein (Abschn. 1): Sinn in der
Bedeutung von ‚sinnvoll‘ kennt einen Gegenbegriff – ‚sinnlos‘.
‚Sinn‘ in der Bedeutung von ‚sinnhaft‘ aber lässt sich nicht intern differenzieren, also nicht beobachten, also nicht kommunizieren, denn
kommunizieren bedeutet beobachten, und beobachten bedeutet differenzieren (Abschn. 4): Auch sinnlose Kommunikation operiert
sinnhaft. In dieser Bedeutung fungiert Sinn als unhintergehbares
Medium der Kommunikation (Abschn. 2), in dem Formen (unter-
scheidbare Gestalten) erst beobachtet werden können. Die Religion
hat es damit zu tun, dass Sinn als Medium nicht negierbar und damit
nicht beobachtbar ist (Abschn. 3). Sie versucht, das Unbeobachtbare
zu beobachten, das Nichtkommunizierbare zu kommunizieren – das
zeigt sich dann in paradoxen Aussagen wie denen, dass es ein Ziel
und eine Bedeutung der Welt, eine Einheit (etwa in Gott) gebe, dass
diese aber unverfügbar sei (Abschn. 5). Die Leistung, die sie dadurch
erbringt, ist der Umgang mit diesem Problem des Sinnmediums. Mit
diesem Religionsbegriff ausgestattet kann Luhmann dann einerseits
konstatieren, dass Moral für Religion sekundär ist, andererseits aber
darauf hinweisen, dass Religion – wie er sie versteht – sich weltweit
intensiviert und steigend ausdifferenziert.

4. BEDEUTUNG FÜR DEN RELIGIONSSOZIOLOGISCHEN DISKURS: Niklas
Luhmann gehört zu den einflussreichsten soziologischen und sozi-
alphilosophischen Denkern des zwanzigsten Jahrhunderts. Seine soziologische Adaption der Systemtheorie hat nicht nur die soziologische Wissenschaft entscheidend geprägt, sondern auch die Art
beeinflusst, in der wir soziale Phänomene in der Alltagssprache wahrnehmen und deuten. Die religions- und kirchensoziologische Bedeutung Luhmanns lässt sich den oben angesprochenen zwei Phasen sei-

nes Schaffens entsprechend differenzieren: In der Frühphase wird vor
allem der organisationssoziologische Aspekt breit rezipiert. In aus-
drücklicher Berufung auf Luhmann stellt etwa die erste Mitglied-
schaftsuntersuchung der Evangelischen Kirche in Deutschland von
einem institutions- auf ein organisationssoziologisches Paradigma
um. Auch Luhmanns funktional orientierte Betonung der Bedeutung
des Religionssystems für die Gesellschaft (,Kontingenzbewälti-
gung') findet vielfältige Resonanz. Aber auch Luhmanns späte
Religionstheorie stellt in mehreren Hinsichten eine produktive Herausforderung dar. Einerseits provoziert Luhmanns religionssoziologischer Anspruch, die Verkürzungen funktional und substantiell ver-
fahrender Religionsbegriffe zu vermeiden. Andererseits wird die
Theorie praktisch-theologisch aufgenommen, um den Verengungen
einer subjekt- und intentionsorientierten Beschreibungsweise zu entgehen.

*Torsten Meireis*

## Vom Sinn religiöser Kommunikation

### 1. SINN RELIGIÖSER KOMMUNIKATION – SOZIOLOGISCH

Theologie, Religionswissenschaft und Religionssoziologie können sich darauf verlassen, daß über Religion gesprochen und in der Form schriftlicher Texte kommuniziert werden kann. Mit solcher Kommunikation *über* Religion läßt sich jedoch der Sinn religiöser Kommunikation nicht angemessen erfassen. Die Kommunikation über Religion ist immer schon Kommunikation über religiöse Kommunikation, ist immer schon Beobachtung und Beschreibung zweiter Ordnung. Was ist aber dann der unmittelbare Sinn religiöser Kommunikation, der sie als religiös ausweist?

Die Möglichkeit, danach zu fragen, wird verstellt, wenn man von einem anthropologischen oder psychologischen Religionsverständnis ausgeht. Danach lägen Sinn und Funktion von Religion in den Bedürfnissen des subjektiven Erlebens begründet – in den Bedürfnissen nach Trost, in der Frage nach dem Tod und dem Leben danach oder, moderner, in der Frage nach dem Sinn des eigenen Lebens. Religion hätte dann den Sinn, sich gegenüber einer drohenden Sinnleere zu behaupten und den Menschen vom Sinn seines Daseins zu überzeugen. Wer dieses Angebot nicht ergreift, so wird gepredigt, läuft Gefahr, an der Sinnlosigkeit seines Lebens zu leiden – obwohl es doch möglich wäre, sich eines Besseren belehren zu lassen.

Eine solche anthropologische Erklärung vermag jedoch kaum zu befriedigen. Ob zum Beispiel die vielen Kirchen in Italien wirklich zur Sinnfindung gebaut sind oder eher wegen der fürchterlichen Hitze im Sommer,[1] wird man fragen dürfen. Überhaupt müßte eine anthropologische Erklärung hochstandardisierte Erlebniswelten aller Individuen zu allen Zeiten voraussetzen – eine ganz unrealistische Annahme. Dienst am Menschen mag ein Bestandteil der Selbstbeschreibung moderner Religionen sein, eine Art ökumenische Gesamtformel für den Sinn von Religion ungeachtet aller kulturellen Verschiedenheiten. Die Soziologie der Religion hätte dann aber zu erklären, unter welchen gesellschaftsgeschichtlichen Bedingungen eine solche Darstellung überzeugen kann; und die Vermutung wäre:

---

[1] wie Jean Paul zu überlegen gab, aber ablehnt (1924, 56).

seitdem Religion als Kultur begriffen wird und sich zugleich dagegen zu wehren hat, also seit der zweiten Hälfte des 18. Jahrhunderts (vgl. Luhmann, 1994).

Wenn man von diesen jeweils subjektiven Sinnbedürfnissen abstrahiert und auch die zahllosen kulturhistorischen Ausprägungen dessen, was als Sinn anerkannt wird, außer Acht läßt, bleibt immer noch die Frage, ob es Sinn macht, zwischen sinnhafter und sinnvoller Kommunikation zu unterscheiden, und wenn ja: was denn der Sinn dieser Unterscheidung sei (vgl. Hahn, 1974; 1987; Sauter, 1982, 27ff.; Huber, 1994, 45-57; Lohmann, 1987, 165-184). Ob religiöse Kommunikation nur sinnhaft oder auch sinnvoll ist, hängt natürlich davon ab, wie diese Begriffe definiert werden. Wir müssen uns daher zunächst auf Begriffsklärungen einlassen, wollen dabei aber den Bezug auf Religion im Auge behalten.

## 2. Sinn als Medium

Rein formal ist diese Aufgabe rasch zu lösen. Von „sinnvoll" kann man nur reden, wenn das, was als sinnvoll markiert wird, auch negiert werden könnte. Wenn es nichts „Sinnloses" gäbe, ließe sich auch nichts „Sinnvolles" ausmachen. Mit „sinnhaft" soll dagegen etwas Unnegierbares bezeichnet werden. Daß wir einen solchen Begriff benötigen, ergibt sich schon daraus, daß auch Negationen Sinn in Anspruch nehmen müssen; ja sogar: daß sie darauf angewiesen sind, daß das identisch bleibt, was negiert wird, aber eventuell auch bejaht werden könnte. Man kann natürlich sagen: es gibt keine Teufel; aber das setzt voraus, daß die Teufel immer noch Teufel sind, wenn jemand kommt und sagt: es gibt sie doch.

Diese formale Unterscheidung sinnvoll/sinnhaft gewinnt an Gewicht, wenn man sie durch weitere Unterscheidungen erläutert. Der negierbare, sinnvolle Sinn setzt einen Beobachter voraus, der etwas als sinnvoll bezeichnet und Sinnvolles von Sinnlosem unterscheidet. Es kann viele solche Beobachter geben[2], unter ihnen möglicherweise Gott. Diese Lösung könnte in die philosophische Theorie von Leibniz hineingelesen werden. Nach den erstaunlichen Freiheiten, die

---

[2] Deshalb verbindet Hahn (1987) sinnvollen Sinn mit der Selbstthematisierung von Systemen. In der Welt gibt es dann zahlreiche Reflexionszentren, die darüber disponieren, was *für sie* sinnvoll ist, während die Welt sich nicht reflektieren kann. Oder mit Gotthard Günther formuliert: *„It leads to the surprising conclusion that parts of the Universe have a higher reflective power than the whole of it."* (Günther, 1976, 319).

Newton sich im Umgang mit Sonne, Mond und Sternen geleistet hat, mußte auch die religiöse Kosmologie neu durchdacht werden. In einem selbstläufigen Universum (in dem Beten nichts nützt) bleibt Gott die Funktion, zwischen kompossiblen und nicht kompossiblen Zuständen zu unterscheiden und die Welt, die er als die beste der möglichen Welten geschaffen hat, mit Kompossibilitätsgarantie auszustatten. Damit war die traditionelle Vorherrschaft von Kausalität (Ursache/Wirkung) und Logik (wahre/falsche Aussagen) gebrochen, und es konnte jetzt nicht mehr nur darum gehen, Irrtümer bzw. Widersprüche zu vermeiden. Aber warum soll nicht auch diese Funktion der Prüfung und eventuell der Erweiterung des Rahmens für Kompossibilitäten dem Weltlauf überlassen bleiben? Das hat dann bekanntlich Kant und Hegel zur Reformulierung des Begriffs der Dialektik geführt mit dem Anspruch, daß die Welt selbst (oder jedenfalls ihr „Geist") auch diese Frage noch behandeln kann, wenngleich nur unter Inanspruchnahme von Zeit, also in der Form von Geschichte. Erst vor diesem Hintergrund versteht man, daß die „Sinnfrage" gegen Ende des 19. Jahrhunderts dramatisch zugespitzt wird; und zwar genau deshalb, weil nicht mehr zu erkennen ist, wer sie beantworten könnte und wie.

Das muß nicht dazu führen, den sinnvollen Sinn rein subjektiv oder biographisch zu fassen und ihn entsprechend milliardenfach zu multiplizieren. Dann hätte der Leibnizsche Gott, der Gott der Sicherstellung vom Kompossibilität, wieder viel zu tun, und man könnte sehen, daß er nicht sehr erfolgreich ist. Es gibt inzwischen aber auch Theorien, die die Suche nach Sinn auf einen sozialen Mechanismus zurückführen, der dann allerdings verschiedene Lösungen erzeugen kann. René Girard z. B. nimmt einen ursprünglichen Imitationskonflikt an. Das Begehren entsteht als Kopie des Begehrens anderer und führt in einer endlichen Welt deshalb zum Konflikt mit dem, den man imitiert (Girard, 1978; 1982). Die Lösung dieses Konflikts liegt innerhalb des Religionssystems, und zwar zunächst in der Definition eines Opfers, über dessen Tötung man sich verständigen kann, bis schließlich Gott selbst die Rolle des Opfers übernimmt und damit den Mechanismus außer Kraft setzt.

Bei Pierre Bourdieu findet man einen analog konzipierten Theorieaufbau in der These, daß Menschen Objekte (Kunstwerke, Sprachformen, Bildungsindikatoren usw.) benutzen, um sich selbst von anderen zu unterscheiden und die Gesellschaft nach dem Zerfall der geburtsständischen Ordnung erneut durch Rangverhältnisse zu strukturieren. Die Gegenstände bekommen einen symbolischen Zweitsinn, der durch eine Macht, die nur als „violence" begriffen werden kann, oktroyiert wird.

In beiden Fällen scheint die Theorie auf eine Erlösung hin angelegt zu sein, die aber in der Theorie selbst keinen Platz findet. Girard spekuliert – auch und gerade nach dem Opfertod Gottes – auf eine religiöse Erlösung (was immer die Theologen von dieser Konstruktion halten mögen). Bourdieu legt seine Theorie in soziologenüblicher Weise als Gesellschaftskritik an, ohne jedoch die Gesellschaft, die uns von der Distinktionssucht erlösen könnte, in der Theorie bezeichnen zu können. Beide Theorien ersetzen das Schema sinnvoll/sinnlos also durch eine Erlösungsspekulation, die aber als Aussage in der Theorie selbst nicht zugelassen werden kann.

Man könnte dieses Resultat einfacher, wenngleich in abstrakterer Form gewinnen, wenn man fragt, ob die Unterscheidung sinnvoll/sinnlos ihrerseits sinnvoll ist oder vielleicht sinnlos. Im letzteren Fall hätte man sie aufzugeben. Würde man sie dagegen für sinnvoll halten, führte das Argument zu einem „re-entry" der Unterscheidung in sich selbst, also zu einer nur mühsam verdeckten Paradoxie.[3] Was dann sinnvoll ist, läßt sich nur durch eine stets kontingente Auflösung dieser Paradoxie gewinnen – etwa durch Angabe des Systems, von dem man in der Bestimmung dessen, was sinnvoll ist, ausgehen will, obwohl es andere Möglichkeiten gibt.

Wir nehmen dieses Ergebnis als Hinweis darauf, daß man einen allgemeineren Sinnbegriff benötigt, der ein unausweichliches Medium bezeichnet, aber nicht festlegt, mit welchen Unterscheidungen sinnhafte Formen gewonnen werden. Dieser Sinnbegriff bezeichnet dann nicht, wie noch bei Husserl, eine (transzendentale) Bedingung der Möglichkeiten des Erlebens bzw. Handelns, sondern in einem eher kybernetischen Verständnis die Möglichkeit von Konditionierungen, also die Möglichkeit, den Gewinn von Formen von Bedingungen abhängig zu machen.

---

[3] Siehe dazu Georg Spencer Brown. (1979, 56ff.). Liest man bei Spencer Brown genauer nach, so bestätigt sich das, was wir bei Girard und Bourdieu ohnehin herausgefunden hatten. Die normalen Operationen des Imitierens und Unterscheidens versagen vor diesem Problem. Das System gerät in den Zustand einer unresolvable indeterminacy. Es muss jetzt Zeit einführen, um die Ausgangslage seiner Operationen einer memory function und die Zukunft einer oscillator function zu überlassen, und beides wird davon abhängen, mit welchen Unterscheidungen man die Vergangenheit bzw. die Zukunft in der Gegenwart beobachtet.

So bleibt uns die Möglichkeit, das Problem von „sinnvoll" zu „sinnhaft" zu verschieben. Die Klärung des Sinns von Sinnhaftigkeit muß auf negationsfreie Unterscheidungen zurückgreifen können. Unsinn ist denkbar und kommunikabel. Aber der Sinn der Kommunikation von Unsinn (Soziologen werden hier an Garfinkels Experimente denken) liegt nicht in der Negation von Sinn, sondern in der Reflexion der Sinnhaftigkeit von Sinn.[4] Hier müssen wir, sonst würde die Unterscheidung sinnvoll/sinnhaft kollabieren, jede Abhängigkeit von Systemreferenzen (zum Beispiel Individuen, Gesellschaft, Religion) vermeiden, auch wenn man zugeben muß, daß nicht alle Systeme sich sinnhaft orientieren. Wir wollen deshalb Sinn als ein Medium bezeichnen, in dem Formen gebildet werden können. Formen werden durch Unterscheidungen gebildet, die Markierungen setzen und damit den unmarkierten Bereich ausgrenzen.[5] Als Medium ermöglicht Sinn, diese Ausgrenzung selbst mitzubeobachten und deshalb operativ ein Kreuzen der Grenze – sei es in den „unmarked state", sei es zu anderen Formen (Unterscheidungen) – anzuleiten. Das Medium selbst ist jedoch keine Form, denn dies würde nur zur Frage nach einem Metamedium führen, der das Kreuzen der Grenze dieser Form ermöglicht. Keine Bezeichnung kann deshalb ihren eigenen Sinn bezeichnen; denn dieser besteht gerade in der Möglichkeit des Kreuzens der Grenze und damit des Übergangs zu anderen Bezeichnungen. Sinn ist mithin, wie die Welt, weder negierbar noch affirmierbar.

In einer phänomenologischen Beschreibung könnte man im Anschluß an Husserl auch sagen, daß die Aktualisierung von Sinn stets einen Überschuß an Verweisungen auf andere Möglichkeiten sinnhafter Beobachtungen impliziert und ohne einen solchen „Horizont" gar nicht „intendiert" werden könnte. Dieser Version würde man also die Unterscheidung aktuell/potentiell zugrundelegen (vgl. Luhmann, 1984, 93f., l00f., 111f.). Sinn wird dann als Einheit dieser Unterscheidung definiert, und zwar so, daß die Unterscheidung in sich selbst

---

[4]  So Gilles Deleuze (1969, 83ff.); z. B. S.89: „Le non-sens est à la fois ce qui n'a pas de sens, mais qui, comme tel, s'oppose à l'absence de sens en opérant la donation de sens."

[5]  Wir folgen hier erneut Spencer Brown (1979,56). In diesem Text ist freilich weder von Medium noch von Sinn die Rede. Es geht ausschließlich um die Frage, wie die mathematischen Kalküle der Arithmetik und der (Booleschen) Algebra überhaupt dazu kommen, mit Einheiten (Zahlen, Variablen) zu rechnen. Vgl. dazu auch Baecker (1993).

wiedereintritt, denn auch das Aktuelle muß möglich sein, so wie als potentiell nur in Betracht kommt, was möglicherweise bezeichnet und damit aktualisiert werden kann.[6]

Für die Zwecke der folgenden Überlegungen ist es günstiger, die Unterscheidung Medium/Form zugrundezulegen; denn sie führt deutlicher an das heran, was man als Sinnproblem religiöser Kommunikation ausmachen kann. Die Unterscheidung Medium/Form impliziert, daß das Medium nur an Hand von Formen, nicht jedoch *als solches* beobachtet werden kann. Das gilt auch für Wahrnehmungsmedien, für Licht zum Beispiel. Jeder Versuch, daß Medium zu beobachten, ist daher grundsätzlich inadäquat und auf Rückschlüsse angewiesen. So kann man Sprache nur an Hand der entsprechenden Laute oder Zeichen beobachten, also nur, wenn gesprochen oder geschrieben wird; und Geld nur, wenn gezahlt oder kontiert wird. Und auch Sinn läßt sich nicht beobachten, weil schon die Bezeichnung eine Unterscheidung voraussetzen würde, die auf etwas verweist, das im Moment unbeobachtet bleibt. Zieht man Zeit mit in Betracht, so folgt daraus, daß ein Medium nur durch Formenbildungen reproduziert werden kann. Dabei bleibt das Medium selbst invariant – immer dasselbe –, während die Formen (wahrgenommene Dinge, Sätze, Zahlungen usw.) nur temporäre Aktualität in Anspruch nehmen und gleichsam nur als Zwischenstationen eines Übergangs zu anderen Formen sichtbar werden.

## 3. DAS MEDIUM SINN UND DIE RELIGION

Vielleicht läßt diese Analyse schon ahnen, daß wir uns mit der Unterscheidung Medium/Form = unbeobachtbar/beobachtbar in der Nähe von Religion aufhalten. Daß Sinn Formen annimmt, ohne Form sein zu können, muß die Religion reizen, genau dafür dann doch Formen zu suchen. Jedenfalls scheint Religion es mit Beobachtungen des Unbeobachtbaren zu tun zu haben und darunter zu leiden, daß dies eigentlich nicht geht. Was statt dessen versucht wird, sieht aus wie die kybernetische Kontrolle eines Mysteriums durch ein anderes. Wie anders sollte die Religion „requisite variety" (Ashby) aufbringen?

Man kann dies in einer ganz flüchtigen Skizze an mehreren Figuren zeigen, und zwar:

---

6  Daß damit nur das In-sich-Spielen, nur die Selbstimplikation oder Autologie der Unterscheidung gemeint sein kann, sollte sich von selbst verstehen. Natürlich kann nicht alles, was möglich ist, auch realisiert werden.

1. an Religionen, die mit Weisheit (Divination) arbeiten und aus einer Beobachtung von Lineaturen an Oberflächen auf Tiefes und Verborgenes schließen;

2. an Offenbarungsreligionen, deren evolutionärer Erfolg darauf beruht, daß sie mit eingefahrenen, „gelehrten" Praktiken der Divination brechen und von einer Selbstoffenbarung Gottes ausgehen;

3. an mystischen Religionsbewegungen, deren eigentümliche Rationalität darin liegt, daß sie Unkommunizierbares zu kommunizieren, also in der Kommunikation begreiflich zu machen versuchen (vgl. Atlan, 1986);

4. an bestimmten Strömungen im Buddhismus, die das Heil in der Destruktion des Gebrauchs von Unterscheidungen, also durch Rückzug des Beobachters in den „unmarked space" suchen, in dem er selbst unbeobachtbar wird.

Je nach Wahl dieser funktional äquivalenten Formen wird es schwer fallen, für die anderen Verständnis aufzubringen.[7] Zusammengesehen bieten sie jedoch einen deutlichen Hinweis darauf, daß das Problem des Mediums Sinn tatsächlich im Zentrum religiöser Aufmerksamkeit liegt. Es geht also, in der Religion zumindest, nicht um die Frage, was sinnvoll sei und was nicht, und schon gar nicht um moralische Belehrung über gute Formen der Lebensführung. Eine noch so elaborierte Moralkasuistik bleibt an der Oberfläche, bleibt eine Folge von strukturellen Kopplungen des Systems mit Formen gesellschaftlicher Kommunikation in seiner Umwelt. Historisch sieht man zwar, wie stark das Religionssystem durch einen dadurch ausgelösten „structural drift" und durch eine moralische Zweitcodierung bestimmt sein kann. Aber das funktioniert allenfalls im Bereich der Sünde und nicht im Bereich des Leidens. Und letztlich muß die Religion sich doch mit der Auskunft bescheiden, daß der Sinn des Kosmos[8] oder der Wille Gottes unbeobachtbar bleibe und gleichwohl im Gebrauch der Formen, die für sinnhafte Orientierung verfügbar sind, ein Sinn liege – *und dies auch in den beklagenswerten Fällen von Tod, Leid und Sünde.*

---

[7]  In einem Gespräch mit einem buddhistischen Mönch in Thailand fragte er mich, ob es zutreffe, daß Gott auf Erden geboren und gestorben sei. Nachdem ich ihm bestätigte, daß dies christliche Lehre sei, war seine höfliche Reaktion: It is good to know that.

[8]  Bei „Kosmos" ist natürlich zu beachten, daß diesem Begriff zunächst eine divinatorisch gestimmte Religion zugrundelag, die von der schönen Außenseite auf eine unsichtbare Tiefe schloß.

## 4. KOMMUNIKATION ALS BEOBACHTUNG

Wir haben den Begriff des Beobachtens ohne ausreichende Erläuterung benutzt und dadurch sicher Mißverständnisse auflaufen lassen. Man denkt dabei fast zwangsläufig an einen Bewußtseinsvorgang, also an die Tätigkeit eines Menschen. Dieser Fall soll nicht ausgeschlossen sein, reicht aber für unsere Zwecke nicht aus. Schließlich ist es unvorstellbar, daß Sinn unter dem Schädeldach einzelner Protomenschen durch Spontangenese, durch Eruption aus bereits komplexen Zentralnervensystemen entstanden sei (und wenn: wie sollten die anderen Protomenschen es bemerkt haben?). Bewußtseinsförmiges Sinnerleben kann nur parasitär (nur coevolutiv) entstanden sein, nur durch steigende Anforderungen der Teilnahme an Kommunikation. Um Sinn konstituieren zu können, mußte das Einzelbewußtsein lernen, an Kommunikation als Beobachter teilzunehmen. Aber wie wäre das möglich, wenn die Kommunikation sich nicht selber beobachten könnte?

Diese Überlegung muß durch einen zu ihr passenden Begriff des Beobachtens präzisiert werden. Wir wollen Beobachten bestimmen als Gebrauch einer Unterscheidung zur Bezeichnung der einen und nicht der anderen Seite. Damit folgen wir dem Kalkül von Georg Spencer Brown, das mit der bloßen Aufforderung „draw a distinction" beginnt, im weiteren Verlauf dann Selbstreferenz einführt, daraus schließt, daß ein selbstreferentielles System die Fähigkeit haben müsse, innerhalb der Unterscheidung marked/unmarked zu oszillieren und, da dies die allgemeinste aller möglichen Unterscheidungen ist, mit der Feststellung endet: „We see now that the first distinction, the mark, and the observer are not only interchangeable but, in the form, identical" (Brown, 1979, 76). Ein Beobachter – das ist demnach ein System, sofern es in der Lage ist, Unterscheidungen zu treffen, und diese Möglichkeit in Operationen umsetzt. Der Begriff abstrahiert von der materiellen, neurobiologischen, psychischen und sprachlichen Ausstattung, die ein System befähigt, Operationen des Beobachtens durchzuführen – selbstverständlich ohne den geringsten Zweifel daran, daß eine solche Ausstattung erforderlich ist. Aber die Grundcharakteristik des Begriffs liegt im Bezeichnen auf Grund einer Unterscheidung. Der Beobachter muß also kein Mensch sein. Der Begriff entspricht unserer Absicht, die Einschränkung der Religionswissenschaft auf anthropologische wenn nicht gar psychologische Systemreferenzen zu überwinden – im Interesse an der Frage nach den genuin sozialen, gesellschaftlichen Grundlagen von Religion.

Diese Theorieentscheidung ermöglicht es, der Kommunikation in sozialen Systemen die Fähigkeit des Beobachtens zuzuschreiben. Ohne Zweifel bezeichnen Kommunikationen das, was sie mitteilen; und auch dies ist nur möglich, wenn sie das, was sie bezeichnen, von allem anderen unterscheiden. Der Begriff trifft also zu. Also können wir (wer immer jetzt „wir" ist: dieser Text als Kommunikation, sein Verfasser als Individuum oder die Leser je für sich als Individuen) Kommunikation als Beobachtung beobachten. Und wir können dies, *ohne uns über die Bewußtseinszustände der beteiligten Individuen zu informieren.* Das wäre auch gar nicht möglich. Würde Kommunikation davon abhängen, käme sie gar nicht erst zustande. Kommunikation setzt immer schon eine Beobachtung zweiter Ordnung voraus. Anders könnten sich Individuen gar nicht an ihr beteiligen. Sie wüßten gar nicht, um was es sich handelt. Es wird keineswegs bestritten, daß individuelles Bewußtsein (und dann weiter: Gehirne mit regelmäßiger Durchblutung, lebende Organismen, gemäßigte Temperaturen usw.) zu den Bedingungen der Fortsetzung von Kommunikation gehört, so wie Umwelt eine Bedingung jeder Systembildung ist. Aber diese Bedingung der Beobachtung von außen ist kein operativer Bestandteil der Kommunikation selbst; denn das würde heißen, daß die Kommunikation sich über die Bewußtseinszustände ihrer Beobachter informieren müßte, um sich selbst fortsetzen zu können. Sie kann zweifellos Bewußtseinszustände thematisieren, so wie ja auch Kommunikation über Kommunikation möglich ist; aber das kann nur hin und wieder geschehen und ist jedenfalls, empirisch gesehen, keine Bedingung der Operationsfähigkeit sozialer Systeme. Wäre es anders, würde die Kommunikation zum Stillstand kommen. Und dies ist besonders evident, wenn man an schriftliche Kommunikation denkt.

Dies Programm ist freilich nur ausführbar, wenn gezeigt werden kann, wie Kommunikation Sinn und wie Sinn Kommunikation ermöglicht. Wir verstehen unter Kommunikation nicht eine besondere Art von Handlung, die auf andere einwirkt und insofern Effekte hat. Wir sehen also nicht nur von bewußtseinstheoretischen (transzendentalen), sondern auch von handlungstheoretischen und von kausaltheoretischen Rückversicherungen ab. Kommunikationssysteme entstehen und reproduzieren sich „autopoietisch", das heißt: in einem rekursiven Netzwerk, das sie durch Rückgriff und Vorgriff auf andere Kommunikationen selbst erzeugen. Kommunikation *ist* Rekursivität im eigenen Operationsbereich. Sie „errechnet", um mit Heinz von Foerster zu formulieren, sich selber (vgl. v. Förster, 1993, 61-

85). Folglich entstehen ihre Komponenten, nämlich Information, Mitteilung und Verstehen, erst in der und durch die Autopoiesis von Kommunikation. Sie haben keine vorgegebene, keine externe Existenz, die in der Kommunikation nur zum Ausdruck gebracht würde – weder als immer schon vorhandene Information, noch als subjektive Intention auf Mitteilung, noch als soziokulturelle bzw. institutionelle (sprachliche) Bedingung der Möglichkeit des Verstehens. Auch gibt es kein ontologisch festliegendes Vorrangverhältnis unter diesen Komponenten in dem Sinne, daß der „Ursprung" der Kommunikation in der Sachwelt oder im Subjekt oder in der Kultur zu suchen sei. Die Kommunikation hat keinen Ursprung, sie ist ihr eigenes Produkt.[9] Entsprechend produziert Kommunikation ihre eigenen Konditionierungen, ihre eigenen Bedingungen der Möglichkeit, ohne daß „Bedingungen der Möglichkeit" zugleich, wie in der Transzendenzphilosophie, als Begründung verstanden werden könnten. All dies läßt sich in der Formulierung zusammenfassen, daß soziale Systeme operativ geschlossene Systeme sind und daß Kommunikation diejenige Operation ist, die die Schließung des Systems erzeugt und aus sich heraus reproduziert.

Damit ist nicht ausgeschlossen, vielmehr gerade ermöglicht, daß die Kommunikation Schwerpunkte setzt und wechselt. Sie kann ihr Problem mehr in der Richtigkeit der Information oder mehr in der Mitteilungsabsicht oder mehr in den Verstehensbedingungen sehen und entsprechend externe Referenzen suchen. Damit wird zugleich die im nächsten Moment anschließende Kommunikation gesteuert. Das Absuchen der Außenwelt, die Wahl von externen Referenzen, ergibt sich mithin aus dem Fortgang von Kommunikation zu Kommunikation, aus der Selbstproblematisierung, aus der Wahl von Anschlüssen im selben System. Es ist nicht die Umwelt, die sich dem System aufdrängt und bestimmt, worüber kommuniziert wird. Die Umwelt irritiert, aber sie determiniert das System nicht.

Eben deshalb braucht das System ein eigenes Medium, um den ständigen Führungswechsel zwischen Information, Mitteilung und Verstehen durchführen zu können. Dies Medium haben wir bereits als „Sinn" vorgestellt. Es vermittelt *im System* zwischen innen und außen und *im System* zwischen den Problematisierungen von Information, Mitteilung und Verstehen. Es vermittelt die laufende Wahl von Formen (Aussagen) der Kommunikation. Deshalb kann die

---

[9] So auch Deleuze (1969, 221., 89f.) – freilich mit anderer, semiotischer und nicht sozialer Bestimmung der Komponenten von „proposition".

Kommunikation auch nicht nach „dem Sinn" fragen, ohne diese Frage auf Information, Mitteilung oder Verstehen zu beziehen. Das Medium selbst bleibt unsichtbar.

## 5. RELIGION ALS SINNKOMMUNIKATION

Aber die Religion versucht, trotzdem über Sinn zu kommunizieren. Das muß natürlich nicht mit diesem Wort und muß auch nicht mit dem Wort Unsinn geschehen, wie Deleuze vorschlägt.[10] Aber letztlich scheint die Religion halb Sinn, halb Unsinn kommunizieren zu wollen. Es geht ihr offensichtlich nicht darum, nur einfach sinnhaft zu kommunizieren wie alle Kommunikationen. Religion kommuniziert *über* Sinn, nicht einfach nur *in der Form von* Sinn. Diese Unterscheidung muß in den Titel des vorliegenden Beitrags hineingelesen werden; und das erst bringt uns auf die Spur zu fragen, worin religiöse Kommunikation sich von anderen Arten des Kommunizierens unterscheidet.

Es genügt uns also nicht, die Distinktheit von Religion in einem besonderen thematischen Interesse zu suchen – sei es in der Kommunikation über Gott, sei es in der Kommunikation über das Heil oder die Erlösung von allen Übeln. Das mögen vorgeschobene Themen sein, die das Nichtthematisierbare verdecken und statt dessen sozusagen als Chiffren[11] fungieren, um Inkommunikables in die Kommunikation einzubringen. In all diesen Fällen geht es, um sie auf einen Nenner zu bringen, darum, der Unbeobachtbarkeit des Mediums Sinn Rechnung zu tragen und darüber so zu kommunizieren, daß sie dadurch zugleich widerlegt und bestätigt wird. Die Formen dieser Kommunikation, ihre Begriffe, ihre Aussagen müssen deshalb eine Distanz zu sich selbst zum Ausdruck bringen. Sie formulieren, gleichsam komprimiert, einen Widerspruch der Kommunikation gegen die Kommunikation oder, wie man auch sagt, einen performativen Widerspruch. Das kann immer noch in den Aussagen der Kommunikation verschleiert werden. Thematisch geht es dann um ein unergründliches Geheimnis, um die Unerforschlichkeit der Absichten Gottes, um das Offenbleiben der heiligen Texte für schriftliche und für mündliche, für textgenaue und für abweichende und strittige Überlieferung[12] oder parallel dazu, um die Begrenztheit des menschlichen Vermögens,

---

[10]  Deleuze (1969, 84): „Le nom qui dit son propre sens ne peut être que *non-sens."*

[11]  Diese Metapher habe ich benutzt in: Luhmann (1 977, insb. 33f.).

[12]  Dies speziell in der jüdischen Religion nach der Darstellung des Talmud. Siehe z. B. Geza Vermes (1973); Eliezer Berkowitz (1993); José Faur (1986).

eine Hintergrundrealität zu verstehen. Aber all das sind schon Auswege, deren historische Vielfalt und Vorläufigkeit im heutigen Kulturvergleich sichtbar geworden sind.

Man kann mit gutem Recht religiöse Kommunikation als paradoxe Kommunikation bezeichnen. Aber das reicht nicht aus. Jede Kommunikation kann als paradox beobachtet werden, wenn man nur fragt, was denn die Einheit ist, die die beiden Seiten ihrer jeweiligen Unterscheidung als zusammengehörig verbindet – also etwa die Einheit der Differenz von gut und schlecht zur Moral werden läßt. Die Paradoxierung von Kommunikation führt zur Religion hin, verrät aber noch nicht, wie die Religion damit umgeht, um als religiöse Kommunikation erscheinen zu können. Für alle Kommunikation gibt es keinen anderen letzten „Grund" als das Paradox ihrer Unterscheidung. Wenn man von diesem Grund eine Begründung erwartet, läuft man aber in einen infiniten Regress, den auch Religion nicht mehr, es sei denn sichtbar willkürlich = dogmatisch, stoppen kann.

Das verbietet uns, daran zu glauben, daß die Religion „gute Gründe" bereithalte, deren man sich bedienen könne, wenn man daran glaube.[13] Der Sinn von Religion transzendiert auch noch diese Figur. Was als unnegierbar bleibt, ist die Funktion des Mediums Sinn, sich durch Formbildung ständig zu erneuern und damit als Sinn von was auch immer zur Verfügung zu stehen, also Kommunikation, und in anderer Weise auch sinnorientiertes Bewußtsein zu ermöglichen. Es führt schon auf das Terrain bestimmter Religionen, wenn man diese „donation de sens" (Deleuze, 1969, 84) positiv oder negativ beurteilt und in die Aufforderung umsetzt, in allem ein Zeugnis der Liebe Gottes, also etwas Gutes zu finden, oder umgekehrt: sich aus der Welt zurückzuziehen. Für turbulente Zeiten hatte im übrigen die stoische Philosophie empfohlen, das, was anderen und einem selbst als Sinn geschieht – oder mit Cicero: die confatalia des Lebens –, in Ruhe und Würde hinzunehmen.

## 6. INTENSIVIERUNG UND PLURALISIERUNG RELIGIÖSER KOMMUNIKATION IN DER WELTGESELLSCHAFT

Nach dem Abklingen der Säkularisierungsdebatte des 19. und 20. Jahrhunderts sieht sich die Religionssoziologie vor neue Aufgaben

---

[13] Die spezifisch christliche Tradition erkennt diesen Zirkel des Glaubens dadurch an, daß sie ihn durch den Begriff der „Gnade" asymmetrisiert. Das ändert jedoch nichts daran, daß man dann eben an Gnade glauben muß; oft in der Form, daß man bestätigen kann, daß der Glaube an Gott einem in schwierigen Situationen wirklich geholfen hat.

gestellt, die als Aufforderung zu einer theoretischen Neuformierung begriffen werden könnten. Es kann kaum ein Zweifel daran bestehen, daß, besonders in der zweiten Hälfte dieses Jahrhunderts, zahlreiche Neubildungen oder Intensivierungen im Bereich religiöser Kommunikation zu verzeichnen sind, die extrem unterschiedliche Formen annehmen und sich weitgehend unabhängig von vorgefundenen Traditionen ausbreiten – unabhängig von den Traditionen auch da, wo sie sich, wie im Islam, als Rückkehr zu einem Ernstnehmen der Vorschriften aufführen. Die Antriebe dafür liegen teils in den Händen von Intellektuellen, die oppositionelle Orientierung suchen, teils in spontanen Kultbedürfnissen rassisch und sozial unterdrückter Schichten. Man kann an Fundamentalismen der verschiedensten Art denken oder an Esoterik-Interessen in Städten der westlichen Welt, an den Spiritismus Brasiliens oder an neu entwickelte, mit magischen Heilverfahren, Trancezuständen und darauf bezogenen Kosmologien arbeitende Kultbewegungen, besonders in Süd-, Mittel- und Nordamerika. Trotz der extremen Verschiedenartigkeit der Glaubensformen muß man eine weltweite Entwicklung konstatieren – gleichviel, ob man von einem Ausdifferenzierungsschub „des" Religionssystems „der" Weltgesellschaft sprechen will oder nur von extrem unterschiedlichen Reaktionen auf Globalisierungstrends der Moderne (vgl. Robertson, 1992). Während universalistisch gestimmte Religionen (Weltreligionen) eher veralten, zeichnen sich die Neuformierungen eher durch Differenzorientierungen, also durch Ausdifferenzierungen aus. Sie richten sich gegen etwas und betonen ihre Besonderheit. Sie bilden militante, aber nicht missionarische Neigungen aus.

Der Verschiedenheit der Erscheinungen kann man nur durch Abstraktion des theoretischen Bezugsrahmens gerecht zu werden versuchen. Kausalerklärungen werden komplizierter und, nach allem, was Chaostheorie, systems dynamics und die Mathematik nichtlinearer Funktionen lehren, fragwürdiger. Ist die Ausbreitung des neuen islamischen Fundamentalismus durch die von den USA geforderten Landreformen des Schahs begünstigt oder gar verursacht worden? Wir sehen von solchen Spekulationen ab und begnügen uns mit der vergleichenden Methode funktionalistischer Provenienz.

Dazu muß die Differenz von Medium und Form und die darin eingeschriebene Unbeobachtbarkeit des Mediums Sinn als Bezugsproblem begriffen werden, auf das die Gesellschaft und für sie ihr Religionssystem mit der Entwicklung unterschiedlicher, funktional äquivalenter Religionen reagieren kann. Die Breite der Möglichkeiten mag dann mehr als die Überzeugungskraft eines bestimmten (etwa „monotheistischen") Glaubensangebots sicherstellen, daß das Religionssystem sich autopoietisch reproduziert. Es kann sich auf diese Weise durch interne Differenzierung unterschiedlichen historischen, kulturellen, regionalen und schichtspezifischen Bedingungen anpassen. Es kann historisch auftretende Gelegenheiten nutzen und aus Koinzidenzen Strukturgewinne ziehen. All das setzt jedoch voraus, daß Religion als Religion erkennbar bleibt. Dies ist nicht zuletzt dadurch gesichert, daß die Funktionssysteme der modernen Welt sich nicht mehr als religiös begründet begreifen. Wenn das mit „Säkularisierung" gemeint war,[14] so sichert gerade die Säkularisierung die Eigenständigkeit von Religion und bewahrt das Religionssystem davor, die eigene Einheit vorschnell auf der Ebene von integrierten Heilsprogrammen zu suchen. Erst das macht dann verständlich, weshalb heute so viel, und mit positiver Bewertung, von „Pluralismus" und gegenseitiger Toleranz die Rede ist. Pluralismus ist jedoch nur eine weitere, zur Zeit aktuelle Form des performativen Selbstwiderspruchs: Das Konzept „dekonstruiert" (wenn man es ethisch oder religiös versteht und nicht einfach nur als Gleichgültigkeit) die Unterschiede, auf denen es doch beruht (vgl. Blau, 1995, 53-63). So kann man nur denken, wenn man davon ausgeht, daß Religion und Moral nur noch Teilbereiche der gesellschaftlichen Kommunikation regulieren.

## Literatur

*Atlan, H.* (1986): A tort et à raison: Intercritique de la science et du mythe, Paris

*Baecker, D. (Hrsg.)* (1993): Kalkül der Form, Frankfurt a. M.

*Berkowitz, E.* (1993): Not in Heaven: The Nature and Function of Halakha. New York

*Blau, P. M.* (1995): Il paradosso del multiculturalismo, *Rassegna Italiana di Sociologia* 36/1, 53-63

*Brown, G. S.* (1979): Laws of Form, Neudruck der 2. Aufl., New York

*Deleuze, G.* (1969): Logique du sens, Paris

*Faur, J.* (1986): Golden Doves with Silver Dots: Semiotics and Textuality in Rabbinic Tradition, Bloomington Ind.

*Foerster, H. v.* (1993): Für Niklas Luhmann: Wie rekursiv ist Kommunikation? *Teoria Sociologica* 1/2, 61-85

*Girard, R.* (1978): De choses cachées depuis la fondation du monde, Paris

*Girard, R.* (1982): Le Bouc émissaire, Paris

---

[14] So mit weiteren Hinweisen Niklas Luhmann (1977, 225ff.).

*Günther, G.* (1976): Cybernetik Ontology and Transjunctional Operations, in: *ders.,* Beiträge zur Grundlegung einer operationsfähigen Dialektik, Bd. l, Hamburg, 249-328

*Hahn, A.* (1974): Religion und der Verlust der Sinngebung: Identitätsprobleme in der modernen Gesellschaft, Frankfurt a. M.

*Hahn, A.* (1987): Sinn und Sinnlosigkeit, in: *Haferkamp, H. u. Schmid, M. (Hrsg.):* Sinn, Kommunikation und soziale Differenzierung: Beiträge zu Luhmanns Theorie sozialer Systeme, Frankfurt a. M., 155-164

*Huber, W.* (1994): Die Sinnfrage in der säkularisierten Gesellschaft: Transzendenz, Religion und Identität, in: *Weidenfeld, W. u. Rumberg D. (Hrsg.):* Orientierungsverlust – Zur Bindungskrise der modernen Gesellschaft, Gütersloh, 45-57

*Jean Paul,* (1924): Religion als politischer Hebel, in: *Jean Pauls Werke:* Auswahl in zwei Bänden, Stuttgart

*Lohmann, G.* (1987): Autopoiesis und die Unmöglichkeit von Sinnverlust, in: *Haferkamp, H. u. Schmid, M. (Hrsg.):* Sinn, Kommunikation und soziale Differenzierung: Beiträge zu Luhmanns Theorie sozialer Systeme, Frankfurt a. M., 165-184

*Luhmann, N.* (1977): Funktion der Religion, Frankfurt a. M.

*Luhmann, N.* (1984): Soziale Systeme. Grundriß einer allgemeinen Theorie, Frankfurt a. M.

*Luhmann, N.* (1994): Religion als Kultur, Ms. Bielefeld

*Robertson, R.* (1992): Globalization: Social Theory and Global Culture, London

*Sauter, G.* (1982): Was heißt: nach Sinn fragen? Eine theologisch-philosophische Orientierung, München

*Vermes, G.* (1973): Scripture and Tradition in Judaism – Haggadic Studies, 2. Aufl. Leiden

*Niklas Luhmann, Vom Sinn religiöser Kommunikation, in: Karl Gabriel u.a. (Hg.), Modernität und Solidarität (Festschrift für Franz-Xaver Kaufmann), Freiburg i. Br.1997, 163-174*

## 2.4 Die Legitimierung des Willkürlichen im Medium symbolischen Kapitals: Pierre Bourdieus praxeologische Sicht der Religion

*Einführung*

1. PERSON UND WERK: Pierre Bourdieu (*1930 in Denguin/Pyrenées Atlantiques, †2001 in Paris) darf als der bekannteste Soziologe Frankreichs in der zweiten Hälfte des zwanzigsten Jahrhunderts gelten. Aus bescheidenen Verhältnissen – der Vater war erst Bauer, dann Postbeamter – sozial aufgestiegen, beschäftigt er sich sein Leben lang mit der Bedeutung sozialer Differenz, den Mechanismen der Macht und der Bedeutung des sozialen Kontextes für die Wahrnehmung der Welt, wobei er stets Empiriker bleibt. Bourdieu sammelt seine ersten Forschungserfahrungen bei den Rif-Kabylen in Algerien (Sociologie de l'Algérie, 1958), wo er zuvor seinen Kriegsdienst für das koloniale Frankreich abgeleistet hatte. In der Arbeitsweise zwischen Ethnologie und Soziologie angesiedelt, verfeinert er seine Theorie der Praxis (Esquisse d'une théorie de la pratique, 1972, dt.: Entwuf einer Theorie der Praxis) in der genauen kultursoziologischen Beschreibung der Schichtung der französischen Gesellschaft (La Distinction, 1979, dt.: Die feinen Unterschiede), erarbeitet unter anderem eine Soziologie des akademischen Raumes (Homo academicus, 1984), der Kunst (Les Règles de l'art, 1992, dt.: Die Regeln der Kunst), der Medien (Sur la télévision, suivi de L'Emprise du journalisme, 1996), entwirft gemeinsam mit anderen ein Tableau der Lebensbedingungen am unteren Rand der Gesellschaft (La misère du monde, 1993, dt.: Das Elend der Welt) und beschäftigt sich mit den Bedingungen soziologischen Forschens allgemein (Meditations pascaliennes, 1997, dt.: Meditationen zur Kritik der scholastischen Vernunft). Bourdieu lehrt an der Universität Paris, häuft dabei akademische Ehren an und betätigt sich in seiner Eigenschaft als Intellektueller intensiv an gesellschaftspolitischen Debatten über die Form und Zukunft der Globalisierung und die Bedeutung der Ökonomie, wobei er zu den entschiedensten Kritikern eines zügellosen Kapitalismus und einer Politik sozialer Ausgrenzung zählt.

2. THEORETISCHER ANSATZ: Bourdieu sucht in seinem soziologischen Oeuvre sowohl eine subjektivistische, allein an den Selbstwahrnehmungen der Akteure orientierte Sicht als auch eine objektivistische,

nur an sozialen Strukturen interessierte Perspektive zu überwinden und schärft dabei die Notwendigkeit der Selbstreflexion des Forschers ein. Geprägt vom marxistischen Strukturalismus wie von der Phänomenologie entwickelt Bourdieu eine Theorie, die helfen soll, soziale Praxis zu verstehen und zu entschlüsseln. Im Begriff des Habitus als einer personalisierten Struktur, die selbst wieder soziale Muster prägt, sucht er zu erfassen, wie soziale Determination neue Wirklichkeit produziert. Die soziale Wirklichkeit beschreibt er als ‚Feld', wobei sich an ‚Konfliktfeld' denken lässt. Stets nämlich geht es ihm um den Kampf um soziale Geltung und Distinktion, bei der die Akteure und Akteurinnen Kapitalien unterschiedlicher Art anzuhäufen suchen: Ökonomisches Kapital steht dabei neben sozialem Kapital, der Menge an relevanten Sozialbeziehungen, die Fortkommen und Lebenschancen befördern. Zudem wird kulturelles Kapital – das in gesellschaftlichen Positionen und Titeln institutionalisiert ist – beschrieben, mit dessen Hilfe die Strukturierung wahrgenommener Wirklichkeit für sich und andere betrieben wird.

3. ZUM TEXT: Der vorliegende im Original auf das Jahr 1971 zurückgehende Text stellt äußerlich eine Auseinandersetzung mit den religionssoziologischen Forschungen Max Webers dar, bietet aber zugleich eine Einführung in Bourdieus religionssoziologisches Denken. Zentral ist dabei auch hier der Versuch, subjektivistische und objektivistische Sichtweisen zu überwinden, insofern vermag Bourdieu die Religion als einen eigenen Typus der Wirklichkeitsstrukturierung zu beschreiben. Was Religion ‚ist', wird dabei über ihre Funktion geklärt: „Der Religion kommt die praktische und politische Funktion der Verabsolutierung des Relativen und der Legitimierung des Willkürlichen zu, die darin besteht, das Potential an materieller und symbolischer Kraft zu verstärken, das von einer Gruppe mobilisiert werden kann, um die Gruppe als solche zu konstituieren, sowie all das zu legitimieren, was sie gesellschaftlich definiert" (Genese und Struktur des religiösen Feldes 66f). Religion lässt sich also als ein strukturiertes Symbolsystem beschreiben, das selbst wieder als Strukturierungsprinzip fungiert, indem es faktische soziale Zusammenhänge in solche mit normativen rechtlichen oder gar ‚ewigen' Geltungsansprüchen transformiert. Das religiöse Interesse liegt in der Konstruktion legitimierender Erfahrung und ihrem Ausdruck, das religiöse Feld wird dabei durch die Dynamik der Konkurrenz von institutionsgebundenen und unabhängigen Spezialisten belebt, für deren jeweilige Durchsetzung wiederum die Konsumenten oder Laien zentral sind.

4. BEDEUTUNG FÜR DEN RELIGIONSSOZIOLOGISCHEN DISKURS: Die Bedeutung Bourdieus für die Religionssoziologie lässt sich in drei Hinsichten erläutern. Einerseits hat Bourdieu selbst zu empirischen Fragen religionssoziologischer Zeitdiagnostik Stellung genommen. Andererseits – und dies dürfte in der Rezeption bisher der quantitativ bedeutendste Aspekt sein – werden Ergebnisse seiner kultursoziologischen und grundlagentheoretischen Studien im Rahmen religions- und kirchensoziologischer Forschung genutzt. Schließlich aber bietet sein durch den Feldbegriff vermittelter methodischer Zugang zur Religion, die in ihr und durch sie waltenden menschlichen Distinktions- und Machtinteressen und die gesellschaftlichen Mechanismen der Macht, der sich gleichsam zu einer Hermeneutik des Verdachts kristallisiert, mannigfaltige Anregung zu Prüfung und Auseinandersetzung.

*Torsten Meireis*

## Genese und Struktur des religiösen Feldes
[...]

### DAS SPEZIFISCH RELIGIÖSE INTERESSE

Der Religion kommt die praktische und politische Funktion der Verabsolutierung des Relativen und der Legitimierung des Willkürlichen zu, die darin besteht, das Potential an materieller und symbolischer Kraft zu verstärken, das von einer Gruppe mobilisiert werden kann, um die Gruppe als solche zu konstituieren, sowie all das zu legitimieren, was sie gesellschaftlich definiert, d.h. alle charakteristischen Eigenschaften einer Möglichkeit unter anderen zu existieren, die objektiv an sie geknüpft sind, insofern sie ja eine bestimmte Stellung in der Sozialstruktur einnimmt. Diese Aufgabe kann sie nur erfüllen, insoweit sie auch eine logische und gnoseologische Funktion übernimmt, was sie in ihrer Eigenschaft als strukturiertes Symbolsystem vermag, das selbst wiederum als Strukturierungsprinzip funktioniert, welches Erfahrung konstruiert und zugleich zum Ausdruck bringt; und das dank des (Legitimations- oder) Konsekrationseffekts, den allein die Explizitmachung als Öffentlichmachung und Offizialisierung bewirkt, das über die Daseinsbedingungen eingeprägte System der Dispositionen einem substantiellen Wandel unterzieht, der vor allem in der Verwandlung des *Ethos* als System impliziter Handlungs- und Wahrnehmungsschemata in eine *Ethik* als systematisierte und rationalisierte Gesamtheit von expliziten Normen besteht.

Die Religion übt eine Konsekrationswirkung aus, insofern sie durch ihre heiligenden Sanktionen die faktischen politischen wie ökonomischen Grenzen und Barrieren in rechtliche Grenzen verwandelt; dies tut sie vor allem, indem sie die Erwartungen und Strebungen symbolisch mitbeeinflußt und damit die Anpassung der gelebten Hoffnungen an die objektiven Chancen bewirkt. Desweiteren übt sie diese Konsekrationswirkung auch dadurch aus, daß sie ein System von konsekrierten Praktiken und Vorstellungen einprägt, dessen (strukturierte) Struktur in einer verklärten, also verkennbaren Form die Struktur der in einem bestimmten Gesellschaftsgebilde herrschenden ökonomischen und sozialen Verhältnisse reproduziert. Sie kann die gemeinsame – und dadurch mit einer Form von Objektivität ausgestattete – Weltansicht, die sie (als strukturierende Struktur) bewirkt, nur erzeugen, indem sie die Verkennung der Grenzen des Erkennens, das sie möglich macht, miterzeugt, und zwar dadurch, daß sie die symbolische Verstärkung ihrer Sanktionen zu den logischen und gnoseologischen Grenzen und Barrieren, die durch einen bestimmten Typus materieller Existenzbedingungen bewirkt werden, hinzufügt (Wirkung des Erkennens-Verkennens).

Daraus folgt, daß es zugleich wahr und falsch ist, der Volksreligiosität in mystifizierender Weise eine Funktion der Verlagerung politischer Konflikte zuzuschreiben. Man kann nur dann zu recht in bestimmten religiösen Bewegungen wie den mittelalterlicher Häresien eine verkappte und damit entstellte Form des Klassenkampfes sehen, wenn man, anders als Engels, dem Erkennungs-Verkennungseffekt Rechnung trägt, der bewirkt, daß es zum Klassenkampf zu einem gegebenen Zeitpunkt nur kommen kann, wenn er die Form und die Sprache des Religionskrieges annimmt. Die Religion ist das, was den Klassenkampf in der Form eines Religionskrieges möglich macht, wobei sie ihm zugleich das Bewußtsein seiner selbst als Klassenkampf verwehrt.

„Jegliche Bewußtwerdung im Mittelalter vollzieht sich durch und über die Religion – im Bereich der Spiritualität. Man könnte die mittelalterliche Mentalität über die Unmöglichkeit definieren, sich ohne religiöse Bezugnahmen auszudrücken."[40] Die Häresie entgeht diesem Zwang nicht, und die Revolte gegen die Kirche nimmt fast immer die Form einer religiösen *Überbietung* im Sinne der Mystik und einer Verweigerungshaltung gegenüber interessegeleiteten Tätigkeiten an. „Gesellschaftliche Gruppen sind zu Ketzern geworden, weil sie unzufrieden mit ihrer wirtschaftlichen und sozialen Situation waren: Auf das Kircheneigentum neidische Adelige, Kaufleute, die irritiert darüber waren, daß ihnen in der sozialen Hierarchie nicht der ihrer ökonomischen Stellung entsprechende Platz zukam, Arbeiter vom Land – Knechte oder Lohnarbeiter – und aus der Stadt – Weber oder Gerber –, die gegen ein System aufgebracht waren, dem die Kirche scheinbar ihre Unterstützung verlieh. Doch im Bereich der Bewußtwerdung hat es Verurteilungen ohne Bezugnahme auf die verschiedenen Arbeitsformen gegeben. Die Katharer beispielsweise dulden die Arbeit für diejenigen Gläubigen, die weiterhin ein vom Übel beflecktes weltliches Dasein führen, den Vollkommenen jedoch ist sie absolut untersagt."[41] Mangels

[40] Jacques Le Goff, „Métier et profession d'après les manuels de confesseur au Moyen Âge", *Miscelanea Medievalia,* Köln, 1964, Vl. III, S. 44-60.
[41] *Ebd.*

einer Umwandlung der Sprache und der Logik, in der die Revolte zum
Ausdruck kommt, trägt die Häresie vor allem über die von ihr vertretene Theologie der Arbeit zur Bestätigung der wirtschaftlichen und sozialen Zustände bei, die ja ihren Ursprung bilden.

Die Religionskriege sind in einem Wort weder die „gewaltsamen
theologischen Auseinandersetzungen", die man darin die meiste Zeit
zu erkennen vermeinte, noch die Konflikte zwischen „materiellen
Klasseninteressen", die Engels in ihnen entdeckte. Sie sind beides
zugleich, denn die Kategorien des theologischen Denkens verweh-
ren es, den Klassenkampf als solchen zu denken und zu führen, insofern sie die Mittel dazu liefern, ihn als Religionskrieg zu denken
und zu führen.

Genauso macht die religiöse Alchimie im Bereich des Praktischen
„aus der Not eine Tugend", oder, gemäß dem Ausspruch William James', „das, was unvermeidbar ist, zu etwas Leichtem und Angeneh-
men", und ebenso macht sie im gnoseologischen Bereich „aus der
Notwendigkeit etwas Logisches", indem sie die gesellschaftlichen
Barrieren, die das „Nicht-Denkbare" abstecken, in logische, immer-
während und notwendige Grenzen verwandelt. Wie Paul Radin dar-
legt, wäre es daher ein Leichtes, zu zeigen, daß die Vorstellung des
Verhältnisses zwischen dem Menschen und den übernatürlichen
Kräften, welche die unterschiedlichen Religionen anbieten, nicht die
Grenzen überschreiten kann, die von der den Gütertausch in der betreffenden Gruppe oder Klasse leitenden Logik auferlegt sind:[42] Es
scheint ganz so, als ob die „eucharistische" Vorstellung des Opfers,
die in den primitiven Gesellschaften beinahe völlig unbekannt ist,
wo die Austauschbeziehungen dem Gesetz von Gabe und Gegengabe
gehorchen, ja selbst noch bei den bäuerlichen Klassen, die, wie Weber bemerkt, in ihrem Verhältnis zu Gott und dem Priester tendenziell einer streng formalistische[n] Ethik des ‚do ut des‘" anhängen,
sich nur entwickeln konnte, wenn die ökonomischen Tauschstruktu-
ren sich wandelten; das geschah vor allem mit der Entwicklung des
Handels und des städtischen Handwerks, die dadurch, daß sie die Beziehung zum Kunden einführten, die Konzeption einer kalkülhaften
Ethisierung der Beziehung zwischen Mensch und Gottheit ermög-
lichten. Man kennt ja den Konsekrationseffekt, den im Gegenzug,
nicht nur im Bereich des Praktischen, sondern auch im Bereich der
Theorie, die religiöse Verklärung des asketischen Ethos der entste-

---

[42] Paul Radin, *op. cit.* [Primitive Religion, its Nature and Origin, New York,
Dover Publications, 1957 (Erstausgabe 1937)], S. 182-183.

henden bürgerlichen Klasse in eine religiöse Ethik der weltlichen Askese bewirken konnte.

Wenn es so etwas wie gesellschaftliche Funktionen der Religion gibt, und wenn die Religion folglich der soziologischen Analyse zugänglich ist, so erwarten die Laien von ihr nicht – oder nicht nur – Rechtfertigungen für ihr Dasein, die sie der existentiellen Angst vor den Wechselfällen des Lebens und der Verlassenheit sowie dem biologischen Elend, der Krankheit, dem Leiden und dem Tod entheben können, sondern auch und vor allem Rechtfertigungen dafür, in einer bestimmten gesellschaftlichen Position zu existieren und zwar so zu existieren wie sie existieren, also mit allen Eigenschaften, die ihnen gesellschaftlich anhaften. Die Frage nach dem Ursprung des Bösen *(unde malum et quare?), die, wie Weber erinnert, zu einer Frage nach dem Sinn der menschlichen Existenz nur für die sich ständig auf der Suche nach einer „Theodizee des Glücks"[43] befindlichen privilegierten Klassen wird, ist grundsätzlich eine gesellschaftliche Frage nach den Ursachen und Gründen von Ungerechtigkeiten oder sozialen Privilegien: Die Theodizeen sind immer auch Soziodizeen. Erst mit dem Aufkommen des städtischen Bürgertums, das sich konzentriert, die menschliche Geschichte und Existenz als das Produkt von persönlichem Verdienst oder Verfehlung statt als Wirkung des Schicksals zu interpretieren, erhält die Religiosität den intensiv persönlichen Charakter, der allzu oft als zum Wesen jeglicher religiösen Erfahrung gehörig angesehen wird.

Es genügt also, den religiösen Tatbestand auf spezifisch soziologische Art zu konstruieren, d.h. als legitimatorischen Ausdruck einer sozialen Position, um die gesellschaftlichen Möglichkeitsbedingungen und damit die Grenzen anderer Konstruktionen zu erfassen, insbesondere derjenigen, die es in ihrem Bemühen, sich der erlebten Wahrheit der religiösen Erfahrung als einer auf ihre externen Funktionen nicht reduzierbaren persönlichen Erfahrung zu unterziehen, unterläßt, den gesellschaftlichen Bedingungen Rechnung zu tragen, die erfüllt sein müssen, damit diese gelebte Erfahrung überhaupt möglich wird. Eine so grundlegende Unterscheidung wie diejenige, welche die persönlichen Religionen zwischen der Pflege des Leibes und der Pflege der Seele treffen, setzt die kollektiven und individuellen Bedingungen dafür, daß die physische oder biologische Welt

---

[43] Max Weber, „Die Wirtschaftsethik der Weltreligionen", *loc. cit.* [in: ders., Gesammelte Aufsätze zur Religionssoziologie I, Tübingen, J.C.B. Mohr, 1988[9], S. 276-536], S. 242.

als ein von Naturgesetzen regiertes Universum gedacht werden kann, sowie vor allem die Instrumente (wie die Medizin) für eine rationelle Beherrschung von Unfällen und Zufälligkeiten als gegeben voraus. Die Frage nach dem persönlichen Heil oder der Existenz des Bösen, der Angst vor dem Tod oder dem Sinn des Leidens sowie alle an den Grenzen der Psychologie und der Metaphysik situierten Fragestellungen, die deren säkularisierte Form darstellen, und welche mit unterschiedlichen Methoden als auch Erfolg von den Beichtvätern und Predigern, Psychologen und Psychoanalytikern, Romanciers und Eheberatern, von den Frauenmagazinen gar nicht zu sprechen, behandelt werden, haben die Entwicklung eines Interesses für Probleme des Bewußtseins und eine wachsende Sensibilität für das Elend der menschlichen Lage zur gesellschaftlichen Möglichkeitsbedingung, welche selbst wiederum nur innerhalb eines bestimmten Typus von materiellen Existenzbedingungen möglich ist: Daher wurzelt der Gegensatz zwischen der metaphysischen Revolte gegen die Sinnlosigkeit der menschlichen Existenz und die universellen Entfremdungserscheinungen – jene, die eine privilegierte Situation niemals völlig aufhebt, ja sogar noch verdoppeln kann, indem sie die Fähigkeit ausbildet, sie ausdrücken, analysieren und damit empfinden zu können – und der Resignation der Enterbten vor dem gemeinsamen Schicksal voller Leiden, Trennungen und Einsamkeit in dem Gegensatz zwischen den materiellen Existenzbedingungen und den sozialen Positionen, worin diese zwei gegensätzlichen Typen von verklärten Vorstellungen der sozialen Ordnung und ihrer Zukunft ihren Entstehungsort haben. Und wenn die Vorstellung vom Paradies als Ort individueller Glückseligkeit heute besser mit der religiösen Nachfrage des Kleinbürgertums übereinstimmt als mit denen der herrschenden Fraktionen der Bourgeoisie, die ja ebenso empfänglich für die szientistische Eschatologie eines Teilhard de Chardin wie für die Zukunftsmusik der vorausschauenden Gesellschaftsplaner sind, so liegt das, wie Reinhold Niebuhr anmerkt, daran, daß der „evolutionistische Millennarismus stets die Hoffnung der wohlhabenden und privilegierten Klassen zum Ausdruck gebracht hat, die sich selbst für zu rational halten, als daß sie die Idee eines plötzlichen Zutagetretens des Absoluten in der Geschichte akzeptieren könnten", für die „das Ideal in der Geschichte liegt und auf seinen endgültigen Triumph hinwirkt" und die „Gott und Natur, Ideal und Wirklichkeit miteinander identifizieren, nicht nur, weil die dualistischen Konzeptionen der klassischen Religion für sie zu irrational sind, sondern, weil sie nicht so sehr wie die Enterbten unter den Grausamkeiten der Ge-

genwartsgesellschaft leiden und sich auch kein so katastrophenhaftes Bild von der Geschichte machen.“[44]

Die religiöse Nachfrage variiert also in Abhängigkeit von der im sozialen Raum und innerhalb der Teilung der religiösen Arbeit eingenommenen Position. Die Konkurrenzbeziehungen, welche die unterschiedlichen Spezialisten innerhalb des religiösen Feldes einander gegenüberstellen und bei denen die Laien den Ausschlag geben, sind das dynamische Element des religiösen Feldes und damit auch der Wandlungen der religiösen Ideologie. Die religiöse Botschaft, die am ehesten die religiöse Nachfrage einer bestimmten Gruppe von Laien befriedigen kann, auf sie also auch eine spezifisch symbolische Mobilisierungswirkung erzielt, ist auch diejenige, die ihr ein (quasi) System an Rechtfertigungen für die Eigenschaften bietet, die ihr objektiv anhaften (als sie eine bestimmte Position innerhalb des sozialen Raums einnimmt), und im Falle der herrschenden Gruppen auch diejenige, die am besten die *besondere Kapitalsorte* legitimiert, auf der ihre Macht beruht.

Die fast schon wundersame Harmonie, die sich zwischen der Form, welche die religiösen Praktiken und Glaubensinhalte in einer gegebenen Gesellschaft zu einem gegebenen Zeitpunkt annehmen, und den spezifisch religiösen Interessen ihrer bevorzugten Klientel beobachten läßt, ist das Ergebnis einer selektiven Rezeption, mit der notwendigerweise eine Umdeutung einhergeht, deren Ursache nichts anderes als die innerhalb der Sozialstruktur eingenommene Position ist. Die Wahrnehmungs- und Denkschemata, welche die Voraussetzung für diese Rezeption darstellen und auch deren Grenzen abstecken, sind das Produkt der dieser Position anhaftenden Existenzbedingungen. Wenn deshalb etwa „der Kriegsadel und alle feudalen Mächte (...) nicht leicht Träger einer rationalen religiösen Ethik zu werden [pflegen]“, so liegt das, wie Weber bemerkt, daran, daß „Begriffe wie ‚Sünde‘, ‚Erlösung‘, religiöse ‚Demut‘ (...) dem Würdegefühl aller politisch herrschenden Schichten, vor allem aber des Kriegsadels, nicht nur fernzuliegen, sondern es direkt zu verletzen [pflegen]“.[45] Das Zirkulieren der religiösen Botschaft impliziert notwendigerweise eine Umdeutung, die entweder von Spezialisten bewußt vorgenommen wird, um die Botschaft auf die Erwartungen der

[44] Reinhold Niebuhr, *Moral Man and Immoral Society,* New York, Charles Scribners’ Sons, 1932, S. 62.
[45] *WuG* [Max Weber, Wirtschaft und Gesellschaft, 5. rev. Aufl., Tübingen, Mohr, 1980], S. 288.

Empfänger hin zuzuschneiden, oder unbewußt von den Rezipienten, die die Botschaft vermittelt über ihre eigenen Wahrnehmungs- und Beurteilungskategorien begreifen. Die Umstrukturierung fällt hierbei um so bedeutender aus, je größer die ökonomische, soziale und kulturelle Distanz zwischen der Gruppe der Produzenten, der Gruppe der Vermittler und der Gruppe der Rezipienten ist. Daraus ergibt sich, daß die Form, welche die Struktur der religiösen Praxis- und Glaubenssysteme zu einem gegebenen Zeitpunkt annimmt (die historische Religion), vom ursprünglichen Inhalt der Botschaft weit entfernt sein kann und ganz und gar nur unter Bezugnahme auf die vollständige Struktur der Verhältnisse der Produktion, Reproduktion, Zirkulation und Aneignung der Botschaft sowie auf die Geschichte dieser Struktur verstanden werden kann.[46] Deshalb schließt Ernst Troeltsch gegen Ende seiner monumentalen Geschichte der Soziallehren der christlichen Kirchen und Gruppen: „Es gibt keine absolute christliche Ethik", und dies, weil in jedem Gesellschaftsgebilde und zu allen Zeiten die gesamte christliche Weltsicht und das christliche Dogma insoweit von der für die unterschiedlichen Gruppen von Gläubigen charakteristischen sozialen Lage abhängig sind, als sie sich an diese Lage anpassen müssen, um sie in den Griff zu bekommen.[47] Ebenso wie die gemeinhin als christlich bezeichneten Glaubensinhalte und Praktiken (denen kaum mehr als der Name gemein ist) ihren Fortbestand über die Zeit dem Umstand verdanken, daß sie nicht aufgehört haben, sich in dem Maße zu wandeln wie die Funk-

---

[46] Deshalb hat Max Webers Versuch, die großen Weltreligionen unter Bezugnahme auf die Berufsgruppen oder Klassen zu charakterisieren, die bei ihrer Propagierung eine bestimmende Rolle gespielt hatten, vor allem insoweit anregenden Wert, als er die jeder der großen ursprünglichen Botschaften eigenen Stilprinzipien umreißt: „Will man die Schichten, welche Träger und Propagatoren der sog. Weltreligionen waren, schlagwörtlich zusammenfassen, so sind dies für den Konfuzianismus der weltordnende Bürokrat, für den Hinduismus der weltordnende Magier, für den Buddhismus der weltdurchwandernde Bettelmönch, für den Islam der weltunterwerfende Krieger, für das Judentum der wandernde Händler, für das Christentum aber der wandernde Handwerksbursche, sie alle nicht als Exponenten ihres Berufes oder materieller ‚Klasseninteressen', sondern als *ideologische Träger* einer solchen Ethik oder Erlösungslehre, die sich besonders leicht mit ihrer sozialen Lage vermählte." *WuG*, S. 311, Hervorh. von Pierre Bourdieu.

[47] Ernst Troeltsch, *Die Soziallehren der christlichen Kirchen und Gruppen*, 2 Bde., Tübingen, J.C.B. Mohr, 1994 (Nachdr. der Ausgabe von 1912).

tionen sich wandelten, die sie bei den sich beständig erneuernden Gruppen, die sie aufnahmen, erfüllen, verdanken auch synchron gesehen die religiösen Vorstellungen und Verhaltensweisen, die sich auf ein und dieselbe Ursprungsbotschaft berufen, ihre Verbreitung im sozialen Raum einzig der Tatsache, daß sie für die verschiedenen Gruppen völlig unterschiedliche Bedeutungen und Funktionen haben.[48] Deshalb kann die einheitliche Fassade der mittelalterlichen Kirche nicht die Existenz all der *internen* Schismen oder Häresien verschleiern, die es der Kirche gestatteten, völlig voneinander abweichenden Interessen oft eine Antwort mit einheitlichem Anstrich zu geben (der Raum der internen Differenzen bildete früher wie heute den Ausgangspunkt eines spontan dem Raum der externen Differenzen angepaßten Angebots).

Die religiösen Repräsentationssysteme erwecken den Anschein von Einheitlichkeit nur dadurch, daß sie hinter einem Minimum an gemeinsamen Dogmen und Riten die von ihnen autorisierte Vielfalt der abweichenden, ja sogar gegensätzlichen Interpretationen verschleiern. Jede der großen Weltreligionen gibt Stoff für eine solche Pluralität von Lesarten. Das trifft etwa für das Judentum zu, welches, wie Louis Finklestein gezeigt hat, in dem Gegensatz zwischen pharisäischer und prophetischer Tradition die Spuren der ökonomischen wie kulturellen Spannungen und Konflikte zwischen den halbnomadischen Hirten und den seßhaften Bauern, zwischen den landlosen Gruppen und den Großgrundbesitzern, sowie zwischen den Handwerkern und den adeligen Städtern bewahrt;[49] dies gilt ebenso für den Hinduismus, der auf den verschiedenen Ebenen der sozialen Hierarchie so unterschiedliche Deutungen erfährt, oder für den japanischen Buddhismus mit seinen zahlreichen Sekten, oder schließlich für das Christentum, ein Hybrid von aus der jüdischen Tradition, dem

---

[48] In den Beichtspiegeln schlägt sich die Spur der Interaktionen zwischen Laien und Geistlichen nieder, sie bringen auch die *Arbeit* ans Licht, welche letztere zur Anpassung der religiösen Anforderungen an neue Anforderungen, besonders auf wirtschaftlichem Gebiet, vollbringen müssen. Die Gewissensfälle, die sich aus der Berufstätigkeit ergeben, führen zu einer Klassifikation der Sünden nach sozialer Zugehörigkeit der Sünder (Sünden von Geistlichen, Akademikern, Richtern, Bauern, Handwerkern) und zu einer Differenzierung der Predigten nach dem Status der Rezipienten *(sermo ad status)* (vgl. Jacques Le Goff, „Métier et profession d'après...“, *loc. cit.*).

[49] Louis Finklestein, *The Pharisees: The Sociological Background of their Faith,* New York, Harper and Bros., 1949, 2 Bde.

griechischen Humanismus und diversen Initiationskulten entlehnten
Elementen, das anfangs, wie Weber beobachtet hat, von wandernden
Handwerkern befördert wurde, um schließlich an seinem Höhepunkt
zur Religion der Mönche und Krieger, der Sklaven und Adeligen, der
Handwerker und Kaufleute zu werden. Die scheinbare Einheit dieser grundlegend unterschiedlichen Systeme ist um so leichter aufrechtzuerhalten, als dieselben Begriffe, dieselben Praktiken tendenziell *gegensätzliche Bedeutungen* annehmen, wenn sie dazu dienen,
radikal gegensätzliche gesellschaftliche Erfahrungen zum Ausdruck
zu bringen. Man denke etwa an die „Schicksalsergebenheit", die für
die einen die erste Lektion ihrer Existenz darstellt, während sie für
die anderen erst mühsam gegen die Revolte angesichts der universellen Formen des Unausweichlichen errungen werden muß. Der *Effekt der Doppeldeutigkeit,* der sich unausweichlich und ohne daß man
ihn explizit suchen müßte, immer dann einstellt, wenn eine einheitliche Botschaft unter Bezugnahme auf gegensätzliche Existenzbedingungen interpretiert wird, ist ohne Zweifel nur eine der Vermittlungen, durch die sich der Effekt der logischen Durchsetzung vollzieht,
den jede Religion bewirkt.

## DIE FUNKTIONSWEISE DES RELIGIÖSEN FELDES

Das religiöse Kapital, über das die unterschiedlichen religiösen Instanzen, Akteure oder Institutionen, im Konkurrenzkampf um das
Monopol über die Verwaltung der Heilsgüter und der legitimen Ausübung der religiösen Macht verfügen, ist entscheidend für die Natur,
die Form und die Durchsetzungskraft der Strategien, welche diese Instanzen in den Dienst der Befriedigung ihrer religiösen Interessen stellen können, sowie für die Funktionen, die sie innerhalb der Teilung
der religiösen Arbeit übernehmen. In Wirklichkeit geht die Anpassung
des *religiösen Angebotes* als die Gesamtheit der religiösen Dienstleistungen und Heilsgüter, welche die unterschiedlichen Instanzen je
nach Position in der Struktur der religiösen Kräfteverhältnisse, also
in Abhängigkeit von ihrem religiösen Kapital, zu produzieren und an-
zubieten gehalten sind, und der den verschiedenen Laienkategorien
eigenen Nachfrage nach Dienstleistungen und Heilsgütern aus der
Homologie zwischen den Stellungen der Produzenten in der Struktur
des Produktionsfeldes und den von den Konsumenten ihrer Produkte
eingenommenen Positionen im sozialen Raum hervor.
Aus dem Universum der *historischen Strukturkonfigurationen* der
Beziehungen zwischen den verschiedenen im Konkurrenzkampf um

die religiöse Legitimität befindlichen Instanzen heben sich *invariante Beziehungen* ab, jene nämlich, die sich zwischen den Positionen, Dispositionen und Strategien von Spezialisten herausbilden, die in den verschiedenen Feldern strukturell äquivalente Positionen einnehmen. Die grundlegendste ist sicherlich jene, die sich zwischen den Inhabern eines gesellschaftlich anerkannten und institutionalisierten Kapitals an religiöser Autorität, der Priesterschaft einerseits und den Trägern eines nicht garantierten, an ihre Person gebundenen religiösen Kapitals, den Propheten und Zauberern andererseits einstellt. Insoweit es ihr gelingt, die Anerkennung ihres Monopols durchzusetzen *(extra ecclesiam nulla salus)*, ist die Kirche um ihres Fortbestandes willen darauf aus, den Eintritt neuer Heilsunternehmen wie Sekten oder aller unabhängigen Formen religiöser Vergemeinschaftung zum Markt, aber auch die individuelle Heilssuche (z.B. über Asketismus, Kontemplation oder die Orgie) mehr oder weniger vollständig zu unterbinden. Von daher verteidigt sie auch das mehr oder weniger vollkommene Monopol auf das *Kapital an sakramentaler oder Anstaltsgnade,* das ein Objekt des Tausches mit den Laien sowie ein Machtinstrument über die Laien darstellt, durch die Kontrolle des Zugangs zu den Mitteln der Produktion, Reproduktion und Verteilung der Heilsgüter, aber auch, indem sie das Monopol über die Sakramentsvergabe ebenso wie eine *Anstalts- oder Amtsautorität* (oder eine *Gnade)* an die Priesterschaft, also an hinsichtlich deren Verhältnis zum religiösen Kapital austauschbare Kultusbeamten delegiert. Dies geschieht derart, daß es ihnen erlassen wird, ständig erneut ihre Autorität erlangen und bestätigen zu müsssen, und sie vor den Folgen des Scheiterns ihrer religiösen Handlungen in Schutz genommen werden. Der *Prophet* (oder Häresiarch) und *seine Sekte* stellen ständig schon allein durch ihre Existenz und besonders durch ihr Bemühen, sich selbst die eigenen religiösen Bedürfnisse ohne die Vermittlung und die Fürsprache der Kirche zu befriedigen, das Monopol auf die Instrumente des Heils in Frage. Sie müssen die *ursprüngliche Akkumulation des religiösen Kapitals* verwirklichen, indem sie ständig eine den Fluktuationen und Unregelmäßigkeiten des konjunkturellen Verhältnisses zwischen dem Angebot an religiösen Dienstleistungen und der religiösen Nachfrage einer besonderen Kategorie von Laien unterworfene Autorität erlangen und wiedererlangen.

Bezeichnenderweise kann man die Positionen und *distinktiven* Eigenschaften des Priesters und des Propheten auch in einer der römischen oder indischen so entfernten Gesellschaft wie derjenigen der

*Nuer* finden, eines Hirtenvolkes im ehemaligen britischen Sudan. Die sogenannten „leopardenhäutigen Priester", weil das Tragen dieses Fells sie von allen anderen Männern unterscheidet, deren Amt erblich ist, haben das Monopol auf die Darbringung der Opfergaben inne, das allein das normale Dasein der Gemeinschaft wiederherstellen kann, wenn es durch die Überschreitung eines heiligen Verbots (etwa einen Mord) gefährdet worden ist. Der Priester bringt die Welt nach einer Krise wieder in Ordnung (beispielsweise indem er einen Mörder wieder in das normale Leben der Gesellschaft eingliedert): „Wie auch immer die Umstände aussehen, unter denen der Priester als Mittler zwischen Gott und den Menschen auftritt, seine Vermittlung bezieht ihre Wirksamkeit nicht aus ihm selbst, sondern aus seinem Amt (...). Er bezieht seine gesamte Macht aus einem Amt, das Gott zu Anbeginn der Dinge als unerläßlichen Bestandteil der sozialen Ordnung eingerichtet hat. Folglich ist der Priester ein *traditioneller öffentlicher Beamter* (...)".[50] Das Amt des Priesters ist ein *öffentliches Amt* als Vermittler[51]: „Der Priester (...) greift meistens in Situationen ein, in denen zwei Gruppen sich einander gegenüberstehen, wo es also notwendig ist, daß eine Person ohne verwandtschaftliche Verbindung *(lignage attachment)* zur einen oder anderen im Namen der gesamten Gemeinschaft handelt."[52] Die sozialen und psychologischen Charakteristika des Priesters scheinen sich aus seiner Stellung innerhalb der religiösen Arbeitsteilung abzuleiten: Würdevoll und zurückhaltend erfüllt der Priester mit Leopardenhaut die mühsamen und schlecht bezahlten Pflichten; er entstammt meist kleinen Verwandtschaftsgruppen und lebt als Fremder auf Gebieten, die ihm nicht gehören und wendet sich an den Geist oder an Gott in seiner allgemeinsten Form („Gott unserer Erde", oder „Gott aller Nuer"). Der Prophet dagegen bezieht seine gesamte Macht aus sich selbst, aus seinem Charisma (im Gegensatz zum Priester, der sie erbt). Er ist ein von einem über ihn herrschenden „Luftgeist" besessener Mann; er ist nicht der Fürsprecher der Menschen vor Gott, sondern der Wortführer Gottes bei den Menschen: „Die hauptsächliche gesellschaftliche Funktion der großen Propheten der Vergangenheit bestand darin, die Angriffe auf das Vieh der Dinka und die Schlachten gegen die verschiedenen Fremden aus dem Norden anzuführen (...).

---

[50] Edward E. Evans-Pritchard, *Nuer Religion, op. cit.,* [Oxford, Clarendon Press, 1982 (1. Aufl. 1956)]S. 299
[51] *Ebd.,* S. 111.
[52] *Ebd.,* S. 300.

Die Luftgeister sind zum größten Teil *dem Krieg* zugeordnet, und die Propheten der Nuer werden vor allem als Medium angesehen, über das Gott Befehle zum Kampf oder zum Sieg gibt".[53] Der Prophet unterscheidet sich durch seine Eigenschaften und Praktiken vom gemeinen Mann: „Der *asketische und anormale Aspekt* der Persönlichkeit der Propheten geht mit *einer persönlichen Ambition, mit der* Suche nach *Renommee, Macht* und *Reichtum* einher, eine Verbindung, die daraus außergewöhnliche Persönlichkeiten macht."[54]

Die dauernde Verwaltung des Vorrats an religiösem Kapital, welches das Produkt der akkumulierten religiösen Arbeit ist, und die notwendige religiöse Arbeit, die für die Gewährleistung der Fortdauer dieses Kapitals durch die Gewährleistung der *Wahrung* und *Wiederherstellung* des symbolischen Marktes, auf dem es gültig ist, nötig ist, können nur durch einen bürokratischen Apparat erbracht werden, der, wie die Kirche, dauerhaft zum Vollzug des zur Sicherung seiner eigenen Reproduktion notwendigen kontinuierlichen, d.h. *gewohnheitsmäßigen* Handelns imstande ist. Dies geschieht durch die Reproduktion austauschbarer Produzenten von Heilsgütern und religiösen Dienstleistungen, also der Priesterschaft, und des Marktes für diese Güter, also der Laien (im Gegensatz zu den Ungläubigen und Häretikern), die als Konsumenten mit einem Minimum an religiöser Kompetenz (einem religiösen Habitus) ausgestattet sind, damit sie das spezifische Bedürfnis nach seinen Produkten empfinden. Als Produkt der Institutionalisierung und Bürokratisierung der prophetischen Sekte (mit allen Auswirkungen der damit einhergehenden „Veralltäglichung") steht die Kirche, die zahlreiche Charakteristika einer Bürokratie aufweist (etwa die ausdrückliche Festsetzung der Kompetenzbereiche und die reglementierte Hierarchisierung der Ämter mit der damit einhergehenden Rationalisierung der Entlohnungen, der „Ernennungen", des „Aufstiegs' und der „Karrieren", die Kodifizierung der die berufliche Tätigkeit wie das außerberufliche Leben leitenden Regeln, eine Rationalisierung der Arbeitsinstrumente (wie etwa des Dogmas und der Liturgie) und die berufliche Ausbildung, etc.), objektiv im Gegensatz zur Sekte wie die gewöhnliche (alltägliche und

---

[53] *Ebd.*, S. 45.
[54] *Ebd.*, S. 307. Die gleichen Gegensätzlichkeiten (erworben/angeboren – wunderbare Gabe –, stabil/instabil, kontinuierlich/diskontinuierlich, gemein/erlesen, usw.) unterscheiden die beiden religiösen Figuren *dukun bijasa* und *dukun tiban* in der javanesischen Überlieferung (vgl. Clifford Geertz, *The Religion of Java*, S. 100).

veralltäglichende) Organisation zum außeralltäglichen Handeln der
Anfechtung der gewöhnlichen Ordnung. Jede Sekte, der es gelingt,
zur Kirche, also zur mit ihren Hierarchien und ihren Dogmen identi-
fizierten Verwahrerin und Hüterin einer Orthodoxie zu werden, ist aus
diesem Grund dazu bestimmt, eine erneute Reformation auszulösen.

  Die symbolische Macht, über die derjenige Prophet als unabhän-
giger Heilsunternehmer ohne jegliches Ausgangskapital und ohne
eine andere Bürgschaft oder Garantie als seine „Person" verfügt, der
neuartige Heilsgüter produzieren und verbreiten möchte, die auch zur
Diskreditierung der alten dienen können, hängt einerseits davon ab,
ob er die möglicherweise vorhandenen häretischen Interessen bestimmter Gruppen oder Klassen von Laien dank des Konsekrations-
effektes mobilisieren kann, den einzig der Umstand der Symbolisierung und der Explizitmachung bewirkt, andererseits, ob er einen
Beitrag zur Umkehrung der etablierten (also priesterlichen) symbolischen Ordnung und zur symbolischen Ordnung dieses Umsturzes
der Ordnung, also der Desakralisierung des Sakralen und zur Sakralisierung des Sakrilegs als revolutionärer Überschreitung leisten kann.
  Das spezifische Kapital an Charisma, das ein religiöser Akteur besitzt, stellt in gewisser Hinsicht den Anteil an in kollektiver Arbeit
produzierter und reproduzierter symbolischer Energie dar, die er
nach mehr oder weniger kodifizierten Formen entweder aus persönlichem Antrieb oder als Delegierter, Beauftragter, Sachwalter der Autorität einer Anstalt mobilisieren, aktualisieren, umsetzen kann. Die
Grundlage für diese Macht findet sich nicht in der Person des religiösen Akteurs, ebensowenig in seiner Rede oder in den von ihm be-
nutzten Instrumenten, sondern in dem gesamten Netz von Produkti-
ons- und Austauschbeziehungen, in dem der Glaube und die vom
Glauben begründete Macht erzeugt werden, die er im Kreislauf der
*Kredite* und der Macht begründet, in dem die Gruppe die über sie
ausgeübte symbolische Macht erzeugt und projiziert. Die Lüge sich
selbst gegenüber, die jeder Glaube mit sich bringt, hat nur dann Aussicht auf Erfolg, wenn die individuelle Unehrlichkeit durch die kollektive Unehrlichkeit unterhalten und gestützt wird. Die symbolische
Wirkung des Charisma ergibt sich aus der Dialektik der intimen Erfahrung symbolischer Macht (die nicht ohne den Glauben an seine
eigene symbolische Macht geschieht) und dem gesellschaftlichen
Bild dieser Macht.[55] „Die Gesellschaft", schrieb Mauss, „bezahlt sich

---

[55] „Quesalid ist nicht ein großer Zauberer geworden, weil er seine Kranken
   heilte, sondern er heilte seine Kranken, weil er ein großer Zauberer ge-

stets selbst mit dem Falschgeld ihrer Träume": die Gesellschaft, und nur sie selbst, da sie allein das *falsche Zirkulieren von Falschgeld* autorisieren, ja organisieren kann, das unter dem Anschein von Objektivität den Wahn als privaten Glauben (croyance privée) von der Gläubigkeit (foi) als anerkanntem Glauben (croyance reconnue), als *Orthodoxie* unterscheidet; rechte Meinung und Glaube (*doxa*) begreifen die natürliche Welt und die soziale Welt so, wie sie begriffen werden wollen, d. h. als *fraglos gegeben.* Dieser Logik folgend muß die Frage nach den Voraussetzungen für den Erfolg des Propheten gestellt werden, der sich genau auf der unbestimmten Grenze zwischen dem *Anormalen* und dem *Außergewöhnlichen* aufhält, und dessen exzentrisches und befremdliches Gebaren als *außergewöhnlich* bewundert oder als *jenseits des common sense* stehend verachtet werden kann.[56] Jede Umkehrung der etablierten Ordnung erfordert die einem Sakrileg gleichkommende Durchführung einer *Entnaturalisierung*:

---

worden war." Claude Lévi-Strauss, [Strukturale Anthropologie, Frankfurt, Suhrkamp, 1978] *op. cit.*, S. 198. Um sich ein genaueres Bild dieser Dialektik machen zu können, muß man nur daran denken, was aus den objektiven Verhältnissen und der Interaktionen zwischen dem Maler und seinem Publikum im großen und ganzen seit Duchamp geworden ist. Sie finden heute ihre archetypische Form bei den Vertretern der arte povera oder der Konzeptkunst die ihren Anspruch auf das Monopol der künstlerischen Produktion einzig aufgrund des Umstands behaupten müssen, daß sie, indem sie sich als Künstler denken und sich Künstler nennen, sich als Künstler produzieren und als Künstler irgendein beliebiges Objekt produzieren.

[56] Man denke etwa an den von Evans-Pritchard erwähnten Propheten, der im Busch lebte, menschliche und tierische Exkremente aß und vom Boden seines Stalls zu dessen First rannte, oder an jenen anderen, der den ganzen Tag damit verbrachte, von der Erd- und Schuttpyramide, die er selbst erbaut hatte, herabzuschreien (Edward E. Evans-Pritchard, *Nuer Religion, op. cit.*, S. 305-307). Ebenso beschreibt Max Weber in *Das antike Judentum* die biblischen Propheten, die auf die Straße gingen, um die hohen Würdenträger des Judentums mit persönlichen Invektiven, Drohungen und Beleidigungen zu überhäufen, und die alle Zeichen der besessensten Leidenschaften an den Tag legten. Unterschiedliche pathologische Zustände gingen diesen Momenten höchster Inspiration voraus: Ezechiel schlug auf seine Nieren ein und stampfte mit den Füßen auf den Boden; in der Folge einer seiner Visionen blieb er sieben Tage lang gelähmt; er vermeinte durch die Lüfte zu flattern. Jeremias tat wie ein Betrunkener. Viele Propheten hatten visuelle und auditive Halluzinationen. Sie fielen in hypnotische Zustände und gaben unkontrollierte Reden von sich.

es geht dabei nicht nur darum, die bestehenden Institutionen ihrer Sakralität zu berauben, sondern noch viel weitergehend darum, durch eine „ent-alltäglichende" Kritik die Praktiken, die Personen, die Werte oder Institutionen, welche die Vertrautheit mit ihnen als in der Natur der Sache verankert begreift, als *willkürlich* hinzustellen. Neben der Häresie, deren Möglichkeit schon in der Orthodoxie angelegt ist, sind die radikalsten *Krisen* diejenigen, die eine Infragestellung der Doxa als undiskutiertes Verhaftetsein an die als natürlich angenommene Ordnung der Welt begünstigt.

*Aus: Pierre Bourdieu, Genese und Struktur des religiösen Feldes (Orig.: Genèse et structure du champ religieux, Revue française de Sociologie XII (1971), 295-334), in: ders., Das religiöse Feld. Texte zur Ökonomie des Heilsgeschehens, hg. v. Stephan Egger, Andreas Pfeuffer, Franz Schultheis, Konstanz 2000, 39-110 (hier: 66-84)*

# 3. Neuere Ansätze

## 3.1 Verkirchlichung des Christentums und das Diffus-Werden der Religion: Franz-Xaver Kaufmanns Analyse der Religionsentwicklung in der Moderne

*Einführung*

1. Person und Werk: Franz-Xaver Kaufmann, geboren 1932 in Zürich, wuchs in einer angesehenen Züricher Anwaltsfamilie auf. Nach juristischen und volkswirtschaftlichen Studien in Zürich und St. Gallen kam er mit der Soziologie an der Pariser Universität – bei Raymond Aron und Georges Gurvich – in Kontakt. 1960 wurde er mit einer Arbeit zum demografischen Alterungsprozess an der Hochschule St. Gallen zum Doktor der Wirtschaftswissenschaften promoviert. Nach empirischer Forschungsarbeit an der renommierten Sozialforschungsstelle Dortmund der Universität Münster habilitierte er sich 1968 mit der für die soziologische Forschung der Sozialpolitik in Deutschland richtungsweisenden Arbeit ‚Sicherheit als soziologisches und sozialpolitisches Problem‘. Noch im gleichen Jahr an die neu gegründete Universität Bielefeld berufen, wirkte er am Aufbau der dortigen Fakultät für Soziologie mit, die sich seit den 1970er Jahren zu einem Zentrum der Soziologie mit großer Ausstrahlungskraft in Deutschland und Europa entwickelte. Bis zu seiner Emeritierung im Jahr 1997 lehrte Kaufmann dort Soziologie und Sozialpolitik. Es gehört zu den Spezifica von Leben und Werk Kaufmanns, in drei unterschiedlichen Forschungsfeldern der seit den 1970er Jahren schnell expandierenden Soziologie zu den Spitzenforschern in Deutschland zu gehören. Der soziologischen Forschung der Sozialpolitik hat er theoretisch, empirisch wie institutionell entscheidende Impulse gegeben. Davon zeugen sowohl seine steuerungstheoretischen Analysen sozialstaatlichen Handelns wie zahlreiche empirische Projekte zur Wirkungsanalyse der Sozialpolitik. In der Familiensoziologie zählt die Studie ‚Zukunft der Familie im vereinten Deutschland‘ aus dem Jahr 1995 zu den wichtigsten familiensoziologischen Arbeiten der letzen Jahre. Wie seine zahlreichen Publikationen zeigen, hat er auch den religionssoziologischen Diskurs der letzten 30 Jahre in Deutschland unübersehbar mitgeprägt. Stets auch am Anwendungsbezug der Soziologie interessiert, berät Kaufmann

bis in die Gegenwart hinein an zahlreichen Stellen die Entscheidungsträger insbesondere im sozial- und familienpolitischen wie im kirchlichen Bereich.

2. THEORETISCHER ANSATZ: In der deutschen Religionssoziologie der Nachkriegszeit ist eine sich Anfang der 1970er Jahre zuspitzende Konfrontation zwischen einer soziografisch geprägten Kirchensoziologie und einer um die Erneuerung des klassischen religionssoziologischen Denkens von Max Weber und Émile Durkheim bemühten, theoretisch orientierten Religionssoziologie auszumachen. Die Schärfe des Konflikts ließ eine gemeinsame Arbeit im Rahmen der Sektion Religionssoziologie der Deutschen Gesellschaft für Soziologie nicht mehr zu, so dass es konsequenter Weise zur Auflösung der Sektion kam. Kaufmanns theoretischer Ansatz ist durch das Bemühen geprägt, die Kluft zwischen einer theoretisch unterbelichteten empirischen Sozialforschung kirchlich-religiöser Phänomene und einer sich auf einen soziologisch geprägten allgemeinen Religionsbegriff stützenden Theorie der Religion zu überwinden. Im Zentrum des Ansatzes Kaufmanns steht einmal eine Makrosoziologie des Christentums, die sich um eine soziologische Theorie der faktisch gelebten Religion in der westlichen Moderne bemüht. Als Material dient Kaufmann hier insbesondere der moderne Katholizismus als Teil der Christentumsgeschichte. Gleichzeitig nutzt er reflexiv den allgemeinen Religionsbegriff als einen „problemanzeigenden Begriff", der die Religionssoziologie ins Zentrum einer Theorie der Moderne und ihrer Ambivalenzen bringt.

3. ZUM TEXT: Im Zentrum des hier abgedruckten Textes steht der Entwurf eines theoretisch fundierten heuristischen Rasters zum Verständnis von Religion in der modernen Gesellschaft. Eine intensive Auseinandersetzung mit der Geschichte und Funktion des allgemeinen Religionsbegriffs führt Kaufmann zu dem Schluss, dass er als analytischer Begriff seine Tauglichkeit verloren hat. Untrügliches Kennzeichen für diese Diagnose ist das typische Diffus-Werden der Religion in der Moderne. Trotzdem möchte Kaufmann auf den Religionsbegriff nicht verzichten, schlägt aber vor, ihn nicht als analytischen, sondern als problemanzeigenden Begriff zu nutzen. Mit Blick auf neuere soziologische Zugangsweisen zur Religion verweist er darauf, dass sie ein breites Spektrum unterschiedlicher Funktionsbestimmungen von Religion hervorheben, die eher in einem Ergänzungs- als in einem Ausschließungsverhältnis zueinander stehen.

Dies bringt Kaufmann auf die Spur, aus dem diachronen und synchronen soziologischen Religionsdiskurs sechs für Religion konstitutive Problem- und Funktionsbezüge zu identifizieren und zu einem heuristischen Raster der Analyse der Religion in der Moderne zu verarbeiten. Für das mittelalterliche Christentum konstatiert Kaufmann einen Problem- und Funktionsbezug, der alle Funktionen integriert. Modernisierung der Religion bedeutet dann, dass die religiösen Problem- und Funktionsbezüge ihrem Ideengehalt nach diffundieren und sich institutionell diversifizieren. Religion lässt sich von nichtreligiösen Phänomenen am besten nach dem Kriterium unterscheiden, ob Ideengehalte und Trägerinstitutionen mit einer gewissen Dauerhaftigkeit mehrere der religiösen Funktionsbezüge zugleich zu erfüllen vermögen. Einer Kaufmanns Vorschlag folgenden Religionssoziologie steht damit ein heuristisches Instrument zu Verfügung, sowohl die historischen Formen der christlichen Religion als auch neuere Ideengehalte ihrem religiösen Funktionsbezug nach zu untersuchen.

4. BEDEUTUNG FÜR DEN RELIGIONSSOZIOLOGISCHEN DISKURS: Hinsichtlich der Bedeutung des Ansatzes Kaufmanns für den religionssoziologischen Diskurs ist seine zweifache Vermittlungsleistung hervorzuheben. Kaufmanns Ansatz ist in der Lage, zwischen theoretischem und empirischem Zugang zur Religion eine Brücke zu schlagen. Nicht zufällig beziehen sich eine Reihe neuerer empirischer religionssoziologischer Studien schwerpunktmäßig auf das theoretische Konzept von Kaufmann. Dies steht in Zusammenhang mit einer zweiten Vermittlungsleistung seines Ansatzes. Er macht einen differenzierten Zugang zur gelebten Religion des Christentums und seiner gesellschaftlichen Verfassung möglich, erlaubt aber gleichzeitig auch, die gegenwärtig ein größeres Gewicht erhaltenden unterschiedlichen Formen nicht-christlicher Religion theoretisch und empirisch in die Religionsanalyse zu integrieren.

*Karl Gabriel*

## Auf der Suche nach den Erben der Christenheit
[...]

Angesichts der ungeklärten Prämissen vorherrschender universalistischer Konzeptualisierungen von ‚Religion' und der zunehmenden Unbestimmtheit der damit zu erfassenden Sachverhalte müssen ernste Zweifel an der analytischen Tauglichkeit des Konzeptes geäußert werden. Dennoch spricht vieles dafür, ‚Religion' für soziologische Analysen als *problemanzeigenden Begriff* auch in Zukunft beizubehalten. Denn das fortdauernde praktisch Interesse an ‚Religion' verweist auf Probleme, deren Lösung zumindest bisher von ‚Religion' erwartet wurde. [...]

### 3.1 RELIGIONSSOZIOLOGISCHE POSITIONEN

Was an der neueren *religionssoziologischen* Diskussion auffällt, ist ihre Distanz zu derjenigen Form von Religion, die die westliche Kultur geprägt hat, dem Christentum. Und es fällt auch auf, daß die etablierten christlichen Kirchen durch die nun schon über ein Jahrzehnt dauernde Abkehr vom Fortschrittsoptimismus der Moderne wenig Auftrieb erhalten haben. Dies entspricht einer Diagnose, die schon Friedrich Nietzsche gestellt hat: „Es scheint mir, daß zwar der religiöse Instinkt mächtig im Wachsen ist – daß er aber gerade die theistische Befriedigung mit tiefem Mißtrauen ablehnt."[1] Heute ist dagegen überwiegend von einer Individualisierung oder Privatisierung von Religion die Rede, die zuerst Thomas Luckmann deutlich herausgearbeitet hat.[2]

Wenn aber Religion einfach zur Privatsache verkommen sein sollte, wäre das soziologische und zumal das kultur- und gesellschaftstheoretische Interesse an Religion weitgehend überholt. Die Existenz von Religion könnte dann als Merkmal primitiver und hochkulturel-

---

[1] F. Nietzsche, Jenseits von Gut und Böse, Zur Genealogie der Moral, 53, Stuttgart, 1976, S. 65.

[2] Vgl. T. Luckmann, Das Problem der Religion in der modernen Gesellschaft (Freiburg 1963), sowie (als erweiterte Fassung): The Invisible Religion. The Problem of Religion in Modern Society (London/New York 1967).

ler Gesellschaftsformationen postuliert und ihr Verschwinden – oder
zumindest ihre Marginalisierung – als Merkmal des Übergangs zu
modernen Gesellschaftsformen konstatiert werden. Das war bekanntlich nicht nur die Auffassung des religionskritischen Strangs der Aufklärung, sondern auch wichtiger Interpreten von Max Weber, und die
Auseinandersetzung mit ihr stellt ein wesentliches Element der nicht
enden wollenden Säkularisierungsdebatten dar.

Die *Säkularisierungsdebatte* wurde zuletzt im wesentlichen von
Theologen getragen und kann uns soziologisch wenig lehren. Zu vie-
le unterschiedliche Phänomene werden hier in einen Begriff gepackt,
und es wird damit eine lineare Bewegung des Weltgeistes suggeriert.
Empirisch läßt sich kein einsinniger Zusammenhang zwischen dem
Verlust des Interpretationsmonopols letzter, gesellschaftlich gültiger
Wahrheiten, dem Einflußverlust der Kirchen auf das gesellschaftliche Leben, dem Schrumpfen kirchlicher Teilnahmebereitschaft und
dem individuellen Relevanzverlust von Religion feststellen. Karel
Dobbelaere schlägt demzufolge vor, soziologisch zwischen der Lai-
sierung der Kultur, der Abschwächung religiöser Integration und dem
Wandel der sozialen Formen von Religion als den drei Hauptdimen-
sionen der bisher mit dem Konzept der Säkularisierung angesprochenen Phänomene zu unterscheiden.[3]

In eine ähnliche Richtung weist die *differenzierungstheoretische* Rekonstruktion der neuzeitlichen Religionsgeschichte: Ihr zufolge bewirkt die Emanzipation von Wirtschaft, Staat und zuletzt auch privater Lebenswelt aus den Führungs- und Deutungsansprüchen des
Christentums nicht dessen Verschwinden, sondern seine Verkirchlichung: Christliche Sinnbestände und religiöse Ansprüche konzentrieren sich im ebenfalls ausdifferenzierten und sich zunehmend stärker organisierenden Bereich der Kirchen, denen weiterhin ein nicht
unerheblicher Einfluß auf die öffentliche Meinung, jedoch ein infolge
der Individualisierungsprozesse sinkender Einfluß auf die private Lebensführung zugesprochen wird.[4]

*Offen bleibt dabei, inwieweit das von den Kirchen Repräsentierte
den Bereich von Religion in modernen Gesellschaften ausschöpft.* Mag

---

[3]  K. Dobbelaere, Secularization: A Multi-Dimensional Concept. Current
Sociology, Vol. 29 (1981) No. 2.
[4]  Vgl. F. X. Kaufmann, Theologie in soziologischer Sicht. Freiburg i.Br.
1973, S. 107ff.; ders. Kirche begreifen – Analysen und Thesen zur gesellschaftlichen Verfassung des Christentums. Freiburg i.Br. 1979, S. 100ff.;
N. Luhmann, Funktion der Religion. Frankfurt am Main 1977, S. 225ff.

man die Bewußseinslagen einer außerkirchlichen Christlichkeit auch im Horizont einer sich von der Kirchensoziologie dezidiert lösenden „Soziologie des Christentums"[5] noch zu erfassen, so sprengen die Postulate einer Zivilreligion und die Phänomene der sogenannten neuen religiösen Bewegungen diesen Referenzrahmen doch entschieden. Sie legen den Rekurs auf einen *allgemeinen Religionsbegriff* nahe, wie er zunächst in der Religionswissenschaft des 19. Jahrhunderts geprägt wurde und seither in vielfältigen theoretischen Ausdeutungen auch die soziologische Fachdiskussion bestimmt.

Den wichtigsten Ausgangspunkt bietet hier die Soziologie Émile Durkheims. In ihr bildet Religion das konstitutive Element gesellschaftlicher Integration, „ein solidarisches System von Überzeugungen und Praktiken, die sich auf heilige, d.h. abgesonderte und verbotene Dinge, ... beziehen, die in einer und derselben moralischen Gemeinschaft ... alle vereinen, die ihr angehören."[6] Durkheim hat diesen Grundgedanken des späteren *Struktur-Funktionalismus* an den von ihm elementar genannten Formen stammesgeschichtlicher Religion entwickelt und war sich durchaus der Probleme bewußt, die aus der aufklärerischen Überwindung des Christentums in Frankreich resultierten. Sein Programm einer laiizistischen Moral, welche die soziale Integration der Gesellschaft mit Hilfe des Bildungswesens leisten sollte, steht in der Tradition von Rousseaus Idee einer *Zivilreligion* als einem System von Glaubenssätzen, das die Loyalität der Bürger zum Gesellschaftsvertrag sichern soll.[7] Es war vor allem Talcott Parsons, der die am okzidentalen Sonderweg orientierte religionssoziologische Perspektive Webers mit dem allgemeinen Religionsbegriff Durkheims in einer eigenständigen Rekonstruktion des abendländischen Christentums verband.[8] Trotz einer stärkeren Betonung des fortwirkenden Einflusses des Christentums übersah Parsons nicht, daß dieses seine Rolle als gesellschaftsintegrierender Faktor im Zuge der Neuzeit verloren hatte. Für die amerikanische Kultur postulierte er daher eine religiöse Kernstruktur, die aus einer Syn-

---

[5]  Vgl. hierzu K. Gabriel, Religionssoziologie als „Soziologie des Christentums". In: K.F. Daiber/T. Luckmann (Hg.), Religion in den Gegenwartsströmungen der deutschen Soziologie, München 1983, S. 182-198.

[6]  É. Durkheim, Die elementaren Formen des religiösen Lebens. Frankfurt a. M. 1981, S. 75.

[7]  Vgl. H. Kleger/A. Müller, Bürgerreligion und politische Verpflichtung. In: Archiv für Begriffsgeschichte, XXIX (1985), S. 47-98, bes. 79ff.

[8]  Vgl. insbesondere T. Parsons, Art. Christianity. In: International Encyclopaedia of the Social Sciences, 1968, Vol. 2, S. 425-447.

these jüdischer, christlicher und humanistischer Werte bestehe und als ‚Zivilreligion' die ethischen Voraussetzungen der politischen Einheit Amerikas verbürge.[9] Sein Begriff der Zivilreligion unterscheidet sich dabei in charakteristischer Weise von demjenigen Robert Bellahs, der weit stärker auf die ritualisierende Darstellung des gemeinsamen amerikanischen Erbes abhebt.[10] Andere soziologische Ausdeutungen des allgemeinen Religionsbegriffs heben stärker auf die Funktion der Religion für das Individuum ab, so insbesondere derjenige Luckmanns und die interaktionistischen Ansätze. Zentral erscheint hier das Problem der *Identitätsgewinnung und -erhaltung* unter den Bedingungen manifester Überkomplexität von „Welt". Wie insbesondere Günter Dux herausgearbeitet hat, können nicht alle das Einzeldasein transzendierenden Sinngefüge oder Deutungsmuster, welche Individuen bei der Konstitution von subjektivem Lebenssinn hilfreich sind, als religiös qualifiziert werden, sondern nur solche, welche Tiefenstrukturen der subjektiven Wirklichkeitsauffassung thematisieren und daher dem Individuum gestatten, sich in einem dauerhaften Verhältnis zur Welt zu bestimmen.[11] Die anspruchsvollste Version sozialwissenschaftlicher Religionstheorie stammt zweifellos von *Niklas Luhmann*,[12] da hier das differenzierungstheo-

---

[9] Vgl. T. Parsons, Religion in Postindustrial America: The Problem of Secularization. In: Social Research 41 (1974), S. 193-225.

[10] Die beiden grundlegenden Aufsätze von Robert N. Bellah zum Problem der Zivilreligion liegen nunmehr in deutscher Übersetzung vor: H. Kleger/A. Müller (Hg.): Religion des Bürgers. Zivilreligion in Amerika und Europa. München 1986, S. 19-63.

[11] Vgl. G. Dux, Ursprung, Funktion und Gehalt der Religion. In: Internationales Jahrbuch für Religionssoziologie VIII (1973), S. 7-67.

[12] Neben den älteren Arbeiten integrierenden religionssoziologischen Hauptwerk von N. Luhmann, Funktion der Religion (Frankfurt a.M. 1977) sind insbesondere folgende neuere Aufsätze unmittelbar relevant: Grundwerte als Zivilreligion, Zur wissenschaftlichen Karriere eines Themas. In: Soziologische Aufklärung 3: Soziales System, Gesellschaft, Organisation. Opladen 1981, S. 293-308; Society, Meaning Religion – Based on Self-Reference. In: Sociological Analysis 46 (1985), S. 5-20; sowie: Response to Commentators, ebenda S. 33-36; Läßt unsere Gesellschaft Kommunikation mit Gott zu? sowie: Die Unterscheidung Gottes. Beides in: Soziologische Aufklärung 4. Opladen 1987, S. 227-235 bzw. 236-253. – Die beste Gesamtdarstellung der Luhmann'schen Religionstheorie stammt bemerkenswerter Weise von einem Theologen aus der DDR: Detlef Pollack, Religiöse Chiffrierung und soziologische Aufklärung. Die Religionstheorie Niklas Luhmanns im Rahmen ihrer systemtheoretischen Voraussetzun-

retische Argument radikalisiert und reflexiv verarbeitet wird. Luhmann unterscheidet dabei das Problem eines gesamtgesellschaftlichen Basiskonsenses – also die Frage, auf die das Konzept der Zivilreligion eine Antwort geben will – vom Problem der Kosmisierung
von Welt, dessen Lösung er in spezifischer Weise der Religion zu-
weist.[13] Allerdings versteht Luhmann hierunter nicht, wie die ältere
Kulturtheorie, die Leistung der Welterrichtung und Welterhaltung,[14]
sondern lediglich diejenige der „Chiffrierung" des Problems der
letztendlichen Unbestimmtheit und Unbestimmbarkeit (Kontingenz)
von Welt, welche durch Religion eben tragbar gemacht wird.[15]

Während Luhmann das Problem der Chiffrierung unbestimmter
Kontingenz bzw. ihrer Transformation in bestimmbare Komplexität
primär als Problem der Konstitution von Gesellschaft aufweist, orientiert sich Hermann Lübbe unter Aufnahme der Kontingenzseman-
tik primär an Problemen des Individuums. Religiöse Lebenspraxis
wird hier als Praxis der Kontingenzbewältigung bestimmt: „Die
Funktion der Anerkennung unverfügbarer Daseinskontingenz ist die
Charakteristik von Religion".[16] „Die Anerkennung dessen, was uns
in der Kontingenz unseres Daseins schlechthin abhängig sein läßt –
das ist die Kennzeichnung der Funktion, auf die religiöse Lebens-
kultur hier bezogen wird und als lebenseinstellungsverändernde Wirkung dieser Annahme hat man nicht Entspannungsgewinne … zu erwarten, sondern ein vernünftiges Verhältnis zum Unverfügbaren."[17]
Hier erscheint Kontingenzbewältigung nicht auf das Problem der
Kosmisierung von Welt, sondern auf den Umgang mit als schicksal-
haft erfahrenen Ereignissen bezogen, oder allgemeiner auf eine Ein-

gen. Frankfurt am Main 1988; eine ‚nihilistische' Interpretation der Luh-
mann'schen Gesellschaftstheorie gibt neuerdings H. Baier, Soziologie als
Aufklärung – oder die Vertreibung der Transzendenz aus der Gesellschaft.
Konstanz 1989.

[13] „Religion hat … für das Gesellschaftssystem die Funktion, die unbestimmbare,
weil nach außen (Umwelt) und nach innen (System) hin unabschließbare Welt
in eine bestimmbare zu transformieren. … Sie hat … zu verantworten und tragbar zu machen, daß alle Typisierungen, alle Selbst-Identifikationen, alle Ka-
tegorisierungen, alle Erwartungsbildungen reduktiv verfahren und widerleg-
bar bleiben." (Luhmann, Funktion der Religion, a.a.O. S. 26f.)

[14] So zuletzt P. L. Berger, Zur Dialektik von Religion und Gesellschaft. Elemente
einer soziologischen Theorie. Frankfurt a.M. 1973 (engl. 1967).

[15] Luhmann, Funktion, a.a.O. S. 33 und passim; dazu Pollack, a.a.O. S. 97ff.

[16] H. Lübbe, Religion nach der Aufklärung. Graz 1986, S. 179.

[17] Ebda. S. 230f.

stellung zum Leben, welche jene subjekthaften Überforderungen vermeidet, die Horst Eberhard Richter als ‚Gotteskomplex' beschrieben hat.[18]

Bereits dieser summarische Überblick über einige funktionalistische Bestimmungsversuche von Religion macht deutlich, daß diese *unterschiedliche* präsumtive Leistungen von Religion hervorheben, welche jedoch nach einem impliziten Vorverständnis von Religion sich nicht etwa ausschließen, sondern typischerweise *ergänzen.* Wenn das ‚Heilige' die Ordnung der Welt errichtet und gewährleistet, so in der Weise, daß individuelle und soziale Ordnung aufeinander bezogen, Subjekt und Gesellschaft untereinander vermittelt und Unglücksfälle und Leiden in eben solcher Ordnung sinnhaft gedeutet und damit erträglich werden. Das Problem ist jedoch, daß Religion in diesem umfassenden Sinne dem neuzeitlichen Menschen offensichtlich abhanden gekommen ist, einmal ganz abgesehen davon, ob und inwieweit ‚Religion' in diesem Sinne den Angehörigen traditionaler Kulturen tatsächlich zur Verfügung stand.[19] Wie oben [...] näher ausgeführt, führt ein gleichzeitig funktionalistischer und universalistischer Religionsbegriff in charakteristische Aporien. Aus religionswissenschaftlicher Sicht gibt es ‚die Religion' nur im Plural der Religionen. Aber auch eine induktiv und vergleichend vorgehende Religionswissenschaft gerät vor die Schwierigkeit, daß die jüdisch-christliche Religionstradition mit ihrem transzendenten Monotheismus, einem eschatologischen Zeit- und Weltverhältnis, einer individualisierenden Frömmigkeit und einer universalistisch gedachten Moral sich so auffallend von älteren Religionsformen unterscheidet, daß die Gewinnung eines allgemeinen, aber inhaltlich und nicht funktional bestimmten Religionsbegriffs auf der Basis des Religionsvergleichs dazu führt, die Spezifika der jüdisch-abendländischen Tradition aus ihm herauszudefinieren [...].

## 3.2 CHRISTENTUM UND GESELLSCHAFTLICHE DIFFERENZIERUNG

Es handelt sich hierbei aber nicht nur um eine Differenz des Typus von *Ideen und Weltbildern,* über deren sozialgeschichtliche Wirksamkeit

---

[18] Vgl. H.E. Richter, Der Gotteskomplex. Die Geburt und die Krise des Glaubens an die Allmacht des Menschen. Reinbek b. Hamburg 1979.

[19] Richtiger ist es wohl, für solche Kulturen von einem ‚dichten Kollektivbewußtsein' (É. Durkheim) zu sprechen, welches im Verein mit festen Außengrenzen einer Gruppe, zu der der einzelne lebenslang gehörte, ein umfassendes Orientierungssystem für den Bereich des Heiligen *und* des Profanen darstellt.

sich trefflich streiten läßt, sondern auch um eine *strukturelle Differenz*, die im Zuge der abendländischen Entwicklung immer deutlicher hervorgetreten ist und als das soziologisch erklärungskräftigste Moment dieses Sonderwegs gelten darf. Im Unterschied zu allen anderen Religionen und auch den übrigen christlichen Patriarchaten hat sich im Einflußbereich des lateinischen Patriarchats mit dem Investiturstreit und seiner Beilegung im Wormser Konkordat (1122) ein *strukturelles Gleichgewicht zwischen geistlicher und weltlicher Gewalt* etabliert.[20] Diese Trennung und die damit verbundene Doppelung der Herrschaftsansprüche wie der sozialen Ordnung stellte die Bedingung für weitere Differenzierungsprozesse und Emanzipationsbestrebungen dar. Hatte sich im Investiturstreit der Papst von der seit Otto I. konsolidierten Oberherrschaft des Kaisers über die Kirche emanzipiert – ein Vorgang, den Eugen Rosenstock-Huessy als die erste abendländische Revolution bezeichnet hat[21], so gewannen im Schatten des Investiturstreits und der nachfolgenden Spannungen zwischen geistlichen und weltlichen Gewalten die Städte an Autonomie. Das 12. Jahrhundert kann als eine Art Sattelzeit für den abendländischen Sonderweg gelten: Kirchliches, kaiserliches, grundherrliches und städtisches Recht, ja sogar ein spezifisches Handelsrecht haben sich in dieser Epoche ausdifferenziert und konsolidiert, und die Rechtsschulen als Kernstruktur der entstehenden Universitäten sorgten für die erstmalige Institutionalisierung jener Konkurrenz im Gebiete des Geistigen, die die westliche Entwicklung bis heute prägt. Die Scholastik erlebte ihre erste Blüte und entwickelte so grundlegende Vorstellungen wie diejenige eines persönlichen Gewissens und der Unsterblichkeit der menschlichen Seele, ohne welche die Entwicklung des modernen Individualismus, ja selbst die Entwicklung der Naturwissenschaften undenkbar wäre. Die von Max Weber und Ernst Troeltsch verbreitete Vorstellung, die Moderne sei ein Kind der Reformation, wird durch die neuere Forschung – ich erwähne lediglich Benjamin Nelson und Harold

---

[20]  Vgl. hierzu F. Heer, Der Aufgang Europas. Wien-Zürich 1951; T. Schieffer, Krisenpunkte des Hochmittelalters. Vorträge der Rheinisch-Westfälischen Akademie der Wissenschaften. G. 209, Opladen 1976. – Die Eigenart dieser Konstellation wird m.E. von Max Weber in seiner Abhandlung des Verhältnisses von politischer und hierokratischer Herrschaft (Wirtschaft und Gesellschaft, Studienausgabe hrsg. v.J. Winckelmann, Köln-Berlin 1964, S. 874ff.) zu wenig hervorgehoben. Es handelt sich um einen vom Typus des Cäsaropapismus ebenso wie demjenigen der Hierokratie deutlich zu unterscheidenden, besonderen Typus.

[21]  Vgl. E. Rosenstock-Huessy, Die europäischen Revolutionen, Jena 1931.

J. Berman[22] – durch Verweise auf die konstitutive Bedeutung des Hochmittelalters stark relativiert [...].[23]

Die Moderne – oder was wir heute dafür halten – ist also im Schoße
jener Gesellschaftsformation entstanden, die sich selbst vornehmlich
als „Christenheit" oder „Orbis Christianus" bezeichnete, eine höchst dynamische, von inneren Spannungen gekennzeichnete Gesellschaftsformation, die sich doch den Anschein einer statischen Ordnung zu geben wußte, welche die Romantik und mit ihr der Historismus für bare
Münze nahmen. Dieser Anschein ist eine Folge des Denkens in Hierarchien, dessen Systematik doch schon ein beachtliches Maß an Komplexität zu verarbeiten wußte. Es gab auch in den Vorstellungen vom
sozialen Leben nicht nur eine, sondern mehrere Hierarchien – etwa
diejenige des Kaisers und des Papstes –, deren Vertreter untereinander
um den Vorrang stritten, aber unbezweifelbar war doch, daß über allem
ein göttlicher Weltenrichter thronte, dem alle menschliche Ordnung
untertan war. Die Einheit der abendländischen Gesellschaftsformation
war also in der Tat religiös begründet, denn das Kaisertum galt ebenso als heiliges Amt wie das Papsttum, *beide* repräsentierten *gemeinsam*
die ‚Christenheit' weit mehr als daß sie sie regierten. ‚Kirche' und
‚Reich' waren hier somit noch zwei Seiten des gleichen gesellschaftlichen Zusammenhangs. Wer nicht als Christ getauft war, gehörte auch
nicht zur Gesellschaft grundsätzlich gleichberechtigter, weil von dem
Gottessohn Jesus erlöster Menschen. So war das ‚christliche Abend-
land' keine Erfindung der Romantik, sondern es läßt sich in einem
präzisen Sinne behaupten, daß *die Einheit der mittelalterlichen Gesellschaft religiös konstituiert* war und nota bene eine *Großräumigkeit* aufwies, welche diejenige der späteren Nationalstaaten weit übertraf. Es
war primär eine symbolische, keine politische Einheit, die den konkreten Vergesellschaftungsprozessen einen Rahmen bot, also nicht – wie
Durkheim behauptete – von ihnen hervorgebracht wurde. Wir haben
hier ein Beispiel weitgehender Eigenständigkeit der sozialen Wirksam-

---

22 Vgl. B. Nelson, Der Ursprung der Moderne. Vergleichende Studien zum
   Zivilisationsprozeß. Frankfurt a. M. 1977.– Harold J. Berman, Law and
   Revolution. The Formation of the Western Legal Tradition. Cambridge
   Mass. 1983; weitere Hinweise bei B. Giesen, Der Herbst der Moderne?
   In: J. Berger (Hg.), Die Moderne – Kontinuitäten und Zäsuren. Soziale
   Welt, Sonderband 4 (1986), S. 360, FN 1.

23 Eine noch weiter zurückgreifende Ableitung des abendländischen Individualismus aus der frühchristlichen Weltablehnung gibt L. Dumont, La genèse chrétienne de l'individualisme. Une vue modifiée de nos origines.
   In: Le Débat (Paris) 15 (1981) 124-146.

keit des religiösen Faktors vor uns, getragen vor allem von einem europaweit verbreiteten Mönchstum, das gleichzeitig der wichtigste Träger der Hochkultur war. Das Christentum wirkte hier eher als kosmisierende, symbolische Ordnung legitimierende denn als sozial integrierende Kraft. Kirche wie Reich waren primär symbolische Einheiten mit sich wechselseitig beschränkenden Herrschaftsansprüchen, und es ist eben diese *wechselseitige Limitierung,* welche das abendländische Herrschaftssystem von anderen bisherigen Großreichen unterschied und die als strukturelle Voraussetzung wachsender Differenzierung, Emanzipation und Individualisierung gelten muß.

Es war also die Verselbständigung und Ausdifferenzierung der religiösen Gewalt, welche die *Säkularisierung des Staates* ermöglichte.[24] Durch diese Verselbständigung hat sie jedoch in der Konsequenz gleichzeitig die Möglichkeit verloren, *unmittelbar* gesellschaftliche Integration zu leisten. Diese Funktion ging vielmehr auf den entstehenden Staat über, der – zumal nach der Spaltung der Christenheit im Laufe von Reformation und Gegenreformation – die entstehende Konfessionalität hierfür instrumentalisierte; dies ist offensichtlich im Falle der evangelischen Landeskirchentümer, läßt sich aber auch in den katholischen Territorien nachweisen. Es ist im wesentlichen diese der Aufklärung unmittelbar vorangehende, bzw. sie begleitende und ihre Religionskritik stimulierende Konstellation, aus der das *funktionalistische* Verständnis von Religion als gesellschaftlicher Integrationsmechanismus gewachsen ist. Mit der *Trennung von Kirche und Staat* wurde die seit dem Mittelalter angelegte strukturelle Differenzierung manifest, doch blieben die sozialpsychologischen Konsequenzen noch so lange latent, als homogene konfessionelle Milieus als Residuen früherer Landeskirchlichkeit und als Produkt aktiver konfessioneller Bewegungen erhalten blieben [...]. Die *Auflösung* derartiger *homogener Sozialmilieus* ist – zumindest in Deutschland – ein Ergebnis der letzten Jahrzehnte, und eben dieses wird heute als Säkularisierung und Individualisierung thematisiert.

Der damit erfahrbar werdende individuelle Relevanzverlust von Religion, der Rückgang von Kirchlichkeit und eine offenkundige Umorientierung der privaten Lebensstile weg von herkömmlichen Mustern der Moralität und Loyalität stimuliert die *eine* Richtung des wieder erwachten Interesses an Religion. Hier werden ihre *Leistungen,* sei es für

---

24 Vgl. E.W. Böckenförde, Die Entstehung des Staates als Vorgang der Säkularisation. In: Säkularisation und Utopie. Festschrift für Ernst Forsthoff. Stuttgart 1967, S. 75ff.

die Stabilisierung des politischen Gemeinwesens oder für die Stabilisierung der Persönlichkeit eingefordert. Charakteristisch für dieses Denken ist also ein *funktionalistisches* Interesse an Religion, das sich vorzüglich mit soziologischen Theorieperspektiven verträgt, aber die Frage, inwieweit die Inhalte und die Struktur der etablierten – und d. h. hierzulande in den christlichen Konfessionskirchen verfaßten – Religion das auch zu leisten vermögen, bleibt weitgehend ausgeklammert.[25] Parallel und teilweise konträr läßt sich jedoch auch ein zunehmendes Interesse an solchen religiösen Phänomenen beobachten, welche als *nonkonformistische soziale Bewegungen* innerhalb und außerhalb der etablierten Kirchen entstanden sind. Sie sind überaus vielfältig und entziehen sich noch weitgehend einer Systematisierung. Ein nicht unerheblicher Teil unter ihnen orientiert sich dabei weniger kirchenkritisch (wie die älteren Formen des religiösen Nonkonformismus) sondern politik- und gesellschaftskritisch. Dies ermöglicht u.U. auch eine gewisse Dynamisierung der etablierten Kirchen und ihrer Angehörigen, wie sich am Beispiel der Friedensbewegung in der evangelischen und der ,Theologie der Befreiung' in der katholischen Kirche zeigen ließe. Es scheint mir bemerkenswert und bedenklich, daß die *Bewegungen des religiösen Nonkonformismus* in der deutschsprachigen Religionssoziologie – im Gegensatz zur angelsächsischen – weitgehend vernachlässigt werden. Dies dürfte nicht zuletzt mit der unterschiedlichen geschichtlichen Bedeutung des religiösen Nonkonformismus für die kontinentaleuropäische und die angelsächsische Kultur zusammenhängen: Auf dem Kontinent wurden die erbitterten konfessionellen Streitigkeiten durch politische Segmentierungen nach dem Prinzip ,cuius regio, eius et religio' entschärft, so daß *innerhalb* der einzelnen politischen Einheiten religiöse Spannungen minimiert wurden und statt dessen das Verhältnis *zwischen* den politischen Einheiten prägten.[26]

---

[25] Einen Überblick über verschiedene Varianten politisch motivierter Funktionalisierung von Religion in der Gegenwart gibt der von H. Kleger und A. Müller herausgegebene Sammelband ,Religion des Bürgers', a.a.O.; vgl. auch dies., ,Der politische Philosoph in der Rolle des Ziviltheologen'. In: Religion und Vernunft: philosophische Analysen. Studia Philosophica Vol. 45/1986, S. 86-111.

[26] Vgl. für den deutschen Sprachraum zusammenfassend H. Schilling, Reformation und Konfessionalisierung in Deutschland und die neuere deutsche Geschichte. In: Religion, Kirche und Gesellschaft. Hg. v. F.-X. Kaufmann und B. Schäfers. Gegenwartskunde, Sonderheft 5/1988, S. 11-29; K. Gabriel/F.-X. Kaufmann, Der Katholizismus in den deutschsprachigen Ländern. Ebda. S. 31-57.

Demgegenüber hat die religiöse Auseinandersetzung auf den britischen Inseln zu einem wiederholten Wechsel in der politisch dominierenden Konfession und zu einer fortgesetzten Spannung zwischen Mehrheits- und (vorwiegend puritanischen) Minderheitsformen des Protestantismus geführt. Die Auswanderung vieler Puritaner in die amerikanischen Kolonien ab 1620 (,Pilgrim Fathers') sollte sich in der Folge als entscheidendes Ferment für die freiheitliche Religionsverfassung der Vereinigten Staaten und deren dennoch puritanisch geprägten Charakter erweisen.

### 3.3 DIE FUNKTIONALE MEHRDIMENSIONALITÄT VON ,RELIGION' ALS HEURISTISCHER RASTER

Zusammenfassend ist also festzuhalten, daß die gegenwärtige religionstheoretische Diskussion in einem bemerkenswerten *Dilemma* steht: Orientiert sie sich in ihrem Erfahrungshorizont an real existierenden, kirchlichen Religionsformen, vermag sie offensichtlich nur einen Bruchteil der unserem impliziten Wissen zugänglichen Dimensionen von Religion zu erfassen. Rekurriert sie dagegen auf einen allgemeinen Religionsbegriff, so gerät sie ebenfalls in charakteristische Aporien, sei es einer petitio principii oder funktionalistischer Beliebigkeit. Die kurzen historischen Hinweise legen die Schlußfolgerung nahe, daß die Schwierigkeiten unseres gegenwärtigen Religionsverständnisses mit historischen Erfahrungen eng zusammenhängen: Die geschichtliche Religion unseres Kulturkreises weist seit ihren Anfängen im Judentum sowohl eine hohe interne Komplexität als auch eine vergleichsweise starke Systematik und Kohärenz auf, eine Konstellation, die den Religionen anderer Kulturkreise abzugehen scheint. Soziologisch läßt sich die Komplexität am besten als institutionalisierte Spannung zwischen Priestertum und Prophetentum bzw. von Sakralität und Charisma beschreiben. *Diese Spannung ermöglichte somit beides, politisch-sozialen Nonkonformismus als Berufung auf eine die gegebenen Herrschaftsverhältnisse transzendierende Macht, aber ebenso auch die sakrale Legitimation von Herrschaft durch Berufung auf eben dieselbe Macht.* Die Transzendenz der jüdisch-christlichen Gottesvorstellungen ist so mächtig, daß sie zur Relativierung *aller* erfahrbaren Gegebenheiten in Anspruch genommen werden kann, ohne daß Furcht vor dem Chaos hätte nachhaltig gegen sie ankommen können. Die religiöse Idee der Unbegreiflichkeit der göttlichen Allmacht wird so zum Katalysator einer innerweltlichen Dynamik, die zwar nicht als heilsnotwendig, aber auch nicht

als heillos erscheint. Heilsnotwendig bleibt allein der Glaube an eben
diese unbegreifliche göttliche Allmacht, ihr Wirken in der menschlichen Geschichte durch die Menschwerdung des Gottessohnes und
an die erlösende ‚Überwindung der Welt' in Tod, Auferstehung und
Wiederkunft ‚am Ende der Tage'.

So scheinen sich an der wirksamen Grenzvorstellung oder gar
Grenzerfahrung göttlicher Allmacht alle innerweltlichen Paradoxien
zu brechen, auch diejenigen von sakralisierter Herrschaft und charismatischer Herrschaftskritik. Mehr noch: Die Priesterreligion mit
eigenen Herrschaftsansprüchen vermochte entgegen ihren eigenen
Intentionen die Freiheitsgeschichte des abendländischen Menschen
durch ihren Konflikt mit den staatlichen Autoritäten *voranzutreiben.*
Der politisch-religiöse *Kosmos der Christenheit,* an dem sich das Religionsverständnis der meisten soziologischen Klassiker bildete, ist
aus dieser Perspektive nur eine *kontingente* Phase der Christentumsgeschichte, der „sub specie aeternitatis" keine besondere Dignität zukommt. Auch das vernunftbestimmte Nachdenken über Religion im
allgemeinen und über das Christentum im besonderen steht im Horizont dieser kulturellen Prämisse unter dem Dilemma der Parteilich-
keit: Läßt es sich auf die Prämissen der christlichen Tradition ein,
wird ihm dies ebenso vorgeworfen, wie wenn es von Religion unter
der Prämisse des neuzeitlichen „etsi Deus non daretur" spricht. Die
Diskussionslage wird in jüngster Zeit noch durch den Umstand ver-
kompliziert, daß andere Weltreligionen wie der Islam und bestimmte
Strömungen des Buddhismus in Europa an Einfluß gewinnen, und
zudem neue Geistesströmungen mit religiösem Anspruch auftreten.
Die Verkündigung eines neuen Zeitalters „im Zeichen des Wassermanns" suggeriert einen kosmologisch überhöhten Epochenbruch,
was ja auch für die Diskussion um die Postmoderne gilt. Die Soziologie sollte sich solchen Bewegungen des Zeitgeistes gegenüber
weder als ignorant noch als abhängig erweisen, sondern Instrumente
bereitstellen, um die religionstheoretische Diskussion auf differen-
ziertere Weise als bisher zu führen.

Die bisherigen religionssoziologischen Theoriestücke erweisen
sich hierfür allerdings als nur beschränkt geeignet. Es hat den Anschein, als ob der Begriff der Religion heute unter der Vielfalt seiner
Bedeutungszuschreibungen so unbestimmt geworden sei, daß seine
heuristische, problemstrukturierende Leistung stark abgesunken ist
[...]. Ich möchte daher im folgenden versuchen, die Frage nach der
Bedeutung oder Funktion von Religion im Lichte bisheriger religionstheoretischer Erörterungen zu differenzieren, um auf diese Wei-

se die unterschiedlichen Argumentationen über das Schicksal der Religion in der zur Reife gekommenen Moderne als keineswegs beliebige Reaktionen auf die Wandlungen des Phänomenbereichs verstehbar zu machen.

Umgangssprachlich formuliert, beinhaltet die gegenwärtige religionssoziologische Diskussion folgende Fragen:

1. Inwieweit sind moderne Gesellschaften oder auch die entstehende ‚Weltgesellschaft‘ zu ihrer Selbststabilisierung auf ‚Religion‘ angewiesen?
2. Welche Funktionen oder Leistungen erfüllt ‚Religion‘?
3. Welche identifizierbaren kulturell-sozialen Phänomene erfüllen diese Funktionen?
4. Welcher Stellenwert kommt dabei den historisch etablierten Religionsformen, in Europa also den christlichen Ideen und Religionsgemeinschaften zu?
5. Welches sind verläßliche Indikatoren des Aufkommens neuer religiöser Phänomene?

Zur Beantwortung dieser Fragen ist der Rekurs auf einen allgemeinen, insbesondere auf einen substanziellen Religionsbegriff entbehrlich. ‚Religion‘ fungiert hier lediglich als problemanzeigendes Wort, nicht als zu definierender Begriff. Zunächst sei im Sinne von Frage 2 nach Funktionen oder Leistungen gefragt, die in der bisherigen Diskussion ‚Religion‘ zugeschrieben wurden. Sie bilden den analytischen Rahmen für die Untersuchung der übrigen Fragen, von denen die erste auf den Bereich der Gesellschaftstheorie, die dritte bis fünfte auf denjenigen der Religionssoziologie verweisen.

Sechs Probleme, deren Lösung für menschliches Zusammenleben einigermaßen konstitutiv zu sein scheint, können m. E. eine gewisse Prominenz in der bisherigen religionstheoretischen Diskussion beanspruchen :

1. Das Problem der *Affektbindung oder Angstbewältigung;* dies ist ein Zentralproblem der Anthropologie Arnold Gehlens, auf der vor

---

[27] Deutlicher noch als in „Urmensch und Spätkultur" (2. A. Frankfurt a. M. 1964) hat A. Gehlen den Zusammenhang archaischer Religionen mit dem Problem der Affektbindung in einem früheren Aufsatz entwickelt: Nichtbewußte kulturanthropologische Kategorien. In: Zeitschrift für philosophische Forschung IV (1950), S. 321-346. Für T. Luckmanns Position vgl. insbesondere: Lebenswelt und Gesellschaft. Grundstrukturen und geschichtliche Wandlungen. Paderborn 1980, bes. S. 176ff.

allem die Religionstheorie Luckmanns aufbaut.[27] Alle neueren Bestimmungsversuche, welche primär auf die Funktion von Religion für die Konstitution von Identität aufmerksam machen, sind hier ebenfalls einzuordnen.

2. *Das Problem der Handlungsführung im Außeralltäglichen.* Magie und Ritual, in hochkulturellen Religionsformen aber auch Moral sind typische Formen, in denen Orientierung im Umgang mit außergewöhnlichen Situationen angeboten wird, die durch Sitte und Gewohnheit allein nicht zu regeln sind.

3. *Das Problem der Verarbeitung von Kontingenzerfahrungen,* also von Unrecht, Leid und Schicksalsschlägen. Dieser Aspekt findet unter verschiedenen Namen wie Theodizee (M. Weber), Kompensationsfunktion (F. Fürstenberg) oder Kontingenzbewältigung (H. Lübbe) in der Literatur Beachtung.

4. Das Problem der *Legitimation von Gemeinschaftsbildung und sozialer Integration,* ein stets in der politischen Philosophie hervorgehobener und von Durkheim sowie in seinem Gefolge vom soziologischen Struktur-Funktionalismus hervorgehobener Aspekt.

5. Das Problem der *Kosmisierung von Welt,* der Begründung eines Deutungshorizonts aus einheitlichen Prinzipien, der die Möglichkeit von Sinnlosigkeit und Chaos ausschließt. Dieser Gesichtspunkt tritt vor allem in der jüngsten, neokonservativen Literatur in den Vordergrund, läßt sich aber implizit auch in Verbindung mit den vier anderen Problembereichen vielfach nachweisen.[28]

6. Das Problem der Distanzierung von gegebenen Sozialverhältnissen, der *Ermöglichung von Widerstand und Protest gegen einen als ungerecht oder unmoralisch erfahrenen Gesellschaftszustand.* Dieser in der allgemeinen Religionstheorie – mit Ausnahme Max Webers – meist vernachlässigte Gesichtspunkt ist offenkundig für die jüdisch-christliche Tradition. – von den Propheten bis zur mittelalterlichen Begründung des Widerstandsrechts und den Pilgrim Fathers als Urvätern der ‚American Dream‘.[29]

---

[28] Z.B.: „Was der Fromme sucht, ist vor allem ein Grund und eine Wurzel seiner Existenz, damit er nicht allein sei in einem grauenvollen Wirrwarr aller möglichen Dinge, eine Gewißheit über den Sinn und die Vernunft seines und des Gesamtlebens, eine Gemeinschaft mit der Quelle alles Lebens, in der seine von allem bloßen Weltleben schließlich nicht zu befriedigende innerste Sehnsucht zur Ruhe komme." (E. Troeltsch, Die Selbständigkeit der Religion. In: Zeitschrift für Theologie und Kirche 5 (1895), S. 404f.)

[29] In den Typen des Propheten und des charismatischen Führers hat Weber wichtige Aspekte dieser Funktion berührt, ohne sie doch deutlich zu de-

Wir dürfen annehmen, daß die historischen Religionen in vormodernen Gesellschaften zur Lösung dieser Probleme wesentliche Beiträge geleistet haben und können daher in Anlehnung an diese Aufzählung sechs Leistungen oder Funktionen von ‚Religion' postulieren, nämlich (1) *Identitätsstiftung*, (2) *Handlungsführung*, (3) *Kontingenzbewältigung*, (4) *Sozialintegration*, (5) *Kosmisierung*, (6) *Weltdistanzierung*. Diese Namen sind notwendigerweise unschärfer als die bezeichneten Probleme, aber in etwa bereits eingeführt.

Es mag offen bleiben, inwieweit das vielfältige Spektrum der Phänomene, die wir im Kulturvergleich als religiös qualifizieren, all diese sechs Funktionen erfüllt haben. Es ist jedoch plausibel, daß dies für die Verfassung des mittelalterlichen Christentums in etwa zutrifft. ‚Religion' als kohärentes, sozial integratives, aber auch eschatologisch welttranszendierendes, individuelles ‚Heil' und rituelle Kontingenzbewältigung ermöglichendes Sinn- und Sozialsystem erscheint mir als eine am Erfahrungsbild der ‚Christenheit' gewonnene Kategorie. Ihre eurozentrische Verallgemeinerung ist für zahlreiche Mißverständnisse der Debatten um ‚Religion' verantwortlich.

Heute gibt es offenkundig keine Instanz und keinen zentralen Ideenkomplex, die im Stande wären, all diese sechs Funktionen in für die Mehrzahl der Zeitgenossen plausibler Weise *zugleich* zu erfüllen; in diesem Sinne gibt es ‚Religion' nicht mehr. Wir müssen von der Annahme ausgehen, daß entsprechend der allgemeinen Funktionsdifferenzierung die auf die genannten Probleme gerichteten Leistungen heute von *verschiedenen Instanzen* erbracht werden, wobei zunächst offen bleiben kann, ob und inwieweit solche Leistungen zu einer dauerhaften Funktionserfüllung ausreichen. Auf jeden Fall empfiehlt es sich, die einzelnen Funktionen zunächst getrennt zu untersuchen und dabei zu fragen, welchen Anteil an dieser Funktionserfüllung heute die gemeinhin als religiös qualifizierten Ideen und ihre Träger haben.

Vieles spricht dafür, daß diese Funktionen heute zumindest teilweise auch von Institutionen erfüllt werden, die im landläufigen Sin-

---

finieren. Wie Wolfgang Lipp (Stigma und Charisma, Über soziales Grenzverhalten, Berlin 1985) herausgearbeitet hat, entsteht Charisma häufig durch Selbststigmatisierung, also durch dramatisierende Übernahme von zugeschriebenen Merkmalen sozialen Ausschlusses. Dies kann als besonders wirkungsvolle und häufig religiös motivierte Form des Protestes gelten. Zur Anwendung dieser Theorie auf die Jesusbewegung vgl. M. N. Ebertz, Das Charisma des Gekreuzigten, Zur Soziologie der Jesusbewegung. Tübingen 1987.

ne *nicht* als religiös gelten. So hilft die Psychotherapie beim Umgang
mit Ängsten, aber der Fromme kann noch immer die entlastende Wirkung des Gebets erfahren. Die Handlungsführung im Außeralltäglichen ist vielfältigen Professionen anvertraut, den Seelsorgern bleibt
dabei sozusagen die Bearbeitung der Restrisiken, insbesondere desjenigen des Todes, übrig. Für den Umgang mit Schicksalsschlägen
ist das soziale Sicherungssystem ebenso zuständig wie die Kirchen.
Die gesellschaftliche Integration erfolgt vor allem durch Staat und
Recht, die aber auf zivilreligiöse Legitimationen angewiesen erscheinen. Es ist (insbesondere in den USA) stark umstritten, welche Bedeutung der geschichtlichen Religion tatsächlich für die Gewährleistung eines gesellschaftlichen Grundkonsenses zukommt.[30] Ob die
Kosmisierungsfunktion heute überhaupt noch in plausibler Weise –
sei es durch Wissenschaft oder kirchlich verfaßter Religion – wahrgenommen werden kann, scheint angesichts der Heterogenität von
Wirklichkeitswahrnehmungen und der Anonymisierung alles relevanten Wissens fraglich; möglicherweise ist diese Leistung aber angesichts anderer Stabilisierungsformen des gesellschaftlichen Ge-
samtzusammenhangs auch entbehrlich geworden [...]. Daß diese
anonyme Stabilität auf viele Individuen irritierend wirkt und philosophisch als ‚Weltverlust‘ thematisiert wird, ist offenkundig. Möglicherweise hängt die Aufwertung und Charismatisierung des Künst-
lers in der modernen Gesellschaft mit eben diesem Umstand
zusammen [...].
Auf der Ebene des Vergleichs einzelner Funktionen scheint somit
der Unterschied zwischen religiösen und nichtreligiösen Phänomenen weitgehend eingeebnet. Zu untersuchen bleibt, *ob bestimmte Träger und Ideenkomplexe doch geeignet und tauglich sind, wenn nicht
alle, so doch mehrere der genannten Funktionen zugleich zu erfüllen.*
Viel spricht nämlich dafür, daß die spezifisch religiöse Qualität solcher Deutungsmuster gerade in der *gleichzeitigen* Erfüllung *mehrere*
solcher Leistungen liegt. Die empirische Einlösung eines von dieser
Vorstellung her zu konzipierenden Untersuchungsprogramms wird

---

[30] Die meisten amerikanischen Autoren bejahen diese Bedeutung in der einen oder anderen Weise. Dagegen vermutet N. Luhmann, daß „in aller
Kommunikation ... mit der Unterstellung eines Wertkonsenses operiert
wird, dessen Annahme überhaupt erst die Selektion spezifischer Themen
ermöglicht. Die Realität dieser Voraussetzung ist nicht die eines empirischen Konsenses, sondern die einer laufend in Anspruch genommenen
Prämisse." (Grundwerte, a.a.O. S. 303f.).

dem Umstand Rechnung tragen müssen, daß im Gegensatz zu traditionalen Gesellschaften heute dank der weiten Verbreitung von Buchdruck und Lesefähigkeit sowie der unkontrollierten Zugänglichkeit auch anderer medialer Vermittlungen die Verbreitung von Ideen und die Organisation sozialer Trägerschaften dieser Ideen sich nur noch partiell überlappen. Religion als gesamtgesellschaftliches Phänomen, also als Kommunikation über Antworten hinsichtlich der oben unterschiedenen zentralen Fragen oder Probleme zeigt in einer pluralistischen Gesellschaft notwendigerweise einen *diffusen* Charakter. Das heißt jedoch nicht, daß sie der konkreten Träger entbehre. Diese sind jedoch ihrerseits *partikuläre Gruppen,* die bald stärker den Charakter religiöser Organisationen, bald stärker denjenigen sozialer Bewegungen tragen und mit den verschiedensten Mitteln – nicht zuletzt massenmedialer Art – um Aufmerksamkeit, Zustimmung und materielle Mittel konkurrieren.[31] Inwieweit sie dabei im soziologischen Sinne als religiös zu qualifizieren sind, sollte an dem Kriterium gemessen werden, ob (und für wen, mit welcher Dauerhaftigkeit) sie *mehrere* der sechs genannten Funktionen *zugleich* erfüllen können.

*Franz-Xaver Kaufmann, Auf der Suche nach den Erben der Christenheit (gekürzt), in: ders., Religion und Modernität, Tübingen 1989, 70-88*

---

[31] Vgl. Die bemerkenswerte Darstellung des religiösen Pluralismus in den Vereinigten Staaten bei M.E. Marty, Religion and Republic – The American Circumstance. Boston 1987.

## 3.2 Die Religion und das subjektivische Schema: Günter Dux' Rekonstruktion der Logik der Religion

*Einführung*

1. PERSON UND Werk: Günter Dux, 1933 in Blomberg/Lippe geboren, wandte sich erst nach einem juristischen Studium und der Promotion zum Dr. jur. der Soziologie zu. Von 1968 bis 1973 war Dux Wiss. Assistent bei Thomas Luckmann in Frankfurt und Konstanz, 1972 erfolgte die Habilitation für Soziologie und Sozialphilosophie an der Universität Konstanz. 1973 trat er seine erste Professur an der Universität Linz an, 1974 folgte er dem Ruf an die Freiburger Universität. Bis zu seiner Emeritierung im Jahr 1997 war Dux Professor für Soziologie an der Universität Freiburg i. Breisgau. Die soziologischen Arbeiten von Günter Dux lassen sich zum einen einer anthropologisch fundierten Theorie der Kognition, Moral und Religion, zum anderen einer Theorie sozialen und kulturellen Wandels zuordnen. Eine Kontinuitätslinie bildet die Bezugnahme auf die philosophische Anthropologie Helmut Plessners und ihre Weiterentwicklung in historisch-genetischer Absicht. Wissenschaftstheoretisch vertritt Dux den Standpunkt eines „konstruktiven Realismus", der von einer Anbindung des Konstruktivismus der Welt- und Selbstdeutung an die realen Prozesse der menschlichen Weltaneignung ausgeht. In einer ersten Phase standen die historisch-genetische Rekonstruktion und die Wandlungslogik der Legitimationen und Weltbilder im Zentrum der Arbeiten von Dux. Seit den 1990er Jahren kommt die historisch-genetische Rekonstruktion der modernen Liebesthematik und der Machtdifferenz im Geschlechterverhältnis hinzu. In seinem Bemühen um eine umfassende, historisch-genetisch angelegte Theorie der Kultur und ihres Wandels laufen gegenwärtig die verschiedenen Stränge im Werk von Günter Dux zusammen.

2. THEORETISCHER ANSATZ Der religionssoziologische Ansatz von Günter Dux verarbeitet auf originelle Weise Grundeinsichten der Anthropologie Helmut Plessners und der Religionssoziologie Max Webers mit dem phänomenologischen Zugang zur Religion bei Thomas Luckmann. Dux sieht in den Religionen die Grundstruktur der Wirklichkeitsauffassung thematisiert. Um die Welt als Ganze zu verstehen und sich in ihr verorten zu können, braucht der Mensch Religion als spezifische Thematisierung der Grundstruktur der Wirklich-

keitsauffassung. Die Religion muß sich – nachdem nur Menschen Religion haben – im Übergang von der Naturgeschichte zur Kulturgeschichte ausgebildet haben. Die Offenheit des biologischen Organisationsplans des Menschen zwingt ihn zur Konstitution einer sozio-kulturell geprägten menschlichen Lebenswelt. Den Schlüssel für die Analyse des Übergangs von der Naturgeschichte zur Kulturgeschichte sucht Dux in der frühen Entwicklung des Kindes. Sie weist notwendig eine „subjektivische Grundstruktur" auf. An die Thematisierung dieser Grundstruktur sieht Dux die Religion mit all ihren Funktionen der Sinndeutung der Welt als Ganzer und der menschlichen Lebensführung gebunden. Ontogenetisch in der frühen Entwicklung des Kindes und phylogenetisch in der menschlichen Geschichte konstatiert Dux auch eine zum subjektivischen Explikationsschema quer liegende Matrix funktional-relationaler Weltdeutung. In der Moderne mit ihrer wissenschaftlich geprägten Wirklichkeitsauffassung wird – diese Ausformung gibt Dux der Säkularisierungstheorie – das funktional-relationale Explikationsschema dominierend. Religion bleibt unter den Bedingungen einer modernen Wirklichkeitsauffassung zwar möglich, verliert aber ihren Außenhalt im subjektivischen Explikationsschema der Wirklichkeit.

3. ZUM TEXT: Im vorliegenden Text verdeutlicht Dux sein Interesse an einer Aufklärung der Religion aus der Explikation der menschlichen Lebenswelt. Er geht von einer Bindung der Religion an das subjektivische Schema der Wirklichkeitsauffassung aus, wobei für ihn nicht die kognitive Struktur als solche religiösen Charakter besitzt, sondern ihre Thematisierung und Auswertung für die konkrete Daseinsweise und Lebensführung des Menschen. Religion wird pragmatisch als eine spezifische, auf subjektivische Mächte rekurrierende Verarbeitung und Bewältigung von Krisen in den Handlungsroutinen, von Unsicherheit in der Lebensführung und von Stabilisierungsanforderungen der menschlichen Ordnungen identifiziert. Dux hebt hervor, dass erst die Verbindung von subjektivischer Logik und subjektivischer Wirklichkeitsauffassung mit der Sinnverwaltung, von sinnhafter Ausdeutung der Welt mit der moralischen Umsetzung in praktische Lebensführung Religion schafft und ausmacht.

4. BEDEUTUNG FÜR DEN RELIGIONSSOZIOLOGISCHEN DISKURS: Die Bedeutung der Arbeiten von Dux für den religionssoziologischen Diskurs liegen zunächst in seinem Anspruch, Religion aus der Konstitutionslogik der Lebenswelt restlos erklären zu können. In seinem

Religionsbegriff entwickelt Dux eine Konzeption, die funktionale und substantielle Definitionsmerkmale auf originelle Weise miteinander verbindet und damit die Weite und Unschärfe des Religionsbegriffs Luckmanns vermeidet. Gleichzeitig leistet er einen Beitrag zu einer Theorie der Säkularisierung, die an einer Entwicklungslogik der Wirklichkeitsauffassungen, Weltbilder und Legitimationen ansetzt und ein kritisches Potential gegenüber dem gegenwärtigen religionssoziologischen Diskurs um die Wiederkehr der Religion in der (Post-)Moderne einbringt.

*Karl Gabriel*

## Der Grund der Religion

### 1. REKONSTRUIEREN UND ERKLÄREN

Nur Menschen kennen eine Religion. Über diese Feststellung jedenfalls besteht Einigkeit, und zwar nicht nur unter den religiösen Praktikanten. Auch die Wissenschaft hat sich diese Annahme in einer
höchst signifikanten Weise zu eigen gemacht: Wenn im Dunkel der
Frühgeschichte die Frage zu entscheiden ist, ob die Relikte vergangener Zeiten von Menschen stammen oder noch subhumanen Lebewesen zuzurechnen sind, ist ein untrügliches Zeichen allemal der
Hinweis auf irgendeine Art von Opferhandlung und Jenseitsvorstel-
lung.[1] Derartiges eignet eben nur dem Menschen.

An der Feststellung, daß nur Menschen Religion kennen, haftet
eine ebenso einfache wie für die Erkenntnis der Religion folgenrei-
che Weiterung, eben jene, die wir eingangs schon konstatiert haben:
Wenn nur Menschen Religion kennen, dann muß die Religion mit
dem Menschen entstanden sein. Wenn Religion mit dem Menschen
entstanden ist, dann muß sie ihren Grund in eben den Eigenarten der
menschlichen Lebensweise finden, die sich im Übergangsfeld vom
Tier zum Menschen ausgebildet haben. Die Eigenarten menschlicher
Lebensweise aber, so wie sie sich im Übergangsfeld vom Tier zum
Menschen entwickelt haben, werden von zwei Determinanten bestimmt: dem biologischen Organisationsplan und den an den biologischen Organisationsplan anschließenden Konstruktionsbedingun-
gen für den Aufbau einer geistig-kulturellen Lebenswelt. Religion
muß sich deshalb wie alle anderen Eigenarten der menschlichen Daseinsweise im Rückgriff auf diese beiden Determinanten aus der Rekonstruktion der menschlichen Lebenswelt aufklären lassen. Das ist
eine schlechterdings unausweichliche Konsequenz der anfänglichen
Aussage, daß Religion mit dem Menschen entstanden ist.

Die Strategie, Religion durch eine Rekonstruktion der Bedingungen aufzuklären, hat für die, die an ihrer Aufklärung wirklich interessiert sind, zwei Vorteile, die gar nicht hoch genug zu veranschla-
gen sind. Zum einen ist es wichtig, gerade im Umgang mit der

---

[1]  Vgl. Narr, Kulturleistungen des frühen Menschen, in: G. Altner (Hg.):
Kreatur Mensch, 1973, 67f.

Religion bereits in der Ausgangslage der Argumentation festen Boden unter die Füße zu bekommen. Zum ändern aber besteht bei dieser Strategie die Chance, nicht nur diese oder jene Erscheinungsform von Religion aufzuklären, nicht nur den Abglanz eines ansonsten unergründlichen Wesens[2], sondern die Religion selbst. Der Zugang verspricht eine Antwort ebenso auf die Frage, warum überhaupt Religion ist, als auch auf die, warum sie gerade in den für sie charakteristischen Erscheinungsformen ist. Eben das, die Radikalität der Erkenntnisabsicht, erregt den Widerspruch der religiösen Praktikanten. An das Fundament der Religion sich heranmachen zu wollen, erachten sie a priori als eine Kompetenzüberschreitung der Wissenschaft. Allein, was heißt „Fundament"? Die fundamentalen Züge menschlicher Lebensweise sind ersichtlich gerade die, die an den anthropologischen Organisationsplan im Unterschied zum tierischen angeschlossen sind. Gerade weil also sich Religion als ein so fundamentaler Zug menschlicher Daseinsweise erweist, muß man sie auch dort fundieren, wo alle humanen Züge ihr Fundament haben: eben im anthropologischen Organisationsplan. Woher denn sonst soll sich herleiten lassen, daß Menschen und nur Menschen Religion haben? Der anthropologische Organisationsplan ist aber zunächst einmal der biologische. Um danach so deutlich wie möglich zu sein, ist festzustellen: Irgendwie muß sich die Religion an den anthropologischen/biologischen Organisationsplan anbinden lassen. Die Frage ist nur, wie.

Es wäre, nach allem, was wir bislang schon erörtert haben, Aberwitz, wollte man – etwa nach Art der „Soziobiologie" – den Ursprung der Religion in der physischen Organisation unmittelbar suchen. Dann wäre Religion ein Stück Natur und am besten den Naturwissenschaften zur weiteren Aufhellung zuzuweisen. Selbstredend ist es so nicht gemeint. Der anthropologische Organisationsplan liefert nur die Bedingung dafür, daß Menschen sich eine eigene, durch und durch geistig-kulturelle Daseinsweise schaffen. Die geistig-kulturelle Daseinsweise selbst entsteht erst im Prozeß der Realisierung

---

[2]  Das war die Strategie Max Webers. Vgl. Wirtschaft und Gesellschaft, 1,5,1, 317. Yinger, Religion Society and the Individual, 1957, 4 scheint ihm darin zu folgen. Eine treffliche Kritik von Vrijhof, Was ist Religionssoziologie, in: D. Goldschmidt/ J. Matthes (Hg.): Probleme der Religionssoziologie, 1966, 10ff. und Methodologische Probleme der Religionssoziologie, in: Internationales Jahrbuch für Religionssoziologie, 1967, 3, 31ff.

dieser Bedingung. Eben deshalb ist die Methode der Wahl, etwas über den Ursprung dieser Formen auszumachen, den Prozeß zu rekonstruieren, in dem sie sich ausbilden. Daß Religion nur dem Menschen eignet und also mit dem Menschen entstanden ist, kann danach gar nichts anderes heißen, als daß sie ihren Ursprung in eben dieser Chance und Nötigung des Menschen hat, sich auf der Basis seines biologischen Organisationsplanes die geistig-kulturellen Lebensformen, unter denen er lebt, selbst auszubilden. Sie liegt nicht schon in der biologischen Organisation selbst, sondern in dem, was sich auf dieser Grundlage an kulturellen Lebensformen erst ausbildet.

Wir haben die Strategie, die Welt des Menschen, und das ist allemal die Anschauung, die er von ihr hat, durch die Rekonstruktion ihrer Entstehung aufzuklären, bisher schon verfolgt. Wenn dabei einiges an Verständnis für den Menschen gewonnen werden konnte, so gilt das in besonderem Maße für die Religion. Denn die Religion hat nicht nur ihren Ursprung in eben dem zuvor erörterten Unternehmen des Menschen, sich eine eigene Lebenswelt zu schaffen. Sie erfüllt in diesem Unternehmen eine schlechterdings unverzichtbare Funktion. Ich benenne sie mit Bedacht zunächst allgemein und in einer Weise, daß auch die religiösen Praktikanten ihr zustimmen können: *Die Religion muß dem Menschen die Welt als Ganzes verständlich machen. Daran hängt das Selbstverständnis des Menschen, die Sinnhaftigkeit seiner eigenen Lebensführung.*

Es ließen sich zuhauf Äußerungen kompetenter Sachwalter der Religion anführen, die in eben dieser Weise die Religion zu bestimmen versucht haben.[3] Ich akzeptiere sie, wie gesagt, ohne Abstriche. Nur ist es auf dem Hintergrund der vorherigen Erörterung möglich, den systematischen Grund dieser Eigenart nachzuliefern, die Religion selbst eben deshalb aber auch zu präzisieren. Auf dem Hintergrund der vorherigen Erörterungen (...) stellen wir fest: Das, was wir das Ganze der Welt nennen, ihre innere Einheit, ist nicht etwas, was sich durch eine zusammenfassende Interpretation der unübersehbaren Zahl von Ereignissen, auf der Inhaltsebene sozusagen, bestimmen läßt. Eine solche Zusammenschau ist schlechterdings nicht möglich. Keine Grenzerfahrung auch vermittelt sie. Das, was es uns möglich macht, auf das Ganze, die Einheit der Welt zu rekurrieren, ist eine durchgehende Struktur ihrer inneren Organisation, eine ganz spezi-

---

[3]  Vgl. z.B. von Oppen, Die Säkularisierung als soziologisches Problem, in: Chr. Bourbeck/ H.-D. Wendland (Hg.): Diakonie zwischen Kirche und Welt, 1958, 38.

fische Deutung davon, wie es in ihr zugeht, in welcher Weise die Dinge und Ereignisse bestimmt werden. Die Einheit der Welt ist als erstes die Einheit des Deutungsmusters, des interpretativen Paradigmas, wie wir gesagt haben. Dieses Paradigma kennen wir. Im Aufbau der menschlichen Lebenswelt bildet sich, so haben wir gesehen, quasi naturwüchsig eine subjektivische Struktur der Wirklichkeitsauffassung. Sie gibt das explikative Deutungsmuster im alltäglichen Verkehr mit Menschen und Dingen ab. Eben weil die Religion damit befaßt ist, dem Menschen die Welt und sich in ihr verständlich zu machen, ist sie andauernd mit diesem Deutungsmuster befaßt. Ihre eigene Interpretation der Welt ist so subjektivisch, weil das Deutungsschema, das sie vorfindet, so subjektivisch ist.

Damit jedoch ist es nicht getan. Es wäre nicht recht einzusehen, weshalb der schiere Umstand, daß sich ein spezifisches Verständnis der Wirklichkeit ausbildete, eben jenes, das im Prinzip alles durch subjektivische Kräfte bestimmt sieht, schon religiös genannt werden sollte. In der Tat ist nicht die kognitive Struktur religiös, sondern das, was mit ihr von den religiösen Praktikanten, insbesondere aber von den religiösen Experten, den Schamanen, Priestern, Propheten, gemacht wird. Die Religion greift mit anderen Worten die unterliegende Struktur auf, thematisiert sie, hebt sie auf eine höhere Bewußtseinsebene und zieht daraus die Konsequenzen für die konkrete Daseinsweise des Menschen. Erst diese arbeitsame Art der Auswertung und Verwertung einer erfahrenen Wirklichkeit macht Religion aus.[4] Zu dieser Umsetzung einer naturwüchsig erfahrenen und gedeuteten Welt besteht eine permanente Nötigung, und das aus mehr als einem Grunde. Vier möchte ich – zunächst summarisch – nennen:

---

[4]  Die praktische Umsetzung der kognitiven Orientierung wird zu Recht von Parsons, The Social System, 1951, 367 ff. hervorgehoben. Die Religion reicht genau so weit wie dieser Bezug zur Lebensführung. Sie ändert sich – notwendig – in der Religionsgeschichte. Wenn heute Religion abseits praktischer Lebensführung definiert wird, ihre Relevanz auf Sinnsysteme ausgerichtet wird, die ihrerseits genau so abgehoben sind, Schibilsky, Konstitutionsbedingungen religiöser Kompetenz, in: W. Fischer/ W. Marhold (Hg.): Religionssoziologie als Wissenssoziologie, 1978, 86, dann ist das eine Folge der Marginalisierung der Religion selbst.
Höchst eigenartig mutet es dagegen an, wenn Döbert, Systemtheorie und die Entwicklung religiöser Deutungssysteme, 1973, 94, gegen die praktische Dimension der Religion bei den Nupe geltend macht, sie hätten das Wesen der Religion mißverstanden. Wer hat sich hier nach wem zu richten?

1. Die kognitive Grundstruktur muß thematisiert und bewußt gemacht werden, wenn praktische Probleme im Handlungsfeld auftreten, 2. Die Thematisierung dient dazu, die Welt als Ganzes zur Einheit zusammenzufügen. Das ist ein unverzichtbares theoretisches und praktisches Desiderat. 3. Die Thematisierung der kognitiven Grundstruktur ist vonnöten, um sich des Selbstverständnisses des Menschen in der Sinnhaftigkeit seines Handelns zu vergewissern. Diese Sinnhaftigkeit ist nicht etwas, was der Mensch aus der unerschöpflichen Tiefe seines Daseins holt. Sie ist eine Bestimmung, die aus einer sinnhaft gedeuteten Welt resultiert. Bisher jedenfalls ist alle Sinnhaftigkeit an dieses vorgegebene Deutungsmuster gebunden gewesen. Eben deshalb ist es 4. Aufgabe der Religion, in einer subjektivisch gedeuteten Welt den Verkehr des Menschen mit den subjektivischen Mächten herzustellen und zu regulieren. Das geschieht vor allem im Kult. Kult ist die Repräsentanz des Nicht-Verfügbaren, zu dem der Mensch sich gleichwohl Zugang verschaffen muß. Er haftet an der subjektivischen Interpretation der Wirklichkeit. Wo die Wirklichkeit nicht mehr subjektivisch begriffen wird, kein Geist und kein Gott die Welt regiert, bricht der Kult zusammen.

Was auch immer man danach der Religion an Aufgaben zuschreiben mag, jede ist gebunden an die subjektivische Grundstruktur der Wirklichkeitsauffassung. Wir halten danach noch einmal fest:

*Die Religion ist gebunden an die für den Menschen schlechterdings existentielle Aufgabe, die Grundstruktur der Wirklichkeit zu thematisieren und auf ihre Konsequenzen für das menschliche Dasein hin abzufragen. Deshalb auch gibt es keine Religion, die nicht zugleich eine Kosmologie ausgebildet hätte. In ihr hat der Mensch mit dem Verständnis der Wirklichkeit insgesamt zugleich sich selbst verständlich gemacht.*

In der Wahrnehmung dieser Aufgabe, die Grundstruktur zu thematisieren, hat sich die Religion so sehr an das subjektivische Schema gebunden, daß es schließlich zu ihrem eigenen Definiens geworden ist.

[...]

## 1.2. NATURALISMUS UND PRAGMATISMUS

Eine Aufklärung der menschlichen Lebensformen muß, wenn an unserer bisherigen Argumentation nur irgend etwas Richtiges ist, an die naturgeschichtliche Herkunft des Menschen anschließen. Notwendig haftet ihr deshalb von Hause ein naturalistisches Moment an. Das kann nicht anders sein. Der Mensch hat sich nun einmal in einer langen Naturgeschichte gebildet, seine Lebensformen sind im Übergang aus der Naturgeschichte in die Geschichte seiner sozio-kulturellen Lebensformen entstanden. Wer dieses Wissen unterschlägt, bringt sich um die Chance, den Menschen in seinen Lebensformen zu verstehen. Allein, der Naturalismus reicht nur so weit wie die natürlichen Bedingungen, unter denen der Mensch seine sozio-kulturelle Lebenswelt aufbauen muß. Mit dem Konstitutionsprozeß wird die Schwelle überschritten, die den Menschen vom Tier scheidet.

Die fundamentalen Eigenheiten der sozio-kulturellen Lebensform des Menschen bilden sich in diesem Konstitutionsprozeß aus. Damit ist unabdingbar für jede weitere Argumentation eine pragmatische Erklärungsstrategie indiziert. Das gilt zunächst für den fundamentalen Prozeß der Konstituierung selbst: Die geistig-kulturellen Lebensformen des Menschen entstehen nicht aus einer abgründigen apriorischen Geistigkeit. Sie entstehen aus dem Bedürfnis, mit einer immer schon vorfindlichen Wirklichkeit fertig zu werden. Ich habe den Nachweis oben für die Ausbildung der kognitiven Grundstruktur geführt.[5] Was immer an Einwänden dagegen geltend zu machen sein mag, mindestens das wird man konzedieren müssen: In der realen Konstitutionsanalyse ist die Argumentation, was Form und Inhalt angeht, auf einer empirisch überprüfbaren Ebene angesiedelt. Diese Art Empirie ist aber nichts anderes als die Pragmatik der Lebensführung unter vorgegebenen, angebbaren Bedingungen.

Und auch innerhalb der konstituierten Welt ist es der pragmatische Einschlag, der die Lebensführung dominiert. Das gilt auch und gerade für das rastlose Bemühen des Menschen um Erkenntnis. Der Mensch muß, um leben zu können, auf die Struktur der Welt zurückfragen, ebenso um die Welt, als auch um sich selbst zu verstehen. Dabei übersteigt freilich das derart freigesetzte Fragen jede vordergründige Verwertungsabsicht.

Wir haben zuvor erörtert, daß dieses Fragen an Grenzen stößt, die unübersteigbar sind. Das wirkt zurück. Immer hat die Religion diese Grenzlage miteingeholt in ihre Deutungssysteme von Welt und in die Umsetzungen sinnhaften Lebens. Allein, wenn es richtig ist, daß diese Grenzen sich so darstellen, wie das konstituierte System sie

---

[5]  Es kann also keine Rede davon sein, daß ich diese Grund- und Tiefenstruktur als unauflösbare, selbst nicht mehr hintergehbaren Wirklichkeitsmomente aporetisch vorgäbe, wie Luhmann vermutet, Funktion der Religion, 1977, 18, 78.

scheinen läßt, dann ist auch richtig, daß noch diese grenzbestimmen-
den Anstrengungen, alle himmelstürmenden Deutungen unter der
Ägide jener aus ganz einfachen, aus ganz konkreten Bedingungen
und pragmatischen Gründen entstandenen Deutungsstrukturen stehen. Eben darum ist es mir hier zu tun: die interpretative Grundstruktur, wie sie sich im Konstitutionsprozeß der Lebenswelt ausbildet,
als Determinante jeder Religion verständlich zu machen. Die Religion ist an Vorgaben gebunden, die sie bestimmen. Ihre Funktion,
dem Menschen die Welt und sich selbst verständlich zu machen, läßt
sie der kategorialen Grundstruktur selbst verhaftet sein. Die interpretative Umsetzung steht unter weiteren Imperativen. Natürlich behaupte ich nicht eine monokausale Bestimmung der Religion in ihrer ganzen Breite allein durch die kognitive Struktur, an die sie
gebunden ist. Über diese weiteren Determinanten ist hier nichts gesagt, nichts darüber, wie sich die interpretativen Umsetzungen anderen Bedürfnissen der menschlichen Lebensführung einpassen.[6] Hier
geht es nur darum, zwei strategische Prämissen für das Verständnis
der Religion aufzuklären. Erstens, daß sich Religion überhaupt aufklären läßt und nicht einfach einem dunklen Numinosen zuzuschreiben ist; zweitens, daß die Grundlage, von der aus diese Aufklärung
vorzunehmen ist, der Konstitutionsprozeß der sozialen Lebenswelt
ist. Jede weitere Aufklärung ist so einfach und so schwierig wie die
irgendeines anderen Zuges der menschlichen Lebenswelt, sagen wir
die eines einfachen Zwei-Worte-Satzes, den ein Kind mit 18 Monaten zum ersten Mal spricht. Möglich ist sie hier so gut wie dort.

Wie handfest die Religion an die tägliche, ganz pragmatische Lebensführung angeschlossen ist, zeigt sich, wenn man nach den Anlässen fragt, die zu einer thematischen Umsetzung der kognitiven
Grundstruktur nötigen.


## 2. Handlungsprobleme und Thematisierung der Struktur

### 2.1. Wenn Routine fehlschlägt

Handeln in eine Umwelt hinein, die der Mensch nicht oder nicht hinreichend kennt und nicht beherrscht, ist problematisch. Er ist stän-

---

6   Ingo Mörth ist also uneingeschränkt zuzustimmen, wenn er feststellt, das
    alles bleibe noch zu tun; Mörth, Zur Konstitutionsanalyse und Konsistenz
    der Lebenswelt, in: W. Fischer/ W. Marhold (Hg.): Religionssoziologie
    als Wissenssoziologie, 1978, 25f.

dig mit Situationen konfrontiert, die erst ad hoc zu überschauen sind und sich als neu erweisen. Das subjektivische Deutungsschema erlaubt zwar, wie wir gesehen haben, eine ganz außerordentlich große Reaktionsbereitschaft; allein, die Unsicherheit ist umso größer, je subjektivischer die Wirklichkeit auf einer ins Bewußtsein gehobenen Deutungsebene erscheint. Wenn deshalb Hindernisse den Handlungsablauf stören, ist es notwendig, den Störfaktor zu bestimmen. Wie geschieht das? Das Verfahren ist jedem bekannt, weil jeder es zur Bewältigung der kleineren und größeren Probleme seines eigenen Alltags tagtäglich handhabt.

Wenn Probleme im Handlungsfeld auftreten, ist die unumgängliche Reaktion, auf Distanz zu gehen und das Handlungsfeld als Ganzes ins Auge zu fassen. Das geschieht dadurch, daß das System der relevanten Beziehungen im Handlungsfeld bewußt gemacht, und das heißt auf einer höheren Ebene der Abstraktion als im routinisierten Ablauf des Geschehens thematisiert wird. Es liegt auf der Hand, daß dabei zunächst einmal das routinisierte Wissen überprüft wird, die eingespielten Prozeduren genauer beachtet und gegebenenfalls wiederholt werden. Viele Feldforscher berichten, daß in primitiven Gesellschaften so gut wie in der unseren zunächst einmal „natürliche Ursachen" in Betracht gezogen werden und auf „natürliche Weise" Abhilfe zu schaffen versucht wird. Das will sagen: Zunächst einmal bleiben die Erklärungen und Maßnahmen im Bereich erprobter Erfahrung. Krankheiten werden mit Kräutern behandelt, von denen man weiß, daß sie helfen; eine mißglückte Jagd wird neu organisiert. Wenn aber Routine endgültig fehlschlägt, muß sie selbst hinterfragt, die unterliegende Erklärungsstruktur aktiviert werden. Die aber ist explizit subjektivisch. Eben deshalb treten jetzt notwendig jene Agenzien auf den Plan, die primitiven Gesellschaften einen häufig so bizarren Anstrich geben: die Geister. Dämonen und Götter. Geertz, der die Religion der Eingeborenen auf Java untersucht hat, war verwundert, diese Eingeborenen als wirkliche Tylorianer zu finden, Leute, die permanent auf subjektivische Agenzien rekurrierten. Er schreibt:

„Certainly, I was struck in my own work, much more than I had at all expected to be, by the degree to which my more animistically inclined informants behaved like true Tyloreans. They seemed to be constantly using their beliefs to ‚explain' phenomena: or, more accurately, to convince themselves that the phenomena were explainable within the accepted scheme of things, for they commonly had only a minimal attachment to the particular soul possession, emotional disequilibrium, taboo infringement, or bewitchment hypothesis they advanced and were all too ready to abandon it for some other, in the same genre, which struck them as more plausible given the facts of the case. What they were not ready to do was abandon it for no other hypothesis at all; to leave events to themselves."[7]

Die Ereignisse verlangen nicht nur nach Erklärung, sie liefern die Art, in der die Erklärung statthat, in der Logik ihrer inneren Organisation gleich mit. Der Rekurs auf die subjektivischen Agenzien ist keine Erfindung der Religion. Die Religion bringt nur zur Darstellung, was strukturell schon vorgegeben ist. Freilich erfährt dabei die Welt erst ihre konkrete Gestalt.

Vielfach sind die Agenzien, auf die zur Erklärung zurückgegriffen wird, benannt, mit mehr oder weniger spezifischen Funktionen versehen, personalisiert. Notwendig ist das nicht.[8] Von vielen Gesellschaften wissen wir, daß sie für flüchtige Ereignisse ebenso flüchtige Kräfte benennen. Das reicht hin. Dem Erklärungsbedürfnis ist gleicherweise genüge getan, wenn man sagt, es sei die Kraft eines vorbeistürmenden Windes oder die Strafe eines Gottes. Und auch unter den Göttern gibt es solche, die dauerhaft etabliert sind, und solche für den flüchtigen Augenblick.[9]

Weshalb tauchen in primitiven Gesellschaften allerwärts jene subjektivischen Agenzien auf? Weshalb sind deren Welten voller Kräfte und Mächte, voller Geister, Dämonen und Götter? Schlicht deshalb, weil die unterliegende Struktur der Wirklichkeitsauffassung artikuliert werden muß, um zu Erklärungen zu kommen, wenn die Routine stockt. Und weshalb kann der Rekurs auf derartige Kräfte

---

[7]  Geertz, Religion as a cultural system, in: M. Bauton: Anthropological Approaches to the Study of Religion, 1968, 15f. Vgl. auch ders., The Religion of Java, 1960.

[8]  Daß Götter an einem kognitiven Schema haften, hat Horton, African Traditional Thought and Western Science, in: Africa 37, 1967, 25, klar gesehen. Daß dieses kognitive Schema in personale Thematisierungen münden kann, aber nicht muß, habe ich oben (...) dargelegt. Es ist deshalb nicht sinnvoll, mit Maringer, Vorgeschichtliche Religion, 1956, 49 f. die Religion an „übermenschliche persönliche Mächte" zu binden. Thompson, Die Maya. Anstieg und Niedergang einer Indianerkultur, 1975, 408, verweist auf diesen vielfach verkannten Sachverhalt, wenn er erklärt: „Die Maya mögen ihre Götter nach ihrem eigenen geistigen Bildnis gemacht haben, doch kaum nach ihrem leiblichen Bildnis."

[9]  Augenblicksgötter hat Usener sie genannt. Usener, Keraunos, Kleine Schriften IV, 481ff.

als Erklärung gelten? Weil, wie wir oben schon erörtert haben, im Subjekt tatsächlich Handlungen und Ereignisse ihren Anfang nehmen.

## 2.2. Leben unter Unsicherheit

Religion antwortet auf Fragen, die nicht unbeantwortet bleiben können. Sie ist an die Situation von Unsicherheit gebunden. Leben unter Unsicherheit ist ein anthropologischer Grundsachverhalt, der aus drei Quellen gespeist wird: 1. daß der Mensch in einer Welt lebt, deren Kenntnis er sich selbst erarbeiten muß, die er folglich immer nur in den Grenzen seiner Konstrukte erfassen und die er nicht grenzenlos beherrschen kann; 2. dem Umstand, daß er in sozialen Beziehungen lebt, die den Zwangscharakter des Natürlichen hinter sich gelassen haben; 3. dem Umstand, daß er auf sich selbst zurück fragt.

Unsicherheit muß verarbeitet werden. Eben deshalb hat Religion im Vergleich zur Routine des Alltags etwas Außergewöhnliches. Soweit die Gewöhnung der Routine reicht, ist die Verarbeitung schon eingeholt in die Formen praktischer Handhabe. Religion liegt jenseits der Routine, jenseits dessen, was ohne weiteres beherrschbar ist.[10] In Rechnung zu stellen ist nur, daß diese Art Unsicherheit selbst ein alltäglicher Tatbestand ist. Der Umgang mit ihr ist deshalb nicht per se grenzüberschreitend, jenseitsorientiert. Das Interesse bleibt durchaus beherrscht von der praktischen Lebensführung.[11] Es wechselt lediglich von einer praktischen zu einer explizit theoretischen

---

[10] Die explizite Befassung mit dem Außergewöhnlichen ist in einer Vielzahl von ethnologischen und historischen Berichten beschrieben worden; vgl. Lévy-Bruhl, Die geistige Welt der Primitiven, 1966, 39 ff., Köhler, Der hebräische Mensch, 1976, 119 ff: „Alles was über die Gewöhnung des Alltags hinausgeht, alles, was als erstaunlich, unerwartet dem Hebräer in die Augen fällt, all das ist ihm Wunder. Darum lebt er in einer Welt beständiger Wunder; sie begegnen ihm auf Schritt und Tritt." Unsicherheit und Handlungsdruck kennzeichnen auch nach Tenbruck die religiöse bestimmte Situation. Tenbruck nimmt das Merkmal der Betroffenheit hinzu. Tenbruck, Wissenschaft und Religion, in: J. Wössner (Hg.): Religion im Umbruch, 1972, 230.

[11] Religiös oder magisch motiviertes Handeln, stellte Weber fest, ist, in seinem urwüchsigen Bestande, diesseitig orientiert. Es verbleibt im Kreise alltäglichen Zweckhandelns und ist vielfach ökonomischer Natur. M. Weber, Wirtschaft und Gesellschaft, 1964, 2, 5, 1, S. 317.

Einstellung.[12] Dieser Wechsel ist aber selbst ein Teil der Routine des Alltags. Es ist die Routine im Umgang mit dem routinemäßig nicht Fixierten.

Bei der Bestimmung dessen, was zur sicheren Handhabe des aber und abermals Erprobten und situativ Beherrschbaren gehört und was außerhalb verläßlicher Routine liegt, ist in Rechnung zu stellen, daß der Mensch selbst mit zum Relevanzbereich seines täglichen Lebens zählt. „Verarbeitungsbedürftig" ist deshalb nicht einfach ein Attribut, das dem Ereignis als solchem zukommen muß. „Verarbeitungsbedürftig" ist ein Relationsbegriff, dessen Bezugspunkt das Subjekt ist, das betroffen ist. Ein Blitz, der ein Haus in Flammen setzt, ist ein relativ normales Geschehen. Daß es gerade das Haus des X ist, ist nicht im gleichen Sinne normal. Auf die Frage: Warum denn gerade mein Haus? Warum denn gerade ich? gibt es keine routinisierte Antwort. Ergo muß hier der Relevanzbereich hinterfragt werden. Dabei aber kann man gar nichts anderes finden als das Grundmuster, in dem Wirklichkeit begriffen wird, eben das subjektivische. Die Antwort ist zum Beispiel: witchcraft[13] oder: der Zorn Gottes.

Einmal mehr ist festzustellen: Der schiere Tatbestand der Unsicherheit und der Notwendigkeit ihrer Bewältigung macht noch keine Religion. Religiös vereinnahmt wird das Verfahren erst durch die Art, in der Unsicherheit bewältigt wird. Solange das subjektivische Schema als interpretatives Paradigma fungiert, ist es nicht nur notwendig und sinnvoll, nach Erklärungen zu fragen, wenn Routine stoppt. – Das tun wir auch. – Entscheidend ist, daß es eine ganz spezifische Gewähr für die Antwort auf die Frage gibt, warum sie stoppt und warum etwas ist, wie es ist. Der Rekurs auf die kognitive Grundstruktur läßt allemal subjektivische Mächte für die Ereignisse eintreten. Eben deshalb muß als nächster Schritt die Hinwendung zu jenen Mächten erfolgen, von deren Wiederherstellung der Zustand ad integrum abhängt. Unter der Bedingung, daß alle Welt strukturell So-

---

[12] Explizit in diesem Sinne Horton, African Traditional Thougth (Anm. 14), 1967, 60. „On what kinds of occasion, fragt Horton, do people ignore the spirit worid, and on what kinds of occasion do they attend to it?" Seine Antwort, nachdem er andere Antworten kritisiert hat: „A better answer, I think, is one that relates this Jump (from common sense to religious thinking) to the essentially theoretical character of traditional religious thinking."

[13] Evans-Pritchard, Witchcraft, Oracles and Magic Among the Azande (1937), 1965, 67ff.

zialwelt ist, haben alle Ereignisse sinnhafte Züge. Unter solcher Bedingung ist Zufall nicht existent.[14] Alles, was geschieht, wird sinnhaft eingeholt. Nota bene: Es ist eine ganz spezifische Art sinnhafter Verarbeitung: Ereignisse, von denen jemand betroffen ist, werden als kommunikativ adressiert aufgefaßt. Woher rührt es, Geschehnisse in dieser Art sinnhaft zu deuten? Die Frage ist mittlerweile rhetorisch. Sie soll lediglich eines klären: Es heißt schlicht, Ursache und Wirkung verwechseln, wenn man behauptet, diese Art der Verarbeitung habe als elementares Verlangen nach sinnhafter Lebensführung und Erlebnisbewältigung den Grund der Religion abgegeben. Das Umgekehrte ist richtig: Eine spezifische und in ihren Gründen völlig plausible Art der Wirklichkeitswahrnehmung hat dazu geführt, Ereignisse in dieser Weise sinnhaft zu begreifen.

Man braucht bloß genauer hinzusehen, um gewahr zu werden, weshalb das gleiche Verfahren, das im Falle außeralltäglicher Ereignisse deren Bewältigung leistet, auch dazu dient, die dauerhafteren Ordnungen abzusichern. Soweit ihre Dauerhaftigkeit und Verläßlichkeit reicht, geben sie kaum Anlaß, sie zu hinterfragen. Allein, auch die dauerhaften Ordnungen sind nur mehr oder weniger verläßlich. Primitive Gesellschaften sind nicht selten von einem Gefühl kosmischer Unsicherheit bestimmt. Die Natur ist unsicher, durch Erdbeben z. B. oder durch Überschwemmungen.[15] Sozialordnungen sind immer von Verletzungen bedroht. In Mythen, in denen die Welt dem Chaos abgerungen wird, ist diese Bedrohung festgehalten. Soweit aber auch die dauerhaften und umfassenden Ordnungen unsicher erscheinen und deshalb hinterfragt werden, müssen ebenso subjektivische Kräfte für sie einstehen, immanent oder ihnen transzendent, wie für die einzelnen Ereignisse auch. Exakt das ist der Grund, weshalb in einer Welt wie der unsrigen, in der jedwede Eingriffskausalität subjektivischer Mächte beseitigt ist, sich Religion gleichfalls behauptet. Hinter allem bleibt das unerklärt Treibende und Erhaltende, die zuständliche Dynamik der Welt überhaupt. Sie ist nicht einzuholen in die innerweltlichen Erklärungsmuster. Für sie gibt es deshalb keine Erklärungen. Eben deshalb stellt sie sich nach wie vor in der Form subjektivischer Macht dar. Religion behauptet sich im Sonntäglichen.

Ersichtlich liegt die Ratio der Religion in den Anforderungen, unter die der Mensch bei seiner Lebensführung gestellt ist. Eben des-

[14] Lévy-Bruhl, Die geistige Welt der Primitiven, 1966, 33.
[15] Daß solche Unsicherheit das Grundgefühl des Daseins bestimmen kann, zeigt Köhler, Der hebräische Mensch, 1976, 114ff. für die Hebräer.

halb ist ihr von ihrem Ursprung her ein durchgehend intellektueller Zug eigen.[16] Durkheim hat ihr sogar zugeschrieben, die Menschen denken gelehrt zu haben.[17] Das verzeichnet zwar den Vorgang. Denn daß Menschen denken, wird ihnen nicht erst von der Religion abverlangt. Die kognitiven Strukturen bilden sich im Umgang mit der vorfindlichen Wirklichkeit aus. Allein, die Religion schafft sie auf ein Niveau, auf dem sie handhabbar werden. Sie ist es, die die Konsequenzen aus der vorfindlichen Welt für die praktische Lebensführung zieht.

[...]

### 3. Die Sinnhaftigkeit der primitiven Welt

#### Religion als ihr Sachwalter

Eine Welt, die auf der Folie des subjektivischen Schemas aufgebaut wird und in der folgeweise die subjektivische Deutung als interpretatives Paradigma fungiert, ist eine durch und durch sinnhafte Welt. Das will sagen, es geht strukturell in ihr zu wie in der Sozialwelt unter Menschen. Was immer an Ereignissen geschieht, sobald sie bedeutsam werden, werden sie als absichtsvoll interpretiert. Eben deshalb ist Zufall prinzipiell ausgeschlossen.

Man muß genau hinsehen, um die Bedeutung dieser Art Sinnhaftigkeit nicht zu verzeichnen: Wenn die Welt des Menschen a priori eine sinnhafte Welt ist, so nicht a priori eine sinnvolle. Im Gegenteil: Wenn alles, was geschieht, intentional interpretiert werden muß, ist das Ergebnis eine geradezu chaotische Sinnhaftigkeit. Den Wandel vom Sinnhaften zum Sinnvollen vollzieht der Mensch erst dadurch, daß er sich auf diese Art Sinnhaftigkeit einstellt und sein Leben, so gut es eben geht, danach einrichtet. Das gilt für die Vielzahl der einzelnen unter Erfolgszwang stehenden alltäglichen Handlungen, die Nahrungsbeschaffung z.B., ebenso wie für die Interpretation von übergreifenden Zusammenhängen der Lebensführung, den Verkehr

---

[16] Überzeugend M. E. Spiro, Religion: Protheus of Definition and Explantation, in: M. Banton (Hg.): Anthropological Approaches to the Study of Religion, 1966, 109ff.; Horton, African Traditional Thougth (Anm. 14), 1967, 60.

[17] Durkheim, Les formes Elementaires de la Vie Religiense (1927), 4. Aufl. 1960, 12.

mit den Ahnen, das Leben im Angesicht des Todes. Das Verfahren, das dabei praktiziert wird, ist einfach: Die für das Dasein problematischen Ereignisse, nota bene: die menschlichen, werden angekoppelt an den Willen einer fremden Macht. Sie sind es schon, wenn immer sie Bedeutsamkeit erlangen. Notwendig sieht der Mensch sich deshalb an diese Mächte verwiesen. Er sucht ihren Willen zu ergründen, zu tun, was sie verlangen, wenn nur sie sich als mächtig und gnädig erweisen. An solchen Demonstrationen mangelt es nicht, Götter bezeugen sich in dem, was sie tun. Für den Glauben der Israeliten war es entscheidend, daß Jahwe sie aus Ägypten geführt hatte (2. Sam. 7.6.). Damit hatte sich erwiesen, daß er ihr Gott war.[18]

Das Verfahren der Erlebnisverarbeitung, bedeutsame Ereignisse an fremde Willen anzukoppeln, wäre kaum praktikabel, wenn wirklich reine Spekulation festlegen müßte, was dem fremden Willen genehm sei, was nicht. Allein, es liegt in der subjektivischen Logik, Interpretandum und subjektiven Willen von vornherein zusammenzuhalten. Der Blick geht vom Interpretandum zum subjektivischen Agens, um von daher zurückzukommen als Erklärung dessen, was der Erklärung bedarf. In diesem Verfahren kann die Einbindung des Interpretandums in den natürlichen und sozialen Kontext mitgenommen werden. Alles, was an Ordnung bereits existiert, alles, was Menschen hoch und heilig an dieser Ordnung ist, wird so sogleich zum Inhalt göttlichen Seins und göttlichen Willens und kommt von ihm als Versicherung und Gebot zu den Menschen zurück. Auf diese Weise ist nicht mehr Sinn in der Welt als zuvor, wohl aber ist er schärfer gefaßt.

Das Verfahren zeitigt Wirkung vor allem, soweit es darum geht, umfassende Zusammenhänge, das System der Natur, die Ordnung der Sozialwelt zu begründen. Wir haben zuvor schon erörtert, daß auch sie als prekär erscheinen, der Begründung bedürftig sind. Das scheint auf den ersten Blick ein gewaltiges Unterfangen zu sein. Allein, man muß nicht meinen, die Religion, respektive ihre Sachwalter, verfügten über Gott weiß welche Fähigkeiten, Sinn in die Welt zu bringen. Woher sollten sie die haben? Der Vorgang ist so einfach wie zuvor. Die Gesamtordnungen werden so gut subjektivisch hintergangen wie einzelne Ereignisse auch. Das kann schon dadurch geschehen, daß sie selbst insgesamt subjektivisch konzipiert werden; es kann ebenso dadurch geschehen, daß sie von ihnen abgelösten sub-

---

[18] Historisch weiß nur eine kleine Gruppe. Noth, Geschichte Israels, 7. Aufl. 1969, 105ff.

jektivischen Agenzien, Göttern vor allem, zugeschrieben werden. Themis war in Griechenland die soziale Ordnung selbst, aber auch die Göttin.[19] In den Göttern als ihrem Ursprung liegt die Ordnung der Welt.[20] Von den Göttern kommen die Ordnungen deshalb als Schöpfung und Bestandsgarantie zurück. Solange die Erde steht, soll nicht aufhören Saat und Ernte, Frost und Hitze, Sommer und Winter, Tag und Nacht (1. Mose 8,22). Der Regenbogen wird als Unterpfand des Versprechens gesetzt. Auch den sozialen Ordnungen wird in dieser Weise der göttliche Wille einfach zugestellt. Auch hier macht die Sinngebung keine Not. Sie liegt ja schon vor und wird so gut von der Bewegung der subjektivischen Logik erfaßt wie jedes andere Objekt auch. Die aber geht rückwärts, vom Vorfindlichen, mit allem, was Interesse verlangt – und nicht mehr – hin auf den göttlichen Willen. Die Religion bestätigt diesen Sinn nur. Geertz hat diese Rolle der Religion sehr schön beschrieben:

> „In religious belief and practice a group's ethos is rendered intellectually reasonable by being shown to represent a way of life ideally adapted to the actual state of affairs the world-view describes, while the world-view is rendered emotionally convincing by being presented as an image of an actual state of affairs peculiarly well arranged to accomodate such a way of life. This confrontation and mutual confirmation has two fundamental effects. On the one hand, it objectivizes moral and aesthetic preferences by depicting them as the imposed conditions of life implicit in a world with a particular structure, as mere common sense given the unalterable shape of reality. On the other, it supports these received beliefs about the world's body by invoking deeply felt moral and aesthetic sentiments as experiential evidence for their truth. Religious symbols formulate a basic congruence between a particular style of life and a specific (if, most often, implicit) metaphysic, and in so doing sustain each with the borrowed authority of the other."[21]

Die Sinnhaftigkeit des religiösen Kosmos ist in ihrem basalem Bestand nach allem gar nichts anderes als die Sinnhaftigkeit einer aus ganz anderen als den religiösen Quellen gespeisten Lebenswelt. Wenn es die Aufgabe der Religion ist, dem Menschen die Sinnkriterien seiner Lebensführung zuzusprechen, so doch nur unter dieser spezifischen Prämisse: Sie entnimmt sie einer selbst sinnhaft interpretierten Wirklichkeit. Das braucht nicht auf dem Hintergrund der

---

[19] Ehrenberg, Die Rechtsidee im frühen Griechentum, 1921, 15ff.

[20] Vgl. Preuß, Die höchste Gottheit bei kulturarmen Völkern, in: Psychologische Forschung, 1922, 2, 207.

[21] Geertz, Religion as a Cultural System (Anm. 14), 1968, 3f.

Annahme eines alles bestimmenden Gottes zu geschehen. Es kann ebenso gut die Bestimmung eines ehernen Weltgesetzes sein, das eben darin, daß es überhaupt Anforderungen an den Menschen stellt, die nur durch sein Wohlverhalten zu erfüllen sind, die Subjektivität noch durchscheinen läßt.

Dennoch verbleibt der Religion ein kreativer Anteil an der Sinnhaftigkeit der Welt. Kreativ wird die Religion schon dadurch, daß sie die vorfindlichen Ordnungen nicht nur aufnimmt und formuliert, sie vielmehr akzentuiert und interpretiert. Wunderbare Sinngehalte, zu denen Menschen fähig sind, haben so in Religionen ihren Ausdruck gefunden. Das jedoch ist nicht alles. Es bleibt viel Raum für Phantasie. Dabei fließen auch jene bizarren Deutungen ein, wie wir sie in primitiven Religionen vorfinden. Der Grund ist einsichtig: Religiöse Interpretamente müssen gerade in unsicheren, nicht ausdefinierten Lagen bemüht werden. Das muß dazu führen, die Religion aufs Irrationale festzulegen, wo Rationalität am dringlichsten verlangt wird. Wenn es darum geht, dem Willen subjektivischer Mächte zu Gefallen zu sein, Mächten, die man nicht kennt, müssen jene verzweifelten Anstrengungen die Folge sein, die ja aus allen Religionen sattsam bekannt sind, im Opfer zumal, furchtbar, aber logisch.[22] In der Grauzone des Ungewissen, unter den Forderungen unbekannter Willen operieren zu müssen, ist der Grund auch ebenso für jene penetrante angstbesetzte Moral, wie sie Religionen weithin eignet, wie für den Einstieg in die Korruptibilität ihrer Experten.

Sinnverwaltung unter der Ägide subjektivischer Logik ist nicht jedermanns Sache. Wissen ist dazu notwendig. Damit mag es noch seine Bewandtnis haben. Schwieriger ist es, Ereignisse zu diagnostizieren und hernach Enttäuschungen zu bewältigen. Dazu bedarf es besonderer Naturen, Experten. Ihre Aufgabe ist es auch, die Umsetzung religiöser Gebote in die praktische Lebensführung zu überwachen. In der unter den Anforderungen subjektivischer Logik ganz unumgänglichen Verbindung von sinnhafter Ausdeutung und moralischer Umsetzung in praktische Lebensführung liegt der Grund für die frühe Tendenz, Expertenrollen auszudifferenzieren und schließlich Religion institutionell zu vereinnahmen. Denn noch einmal:

*Erst die Verbindung von subjektivischer Logik und Sinnverwaltung schafft Religion.*

---

[22] Die treffliche Formulierung zur Logik des Opfers stammt von Thompson, Die Maya (Anm. 15), 437.

Es ist unschwer zu erkennen, wo die Relevanz dieser Feststellung liegt: nicht nur in der Religiosität unter der Ägide subjektivischer Logik primitiver Weltanschauung, sondern in der Perspektive historischer Entwicklung: Die subjektivische Logik wird irgendwann im Laufe der Geschichte überwunden. Die Sinnfragen bleiben. Sie stellen sich nur anders, müssen auch anders beantwortet werden. [...]

*Günter Dux, Der Grund der Religion (gekürzt), in: ders., Die Logik der Weltbilder. Sinnstrukturen im Wandel der Geschichte, Frankfurt/M. 1982, 147-180 (hier: 147-151, 154-160, 174-177)*

### 3.3 Bewährungsdynamik, Bewährungsmythos und Evidenzsicherung durch Vergemeinschaftung: Ulrich Oevermanns strukturalistischer Zugang zur Religiosität

*Einführung*

1. Person und Werk: Ulrich Oevermann, geboren 1940 in der Nähe von Heilbronn und aufgewachsen im Kreis Lübbecke/Westf., war lange Zeit am Max-Planck-Institut für Bildungsforschung in Berlin tätig und ist heute Professor für Soziologie an der Johann Wolfgang Goethe-Universität in Frankfurt am Main. Sein Forschungsinteresse galt zunächst der schichtenspezifischen Sozialisation und Fragen der kompensatorischen Erziehung (Sprache und soziale Herkunft, 1972). Aus seiner Forschungspraxis heraus entwickelte er die Methode der „objektiven Hermeneutik" als Instrument der qualitativen Sozialforschung. Über die Sozialisations- und Professionalisierungstheorie gelangte Oevermann seit Mitte der neunziger Jahre zu religionssoziologischen Fragestellungen.

2. THEORETISCHER ANSATZ: In Differenz zu allen Versuchen, Religion anthropologisch aus spezifischen religiösen Erfahrungen oder Bedürfnissen abzuleiten, möchte Oevermann ein Modell von Religiosität strukturalistisch aus den Konstitutionsbedingungen der menschlichen Lebenspraxis selbst gewinnen. Im Übergang von der Natur zur Kultur gewinnt der Mensch notwendig ein Bewußtsein von Endlichkeit. Mit der Sprache entsteht die Möglichkeit der Konstruktion hypothetischer Welten und damit die Differenz zwischen repräsentierter und repräsentierender Welt. Die Konstruktion hypothetischer Welten eröffnet Handlungsalternativen, die in der Lebenspraxis laufend zu Entscheidungen zwingen. Angesichts der prinzipiellen Offenheit des Gelingens von Entscheidungen entsteht als Strukturkomponente jeglicher Lebenspraxis eine nicht abschließbare Bewährungsdynamik, die durch eine widersprüchliche Einheit von Entscheidungszwang und Begründungsverpflichtung in Gang gehalten wird. Aus der Dialektik von Entscheidungszwang und Begründungsverpflichtung leitet Oevermann sein Strukturmodell von Religiosität ab. Es lässt sich in drei auf einander bezogene Momente unterteilen: (1.) Das *Bewährungsproblem* stellt vor die Sinnfragen: Woher komme ich? (Vergangenheit, Herkunft); wer bin ich? (Gegenwart, Identität); wohin gehe ich? (Zukunft, Erlösung/Erfüllung). (2.) Der *Be-*

*währungsmythos* sucht Kriterien für ein sinnerfülltes Leben zu formulieren und Antworten auf das Bewährungsproblem in einer Weise zu geben, dass darin die Unverwechselbarkeit der eigenen Lebenspraxis verbürgt ist. (3.) Der Bewährungsmythos bedarf, um den Bewährungsdruck abmildern zu können, der *Evidenzsicherung* durch eine die subjektive Erfahrung überschreitende Vergemeinschaftung.

3. ZUM TEXT: Nach der Kritik am religionswissenschaftlichen Zugang zur Religion leitet Oevermann im abgedruckten Text in komprimierter Form sein Modell der Religiosität aus den Konstitutionsbedingungen der Lebenspraxis ab. Für das Bewährungsproblem und das daraus abgeleitete Strukturmodell behauptet Oevermann im nächsten Argumentationsschritt des Textes eine universelle Geltung, die alle historisch und kulturell unterschiedlichen, empirisch vorfindbaren Ausprägungen von Religiosität als Varianten der Grundstruktur identifizierbar macht. Damit möchte Oevermann mit seinem Strukturmodell auch einen allgemeinen analytischen Bezugsrahmen für den erfahrungswissenschaftlichen Religionsvergleich zur Verfügung stellen. Die Universalität des Strukturmodells lässt sich – so Oevermann im Schlussabschnitt – auch noch angesichts der Haltungen und Denkweisen säkularisierter Subjekte der Moderne bewähren. Für das säkularisierte Bewusstsein konstatiert Oevermann eine Verschärfung und Zuspitzung des Bewährungsproblems. Jenseits inhaltlicher Ausprägungen von Religiosität lässt sich für Oevermann das säkularisierte Bewußtsein als eine konsequente Fortsetzung der Bewährungsdynamik begreifen.

4. BEDEUTUNG FÜR DEN RELIGIONSSOZIOLOGISCHEN DISKURS: Oevermanns religionstheoretischer Ansatz unterläuft zwei Kontroversen, die bis in die Gegenwart hinein den religionssoziologischen Diskurs ohne Lösungsaussichten fixieren. Jenseits eines substanziellen wie eines funktionalen Zugangs zur Religion bringt er ein Verständnis von Religiosität in die Diskussion, das an den Konstitutionsbedingungen menschlicher Lebenspraxis ansetzt. Gleichzeitig möchte er in der Kontroverse um Säkularisierung oder Wiederverzauberung zeigen, dass auf der inhaltlichen Ebene die Vertreter der Säkularisierungsthese im Recht sind, auf der Strukturebene aber von einer Verschärfung der Religionsproblematik in der säkularen Moderne ausgegangen werden kann.

*Karl Gabriel*

## Strukturmodell von Religiosität

I. EINLEITUNG

Versucht man, soziologisch Religiosität und daraufhin Religion zu bestimmen, stößt man auf folgende Problemstellung: Fraglos ist Religiosität eine Praxisform par excellence, denn in ihr ist zentral die
Frage nach dem Sinn des Lebens thematisch. Die geläufigen Bestimmungen von Religiosität entwickeln ihre Konzepte aus der Perspektive
dieser Praxis, d.h. aus dem Nachvollzug der Perspektive des religiös
denkenden, empfindenden und handelnden sinnfragenden Menschen
heraus und nicht aus einer distanzierten strukturanalytischen Betrachtung dieser Praxis selbst.
    Die geläufigen religionssoziologischen Ansätze lassen sich auf
zwei Typen reduzieren: Der eine wird von der Kategorie des Erlebens her entwickelt und expliziert Religiosität als eine spezifische Weise des Erlebens und Empfindens. Religiosität ist dann z.B., wie in dem
berühmten Ansatz von Rudolf Otto, die Erfahrung und das Erleben
des Numinösen[1]. Religiös ist und wird der Mensch gemäß diesem
Ansatz in dem Maße, in dem er sich dem Numinösen gegenüber ge-
fühlsmäßig öffnet und darin bereit ist, die Grenzen des Rationalen
zu überschreiten. Das Numinöse, das in die Momente des Kreatur-
gefühls, des Erschauerns, des Empfindens des Übermächtigen, des
Energischen und des Mystischen sich zerlegt, bleibt der rationalen Er-
schließung verborgen. Es wird also letztlich negativ bestimmt als das
große Unbestimmbare. Und damit beginnen schon die Probleme einer
religionswissenschaftlichen Kategorienbildung aus der praktischen
Perspektive der religiösen Erfahrung. Diese Kategorienbildung ist
durchzogen von der Vermischung von Gegenstand und Methode.
Zum einen: Wenn der Gegenstand der Analyse angeblich nichtratio-
nal ist, dann folgt daraus keinesfalls, daß seine angemessene erfah-
rungswissenschaftliche Bestimmung nicht den Prozeduren einer rationalen methodischen Prädikation folgen könnte. Zum anderen: Aber
selbst wenn man diese methodische Bestimmung, die nicht nur resi-
dual in der hilflosen und in sich mystifizierenden Beteuerung des Un-

---

[1]  Otto, Das Heilige, 17. Aufl. 1929.

bestimmbaren bestehen kann, durchzuführen bereit wäre, käme dabei nicht mehr als eine Deskription oder willkürliche Klassifikation von subjektiver Erfahrung heraus, also etwas, was nur überprüfbar wäre, wenn die Introspektion oder die unmittelbare Verstehbarkeit des Fremd-Psychischen im Sinne des Nachvollzugs ein gültiges methodisches Verfahren der Realitätserschließung abgäbe. Anders ausgedrückt: Ein solches Verfahren kann a priori über die bloße Paraphrase subjektiver Vorstellungen nicht hinausgelangen.

Nicht viel besser steht es in methodologischer Hinsicht bei dem zweiten Typ, bei dem die Religiosität durch den Rekurs auf die Kategorie des Bedürfnisses bestimmt wird. Jedem Menschen wird ein Bedürfnis nach Sinngebung seines Lebens unterstellt, das insbesondere in Lebenskrisen und existentiellen Grenzsituationen, also angesichts des Todes, bei Krankheit oder in Situationen biographischen Scheiterns und von Aussichtslosigkeit unabweisbar aktualisiert werde. Religiöse Glaubensgewißheiten und religiöse Haltungen werden funktional diesen unabweisbaren Bedürfnissen zugeordnet und durch sie in ihrem Bestand erklärt. Es liegt auf der Hand, daß ein solcher Ansatz nur in dem Maße erklärungskräftig sein könnte, in dem es gelänge, diese Bedürfnisse so sachhaltig zu bestimmen, daß sie (1) zwingend als überlebenswichtig gelten können und (2) eine spezifisch religiöse, d.h. auf Transzendenz verweisende Sinngebung erfordern. Das ist aussichtslos, weil (1) schon von vornherein die Kategorie des Bedürfnisses soziologisch von höchst zweifelhaftem Wert ist, denn wenn sie auf sogenannte anthropologisch tief sitzende Grundforderungen oder Invarianten bezogen wird, dann ist sie inhaltlich entsprechend leer und beliebig auslegbar und wenn sie inhaltlich differenzierter gefaßt wird, dann muß ihre Bestimmung dem kulturellen Wandel ihrer Inhalte folgen, denn Bedürfnisse sind in sich je gesellschaftliche Produktionen. Es kommt (2) hinzu, daß ähnlich wie bei der Kategorie des Erlebens, die inhaltlichen Auslegungen von Bedürfnissen auf die Beschreibung subjektiver, nicht überprüfbarer Vorstellungen hinausläuft. Und schließlich (3) kann eine inhaltliche Spezifizierung der Bedürfnisse wohl kaum zirkularitätsfrei unabhängig von den religiösen Deutungen gelingen, die sie ja gerade funktionalistisch erklären sollen. Kurzum: Der Bedürfnisansatz und eine darauf sich stützende funktionalistische Deutung von Religion und Religiosität laufen immer auf eine unaufschlußreiche, zirkuläre wechselseitige Bestimmung von religiösen Bedürfnissen und den zu ihrer Befriedigung angeblich ausgeformten religiösen Inhalten und Handlungssystemen hinaus. Und die allgemeine Bestimmung von Religion durch Rückführung auf eine

Ur- und Grundfunktion der Sinngebung menschlicher Existenz schlechthin ist nur eine petitio principii, die das eigentliche Problem einer schlüssigen Ableitung und Bestimmung von Religiosität in Begriffen der Konstitution von Lebenspraxis verdeckt.

## II. Ableitung von Religiosität aus den Konstitutionsbedingungen der Lebenspraxis

Ich vertrete hier die These, daß man in der soziologischen Bestimmung von Religiosität erst weiter kommt, wenn man radikal mit der Kategorienbildung aus der Perspektive der religiösen Praxis bricht, also sowohl den Erlebnis- wie den Bedürfnisansatz restlos aufgibt, und stattdessen beginnt, Religiosität als allgemeinen Strukturzusammenhang aus den *Konstitutionsbedingungen* der Praxis zu entwickeln. Dafür spricht allein schon, daß Religiosität in ihrem Totalitätsanspruch Lebenspraxis selbst immer mehr oder weniger artikuliert zum Thema hat und in den Prozeß der Konstitution und Bestandserhaltung von praktischer Subjektivität selbst eingewoben ist.

Deshalb lege ich hier ein Modell von Religiosität zugrunde, das nicht aus der Perspektive einer nach ihrem Lebenssinn fragenden, je schon gegebenen Lebenspraxis entwickelt ist, sondern – umgekehrt – in den Struktureigenschaften und Konstitutionsbedingungen jener Praxis bestimmt ist, also nicht diese Praxis schon jeweils als gegeben voraussetzt. Ich wiederhole im folgenden in abgekürzter Form eine Modellexplikation, die ich ausführlicher, wenn auch selbst dort noch über Gebühr verknappt, an einer anderen Stelle vorgestellt habe.[2]

Für die Ableitung zentral ist die Kategorie der *Endlichkeit*. Sie ergibt sich aus der allgemeinsten, elementarsten Veränderung, die sich mit dem Übergang von Natur zu Kultur verbindet. Dieser Übergang ist ohne Sprache nicht denkbar. Das Wesentliche an Sprache ist, daß mit ihr als einem eigenlogischen algorithmischen und kulturuniversellen Regelsystem innerartliche Verständigung und Interaktion sich in eine Symbolorganisation verlagert und die allgemeine Bedeutungsfunktion konstituiert wird. Dadurch entsteht zwingend der grundlegende Dualismus von repräsentierendem und bedeutendem Zeichensystem einerseits und repräsentierter, bedeuteter Welt andererseits. Dieser Dualismus eröffnet den Hiatus von Welt im Sinne einer unmittelbar im

---

[2]  Oevermann, Ein Modell der Struktur von Religiosität. Zugleich ein Strukturmodell von Lebenspraxis und sozialer Zeit, in: M. Wohlrab-Sahr (Hg.), Biographie und Religion. Zwischen Ritual und Selbstsuche, 1995, 27-102.

Hier und Jetzt des Wahrnehmungs- und Handlungsfeldes gegebenen
Wirklichkeit, jener Wirklichkeit, die mir unabhängig davon, wie ich
sie wahrnehme und denke, Schmerzen zufügt oder Erfüllung bringt,
und von Welt im Sinne einer durch sprachlich eröffnete Bedeutungs-
gebung vermittelten hypothetischen Konstruktion von möglicher Welt.

Was hier gemeint ist, läßt sich in der Begrifflichkeit von Charles
Sanders Peirce vereinfacht ausdrücken.[3] In der Sphäre der repräsentierten, unmittelbar im Hier und Jetzt gegebenen Welt haben wir es
mit der Relation zwischen einer Lebensmitte, einer Positionalität, einer Qualität konstituierenden Subjektivität, kurzum: einer Erstheit einerseits und einer dieser gegenüberliegenden Wirklichkeit von „brute facts", von unmittelbaren Gegebenheiten bzw. von unmittelbaren
Gegenständen, kurzum: einer Zweitheit zu tun. Durch die sprachlich
vermittelte Bedeutungsfunktion tritt die Sphäre der Drittheit, der hypothetischen Konstruktion von Welt in Begriffen und Bedeutungszu-
sammenhängen hinzu. Die Drittheit ist die Sphäre der repräsentie-
renden Sinnzusammenhänge.

Wenn wir als einfachste logische Form der Erkenntnis die Prädizierung „X ist ein p" heranziehen, dann können wir X als Platzhalter für die unmittelbar gegebenen, zu prädizierenden Gegenstände,
also für die Zweitheit, interpretieren und „p" als Platzhalter für die
Drittheit der Repräsentanten bzw. Interpretanten, der seinerseits in
den Aspekt des sprachlichen Zeichens einerseits und des Begriffs,
d.h. des Gedankens andererseits wiederum zerfällt, denn die Bedeutung des sprachlichen Zeichens erschöpft sich keineswegs in der
bloßen Referenz auf den Gegenstand „X", sondern es ordnet dem unbestimmten, als „brute fact" gegebenen Gegenstand „X" eine allgemeine Bedeutung, ein Begriffs-Prädikat zu, auf das es eigentlich verweist bzw. mit dem es durch angebbare Regeln verschweißt ist. – Es
fehlt jetzt nur noch die Erstheit. Sie ist mit dem in der unpersönlich
verallgemeinerten logischen Form der Prädizierung getilgten Sprecher bzw. dem Subjekt der illokutiven Struktur identisch, also mit jenem Ego bzw. jener Lebenspraxis, die „X ist ein p" praktisch behauptet, also in der ausgeschriebenen Form als „E behauptet: X ist ein p"
erscheint.

Das Verhältnis von Theorie und Praxis sowie von Erfahrungswis-
senschaft und religiöser Praxis ist in diesem formalen Schema dar-
stellbar. Dem Modell von Lebenspraxis korrespondiert der durch die

---

3  Peirce, Lectures on Pragmatism – Vorlesungen über Pragmatismus, hg. v.
   E. Walther, 1973.

Momente von Erstheit und Zweitheit bestimmte Zusammenhang, während der Wissenschaft die Drittheit entspricht. Natürlich hat diese schematische Gleichsetzung den Mangel, der realen Dialektik von Lebenspraxis nicht vollauf gerecht zu werden. Denn die autonome Lebenspraxis umschließt natürlich auch das Moment der Drittheit, ohne sie wäre sie bewußtlose Natur. Und natürlich umschließt auch die Wissenschaft als je konkretes Handeln die Momente von Erstheit und Zweitheit. Es sind immer konkrete Subjekte, die Wissenschaft betreiben. Ohne die Momente von Erstheit und Zweitheit wäre die Wissenschaft eine Fiktion eines Systems fleischloser Engel. Aber die Wissenschaft abstrahiert methodologisch als Wissenschaft von dieser Fundierung in den Momenten der Erstheit und Zweitheit. Sie besteht insofern in einer Steigerung und Vereinseitigung des natürlich auch für die Praxis konstitutiven Momentes von Drittheit. Sie ist eben einerseits viel mehr als die Praxis und andererseits viel weniger. So gesehen ist die Lebenspraxis – traditional gesprochen in der Einheit von Leib, Seele und Geist – die dialektische Verschränkung und Synthesis von Natur und Kultur, von Sinnlichkeit und abstrakter Bedeutung. Der Vorteil der Peirceschen Begrifflichkeit liegt nun gerade darin, die dialektische Übergänglichkeit von Natur zu Kultur in einem einheitlichen analytischen Bezugsrahmen formulieren und somit die Lebenspraxis als Verkörperung der Synthesis dieser Übergänglichkeit festhalten zu können. Und vielleicht hat in dieser Hinsicht sogar Peirce als der Begründer des Pragmatismus nicht ganz unrecht, wenn er sich für den radikaleren Dialektiker als Hegel hält.

In dem Moment, in dem mit dem Übergang von Natur zu Kultur ein erkennendes Subjekt durch Prädizierung bzw. durch begrifflich vermittelte Repräsentanz von Welt das unmittelbar gegebene Hier und Jetzt seiner Positionalität in der hypothetischen Konstruktion von Welt überschreiten und kontrastiv zum Gegebenen Möglichkeiten konstruieren und das jeweils Gegebene auf der Folie dieser Möglichkeiten kritisch abbilden kann, verfügt es über ein Bewußtsein der Endlichkeit seines Lebens. Denn nun kann es jederzeit hypothetisch konstruieren und sich vergegenwärtigen, daß es ein Leben, dessen Form sein eigenes angehört, vor seiner Geburt gegeben hat und nach seinem Tode weiter geben wird. Diese in der Antizipation des Todes sich besonders dramatisch einstellende grundsätzliche Knappheit von Zeit und Unwiederbringlichkeit von Möglichkeiten als Folge von Entscheidungen zwischen Alternanten, die erst in jener hypothetisch konstruierten Welt sich ergeben haben und die eine die Autonomie der Lebenspraxis konstituierende Entscheidung erzwingen, diese hier

besonders dramatische „Logik des ‚point of no return'" also, reproduziert sich permanent in mikrologischer Homologie als Verkettung
kleiner Tode im Vollzug der Lebenspraxis, sofern man darunter nur
in der Distanz des strukturtheoretischen Blicks eine Abfolge von Kri-
senkonstellationen sieht und nicht eine glatte Abfolge von Routinen.
Denn für den Strukturalisten ist im Unterschied zum die Praxis bloß pa-
raphrasierenden Handlungstheoretiker konsequenterweise nicht die
Routine der Normalfall und die Krise der Grenzfall, sondern umgekehrt: die Krise der die vorausgehende Routine aufbrechende Normalfall und die Routine der daraus material sich ableitende, die Öffnung schließende Grenzfall. Daß die Praxis selbst es genau
umgekehrt sehen muß, ist aus theoretischer Sicht für sie konstitutiv
und unabdingbar, aber genau deshalb auch kein Argument gegen die
Konstitutionstheorie, sondern ein Argument für ihre aufschließende
Kraft.

Das hier unterstellte Modell von autonomer Lebenspraxis läßt sich
nunmehr verknappt wie folgt kennzeichnen. Praxis, die notwendig das
– in ihrer je konkreten Bildungsgeschichte je verschieden umfassend
realisierte – Strukturpotential von Autonomie einschließt, konstituiert sich als widersprüchliche Einheit von Entscheidungszwang und
Begründungsverpflichtung in dem durch sprachliche Bedeutungsfunk-
tionen erzeugten Dualismus von repräsentierter Welt und repräsentierender Welt. Durch diesen Dualismus wird es möglich, an jeder Stelle einer Verhaltens-Sequenz Alternanten des weiteren Ablaufs zu
konstruieren, so daß daraus der Zwang zu einer Entscheidung bzw.
Auswahl zwischen diesen Alternanten sich notwendig ergibt. Man
kann sich nicht nicht entscheiden. Wenn ich zwischen Wohnungs-
angeboten eine Entscheidung nicht treffen kann oder sie zu spät tref-
fe, dann ist die Entscheidung genau dadurch getroffen worden. Jener
Dualismus bringt es nun aber ebenso mit sich, daß die getroffene Entscheidung den Anspruch auf Vernünftigkeit und Begründbarkeit erfüllen muß, sonst wäre die Wahlfreiheit der denkbaren Alternanten in
sich sofort zur Sinnlosigkeit geworden. Aber eine wirkliche Entscheidungssituation, die diesen Namen verdient, bedeutet auch, daß
in ihr eine rationale Richtig-Falsch-Rechnung als Entscheidungskal-
kül nicht zur Verfügung steht, also die Begründungsverpflichtung aktuell nicht einlösbar ist. Wäre sie aktuell einlösbar, dann läge keine
genuine Entscheidungssituation, keine Krise vor, dann wäre die Entscheidung schon gefallen. Deshalb ist in wirklichen Entscheidungssituationen, in Krisen, die Begründungsverpflichtung nicht einlösbar.
Deshalb: widersprüchliche Einheit von Entscheidungszwang und Be-

gründungsverpflichtung. Mit dieser Begrifflichkeit soll ausgedrückt werden, daß einerseits eine logische Widersprüchlichkeit durchaus vorliegt, diese aber andererseits für das Gebilde als solches konstitutiv ist und insofern außerhalb einer logischen Kritik oder gar einer Ideologiekritik liegt. Widersprüchliche Einheiten bedeuten immer, daß sich Logik in Dynamik umsetzt, Wirklichkeit realdialektisch verfaßt ist. In dieser Konstruktion kommt Lebenspraxis als je konkrete, unverwechselbare Subjektivität zu sich selbst nur unter der Bedingung der Krise, dann, wenn sie sich entscheiden und darin ihre Autonomie in einer Dialektik von Freiheit und Verantwortlichkeit wahrnehmen muß. Natürlich ist für die Praxis selbst diese Krise die Ausnahmesituation und Entscheidungen fallen in der weit überwiegenden Zahl von Verzweigungs- oder Sequenzstellen im Handlungsablauf durch entlastende Routinen bzw. durch normativ vor-eingerichtete, als rational geltende Entscheidungsmuster. Insofern ist für die Praxis selbst die entlastende Routine der Normalfall. Aber Routinen scheitern irgendwann bzw. stehen als Resultanten im Bewährungsprozeß einer Krisenlösung, die sie ursprünglich einmal waren, immer unter einem auch und gerade die Praxis kennzeichnenden Falsifikationsvorbehalt. Anders herum: die Zukunft ist offen und Routinen können zerbrechen. Dann werden Entscheidungssituationen als Krisensituationen manifest.

III. Ein einfaches Strukturmodell von Religiosität

Im Hinblick auf die skizzierte Krisenkonstellation und unter der Bedingung des Bewußtseins von der Endlichkeit des Lebens und der Knappheit der Zeit bzw. der Möglichkeiten der Kontrolle über die Mittel der Erfüllung des endlichen Lebens, ergibt sich zwingend das Problem der Bewährung. In Krisensituationen muß sich das Subjekt auf sich selbst, auf seine richtige Krisenlösung selbst-bewußt verlassen. Aber es kann dafür keinerlei argumentativ einlösbare Gewähr haben, vielmehr muß es sich immer wieder von neuem bewähren. Die Kategorie der Bewährung stellt sich komplementär zum Grenzfall der Krise ein: Eine Krisenlösung bzw. die in einer Krise aufgezwungene Entscheidung kann nie zu gleicher Zeit eine rationale Begründbarkeit für sich in Anspruch nehmen, sonst wäre es keine Krise gewesen, aber sie muß gleichwohl an der Begründbarkeit grundsätzlich festhalten. Nur wird das erst nachträglich feststellbar sein nach einer Strecke der Bewährung, die die unbegründbare, aber voller Hoffnung entwickelte Krisenlösung zurückgelegt hat.

Vor die Frage der Bewährung ist die Lebenspraxis beständig gestellt. Nicht nur punktuell in krisenhaften Ausnahmefällen, sondern in Permanenz. Entscheidend ist dabei, daß diese Bewährungsproblematik in sich unendlich bis zum Tode andauert, d.h. innerhalb des Lebens nicht endgültig erfüllbar ist und still gestellt werden kann. Denn das würde, analog zu einem technokratischen Ende der Geschichte, bedeuten, daß eine Lebenspraxis, für deren Autonomie die Zukunftsoffenheit konstitutiv ist, ihre offene Zukunft von Möglichkeiten in einer Omnipotenz von All-Wissen und Vor-Sehung eigenmächtig geschlossen hätte. Sie hätte dann ihr Leben selbst abgeschlossen und verwirkt, sie hätte paradoxal ihre Bewährung genau dadurch nicht bestanden, daß sie sie für endgültig gegeben deklariert hätte. Die Bewährungsproblematik nimmt also die Gestalt einer nicht still stellbaren Bewährungsdynamik an.

Um diese Bewährungsdynamik auszuhalten, was – in sich dynamisierend – immer schwieriger wird, je mehr sie als objektiv gegebene durch Reflexion zu Bewußtsein kommt, bedarf es einer Milderung durch einen Bewährungsmythos. Er muß den Entwurf einer möglichen Lösung des Bewährungsproblems enthalten, einen – notwendig immer utopischen – Maßstab des möglichen Gelingens vorgeben und vor allem eine Instanz der Erlösung und des Heils, dessen Gnade man prinzipiell teilhaftig werden kann, verbürgern. Ganz elementar muß der Mythos korrelativ zum Bewußtsein von der Endlichkeit des Lebens die mit dem Bewußtsein aufgeworfenen Fragen: Woher komme ich, wohin gehe ich, wer bin ich? also die Grundform der fundamentalen Sinnfrage beantworten. Sie verweisen notwendig über die Ränder der Endlichkeit des eigenen Lebens hinaus und damit bei genügender Radikalisierung und Konsequenz auf die der Endlichkeit komplementäre utopische Kategorie der Unendlichkeit, religiös: der Ewigkeit. Entsprechend muß die erlösende, Erfüllung und Heil verbürgende Instanz in die Unendlichkeit oder doch zumindest über die Endlichkeit des eigenen Milieus oder der eigenen Kultur, bzw. der eigenen Praxiszeit hinausweisende, außer-empirische Welt projiziert werden. Entsprechend ist die soziologisch verallgemeinerte Form des religiösen Erlösungsmythos der Bewährungsmythos.

Ein Mythos wirkt durch selbstverständliche Evidenz. Er bedarf also der permanenten *Evidenzsicherung*. Sie kann natürlich nicht, wie in den methodisch expliziten Erfahrungswissenschaften durch methodische Überprüfung, nicht einmal wie in den systembauenden philosophischen Traditionen durch die Logik des besseren Argumentes gewährleistet werden. Sie bedarf praktisch einer viel fundamentaleren, zweifelsfreien Evidenzsicherung. Sie besteht grundsätzlich in der Bedingungslosigkeit des Glaubens an und des praktischen Lebens *im* Mythos. Ein solcher Mythos kann nicht je individuell unmittelbar evident sein, er muß notwendig kollektiv verbürgt werden. Es kann sich also nur um eine Evidenzsicherung durch Vergemeinschaftung handeln.

Damit haben wir die drei konstitutiven Momente des Strukturmodells von Religiosität vor uns. Ich nenne sie nicht Elemente, sondern Momente, weil sie sich gleichzeitig als Phasenmomente der Bewährungsdynamik anordnen. Das erste Moment besteht in der Nicht-Stillstellbarkeit der Bewährungsproblematik, das zweite in dem Zwang zu einem Bewährungsmythos und das dritte in dem Zwang zu seiner Evidenzsicherung.

## IV. DIE UNIVERSELLE GELTUNG DES STRUKTURMODELLS VON RELIGIOSITÄT UND DER RELIGIONSVERGLEICH

Von dem entwickelten Strukturmodell behaupte ich, daß es ein mit dem Übergang zur Kultur für die Gattung Mensch universell geltendes Strukturproblem in der Konstitution jeglicher Lebenspraxis, ob individuell oder kollektiv, artikuliert. Diese universelle Geltung muß sich darin erweisen, daß alle empirisch vorfindbaren Ausprägungen von Religiosität und von religiösen Glaubens- und Wissenssystemen sich in diesem Modell als je kulturspezifische Varianten dieser Struktur darstellen, explizieren und auslegen lassen. Mithin behaupte ich mit diesem Strukturmodell zugleich, einen allgemeinen analytischen Bezugsrahmen für den erfahrungswissenschaftlichen Religionsvergleich zur Verfügung zu haben.

Dabei ist es wichtig zu sehen, daß dies nicht mit Hilfe eines mehr oder weniger willkürlichen, von außen an die Phänomene herangetragenen Systems der Klassifikation von Merkmals- und Funktionsdimensionen von Religion geschieht, sondern in einem Strukturmodell, das in sich eine allgemeine Strukturgesetzlichkeit artikuliert, d.h. ein universelles Strukturproblem, das Bewährungsproblem, in der Konstitution von Lebenspraxis expliziert und bezogen darauf zugleich die Dynamik (nicht still stellbare Bewährungsdynamik) in der Abfolge ihrer Phasenmomente, die durch jene Strukturproblematik zwingend freigesetzt wird. Anders ausgedrückt: Die kulturspezifischen Varianten dieses Strukturmodells sind nicht einfach triviale Meßwerte- oder Ausprägungsvarianten in einem Klassifikationssystem, sondern sie sind durch jene universale Strukturgesetzlichkeit selbst hervorgetriebene Varianten ihrer dynamischen Entfaltung.

Ein solches universal verwendbares Klassifikationssystem liegt in einfacher Form mit der von Mircea Eliade vorgeschlagenen Dichotomie von „sakral" und „profan" vor, die den religiösen Phänomenen nicht gänzlich äußerlich bleibt, sondern durchaus eine für sie konstitutive Polarität zum Ausdruck bringt.[4] Aber sowohl das diese reale Polarität aus sich heraustreibende universale Strukturproblem als auch die Dynamik, die sich aus der polaren Spannung von sakral und profan ergibt, wird von Eliade nicht genügend herausgearbeitet (was im übrigen in unserem Strukturmodell von Religiosität möglich wäre). Dadurch haben wir zwar in Eliades kulturvergleichenden Untersuchungen eine eindrucksvolle und reichhaltige Materialsammlung vor uns. Aber deren theoretische Durchdringung bleibt letztlich doch in einer ersten klassifikatorischen Ordnung mit Hilfe der genannten, klassifikatorisch verwandten Dichotomie stecken.

Ein universal verwendbares Klassifikationssystem wäre auch deshalb trivial, weil es in sich nicht eine universale, in der Realität selbst operierende Strukturgesetzlichkeit ausdrückte, sondern seine Universalität sich darauf beschränkte, für alle Kulturen anwendbare Merkmals- oder Unterscheidungsdimensionen zu behaupten. In der Regel bringt diese universale Anwendbarkeit, die der inneren Strukturdynamik der Phänomene gewissermaßen buchhalterisch äußerlich bleibt, mit sich, Klassifikationssysteme in schlechter, formal hinreichender Allgemeinheit zu bilden, die dann die eigentlich interessanten kulturspezifischen Eigenarten nur verschleifen, statt in ihrem dynamischen gesetzlichen Zusammenhang prägnant herauszuarbeiten, wie es möglich ist, wenn dieser dynamische Zusammenhang einer eigenlogischen Gesetzlichkeit folgt.

Wenn in Anspruch genommen wird, daß die kulturspezifischen Ausprägungen sich als Varianten einer Universalität darstellen lassen und diese Universalität nicht in der Trivialität eines universal anwendbaren Klassifikationssystems sich erschöpft, sondern ein universales, die Konstitution der menschlichen Praxis als solche betreffendes Strukturproblem zur Geltung bringt, das zwingend eine Dynamik freisetzt, dabei Strukturlogik dialektisch in Strukturdynamik umsetzend, dann impliziert das *drei wichtige theoriearchitektonische Folgen. Zum einen,* daß das Modell der Strukturproblematik ein in der Realität selbst operierendes Modell meint, also nicht einfach eine mehr oder weniger willkürliche Konstruktion des Forschers, die unter Gesichts-

---

[4]  Eliade, Das Heilige und das Profane, 1957.

punkten der Zweckmäßigkeit einer Theoriebildung gewählt wird, sondern eine tatsächliche Rekonstruktion operierender Strukturgesetzlichkeit.

Entsprechend bricht hier auch der noch von Max Weber in Kauf genommene Unterschied zwischen einem Idealtypus und einem Realtypus in sich zusammen, weil der Idealtypus in sich eine Rekonstruktion einer in der Realität selbst operierenden Strukturgesetzlichkeit darstellt und mehr ist als eine vom Forscher willkürlich konstruierte und die Realität in einem „trial" und „error" der Näherung treffende Idealisierung. Die Unterscheidung von Idealtyp und Realtyp wäre dann nur noch sinnvoll im Hinblick auf empirisch in Erscheinung tretende Varianten geringerer Geltungsreichweite von einer Gesetzmäßigkeit größerer Reichweite. Es wäre dann immer noch zu spezifizieren, ob diese Varianten in sich wiederum Gesetzmäßigkeiten darstellen oder bloß Varianten, die auf Störbedingungen oder sonstige Abweichungen von der Gesetzmäßigkeit zurückzuführen sind; also: ob sie positiv oder negativ-residual bestimmt sind.

*Zum zweiten* ist impliziert, daß die kulturspezifischen Varianten mehr sind als bloße Varianten einer Meßwerte-Konfiguration. Darüber hinausgehend verkörpern sie eigengesetzliche Typen der universalen Strukturgesetzlichkeit. Das wiederum impliziert *zum dritten,* daß die verschiedenen kulturspezifischen Ausprägungen nicht nur aus stufengleichen, gewissermaßen horizontalen Verzweigungen bestehen, sondern darüber hinaus in „vertikalen", stufenverschiedenen Ausformungen bestehen können, die sich aus einer Transformation ergeben haben, deren Dynamik sich genau homolog zu jener vom universalen Strukturproblem der Bewährung freigesetzten Dynamik verhält. Das heißt: Wir müssen annehmen, daß die Nicht-Still-Stellbarkeit der Bewährungsdynamik sich auch darin erweist, daß sie zu einer nicht still stellbaren Dynamik der Transformation jeglichen manifesten kulturspezifischen, in sich als Fallstrukturgesetzlichkeit operierenden Zusammenhangs von Artikulation des Bewährungsproblems, Kodifizierung des Bewährungsmythos und Sicherung der Evidenz dieses Mythos führt. An dieser Stelle wird sichtbar, inwiefern das Problem des Verhältnisses von Universalität und Partikularität bzw. Historizität sich unvermeidbar mit der Dimension der Strukturtransformation und der Strukturgenese verbindet und inwiefern jeglicher Strukturalismus am Ende ein genetischer sein muß.

V. SÄKULARISIERUNG UND INDIVIDUALISIERUNG DER BEWÄHRUNGSDYNA-
   MIK

Die Universalitätsannahme erweist sich nicht nur daran als gültig,
daß alle kulturspezifischen Ausprägungen von Religion und Religiosität sich in diesem Strukturmodell darstellen lassen können müssen.
Sie bewährt sich aufschlußreich vor allem auch darin, daß auch noch
die Haltungen und Denkweisen des vollständig säkularisierten Subjekts der Moderne sich darin abbilden und entziffern lassen. Anders
ausgedrückt: daß paradoxal das säkularisierte, scheinbar religiös nur
indifferente Bewußtsein nichts anderes ist als eine spezifische Stufe
in der Transformation des universalen Bewährungsproblems und der
universalen Bewährungsdynamik.
    Als vorläufiges Kriterium für vollständige Säkularisiertheit des Be-
wußtseins wähle ich, daß jeglicher Glaube oder jegliche Hoffnung
auf ein Leben nach dem irdischen Tode aufgegeben worden ist. Dieses Kriterium ist – auch im Hinblick auf Umfrageergebnisse – wesentlich härter als die Aufgabe eines Glaubens an einen Gott oder an
eine transzendente Macht, erst recht natürlich als die Mitgliedschaft
in religiösen Vereinigungen oder die Teilnahme an kirchlichen Aktivitäten. In der säkularisierten Ausformung des Bewährungsproblems
stellt sich die Bewährungsfrage dann ausschließlich immanent bezogen auf die irdische Lebensleistung und muß gänzlich ohne irgendwelche außergesellschaftlichen Gnadenchancen auskommen. Das
heißt: sie verschärft sich außerordentlich. Der Bewährungsmythos kann
eine Möglichkeit der außerirdischen Erlöstheit ebenfalls nicht mehr
bieten. Er muß gänzlich immanent argumentieren. Das ist exemplarisch in der Leistungsethik der modernen Leistungsgesellschaft der
Fall. Aber die Rationalisierungsdynamik hat faktisch schon eine Stufe erreicht, auf der selbst die Leistungsethik als Bewährungsmythos
angesichts der Knappheit von Arbeit vom Zerfall bedroht ist. An ihre
Stelle treten immer mehr in sich sehr unterschiedliche generalisierte
Mythen der Selbst-Verwirklichung – d.h. die Erlösungssuggestion
des Bewährungsmythos hat an Kraft stark verloren. Und die Evidenzsicherung durch Vergemeinschaftung scheint in zunehmendem Maße
substituiert zu werden durch eine je individuelle oder in die Zustän-
digkeit kleiner Primärgemeinschaften zerfallene Konstruktion des
guten Lebens und Rekonstruktion einer Lebensleistung und -erfül-
lung.
    In allen drei Hinsichten scheint sich also die Bewährungsdynamik
weiter verschärft zu haben. Von einer Säkularisiertheit im Sinne ei-

ner sie bloß negativ charakterisierenden religiösen Indifferenz kann also keine Rede sein. Im Gegenteil: Mit der Säkularisierung geht eine Zuspitzung einer ursprünglich auch inhaltlich religiös ausgeformten Bewährungsdynamik einher.

Das bedeutet nun, daß mit der Säkularisierung die Religion nicht einfach aufhört, so wie das in den geläufigen religionssoziologischen Interpretationen sich aufdrängt. Vielmehr erlaubt es unser Strukturmodell von Religiosität die paradoxale Konstellation zu dechiffrieren, in der das Verdampfen religiöser Inhalte und Deutungen vor der wissenschaftlichen und methodischen Rationalität im Prozeß der Säkularisierung in sich auf der strukturellen Ebene eine konsequente Fortsetzung der aus dem Strukturmodell von Religiosität ableitbaren Bewährungsdynamik darstellt – entsprechend der säkularisierte Mensch der Moderne nicht einfach ein a-religiöser, religiös indifferenter Mensch ist, sondern sein säkularisiertes Bewußtsein strukturell die religiösen Stufen der Bewährungsdynamik in sich im Hegelschen dreifachen Sinn aufgehoben hat, und das heißt: keinesfalls nur beseitigt hat.

Dem entspricht auf der anderen Seite, daß, wie vor allem Max Weber so genial herausgearbeitet hat, der Säkularisierungsprozeß zumindest im okzidentalen Rationalismus nicht platterdings als religionsfeindlich oder gegen die Religion arbeitend angesehen werden kann, sondern in sich religiös motiviert und gestiftet ist.[5] Diese Dialektik von religiös und säkularisiert, von Religion und Rationalität ist in unserem Strukturmodell im Hinblick auf die nicht still stellbare Bewährungsdynamik ähnlich wie bei Weber wieder zentralthematisch.

Das Strukturmodell von Religiosität erzwingt also eine Betrachtungsweise, in der die Säkularisierung nicht einfach auf eine wissenschaftsrationale Erosion religiöser Glaubensinhalte, erst recht nicht auf ein bloßes Verdampfen oder Verschwinden solcher Inhalte sich reduziert, sondern strukturell als eine konsequente Fortsetzung der universalen Bewährungsdynamik erscheint.

Entsprechend verschwindet mit der Säkularisierung auch nicht der Gegenstand der Religionssoziologie, sondern im Gegenteil wächst jetzt erst recht einer wohlverstandenen Religionssoziologie die wichtige Aufgabe zu, jenseits der ins Auge springenden inhaltlichen Daseins-Weise von Religionen und Religiosität die hintergründige strukturelle religiöse Dynamik der Säkularisierung in der verwissen-

---

5    Weber, Gesammelte Aufsätze zur Religionssoziologie I, 1920.

schaftlichten und sich durchrationalisierenden Welt zu begreifen und aufzudecken.

*Ulrich Oevermann, Strukturmodell von Religiosität, in: Karl Gabriel (Hg.), Religiöse Individualisierung oder Säkularisierung, Gütersloh 1996, 29-40*

### 3.4 Religionen zwischen Säkularisierung und Entprivatisierung: José Casanovas These vom Wiedererstarken öffentlicher Religionen in der späten Moderne

*Einführung*

1. PERSON UND WERK: José Casanova wurde 1951 in Zaragoza (Spanien) geboren. Er studierte zunächst Philosophie und katholische Theologie in Zaragoza und Innsbruck, anschließend Soziologie an der New School for Social Research in New York (1977: MA; 1982: PhD). Seit 1987 arbeitet er dort an der Graduate Faculty of Political and Social Science als Professor für Soziologie. Casanova, der sich u.a. mit Fragen des Katholizismus und des Islam als institutionalisierten Religionen beschäftigt, ist vor allem mit seiner 1994 erschienenen Schrift ‚Public Religions in the Modern World' bekannt geworden.

2. THEORETISCHER ANSATZ: Casanova interessiert sich vor allem für das Phänomen der ‚öffentlichen Religionen'. Gegenläufig zu den westlichen Säkularisierungstheorien, die mit einem allmählichen Absterben der überlieferten Religionen in der Moderne rechneten, verweist Casanova auf die seit den 1980er Jahren weltweit zu beobachtende Rückkehr der Religionen auf die Bühne der politischen Öffentlichkeit. Er nennt so unterschiedliche Beispiele wie die islamische Revolution im Iran 1979, die lateinamerikanische Befreiungstheologie und die prominente Rolle der Religionen bei den politischen Umbrüchen des Jahres 1989. Diese Phänomene beschreibt Casanova als *de-privatization* der traditionellen Religionen, die sich nun gegen ihre Privatisierung wenden und den Anspruch erheben, an den politischen Prozessen moderner Gesellschaften aktiv und öffentlich mitwirken zu wollen. Damit stellen sie für Casanova nicht zwangsläufig eine Gefahr für die säkularisierten Demokratien moderner Gesellschaften dar. Vielmehr stehen sie in vielen Fällen durchaus mit ihnen im Einklang, denn sie wollen in der Regel nicht die vormodernen theokratischen Staatsformen wieder errichten oder unmittelbar machtpolitischen Einfluss auf die staatliche Administration ausüben, um ihre partikularen religiösen Überzeugungen durchzusetzen. Sie zielen für Casanova eher auf die Ebene der politischen Öffentlichkeit und wollen hier die Willensbildungsprozesse der Zivilgesellschaft beeinflussen. Insofern können sie, sofern sie die mo-

dernen Prinzipien der Religionsfreiheit und der Trennung von Staat und Religion akzeptieren, durchaus zur moralischen Regeneration moderner Gesellschaften beitragen und als eine wichtige Bereicherung ihrer Zivilgesellschaften gelten.

3. ZUM TEXT: Der ausgewählte Textauszug präsentiert zentrale Ergebnisse aus Casanovas Studie ‚Public Religions in the Modern World‘ (1994), die die internationale Diskussion um das Verhältnis von moderner Staatlichkeit, zivilgesellschaftlicher Demokratie und öffentlichen Religionen in den Gesellschaften der polischen Moderne wesentlich beeinflusst. Casanova legt hier fünf Fallstudien vor, in denen er sich mit den Entwicklungstendenzen der katholischen Religion in Spanien, Polen und Brasilien sowie mit den politischen Aufbrüchen des freikirchlichen Protestantismus und des Katholizismus in den USA beschäftigt. Das Phänomen der Entprivatisierung interpretiert Casanova als Resultat eines neuen öffentlichen Selbstbewusstseins dieser Religionen, die sich nicht zuletzt gegen die weit verbreitete liberale Vorstellung richten, dass mit der unverzichtbaren Trennung von Staat und Kirche, von Religion und Politik notwendigerweise auch eine strikte Privatisierung der Religionen einhergehen müsse.

4. BEDEUTUNG FÜR DEN RELIGIONSSOZIOLOGISCHEN DISKURS: Casanovas noch recht junge Konzeption der öffentlichen Religionen in der Moderne richtet den Blick bewusst auf die traditionellen, institutionalisierten Religionen – hier nicht zuletzt auf den oft wenig beachteten Katholizismus – und erinnert damit an ein Thema, das im religionssoziologischen Diskurs der Gegenwart eher an den Rand gerückt ist. Dieses Phänomen stellt nicht nur die klassische Säkularisierungstheorie in Frage, die mit dem allmählichen Absterben der Religionen in der Moderne rechnete, sondern auch die jüngere Diskussion um die Privatisierung und Individualisierung der Religion. Darüber hinaus bietet sich dieses Konzept der ‚öffentlichen Religionen‘ als ein theoretisches Interpretationsmuster zur Verhältnisbestimmung von traditionellen Religionen und moderner Republik an, das auch in den Nachbardisziplinen, etwa juristisch im Religionsrecht und politologisch in der Demokratietheorie, fruchtbar aufgenommen werden kann.

*Hermann-Josef Große Kracht*

## Religion und Öffentlichkeit. Ein Ost-/Westvergleich

Der vorliegende Artikel stellt sich zwei verschiedene analytische Aufgaben.[1] Zunächst gilt es, solche Formen öffentlicher Religion zu bestimmen, die in der modernen Welt überhaupt noch möglich sind. Danach soll empirisch und anhand vergleichender Daten festgestellt werden, unter welchen Bedingungen öffentliche Religionen in Ost- und Westeuropa existieren können. Beide Aufgaben sind nicht unproblematisch. Angesichts der vorherrschenden liberalen politischen Theorien und der herrschenden soziologischen Säkularisierungstheorien muß schließlich bereits die Frage nach den Möglichkeitsbedingungen moderner öffentlicher Religionen als sinnlos, ja widersprüchlich erscheinen. Liberalismus und Säkularisierung setzen nämlich voraus, daß die Beschränkung der Religion auf die Privatsphäre zu den Strukturmerkmalen gehört, die die Moderne als solche definieren. Der empirische Vergleich ist darüber hinaus problematisch, weil die geographische Trennung Europas in Ost und West von einem religiösen Standpunkt aus nicht unmittelbar von Bedeutung ist. Nach traditioneller Auffassung folgten die Scheidelinien Europas den konfessionellen Unterschieden, insbesondere jenen, welche die östliche, byzantinische Christenheit von der westlichen, römischen Christenheit und das protestantische vom katholischen Europa trennten. Konfessionelle Spaltungen innerhalb des Protestantismus und moderne Säkularisierungsprozesse haben weitere Differenzierungsmuster in ganz Europa hervorgebracht.[2] Die wichtige Frage lautet nun, ob die durch den Eisernen Vorhang verursachte politische Teilung Europas in Ost- und Westeuropa auch Folgen für die Religion zeitigte, die den Zusammenbruch des sowjetischen Staatensystems überdauern könnten.

---

[1]  Dieser Artikel baut auf der umfassenderen und systematischeren Analyse auf, die ich in meinem Buch entwickelt habe: Public Religions in the Modern World, Chicago 1994.

[2]  Den vollständigsten Überblick über die verschiedenen Säkularisierungsmodelle in ganz Europa bietet David Martin, A General Theory of Secularisation, New York 1978.

## DIE MODERNE, DIE SÄKULARISIERUNG UND DIE PRIVATISIERUNG DER RELIGION

Das Paradigma von der Säkularisierung des Religiösen lieferte für die Sozialwissenschaften den theoretischen und analytischen Rahmen, innerhalb dessen sie die Religion in der modernen Welt betrachteten. Ohne hier eine systematische Erörterung zu beabsichtigen, will ich einfach festhalten, daß das, was gewöhnlich als eine geschlossene Säkularisationstheorie auftritt, in Wirklichkeit aus *drei* ganz verschiedenen, ungleichartigen und kein Ganzes bildenden Behauptungen besteht. Unter Säkularisation wird zum einen die Ablösung und die Emanzipation weltlicher Bereiche von religiösen Einrichtungen und Normen verstanden, zum anderen aber auch der Niedergang religiöser Überzeugungen und Verhaltensformen und drittens die Abdrängung der Religion in die Privatsphäre. Da diese drei Säkularisationsprozesse in Europa zufällig gemeinsam auftraten, gingen die tonangebenden soziologischen Theorien davon aus, daß sie nicht nur historisch, sondern auch strukturell und ihrem Wesen nach miteinander verbunden sind.

Ein Vergleich mit der religiösen Situation im heutigen Amerika zeigt sofort, wie irrig ein solcher Schluß ist. Bereits Marx hat in seiner Entgegnung auf Bruno Bauer in „Zur Judenfrage" bemerkt, Amerika sei sowohl ein Paradebeispiel für die „vollendete politische Emanzipation" als auch „vorzugsweise das Land der Religiosität".[3] Das aber heißt, Amerika war zugleich die säkularisierteste und die am wenigsten säkularisierte Gesellschaft der Neuzeit, je nach dem, ob man die strukturelle Bedeutung, d.h. die institutionelle Trennung von Kirche und Staat im Auge hat, oder die Verbreitung von religiösen Verhaltensweisen und Überzeugungen. Zudem beobachtete Alexis de Tocqueville ungefähr zur selben Zeit wie Marx ganz richtig, daß „die Religion, die sich bei den Amerikanern niemals unmittelbar in die Regierung der Gesellschaft einmischt, als die erste ihrer politischen Einrichtungen gelten (muß)".[4] Die vom Staat getrennte Religion gedieh in Amerika nicht nur im Privatbereich, es gelang ihr auch erfolgreich, sich gegen eine völlige Verbannung in den Privatbereich zu wehren und eine öffentliche Bedeutung zu bewahren. Wir verfügen über reichhaltige empirische Belege dafür, daß sich diese

---

[3]  Karl Marx, Zur Judenfrage, MEW 1, Berlin 1981, S. 352.
[4]  Alexis de Tocqueville, Über die Demokratie in Amerika, München 1976, S. 338.

unterschiedlichen Tendenzen in der amerikanischen und europäischen Religion bis in unsere Tage erhalten haben.

Noch in jüngster Zeit neigter Säkularisierungstheorien dazu, solche gegenteiligen Belege entweder zu ignorieren oder mit Hilfe der kaum explizierten These von der „amerikanischen Ausnahme" wegzudeuten. Diese Erklärungsstrategie diente offenkundig dem Zweck, in Amerika die Ausnahme zu sehen, welche die europäische Regel bestätigt, so daß weder die europäische Regel noch das vorherrschende Säkularisierungsparadigma in Frage gestellt werden mußten. Von einem globalen historischen Blickwinkel aus wird es jedoch zunehmend deutlich, daß die Entwicklung der Religion in Europa weitaus eher eine Ausnahme darstellt als den vorherrschenden Typus der modernen Entwicklung des Religiösen überhaupt. Ja – inzwischen erscheinen für viele Analytiker die Gegenbeweise derart überzeugend, daß das gesamte Säkularisierungsparadigma vorschnell und unkritisch als Mythos verabschiedet wird. Statt dessen wird wieder auf zyklische Theorien vom Wiederaufleben der Religion und der „Rückkehr des Heiligen" zurückgegriffen; und die Wiederkehr fundamentalistischer Tendenzen, der Zusammenstoß der Zivilisationen sowie ethnisch-religiöse Konflikte stehen im Mittelpunkt der Untersuchungen.

Man wird der Komplexität der historischen Gestalten von Säkularisierung erst dann gerecht werden können, wenn man die drei Teilaspekte der Säkularisationstheorie analytisch auseinander hält: erstens Säkularisierung als Ausdifferenzierung von religiöser und weltlicher Sphäre; zweitens Säkularisierung als Niedergang religiöser Überzeugungen und Verhaltensweisen und drittens Säkularisierung im Sinne der Beschränkung der Religion auf den Privatbereich. Dieser Artikel befaßt sich mit den öffentlichen Dimensionen von Religion in Europa und betrifft also die Fragen der Privatisierung von Religion bzw. ihrer Ent-Privatisierung. Doch einige Bemerkungen zu den beiden anderen Thesen sind insofern angebracht, als diese mit der Privatisierungsthese zusammenhängen.

Die Ausdifferenzierung der weltlichen Sphäre und ihre Emanzipation von der Kontrolle durch religiöse Institutionen und Normen bleibt ein durchgängiger und für alle modernen Gesellschaften charakteristischer Trend. Man kann diese Differenzierung in der Tat als eines der wichtigsten Definitionsmerkmale der Moderne benutzen. Diesbezüglich bleibt der entscheidende Kritikpunkt aller Varianten der (amerikanischen, deutschen oder französischen) Aufklärung in ihrer Auseinandersetzung mit der organisierten Religion voll gültig:

Staatskirchen sind unvereinbar mit modernen ausdifferenzierten Gesellschaften; und jede Verschmelzung zwischen der politischen und der religiösen Gemeinschaft verstößt daher gegen das Grundprinzip moderner Staatsbürgerschaft, eine These, die seither zu einem zentralen Grundsatz des modernen Liberalismus geworden ist.

Wird eine kirchlich verfaßte Religion vom Staat getrennt, verliert sie also ihren institutionellen Zwangscharakter, dann entwickelt sie sich zu einer freiwilligen religiösen Vereinigung, zu einer Sekte oder „Freikirche".[5] Sobald die Religionsfreiheit anerkannt ist, werden zudem alle Religionen, Kirchen und Sekten aus der Perspektive des nun rein weltlichen Staates zu Konfessionen (in den USA: *denominations*). Die beste Bestätigung für diesen strukturellen Trend der Moderne ist vielleicht die Tatsache, daß die katholische Kirche, nachdem sie sich lange und oftmals heftig gegen das Aufgeben ihrer Identität als „Kirche" gewehrt hatte, auf dem Zweiten Vatikanischen Konzil den Grundsatz der Religionsfreiheit verkündete und anschließend auch in mehrheitlich katholischen Ländern für neu konstituierte demokratische Regime die verfassungsmäßige Trennung von Kirche und Staat anerkannt hat.

Im Gegensatz dazu stellt jedoch das Schwinden religiöser Überzeugungen und Verhaltensweisen keinen notwendigen strukturellen Trend der Moderne dar, obgleich es sich dabei in vielen europäischen Gesellschaften zweifelsohne um eine faktisch vorherrschende historische Tendenz handelt. Insofern scheint es sinnvoller, die unterschiedlich fortgeschrittene Säkularisierung in den Vereinigten Staaten und Europa durch die verschiedenen Beziehungsmuster von Kirche und Staat zu erklären, statt auf die herkömmlichen soziologischen Erklärungen zurückzugreifen, die von einem Zusammenhang zwischen schwindenden religiösen Überzeugungen und Verhaltensweisen sowie zunehmender Industrialisierung, Urbanisierung, Bildung und dergleichen ausgehen.

Vermutlich war die cäsaro-papistische Vereinigung von Thron und Altar im Absolutismus mehr als alles andere für den Niedergang der

---

5   Max Weber, der als erster die später von Ernst Troeltsch weiterentwickelte Typologie von Kirche und Sekte entwarf, betont ausdrücklich, daß eine „voll, d.h. zu universalistischen Heilsansprüchen entwickelte Heilsanstalt (‚Kirche') (...) je nachdem, wie ihr Typus ist, desto weniger ‚Gewissensfreiheit' konzedieren" kann: Somit sei „die ‚Trennung von Staat und Kirche' eine Formel, die nur bei einem faktischen *Verzicht* entweder des Staates oder der Kirche (...) möglich ist". Max Weber, Wirtschaft und Gesellschaft. Grundriß der verstehenden Soziologie, Tübingen 1980, S. 724 f.

kirchlich organisierten Religion in Europa verantwortlich. Die bemerkenswerten Unterschiede zwischen den katholischen Ländern Irland und Polen, in denen es niemals eine Staatskirche gab, einerseits und dem katholischen Frankreich sowie dem katholischen Spanien andererseits deuten in dieselbe Richtung. Zudem vermochten sich in ganz Europa die nicht staatlich gestützten Kirchen und Sekten in der Mehrzahl der Länder weitaus erfolgreicher gegen die Säkularisierungstendenz zu behaupten als die Staatskirchen. Es war somit gerade der Versuch, das Christentum innerhalb und durch die Institutionen des Nationalstaates zu bewahren und durch diese staatliche Stützung der modernen Aufgabentrennung zwischen Kirche und Staat zu widerstehen, welche die Kirchen in Europa beinahe zerstört hätte.

Kurz gesagt: Je stärker sich die Religionen gegen den Prozeß der modernen Differenzierung (d.h. gegen die Säkularisierung in der erster Bedeutung) sträuben, umso mehr werden sie langfristig dazu neigen, einen Rückgang des Glaubens zu erleben (also eine Säkularisierung in der zweiten Bedeutung). Man könnte weiter versuchsweise auch die folgende, damit verbundene These aufstellen: Religionen, die im Gegensatz dazu das moderne Prinzip der Trennung von Kirche und Staat frühzeitig übernommen haben, werden auch geneigt sein, dem modernen Grundsatz freiwilliger Konfessionszugehörigkeit zuzustimmen. Daher werden sie auch besser in der Lage sein, den modernen Prozeß der Ausdifferenzierung von religiösen und weltlichen Dimensionen und Institutionen zu überstehen – und schließlich die Form evangelischer Erweckungsbewegungen anzunehmen: eine erfolgreiche Methode der religiösen Selbsterhaltung auf einem freien Glaubensmarkt. Zumindest scheint die Ausnahme Amerika uns gerade dies in Sachen Religion zu lehren.

Andererseits scheint der polnische Sonderfall – Polen ist wie Amerika eine hoch industrialisierte und urbanisierte Gesellschaft mit einem hohen Bildungsstand und einer ungewöhnlich starken Religiosität – zu beweisen, daß der Widerstand gegen die moderne Differenzierung von Kirche und Staat allein noch keine Schwächung der religiösen Institutionen mit sich bringt. Entscheidend ist vielmehr, ob der Widerstand aus der Position des politischen oder gesellschaftlichen Establishments heraus erfolgt. Geht der Widerstand gegen die Differenzierung von einer dem Staat entfremdeten hierokratischen Institution aus, und genießt dieser Staat keine Legitimation in der Gesellschaft, dann kann der Widerstand gegen die Säkularisierung mit einem gesellschaftlichen Widerstand gegen die illegitime Staatsgewalt verbunden sein. Diese Art des Widerstands mag dann durchaus die hierokratischen Institutionen der Kirche stärken.

Schließlich läßt sich zur dritten Teilthese des Säkularisationsparadigmas sagen, daß die Privatisierung der Religion nicht notwendigerweise eine strukturelle Tendenz der Moderne darstellt. Zwar handelt es sich auch hier um einen in vielen europäischen Gesellschaften historisch vorherrschenden Zug, dem wir gewöhnlich in denselben Gesellschaften begegnen, die auch einen Niedergang der Religion erleben. Gleichwohl ist die Privatisierung von Religion kein zwangsläufiger, struktureller Entwicklungstrend der Moderne, sondern nur eine ihrer historisch möglichen Optionen – freilich eine „vorzugsweise" gewählte Option. „Von innen", d.h. aus religiöser Sicht folgt diese Präferenz für die Privatisierung aus dem Prozeß der Rationalisierung der Religion in der Moderne; „von außen" wird sie durch die strukturelle Ausdifferenzierung moderner Gesellschaften bestimmt. Nicht weniger bedeutsam ist freilich die Tatsache, daß liberale Denkkategorien die Beschränkung der Religion auf den Privatbereich ideologisch verordnen, und daß diese Kategorien nicht nur die politischen Ideologien und Verfassungstheorien, sondern die gesamte Struktur des modernen westlichen Denkens durchziehen. Erst wenn mit Bezug auf die Religion die liberale Trennung zwischen Öffentlichkeit und Privatsphäre in Frage gestellt wird, d.h. erst im Rahmen einer alternativen Konzeption von Öffentlichkeit, können wir die These von der Privatisierung der Religion und die Forderung nach einer Trennung von Kirche und Staat auseinanderhalten. Erst dann können wir auch über die Bedingungen der Möglichkeit von modernen öffentlichen Religionen nachdenken.

Wie wenig die Behauptung, „Religion sei eine Privatangelegenheit" empirisch auch belegbar sein mag, so ist sie gleichwohl für die Moderne konstitutiv. Religionsfreiheit, im Sinne von Gewissensfreiheit, war historisch gesehen die „erste Freiheit" und auch die Voraussetzung aller modernen Freiheiten.[6] Da Gewissensfreiheit ihrem Wesen nach mit dem „Recht auf Privatsphäre" verbunden ist, d.h. mit der modernen Errichtung einer vor staatlichen Eingriffen und kirchlicher Kontrolle geschützten Privatsphäre, wird man sagen dürfen, die Privatheit der Religion sei für die Moderne wesentlich.

---

6    Vgl. Thomas J. Curry, The First Freedoms, New York 1986; William Lee
     Miller, The First Liberty: Religion and the American Republic, New York
     1985.

Die Grenzen der liberalen Auffassung resultieren aus ihrer Neigung, alle politischen Verhältnisse, auch die religiösen, einseitig als verfassungsrechtliche Trennungslinien aufzufassen. Aber das Problem des Verhältnisses von Religion und Politik läßt sich nicht einfach auf die Frage der verfassungsmäßig klar abgegrenzten Trennung von Kirche und Staat reduzieren. Gewiß ist diese Trennung unerläßlich, um sicherzustellen, daß die Religion frei von staatlicher Einmischung, der Staat frei von religiöser Bevormundung, und die persönliche Gewissensfreiheit gegenüber beiden, Staat wie organisierter Religion, frei ist. Doch folgt daraus nicht, daß die Religion notwendig zur Privatangelegenheit werden muß, um diese Freiheiten zu garantieren. Weil aber das liberale Denken dazu neigt, Staat, Öffentlichkeit und Politik in einen Topf zu werfen und miteinander zu verwechseln, wird mit der Trennung der Religion vom Staat zugleich deren Entpolitisierung und Beschränkung auf den Privatbereich vorgeschrieben. Religion hat eine Privatsache zu bleiben.

Die liberale Furcht vor der Politisierung der Religion richtet sich sowohl auf eine die persönliche Gewissensfreiheit gefährdende Staatskirche als auch auf eine religiöse Moral, die nicht auf den Privatbereich beschränkt bleiben will und so eigene Vorstellungen von Gerechtigkeit, öffentlichem Interesse, Gemeinwohl und Solidarität in die „neutrale" Sphäre der liberalen Öffentlichkeit einführen könnte. Es überrascht daher nicht, daß die Bedeutung von öffentlichen Religionen für intersubjektiv normative Strukturen („das Gemeinwohl"), für Bürgertugenden und die politische Teilhabe am Gemeinwesen vornehmlich innerhalb der republikanischen Tradition politischen Denkens geschätzt wird. Doch ebenso wie der Liberalismus versteht auch der Republikanismus öffentliche oder „zivile" Religionen im vormodernen Sinn, d.h. er bezieht sich auf die Gesamtgesellschaft.[7] Solange aber die „Zivilreligion" entweder politisch begriffen wird, d.h. als eine Kraft, die das politische Gemeinwesen auf staatlichem Niveau normativ bindet, oder soziologisch als eine Kraft, die das soziale Zusammenleben in der Gesellschaft integriert, solange ist es unwahrscheinlich, daß eine derartige Zivilreligion in modernen Gesellschaften wieder entsteht. Zumindest ist es theore-

---

[7]  Vgl. Jean Jacques Rousseaus Erörterung der „bürgerlichen Religion" im Gesellschaftsvertrag, Stuttgart 1975, S. 145-158; Robert Bellah, „Civil Religion in America", in: Daedalus, Bd 96 (1967); ders. The Broken Covenant. Civil Religion in Time of Trial, New York 1975; sowie Robert Bellah und Phillip Hammond, Varieties of Civil Religion, New York 1980.

tisch unhaltbar und, wie ich hinzusetzen möchte, auch normativ keineswegs wünschenswert, wenn die Existenz einer solchen Zivilreligion einfach mit der funktionalistischen Begründung postuliert wird, daß moderne Gesellschaften ihrer bedürfen. Moderne, nach Funktionen ausdifferenzierte Gesellschaften verlangen nicht nach einer normativen, gesellschaftlich „positiven" Integration von der Art, wie Durkheims Theorie sie voraussetzt, und es ist sehr unwahrscheinlich, daß sie sie aufweisen. Jede Theorie moderner Religion, die die „Geburt neuer Götter", die „Rückkehr des Heiligen" oder die Existenz einer „Zivilreligion" für wahrscheinlich hält, weil sie angeblich dem Integrationsbedürfnis der Gesellschaft entgegenkommen, beruht daher auf unhaltbaren Prämissen.

Wir sollten statt dessen untersuchen, welche – funktionalen oder dysfunktionalen – Rollen die alten und neuen, traditionellen und modernen Religionen in der öffentlichen Sphäre der Zivilgesellschaft spielen könnten. Aus diesem Grund muß der Begriff der „Zivilreligion" so umformuliert werden, daß er sich nicht mehr auf den Staat und das soziale Zusammengehörigkeitsgefühl bezieht, sondern auf die Zivilgesellschaft. Das moderne „Gemeinwesen" läßt sich theoretisch in drei „Arenen" unterteilen: den Staat, die politische Gesellschaft und die Zivilgesellschaft.[8] Nach dem „diskursiven" Modell des „öffentlichen Raumes" läßt sich die „öffentliche Sphäre" als konstitutive Dimension jeder dieser drei Arenen des Gemeinwesens verstehen.[9] Im Prinzip könnte sich die Religion also in allen drei öffentlichen Räumen des Gemeinwesens niederlassen. „Öffentliche" Religionen sind auf der staatlichen Ebene möglich, wofür die „Kirche" das Paradebeispiel liefert, aber auch auf der politischen Ebene. Letzteres ist etwa dann der Fall, wenn eine Religion gegen andere religiöse und weltliche Bewegungen zu Felde zieht oder wenn sie selbst zu einer politischen, mit anderen religiösen oder weltlichen Parteien konkurrierenden Partei wird. Und nicht zuletzt sind auch „öffentliche" Religionen denkbar, die zwar die Trennung vom Staat akzeptieren und sich auch aus der eigentlichen politischen Gesellschaft zurückgezogen haben, die aber dennoch das Recht für sich in

8   Alfred Stepan, Rethinking Military Politics, Princeton 1988, S. 3-12.
9   Vgl. Seyla Benhabib, „Models of Public Space: Hannah Arendt, the Liberal Tradition and Jürgen Habermas", in: Habermas and the Public Sphere, hrsg. von Craig Calhoun, Cambridge, Mass. 1991; sowie Jean Cohen und Andrew Arato, Civil Society and Political Theory, Cambridge, Mass. 1992.

Anspruch nehmen, in Wort und Tat in die Öffentlichkeit der Zivilgesellschaft einzugreifen. Aus einer derartigen Neuformulierung des
Begriffs geht eine Konzeption von „öffentlicher Religion" hervor, die
mit den liberalen Freiheiten und der strukturellen und kulturellen Differenzierung moderner Gesellschaften durchaus vereinbar ist.

Die „Entprivatisierung" der Religion, ihr Heraustreten aus dem
bloßen Privatbereich setzt daher voraus, daß Religion eine Privatangelegenheit ist; und sie kann nur dann gerechtfertigt werden, wenn
zugleich das Recht auf Privatsphäre und Gewissensfreiheit auch vor
den Übergriffen der Religion juristisch geschützt ist. Die Rede vom
Heraustreten der Religion aus dem Privatbereich meint hier zweierlei: Zum einen bezieht sie sich auf die Einführung öffentlicher, d.h.
intersubjektiver Normen in den Privatbereich und zum anderen auf
das Eindringen der Moral in die öffentliche Sphäre des Staates und
der Wirtschaft. Solange sie das unumstößliche Recht und die Pflicht
des persönlichen Gewissens in moralischen Entscheidungen respek-
tieren, ist es durchaus positiv, wenn Religionen Fragen in die Öffentlichkeit tragen, welche der Liberalismus in die Privatsphäre verwiesen hatte. Sie erinnern damit die Individuen und moderne
Gesellschaften daran, daß Moral nur als intersubjektives Normen-
system Bestand hat und daß unseren persönlichen Entscheidungen
nur insofern eine „moralische" Qualität zukommt, als sie sich von
intersubjektiven und interpersonellen Normen leiten oder beeinflussen lassen. Eine ausschließlich auf die Privatsphäre des Individuums
eingeschränkte Moral muß zwangsläufig zu einem willkürlichen Dezisionismus degenerieren. Indem Religionen die persönliche Moral
mit öffentlichen Problemen und die Öffentlichkeit mit Fragen der privaten Moral konfrontieren, nötigen sie moderne Gesellschaften dazu,
sich reflexiv auf ihre normativen Grundlagen zu beziehen und diese
zu rekonstruieren.

### ÖFFENTLICHE RELIGIONEN IN WEST- UND OSTEUROPA

Ich kann hier natürlich nicht einmal den Versuch unternehmen, einen umfassenden empirischen Überblick über die religiösen Entwicklungen in Europa zu geben. Bestenfalls können wir einige aus
der analytischen Perspektive dieses Aufsatzes relevante Fragen be-
leuchten und so feststellen, ob es erkennbare gegenläufige Tendenzen in Ost- und Westeuropa gibt.

Wenn wir uns zunächst Westeuropa zuwenden, so lassen sich, ein
wenig kategorisch, drei Thesen über die Lebensfähigkeit von öffent-

lichen Religionen auf den drei Ebenen des Gemeinwesens – Staat, politische Gesellschaft und Zivilgesellschaft – aufstellen. Ungeachtet einiger anachronistischer Überbleibsel wie der Church of England und einiger Lutherischen Kirchen in Skandinavien können öffentliche Religionen auf der staatlichen Ebene nicht mehr Fuß fassen, da Staatskirchen mit modernen, ausdifferenzierten und säkularen Staatswesen unvereinbar sind und zudem die Verschmelzung von religiöser und politischer Gemeinschaft dem modernen Grundsatz der Staatsbürgerschaft widerspricht. Der hartnäckige, lang anhaltende und in einigen Ländern, wie etwa Spanien, verheerende Widerstand der katholischen Kirche gegen die strukturelle Tendenz der Moderne, Kirche und Staat bzw. politisches Gemeinwesen und Religion zu trennen, hat ein Ende gefunden. Die endlich erfolgte Anerkennung des Grundsatzes der Religionsfreiheit durch die katholische Kirche – eines Grundsatzes, den die katholische Lehre nun darin begründet sieht, daß „die Würde des Menschen heilig ist" – war nur möglich durch die Preisgabe ihrer Identität als „Kirche". Infolgedessen haben die katholischen Kirchen in den einzelnen Ländern aufgehört, staatliche Zwangsinstitutionen sein oder werden zu wollen, und sind zu freien religiösen Einrichtungen der Zivilgesellschaft geworden.

Zudem hat die freiwillige Trennung vom Staat der katholischen Kirche ermöglicht, bei den jüngsten Übergängen einiger traditionell katholischer Länder zur Demokratie eine entscheidende Rolle zu spielen, so in Spanien, Polen, Brasilien und den Philippinen. Als Kirchen, die die Verteidigung ihres besonderen Privilegs (der *libertas ecclesiae)* in den Dienst der menschlichen Person stellen und das Prinzip der Religionsfreiheit als allgemeines Menschenrecht anerkennen, sind sie nun zum ersten Mal in der Lage, sich auf eine neue Weise öffentlich bemerkbar zu machen, nämlich als Streiterinnen für die Institutionalisierung allgemeiner Menschenrechte, die Schaffung einer modernen Öffentlichkeit und die Errichtung demokratischer Regierungsformen. Natürlich ist diese Form einer mobilisierten öffentlichen Religion bloß eine Übergangsform: je erfolgreicher sich die demokratischen Regime konsolidieren, um so mehr wird sie ihre Daseinsberechtigung einbüßen. Sobald also der Übergang zur Demokratie beginnt, macht sich ein innerer Druck bemerkbar, der die Religion in den Privatbereich abdrängt.

Was nun öffentliche Religionen auf der Ebene der politischen Gesellschaft betrifft, so wird man ebenfalls behaupten dürfen, daß die meisten ihrer historisch überlieferten Formen in Westeuropa keine Zukunft haben. Die ganze Bandbreite der katholisch konterrevolu-

tionären Bewegungen von der Französischen Revolution bis zum
Spanischen Bürgerkrieg, die David Martin so treffend als „reaktiven
Organizismus" bezeichnet hat; die politische Mobilisierung religiö-
ser Minderheiten gegen verschiedene Typen des Kulturkampfes – ob
er nun von staatlicher Seite oder anderen religiösen und weltlichen
Bewegungen oder Parteien geführt wurde; die Struktursysteme reli-
giös-politischer „Versäulung", die am ausgeprägtesten in Belgien und
Holland entwickelt wurden; die Mobilisierung der Laien durch die
„Katholische Aktion" mit dem Ziel, Interessen und Privilegien der
Kirche zu schützen und zu fördern; das nach dem Zweiten Weltkrieg
entstandene Geflecht christdemokratischer Parteien – sie alle können als Beispiel für verschiedene, in der politischen Gesellschaft lo-
kalisierte Formen „öffentlicher" Religion gelten.

   Zumindest in Westeuropa ist das Zeitalter dieser Formen vorüber.
Eine der bedeutsamsten Entwicklungen in den jüngst erfolgten Übergängen zur Demokratie in vorwiegend katholischen Ländern besteht
darin, daß die katholische Kirche, obwohl sie dort ein beispielloses
Ansehen und großen Einfluß in der Zivilgesellschaft genoß, ihre herkömmlichen Versuche aufgab, offizielle katholische Parteien entweder zu gründen oder zu fördern. Die Kirche scheint nicht nur die Trennung vom Staat, sondern auch die Abkoppelung von der politischen
Gesellschaft im eigentlichen Sinne akzeptiert zu haben.

   Freilich bedeutet das nicht, daß damit der Katholizismus zwangsläufig zu einer reinen Privatsache würde oder die Kirche keine öffentliche Rolle mehr spielte. Es bedeutet lediglich, daß nun die Zivilgesellschaft zum öffentlichen Ort der Kirche geworden ist, und
nicht mehr, wie früher, der Staat oder die politische Gesellschaft. Allerdings sind die Kirchen in Europa von allen drei Aspekten des Sä-
kularisierungsprozesses so stark betroffen, daß sie nur zögernd – und
wenn sie es tun, zumeist erfolglos – in die öffentliche Sphäre der Zivilgesellschaft eingreifen. Wie ich bereits erwähnte, haben moderne
Religionen zwei historische Optionen: Sie können sich entweder auf
den Privatbereich beschränken oder über diesen hinausgehen. Daher
kann man unmöglich vorhersagen, wie eine bestimmte Religion auf
moderne Säkularisationsprozesse reagieren wird. Bestenfalls lassen
sich einige der Bedingungen angeben, die ein Eingreifen der Religion in den öffentlichen Bereich begünstigen könnten.

   Die erste und grundlegende Bedingung ist gleichsam tautologisch.
Nur Religionen, die aufgrund ihrer Lehre oder ihrer kulturellen Tradition ein öffentliches und auf das Gemeinwohl bezogenes Selbstverständnis haben, werden bestrebt sein, öffentliche Rollen zu über-

nehmen, und dem Druck widerstehen, ausschließlich oder auch nur primär zu privaten, „unsichtbaren" persönlichen Heilsreligionen zu werden.[10] Vor allem werden Religionen, die zwar ihre Identität als Zwangsinstitution aufgegeben haben, nicht aber ihre Identität als „Kirche" – sowohl im Durkheimschen und Hegelschen Sinn einer sittlichen Gemeinschaft als auch im Weberschen Sinn eines universalistischen Heilsanspruchs –, mit größerer Wahrscheinlichkeit dazu neigen, die Wahrnehmung öffentlicher Funktionen als ihr Recht und ihre Pflicht zu beanspruchen. Dieser Hang wird umso ausgeprägter sein, je stärker die betreffenden Religionen bereits in der Vergangenheit eine prominente öffentliche Rolle gespielt haben.

Das Beispiel Spanien zeigt jedoch, daß weder die Lehre noch die historische Tradition einer Religion per se eine hinreichende Gewähr dafür bieten, erfolgreich eine öffentliche Stellung in modernen Zivilgesellschaften zu behaupten – es sei denn, diese Religion vermag darüber hinaus auch das Profil einer dynamischen und vitalen privaten Heilsreligion zu bewahren oder anzunehmen. Der spanische Katholizismus hat sich damit abgefunden, daß er nicht länger eine „Kirche" im Sinne einer monopolistischen, die gesamte Nation umfassenden und allgemein verbindlichen Glaubensgemeinschaft ist. Der Katholizismus hat prinzipiell und de facto aufgehört, der nationale Glaube zu sein. Glaubensbekenntnis, nationale Identität und politische Staatsbürgerschaft haben sich schließlich in Spanien voneinander getrennt. Indem die Kirche das Prinzip und die faktische Gegebenheit einer pluralistisch organisierten Zivilgesellschaft anerkannt hat, erwarb sie den Status einer freiwilligen Konfession *(denomination)* – zweifellos den einer mächtigen, aber dennoch freiwilligen und im Rahmen der Zivilgesellschaft wirkenden Religionsgemeinschaft.

Meinungsumfragen zeigen, daß diese Grundsätze auch von der spanischen Bevölkerung verinnerlicht wurden und die Zahl der praktizierenden Gläubigen dramatisch zurückgegangen ist. Die Kirche ist heutzutage nicht mehr in der Lage, die öffentliche Moral der Spanier zu beeinflussen, und ebenso wenig kann sie noch davon ausgehen, die private Moral der gläubigen Katholiken zu kontrollieren. Es erstaunt daher nicht, daß die katholische Kirche weder durch institutionellen Druck noch durch die Mobilisierung der Katholiken die neuen von der sozialistischen Regierung eingebrachten Gesetzesvorlagen zu blockieren oder zu ändern vermochte, und dies, obwohl es

---

[10] Siehe Thomas Luckmann, Die unsichtbare Religion, Frankfurt/M. 1991.

sich dabei um Gesetze handelte, deren Gegenstände nach Auffassung der Kirche weiterhin in ihren Zuständigkeitsbereich fallen, nämlich religiöse Erziehung, Scheidung und Abtreibung. In Spanien sind Glaube und Moral dabei, zur Privatsache zu werden. Spanien ist nicht nur der Europäischen Gemeinschaft beigetreten, sondern hat anscheinend auch das allgemeine westeuropäische Säkularisierungsmodell übernommen.[11]

In einigen Fällen, in denen sich die katholische Kirche an den öffentlichen Auseinandersetzungen beteiligte, blieb ihre Intervention so gut wie wirkungslos. Das lag unter anderem an ihrer Unfähigkeit, die Kritik an der sozialistischen Regierung von der parteipolitisch konservativen Opposition abzugrenzen; die kirchlichen Positionen konnten leicht als hohle traditionalistische Attacken auf die moderne weltliche Zivilisation abgetan werden. Ebenso wurde die Kritik des Papstes an der „Entchristianisierung" Spaniens und dem moralischen Rückfall des Landes in ein „neues Heidentum" als herkömmlicher religiöser Angriff auf die weltliche Kultur wahrgenommen – und dies, obgleich der Papst betonte, man dürfe die Einwände der Kirche keineswegs mit ihren starren antimodernistischen Positionen der Vergangenheit gleichsetzen.[12] In beiden Fällen trug außerdem die überzogene Abwehrreaktion der sozialistischen Regierung dazu bei, die Streitfrage wie einen Reflex der für die spanische Politik in der Vergangenheit so typischen Spaltung in Klerikale und Antiklerikale aussehen zu lassen. Aus welchen Gründen auch immer – jedenfalls förderten die Interventionen der Kirche keine ernsthafte öffentliche Debatte über Wesen und Bedeutung privater und öffentlicher Moral in modernen Gesellschaften.

Das Beispiel Spanien scheint uns zu zeigen, daß die herkömmlichen Säkularisierungstheorien mit den drei Elementen strukturelle Differenzierung, Glaubensverfall und Privatisierung der Religion im Falle Westeuropas empirisch gültig sind. Es ist unwahrscheinlich, daß Religionen, nachdem der Säkularisierungsprozeß sie geschwächt hat, sich nicht in den Privatbereich abdrängen lassen. Tatsächlich haben die Kirchen Westeuropas die Hauptprämissen der Säkularisie-

---

[11] Diesbezügliche empirische Untersuchungsergebnisse und eine ausführliche Erörterung finden sich in meinem Artikel „Spain: From State Church to Disestablishment", in: Public Religions, a.a.O. S. 75-91, und bei Víctor Pérez-Díaz, „The Church and Religion in Contemporary Spain", in: The Return of Civil Society, Cambridge, Mass. 1993.

[12] *El Pais,* Edición Internacional, vom 30. September 1991, S. 16 f.

rungstheorien verinnerlicht und als unvermeidlich, ja als „Zeichen der Zeit" akzeptiert.

Ist die Situation in Osteuropa eine andere? Welche Möglichkeitsbedingungen für öffentliche Religionen herrschen dort? Angesichts der religionsfeindlichen und säkularen Politik, die der Staatssozialismus von der radikalen Religionskritik der Aufklärung geerbt hat, sowie der atheistischen – wenngleich in funktionaler Hinsicht durchaus theokratischen – ideologischen Ansprüche des totalitären Staates mußte jedem religiösen Widerstand unter den kommunistischen Regimen eine positive und öffentliche Bedeutung zukommen. In einem solchen Kontext konnte bereits die bloß partikularistische Verteidigung religiöser Traditionen oder die Bekräftigung des Rechts, verschieden und „anders" zu sein, schnell zum Zeugnis politischen Protestes werden. Selbst wenn der Widerstand von kirchlichen Institutionen ausging, deren Interesse lediglich der Verteidigung traditioneller hierokratischer Privilegien galt, und sogar wenn eine solche Verteidigung in Form einer Anpassung an den Cäsaro-Papismus des Staates stattfand, so hatte bereits die bloße Erhaltung eines religiösen Bereichs, der nie völlig in der offiziellen Ideologie aufging oder von den Institutionen des Systems assimiliert werden konnte, eine positive Funktion.

Einigen Kirchen – am herausragendsten der katholischen Kirche Polens – gelang es, sowohl private als auch öffentliche institutionelle Räume vor der absolutistischen Staatskontrolle zu bewahren und zu schützen. In der ganzen Region führte die historische Verschmelzung von religiöser und nationaler Identität dazu, daß das Vorhaben scheiterte, ein homogenes Sowjetreich aus lauter „Sowjetmenschen" zu schaffen. Solange sie nicht völlig verboten wurden, fiel es den Kirchen leichter als allen anderen Institutionen, als Hüterinnen der nationalen und kulturellen Tradition und als Beschützerinnen einer gewissen Art von gesellschaftlicher Autonomie aufzutreten.

Von größter Bedeutung ist jedoch, daß der religiöse Widerstand in dem Augenblick ein qualitativ neues Niveau erreichte, als kirchliche Institutionen begannen, nicht nur für bestimmte religiöse Traditionen oder religiöse Sonderrechte einer Gruppe einzutreten, sondern für das Recht auf Religionsfreiheit als allgemeines Menschenrecht. Dadurch griffen sie den modernen Diskurs der Individualrechte auf und erweiterten ihn. Von Polen bis zur Ukraine, von Ostdeutschland bis zur Tschechoslowakei spielte die Religion bei der Entstehung sozialer Bewegungen, die für Menschen- und Bürgerrechte und die Wiedererrichtung selbstbestimmter Zivilgesellschaften kämpften, eine wichtige Rolle. Die von Glasnost und Perestroika ausgelöste Liberalisierung und der anschließende Zusammenbruch der kommunistischen Regime sorgten für eine allgemeine und weitverbreitete Wiederbelebung der Religion in der gesamten Region. Obgleich sie miteinander verknüpft sind, lassen sich vier verschiedene Aspekte dieser Entwicklung unterscheiden:

1) Es fand eine allgemeine geistliche Wiedererweckung statt, in deren Mittelpunkt die Wiedereinsetzung des persönlichen moralischen Gewissens, die seelische Selbstfindung und ein erneutes Interesse an geistlichen Traditionen, religiöser Erziehung, erbaulicher Literatur und dergleichen mehr stand.

2) Wir erlebten die Rückkehr der alten historischen Religionen und die Restauration von verfolgten und verkümmerten Kirchen. Zuvor verbotene religiöse Körperschaften wurden legalisiert und die Autonomie der Kirchen, die bis dahin der erstickenden Kontrolle des kommunistischen Staates mit seiner cäsaro-papistischen Kontrolle des religiösen Lebens unterworfen waren, erweitert.

3) Hand in Hand mit nationalistischen Bewegungen entwickelte sich eine mitunter aggressive Selbstbehauptung kollektiver religiöser Identitäten, welche in der Vergangenheit mit ethnischen und nationalen Identitäten verschmolzen, aber unter der kommunistischen Herrschaft verschwunden oder unterdrückt worden waren. Dies ist vermutlich die verbreitetste Wiederbelebung der Religion; zumindest war es diese Entwicklung, die wegen ihrer potentiell negativen Folgen die größte Aufmerksamkeit auf sich zog.

4) Zum ersten Mal in der Geschichte dieser Region entsteht ein freier Glaubensmarkt. Alle möglichen Religionen, territorial oder ethnisch in der Region verwurzelte, aber auch Neulinge, die hier einen fruchtbaren Boden für ihre missionarischen Bemühungen gefunden zu haben glauben, konkurrieren (nicht selten auch aggressiv) um die Gefolgschaft einzelner Gläubiger oder ganzer Gruppen.

Will man die möglichen Auswirkungen und Folgen des gegenwärtigen Wiederauflebens der Religion erörtern, dann scheint es zweckmäßig, die Gefahren öffentlicher Religionen in Osteuropa ebenso zu untersuchen wie ihre Chancen.

### DIE GEFAHREN ÖFFENTLICHER RELIGIONEN

Eine Religion kann eine Bedrohung für den öffentlichen Bereich und die Demokratie darstellen, falls ihr politisches Engagement religiöse Zwistigkeiten schürt, die ihrerseits politische Konflikte verschärfen.

Hierbei lassen sich religiös-säkulare, ethnisch-religiöse und konfessionelle Streitigkeiten unterscheiden.

Wie bereits gesagt, deuten die allgemeinen gegenwärtigen Entwicklungen an, daß das Zeitalter der Auseinandersetzungen zwischen den religiösen und säkularen Bewegungen und der Kämpfe um den historischen Prozeß der modernen Säkularisierung auf dem Boden des westlichen Christentums im wesentlichen der Vergangenheit angehört. Die anfänglichen Entwicklungen in der postkommunistischen Ära scheinen diese Tendenz zu bestätigen. Sogar in Polen, dem einzigen Land, in dem sich die katholische Kirche zur Staatskirche hätte aufschwingen können, scheint sich die Kirche nach anfänglichem Lavieren nunmehr damit abgefunden zu haben, die verfassungsmäßige Trennung von Kirche und Staat zu akzeptieren. Hier waren offenbar zwei sich wechselseitig bestärkende Kräfte am Werk: Trotz der verschiedentlich geäußerten Vorlieben Kardinal Glemps und anderer Mitglieder der polnischen Hierarchie kann die katholische Kirche Polens doch kaum der vom Vatikan betriebenen, offiziellen Politik der freiwilligen Trennung von Kirche und Staat entgegenarbeiten. Zudem hat die negative Erfahrung mit der antireligiösen Politik der kommunistischen Regime in der ganzen Region einen Lernprozeß gefördert, der sich in einer allgemeinen Achtung vor dem Grundsatz der Religionsfreiheit und der Selbstbestimmung religiöser Institutionen bzw. der religiösen Sphäre gegenüber dem Staat äußert. Sogar innerhalb der russisch-orthodoxen Kirche, also einer Institution, die jahrhundertelang dem Cäsaro-Papismus huldigte, ist diese historische Erfahrung und die daraus resultierende Befürwortung der religiösen Selbstbestimmung spürbar. Langfristig betrachtet ist dies zweifellos die positivste und hoffnungsvollste Entwicklung in der ehemaligen Sowjetunion.

Ältere Formen religiöser Konflikte, jene nämlich, die mit der Bildung von Nationalstaaten einhergehen, erweisen sich im Vergleich zur neuzeitlichen Auseinandersetzung zwischen Religion und Laizismus als weitaus ernsthafter, aber auch als gefährlicher und hartnäckiger. Heutzutage ist eine ethnisch-religiöse Homogenität allerdings unwahrscheinlicher denn je. Der Versuch, „reine" Nationalstaaten zu errichten, muß zwangsläufig zur „Säuberung" der Nation von ethnisch-religiösen Minderheiten führen, entweder durch Unterdrückung oder durch Vertreibung und Vernichtung. Ohne in irgendeiner Weise religiöse Institutionen oder Autoritäten von ihrer Schuld entlasten zu wollen, sollte man gleichwohl anerkennen, daß die aggressivsten Formen des ethnischen Nationalismus, ob nun in Bosnien oder in Nagorni-Karabach, zum wenigsten von religiösen Eiferern genährt werden. Skrupellose politische Eliten, die gestern noch für die Säkularisierung eingetreten sind, machen sich heute die überkommenen religiösen Identitäten und die kollektiven Erinnerungen an vergangene Kämpfe zwischen Religionen zunutze, um einen neuformierten Nationalismus mit seinen Hegemonialansprüchen gegen die religiös Andersgläubigen zu mobilisieren. Allerdings müssen wir sorgfältiger untersuchen, wie wichtig die Religion tatsächlich für die neuen nationalistischen Identitäten ist und wie weit gerade die Dynamik solcher ethnisch-religiösen Auseinandersetzungen religiöse Identitäten innerhalb weitgehend säkularisierter Gruppen neu zu beleben vermag.

Jede langfristige Lösung dieser nationalistischen Konflikte wird auf die Trennung der religiösen von der politischen Gemeinschaft setzen müssen. Die Kirchen, zumindest jene, die ihrer Lehre nach Teil einer übernationalen religiösen Körperschaft sind und universalistische Ansprüche aufrechterhalten, müssen aufhören, sich als Gemeinschaftskulte eines Nationalstaates zu betrachten, und zu freiwilligen religiösen Gemeinschaften werden, die eher in der Zivilgesellschaft als in der Nation verankert sind. Dieser Schritt würde es leichter machen, demokratische Staaten und politische Gesellschaften auf das individualistische Prinzip der Staatsbürgerschaft statt auf ethnische Zugehörigkeit zu verpflichten.

Die Trennung von religiöser und politischer Gemeinschaft ist noch keine Garantie dafür, daß schwerwiegende konfessionelle Streitigkeiten von der Tagesordnung verschwinden. Doch ist die Religion erst einmal vom Staat getrennt und von der politischen Gesellschaft abgekoppelt, können religiöse Auseinandersetzungen Teil des normalen, institutionalisierten Wettbewerbs zwischen religiösen Vereinigungen auf einem mehr oder weniger freien und offenen Glaubensmarkt werden. Obgleich es einige Zeit dauern könnte, bevor sich das amerikanische Modell allgemein in Europa durchsetzt, zeigt sich zunehmend, daß es seiner historischen „Ausnahmestellung" zum Trotz mit seiner Trennung von Kirche und Staat, seiner freien Religionsausübung, seinen freiwilligen Denominationen und seinem religiösen Pluralismus am besten mit den differenzierten Strukturen der Moderne übereinstimmt.

In der Ukraine haben die nationale Unabhängigkeit und die Institutionalisierung der Religionsfreiheit die Bedingungen für einen pluralistischen Markt geschaffen, der in Osteuropa nicht seinesgleichen hat und auf dem die verschiedensten Konfessionen miteinander kon-

kurrieren können. Allerdings sind damit auch die Bedingungen für
äußerst dramatische Konflikte zwischen den Konfessionen entstanden. Die Streitigkeiten zwischen Katholiken und Orthodoxen über
kirchlichen Grundbesitz in der gesamten westlichen Ukraine nahm
schon bald den Charakter eines internationalen Konfliktes zwischen
dem ukrainischem und russischem Nationalismus an. Diesem internationalen Konflikt zwischen verschiedenen Konfessionen war der
ältere übernationale Streit zwischen Papsttum und Moskauer Patri-
archat, dem dritten Rom, vorgelagert. Der hartnäckige Widerstand
der ukrainischen Katholiken und die Wiedererstehung der autokepha-
len orthodoxen Kirche der Ukraine haben die verschiedenen Versuche des Moskauer Patriarchats, ein oligopolistisches Übereinkom-
men zwischen Rom und Moskau zu erzielen, durchkreuzt. Wäre es
zustande gekommen, hätte der Vertrag die Katholiken Osteuropas gezwungen, zwischen der römisch-katholischen und der russisch-orthodoxen Kirche zu wählen.

In der Ukraine bildet sich derzeitig ein verwickelter, aber wirkli-
cher konfessioneller Pluralismus heraus. Rom unterstützt weiterhin
die Selbstbestimmung der ukrainischen katholischen Kirche, verfolgt
aber gleichzeitig in der ganzen früheren Sowjetunion eine aggressive
Expansionspolitik des römischen Katholizismus. Dies gilt vor allem
für die drei slawischen Republiken, die Ukraine, Weißrußland und
Rußland. Die ukrainische Orthodoxie hat sich in drei konkurrierende
Konfessionen gespalten, in die autokephale orthodoxe Kirche der
Ukraine, in die ukrainisch-orthodoxe Kirche und die russischortho-
doxe Kirche der Ukraine. Zahllose Ableger der protestantisch-evan-
gelikalen Bewegungen Amerikas missionieren eifrig in der Ukraine,
ohne sich daran zu stören, daß sie weder die Sprache, noch die Kultur und die religiösen Traditionen des Landes kennen, einzig hingerissen von dem Wunsch, den Eingeborenen das Evangelium Jesu
Christi zu bringen. Zudem entwickelt sich die Ukraine zu einem blü-
henden Zentrum für neue Religionen, exotische Kulte und spirituelle Bewegungen aller Art: von den Roon Virists, die vorchristliche,
heidnische Kulte wiederbeleben wollen, über die allgegenwärtigen
Hare Krishna Jünger bis hin zu der äußerst bizarren und apokalypti-
schen Weißen Bruderschaft, die letzten November internationale
Schlagzeilen machte, als sie das Schauspiel der Kreuzigung und Wie-
derauferstehung ihrer messianischen Oberhirtin Maria Dewi Chris-
tos in Kiew ankündigte.

Als Reaktion auf einen derart bewegten und unerwarteten religiösen Wettbewerb kam es zu eigenartigen Winkelzügen und Bündnis-

sen zwischen den Konfessionen. Obwohl sie untereinander heftig zerstritten sind, verbünden sich die orthodoxen Institutionen gegen das Eindringen des römischen Katholizismus in ihr historisches Gebiet. Das hindert sie jedoch nicht daran, zugleich ökumenische oligopolistische Absprachen mit der katholischen Kirche und den gemäßigten protestantischen Kirchen[13] anzustreben, in der Absicht, den Wettbewerb zu regulieren und sich gegen streitbare evangelikale Sekten zu schützen, welche die tief verwurzelten historisch-religiösen Traditionen der osteuropäischen Länder nicht anerkennen wollen. Inzwischen sind sich alle christlichen Konfessionen auch darüber einig, neue Religionen und „illegitime" Kulte aus dem offenen, aber gleichwohl regulierten Glaubensmarkt auszuschließen. Das Wiedererstehen der religiösen Identität von Juden und Moslems (Krimtataren) trägt das seine zu den verwickelten interkonfessionellen Streitigkeiten bei.

Die entscheidende, weiter zu untersuchende Frage ist, ob die entstehenden konfessionellen Konflikte positiv zu bewerten sind, nämlich als Vorboten eines Prozesses, der in ganz Europa zu einem offenen religiösen Pluralismus und wirklich freiwilligen Religionsgemeinschaften führen kann. Eine derartige Entwicklung könnte durch die Freisetzung der religiösen Gemeinschaften aus ihrer traditionellen Bindung an Staaten und Nationen auch zu offeneren und kulturell wie politisch pluralistischeren Strukturen beitragen. Oder müssen wir im Gegenteil die Konflikte zwischen den Konfessionen als unheilschwangere Anzeichen zukünftiger Zusammenstöße zwischen den Zivilisationen deuten, die, wie Samuel Huntington und andere Beobachter meinen, die internationalen Auseinandersetzungen des Zeitalters der Nationalstaaten und der Epoche des kalten Krieges ablösen werden?[14] Tatsächlich sollte man nicht übersehen, daß die historischen Bruchlinien zwischen dem westlichen und östlichen Christentum sowie zwischen Christentum und Islam zur Zeit in der

---

[13] Im Original „main line protestant denominations". Im amerikanischen Sprachgebrauch werden unter den protestantischen Kirchen der „Hauptlinie" die gemäßigteren, liberaleren Religionsgemeinschaften des Protestantismus verstanden – im Gegensatz zu den radikaleren fundamentalistischen und evangelikalen Strömungen und Gruppen. Letztere haben allerdings in den letzten Jahrzehnten weitaus stärkere Wachstumsraten in den USA und in der Mission aufzuweisen als die „main line"-Protestanten. (Anm. d. Transit-Redaktion)

[14] Vgl. Samuel Huntington, „The Clash of Civilizations?", in: Foreign Affairs, Vol. 72, N. 3 (Summer 1993).

gesamten osteuropäischen Region wiedererstehen, was potentiell fatale Folgen für den politischen und wirtschaftlichen Fortschritt haben könnte. Huntingtons dramatische Vision eines Zusammenpralls von Zivilisationen, welche mit gleichsam unwandelbaren Traditionen in der Vergangenheit wurzeln, berücksichtigt jedoch nicht, daß ununterbrochen religiöse Erweckungsbewegungen und Reformationen stattfinden, wodurch sich der Charakter gegenwärtiger und zukünftiger Begegnungen zwischen Religionen und Zivilisationen sehr wohl wandeln kann. In diesem Zusammenhang sei darauf verwiesen, daß das jüngste *aggiornamento*[15] des Katholizismus nach jahrhundertelangem Widerstand gegen die neuzeitlichen Entwicklungen, die Trennungslinie zwischen protestantischen und „lateinischen", katholischen Zivilisationen einschneidend verändert hat.

## Die Chancen öffentlicher Religionen

Weitaus schwieriger zu bestimmen und noch schwerer überzeugend nachzuweisen ist allerdings, worin der positive Beitrag und das hoffnungsvolle Versprechen von fortgesetzten religiösen Wiedererweckungen für die Demokratisierungsprozesse in der Region bestehen könnten. Ich will dennoch kurz drei Bereiche anführen, in denen eine vergleichende historische Analyse den Schluß nahe legt, die Religion erfülle hier eine positive Funktion.

1. *Die Verteidigung der Menschenrechte.* Historisch gesehen war die Verteidigung der Menschenrechte, ausgehend von der entscheidenden Rolle, welche die protestantischen Sekten bei der Durchsetzung des neuzeitlichen Grundsatzes der allgemeinen Menschenrechte als transzendenter und offensichtlicher Wahrheiten gespielt haben, wahrscheinlich der wichtigste Beitrag der Religion zur modernen Demokratisierung. Indem sie die Religions- und Gewissensfreiheit als ein unveräußerliches, gottgegebenes Recht, ja als Grundlage aller modernen Rechte und Freiheiten begründete, trat die Religion für die Heiligung der Menschheit in der Person jedes einzelnen Menschen ein. Diese Verehrung des Individuums oder, um es mit den heute üblichen Worten der katholischen Oberhirten zu sagen, die „geheiligte Würde der menschlichen Person" konstituiert das, was Durkheim so überzeugend die Religion der Moderne nannte. Tatsächlich läßt sich die Einstellung aller religiösen Traditionen zur neuzeitlichen Lehre von den allgemeinen Menschenrechten als

---

[15] Gemeint ist das Zweite Vatikanische Konzil (Anm. d. Transit-Redaktion).

Feuerprobe für ihr Verhältnis zur Moderne im allgemeinen und zur Demokratie im besonderen betrachten. In diesem Kontext ist es wichtig, zu fragen, in wieweit die Kirchen Osteuropas eine Art *aggiornamento* durchmachen. Oder sollte die religiöse Erweckung nichts anderes sein als die Rückkehr zu älteren, traditionellen Formen der Religiosität? Diese Fragen sind vor allem für die byzantinischen Ostkirchen von Bedeutung.

2. *Religiöse Tugenden und republikanische Tugend.* Kein neuzeitlicher Denker hat so systematisch und scharfsinnig die möglichen Verbindungen zwischen religiösen Tugenden und republikanischer Tugend untersucht wie Alexis de Tocqueville. Obgleich er dazu neigt, seine These über die Religion in Amerika zu verallgemeinern, um sie auf transzendente Religionen überhaupt anwenden zu können, zeigt sich bei näherem Hinsehen, daß sich sein Argument vor allem auf eine bestimmte Form der Religion bezieht, deren Charakteristikum eine bestimmte Art des religiösen Individualismus und des freiwilligen Zusammenschlusses ist.

Angesichts der allgemeinen Demoralisierung und des moralischen Verfalls wie auch der säkularisierten Einöde, wie sie von der jahrzehntelangen kommunistischen Herrschaft produziert wurde, sollten wir nicht unterschätzen, welche Bedeutung die Wiederbelebung der traditionellen theologischen Tugenden (Glaube, Liebe, Hoffnung) und der Kardinaltugenden (Gerechtigkeit, Klugheit, Mäßigung und Tapferkeit) haben kann. Würde eine religiöse Wiedererweckung zu einer moralischen Erweckung im Privatbereich führen, könnte dies nur günstige Folgen für den öffentlichen Bereich haben. Mehr noch als die einzelnen religiösen oder moralischen Lehren ist es der quasi-republikanische Charakter der kirchlichen Institution des amerikanischen Protestantismus, namentlich ihr richtig verstandener religiöser Individualismus, ihre Freiwilligkeit und vereinsmäßige Organisation, der die aus dem *Second Great Awakening*[16] hervorgegangenen evangelischen Denominationen zu einem fruchtbaren Bo-

---

[16] Nach der „ersten" großen Erweckungsbewegung (1735) in den neuenglischen Provinzen fand das „zweite" *Great Awakening* gegen Ende des 18. Jahrhunderts statt, zog sich dann aber bis zu den adventistischen Erwartungen der Wiederkunft Christi i.J. 1835 hin. Höhepunkt des Second Great Awakening war wohl das Camp Meeting in Cane Ridge, Kentucky, von 1801; aber seine Auswirkungen für die Entwicklung einer evangelischen/evangelikalen Spiritualität der christlichen Wiedergeburt des einzelnen sind bis heute, etwa in den Predigten Billy Grahams, zu spüren (Anm. d. Transit-Redaktion).

den und einer hervorragenden Lehranstalt für die republikanischen
Tugenden machte, auf die eine Demokratie angewiesen ist. Der entscheidende Punkt an Tocquevilles Argument ist, daß die Kirchen weder im Staat noch in der politischen Gesellschaft, sondern in der Zivilgesellschaft verankert sind. Sie stellen freiwillige Vereinigungen
der Zivilgesellschaft dar.

Ausschlaggebend ist also nicht, daß die Kirchen, um die Demokratie zu fördern, ihr traditionelles kirchliches Selbstverständnis aufgeben und in ihrer Binnenstruktur selbst zu individualistischen oder
demokratisierten Organisationen werden müssen. Verlangt ist vielmehr, daß sie zwar den Grundsatz und die Vision einer sittlichen Gemeinschaft aufrechterhalten, aber aufhören, sich als staatliche
Zwangsinstitutionen oder als Gemeinschaften zu betrachten, die mit
der Nation oder der Gesellschaft zusammenfallen. Die Kirchen sollten also unter Beibehaltung ihrer universalistischen Wahrheitsansprü-
che ausdrücklich das konfessionelle Selbstverständnis von „Freikir-
chen" annehmen. Unter den Bedingungen der Moderne beinhaltet
das religiöse Bekenntnis eines Individuums, selbst wenn es einer orthodox religiösen Tradition anhängt, immer auch, daß es sich dabei
um eine reflektierte, persönliche und freie Wahl handelt. So gesehen
ist die moderne individuelle Religiosität zumindest ihrer Struktur
nach implizit immer eine Wiedergeburt, eine Bekehrung im Erwach-
senenalter. Das pietistische Erweckungserlebnis des evangelischen
Protestantismus ist daher für alle modernen Formen der Religion in
gewisser Weise paradigmatisch. Auch hier lautet die entscheidende
Frage wieder, ob die osteuropäischen Religionen einen derart evangelischen Wandel durchmachen.

3. *Religion in der öffentlichen Sphäre.* Wie oben bereits dargelegt,
bedeutet die Tatsache, daß moderne religiöse Institutionen notwendigerweise in der Zivilgesellschaft verankert sein müssen, keinesfalls, daß sie zur reinen Privatangelegenheit werden und den öffentlichen Bereich völlig verlassen sollen. Die liberale Maxime,
„Religion ist eine Privatangelegenheit", ist zwar grundsätzlich richtig, kann aber nicht meinen, daß sich Religion nur mit Privatangele-
genheiten und nicht auch mit öffentlichen Fragen befassen soll, oder
sich nicht in die öffentlich ausgetragene Erörterung solcher Fragen,
d.h. in den öffentlichen Bereich der Zivilgesellschaft einmischen
darf.

Erstens nötigen Religionen die modernen Gesellschaften dazu, öffentlich und kollektiv über ihre normativen Strukturen nachzudenken, indem sie ihre eigenen normativen Traditionen als Grundlage

für Debatten über öffentliche Streitfragen geltend machen und sich bestimmten Thesen mit religiösen Argumenten widersetzen. Zweitens stellen die Religionen mit ihrem hartnäckigen Beharren auf dem Grundsatz des „Gemeinwohls" und ihrem Selbstverständnis als sittlicher Gemeinschaft eine Herausforderung für die vorherrschenden individualistisch-liberalen Theorien dar, die das Gemeinwohl auf die Gesamtsumme persönlicher Präferenzen reduzieren. Und schließlich und endlich besteht vermutlich die wichtigste Aufgabe der Religion darin, öffentlich für den Grundsatz der „Solidarität" mit allen Menschen einzutreten. Religionen, welche die geheiligte Würde jedes Menschen gegen die unpersönlichen Prinzipien der beiden dominanten sozialen Systeme, der staatlichen Verwaltung und der kapitalistischen Märkte, verteidigen, erinnern sowohl die Staaten als auch ihre Bürger daran, wie notwendig es für die Menschen ist, die Logik der Nationalstaatenbildung und ihrer Staatsräson einem höheren „Gemeinwohl" unterzuordnen. Und indem sie die unmenschlichen Ansprüche der kapitalistischen Märkte in Frage stellen, allein gemäß unpersönlicher und moralisch neutraler selbstregulativer Mechanismen zu funktionieren, rufen Religionen den Individuen und den Gesellschaften in Erinnerung, wie wichtig es ist, die anonymen Marktmechanismen zu kontrollieren und zu steuern. Denn nur so läßt sich sicherstellen, daß Marktakteure oder staatliche Bürokratien für die von ihnen möglicherweise verursachten menschlichen, sozialen und ökologischen Schäden zur Rechenschaft gezogen werden und sich den Bedürfnissen aller Mitglieder der Gesellschaft gegenüber verantworten müssen. Zudem sind universalistische Religionen und transnationale religiöse Institutionen immer dann von Vorteil, wenn es gilt, alle Menschen und Gesellschaften darauf zu stoßen, daß das „Gemeinwohl" unter heutigen Bedingungen zunehmend weltweit, universal und humanistisch verstanden werden muß, und die öffentliche Sphäre der modernen Zivilgesellschaften mithin keine nationalen oder staatlichen Grenzen haben darf.

*José Casanova, Religion und Öffentlichkeit. Ein Ost-/Westvergleich (1994), übersetzt von Christicna Goldmann, in: Transit – Europäische Revue 8 (1994), 21-41*

# 4. THEMATISCHE SCHWERPUNKTE

## 4.1 Antistrukturelle Liminalität:
### Victor Turners prozessuale Ritualanalyse

*Einführung*

1. PERSON UND WERK: Victor Witter Turner (\*1920 in Glasgow/Schottland, †1983 in Charlottesville/Virginia) wurde als Sohn einer Schauspielerin und eines Elektroingenieurs geboren. Er studierte zunächst englische Literatur, nach dem 2. Weltkrieg Ethnologie am *Departement of Anthropology* in London und trat rasch als innovativster Kopf von Max Gluckmans „Manchester School" der britischen Sozialanthropologie hervor. 1950 bis 1954 führte er mit seiner Frau Edith Feldforschungen bei den *Ndembu* in Sambia (Zentralafrika) durch, aus denen seine Dissertation ‚Schism and Community in an African Society' (1957) hervorging. Unter dem Eindruck der *Ndembu*-Rituale und der sowjetischen Niederschlagung des Ungarn-Aufstands wandte sich der zeitweise bekennende Kommunist 1957 wieder der römisch-katholischen Kirche zu. Mit der Übersiedlung in die USA wurde der Bruch mit der neomarxistisch orientierten *Manchester School* auch äußerlich vollzogen. ‚Forest of Symbols' (1967), ‚The Ritual Process' (1969) ‚Drama, Fields and Metaphors' (1974) repräsentieren die Wende zur vergleichenden Symbolforschung. Als Professor an der *Cornell University* (1964 bis 1968), der *University of Chicago* (1968-1977) und zuletzt an der *University of Virginia* gab Turner zunehmend komparativen humanwissenschaftlichen Interessen Raum – z.B. ‚Image and Pilgrimage in Christian Culture' (1978) – und suchte nach einer Synthese zwischen Ethnologie, Religionswissenschaft, Soziologie, Philosophie, Psychoanalyse und Semiotik, zuletzt auch der Theater- bzw. Literaturwissenschaften und der Neurobiologie. Er wurde nach katholischem Ritus und dem Trauerzeremonial der *Ndembu* bestattet.

2. THEORETISCHER ANSATZ: Victor Turner gehört mit Mary Douglas und Clifford Geertz zu den Vertretern der symbolischen Ethnologie und der „interpretativen Wende" in den Humanwissenschaften. „Kultur" steht hier über „Gesellschaft", „Bedeutung" über „Funktion". Bereits in seiner Dissertation, die der Konfliktanalyse in einer triba-

len Gesellschaft gewidmet ist, entwickelt er das Konzept des „sozialen Dramas", das in vier Phasen verläuft: Bruch sozialer Normen, Krise, Reflexion bzw. Versuch der Bewältigung, Reintegration oder endgültiger Bruch. In Abgrenzung zu strukturfunktionalistischen Gleichgewichtsmodellen gelangt Turner zu einem Verständnis von Gesellschaft als „Prozess", der – unabhängig von der Sozialstruktur – durch transformative Riten und Symbole, d.h. durch die Kreativität bedeutungstragender Akteure gesteuert wird. Inspiriert durch das Dreiphasenmodell in Arnold van Genneps ‚Rites des Passages' (1909) entwickelt er die für sein Denken zentralen Kategorien der „Liminalität" und „Communitas": Liminalität ist der symbolträchtige Zustand ‚Betwixt and between' (so der Titel eines Aufsatzes von 1964), in dem die Initianden weder der einen noch der anderen Phase, sozialen Position oder Gruppe angehören. Communitas bezeichnet das Sozialverhältnis der liminalen Individuen untereinander, das als absolute Gleichheit charakterisiert wird. Deren spontan-schöpferische, anarchische Antistruktur steht in dialektischem Gegensatz zur hierarchisch verfassten Struktur der Gesellschaft. Dem Ritual eignet im Unterschied zur Zeremonie verändernde Kraft. Turners vergleichende Symboltheorie arbeitet u.a. mit der Unterscheidung von drei symbolspezifischen Bedeutungsebenen: der manifesten oder „exegetischen" Bedeutung, die sich aus der Befragung der Ritualexperten ergibt, der latenten oder „operationalen" Bedeutung, die sich aus den rituellen Praktiken erschließt, und der verborgenen oder „positionalen" Bedeutung, die sich aus der Beziehung der Symbole zueinander innerhalb des rituellen Gesamtsystems ergibt. An der Beziehung dieser drei Ebenen zu den linguistischen Feldern Semantik, Pragmatik und Syntaktik zeigt sich der semiotische Zuschnitt von Turners Symboltheorie.

3. ZUM TEXT: Der vorliegende Text ist dem 3. Kapitel von Turners Buch ‚The Ritual process. Structure and Anti-Structure' (1969) entnommen, zugleich dem systematischen Zentrum dieses Werkes. Der Verfasser wendet darin die Konzepte der Liminalität und Communitas zunächst auf das ethnologische Material an, verallgemeinert sie jedoch über die rituelle Symbolik hinaus auf Ausdrucksformen und Phänomene aller (einschließlich moderner) Gesellschaften, in denen sich die „Macht der Schwachen", die innovative Kraft marginaler Gestalten und Gruppen manifestiert. Zu den Erscheinungsformen der Communitas gehören Heilige und Bettler, millenaristische Bewegungen, Hippies und Beatniks, Propheten und Künstler. Turner antwor-

tet damit auf Entwicklungen der späten sechziger Jahre des 20. Jahrhunderts.

4. BEDEUTUNG FÜR DEN RELIGIONSSOZIOLOGISCHEN DISKURS: Turner war Religions- und Kulturanthropologe, jedoch ist diese Disziplin in Anknüpfung an und Widerspruch zu Émile Durkheim und dessen Interesse an der Erforschung ritueller Praktiken mit der religionssoziologischen Klassik verbunden. Gegen die reduktionistische Sicht der funktionalistischen Tradition betont Turner die kreative Macht religiöser Vorstellungen und Symbole sowie den autonomen Status des religiösen Erlebens. Das von ihm über van Gennep hinaus entwickelte hochdifferenzierte Instrumentarium der Ritual- und Symbolanalyse behält ebenso religionssoziologische Relevanz wie das heuristische Modell der antistrukturellen Liminalität, auch wenn Analogiebildungen und Verallgemeinerungen zu einer universellen anthropologischen Gesellschaftstheorie umstritten sind.

*Hans-Richard Reuter*

## Schwellenzustand und Communitas

<small>FORM UND EIGENSCHAFTEN DER ÜBERGANGSRITEN</small>

In diesem Kapitel greife ich ein Thema auf, das ich bereits an anderer Stelle (Turner, The Forest of Symbols: Aspects of Ndembu Ritual, 1967, S. 93-111) kurz behandelt habe, gehe auf einige Variationen dieses Themas ein und mache mir Gedanken darüber, welche Implikationen es für die Erforschung von Kultur und Gesellschaft hat. Für dieses Thema ist vor allem bedeutsam, was Arnold van Gennep (1909) als „Schwellenphase" der *rites de passage* (Übergangsriten) bezeichnet hat. Van Gennep selbst definierte Übergangsriten als „Riten, die einen Orts-, Zustands-, Positions- oder Altersgruppenwechsel begleiten". Um den Unterschied zwischen „Zustand" und „Übergang" deutlich zu machen, schließt meine Verwendung des Begriffs „Zustand" alle von Van Gennep gebrauchten Begriffe ein. „Zustand" ist ein umfassenderer Begriff als „Status" oder „Amt" und bezeichnet jeden kulturell definierten, stabilen oder wiederkehrenden Zustand. Van Gennep hat gezeigt, daß alle Übergangsriten drei Phasen aufweisen: die Trennungs-, die Schwellen- und die Angliederungsphase. In der ersten Phase (der Trennung) verweist symbolisches Verhalten auf die Loslösung eines Einzelnen oder einer Gruppe von einem früheren fixierten Punkt der Sozialstruktur, von einer Reihe kultureller Bedingungen (einem „Zustand") oder von beidem gleichzeitig. In der mittleren „Schwellenphase" ist das rituelle Subjekt (der „Passierende") von Ambiguität gekennzeichnet; es durchschreitet einen kulturellen Bereich, der wenig oder keine Merkmale des vergangenen oder künftigen Zustands aufweist. In der dritten Phase (der Angliederung oder Wiedereingliederung) ist der Übergang vollzogen. Das rituelle Subjekt – ob Individuum oder Kollektiv – befindet sich wieder in einem relativ stabilen Zustand und hat demzufolge anderen gegenüber klar definierte, sozialstrukturbedingte Rechte und Pflichten. Man erwartet von ihm, daß es sein Verhalten an traditionellen Normen und ethischen Maßstäben ausrichtet, die alle Inhaber sozialer Positionen in ein System solcher Positionen einbindet.

*Schwellenzustand*

Die Eigenschaften des Schwellenzustands (der „Liminalität") oder
von Schwellenpersonen („Grenzgängern") sind notwendigerweise
unbestimmt, da dieser Zustand und diese Personen durch das Netz
der Klassifikationen, die normalerweise Zustände und Positionen im
kulturellen Raum fixieren, hindurchschlüpfen. Schwellenwesen sind
weder hier noch da; sie sind weder das eine noch das andere, sondern befinden sich zwischen den vom Gesetz, der Tradition, der Konvention und dem Zeremonial fixierten Positionen. Viele Gesellschaften, die soziale und kulturelle Übergänge ritualisieren,
verfügen deshalb über eine Vielzahl von Symbolen, die diese Ambiguität und Unbestimmtheit des Schwellenzustands zum Ausdruck
bringen. So wird der Schwellenzustand häufig mit dem Tod, mit dem
Dasein im Mutterschoß, mit Unsichtbarkeit, Dunkelheit, Bisexuali-
tät, mit der Wildnis und mit einer Sonnen- oder Mondfinsternis
gleichgesetzt.

Schwellenwesen wie Neophyten in Initiations- oder Pubertätsri-
ten können symbolisch als Wesen dargestellt werden, die nichts besitzen. Sie mögen als Monsterwesen verkleidet sein, nur ein Minimum an Kleidung tragen oder auch nackt gehen und so
demonstrieren, daß sie als Schwellenwesen keinen Status, kein Ei-
gentum, keine Insignien, keine weltliche Kleidung, also keinerlei
Dinge besitzen, die auf einen Rang, eine Rolle oder eine Position im
Verwandtschaftssystem verweisen – kurz, daß sie nichts aufweisen,
was sie von ihren Mitneophyten oder -initianden unterscheiden könnte. Ihr Verhalten ist normalerweise passiv und demütig; sie haben ihren Lehrern strikt zu gehorchen und willkürliche Bestrafung klaglos
hinzunehmen. Es ist, als ob sie auf einen einheitlichen Zustand reduziert würden, damit sie neu geformt und mit zusätzlichen Kräften
ausgestattet werden können, die sie in die Lage versetzen, mit ihrer
neuen Station im Leben fertig zu werden. Untereinander neigen die
Neophyten dazu, intensive Kameradschaft und Egalitarismus zu entwickeln. Weltliche Status- oder Rangunterschiede verschwinden.
Der Zustand der Patientin und ihres Mannes im *Isoma*-Ritual wies
einige dieser Eigenschaften – Passivität, Demut, beinahe Nacktheit
– auf, und der symbolische Raum stellte sowohl ein Grab als auch
einen Schoß dar. Initiationsrituale, die eine lange Seklusionszeit umfassen, wie etwa die in vielen Stammesgesellschaften durchgeführ-
ten Beschneidungsriten oder auch die Aufnahme in Geheimbünde,
enthalten oft eine Vielzahl von Schwellensymbolen.

*Communitas*

Was uns hier an den Schwellenphänomenen interessiert, ist die Mischung aus Erniedrigung und Heiligkeit, Homogenität und Kameradschaft. Wir werden in solchen Riten mit einem „Augenblick in und außerhalb der Zeit", in und außerhalb der weltlichen Sozialstruktur konfrontiert, der – wie flüchtig er auch sein mag – das (wenn auch nicht immer sprachlich, so doch symbolisch zum Ausdruck gebrachte) Erkennen einer generalisierten sozialen Bindung offenbart, die aufgehört hat zu bestehen und gleichzeitig erst noch in eine Vielzahl struktureller Beziehungen unterteilt werden muß. Diese Beziehungen sind in den bei politischen Ethnologen so beliebten Gesellschaften ohne Staat als Kasten-, Klassen- oder Ranghierarchien oder auch als segmentäre Opposition organisiert. Es ist, als ob hier zwei Haupt-„Modelle" menschlicher Sozialbeziehungen auftauchen, die nebeneinander bestehen und einander abwechseln. Das erste Modell stellt Gesellschaft als strukturiertes, differenziertes und oft hierarchisch gegliedertes System politischer, rechtlicher und wirtschaftlicher Positionen mit vielen Arten der Bewertung dar, die die Menschen im Sinne eines „Mehr" oder „Weniger" trennen. Das zweite Modell, das in der Schwellenphase deutlich erkennbar wird, ist das der Gesellschaft als unstrukturierte oder rudimentär strukturierte und relativ undifferenzierte Gemeinschaft, *comitatus,* oder auch als Gemeinschaft Gleicher, die sich gemeinsam der allgemeinen Autorität der rituellen Ältesten unterwerfen.

Ich ziehe das lateinische Wort „Communitas" dem Wort „Gemeinschaft" vor, weil ich diese Form der Sozialbeziehung vom „Bereich des Alltagslebens" unterscheiden möchte. Die Unterscheidung zwischen Struktur und Communitas ist nicht einfach der vertrauten Unterscheidung zwischen „säkular" und „sakral" oder der zwischen Politik und Religion gleichzusetzen. In Stammesgesellschaften weisen bestimmte Ämter *viele* Sakraleigenschaften auf; in der Tat kommen jeder sozialen Position *einige* Sakraleigenschaften zu. Positionsinhaber erwerben diese „sakrale" Komponente jedoch im Verlauf von Übergangsriten, durch die der Positionswechsel vollzogen wird. Etwas von der Heiligkeit dieser zeitweiligen Demut und Formlosigkeit überträgt sich auf die Inhaber einer höheren Position oder eines höheren Amtes und mindert ihren Stolz. Hierbei geht es nicht einfach, wie Fortes (in: Gluckmann, Essays on the ritual of social relations, 1962, S. 86) überzeugend argumentiert hat, darum, den Strukturpositionen einer Gesellschaft den allgemeinen Stempel der Legitimität aufzudrücken, sondern vielmehr um die Anerkennung einer essentiellen und generellen menschlichen Beziehung, ohne die es *keine* Gesellschaft gäbe. Der Schwellenzustand impliziert, daß es kein Oben ohne das Unten gibt und daß der, der oben ist, erfahren muß, was es bedeutet, unten zu sein. Zweifellos war diese Denkweise zum Teil für die Entscheidung Prinz Philips vor einigen Jahren bestimmend, seinen Sohn, den britischen Thronfolger, eine Zeitlang nach Australien in eine Buschschule zu schicken, wo er lernen konnte, anspruchslos zu leben.

## Dialektik des Entwicklungszyklus

Aus alle dem schließe ich, daß für Individuen wie für Gruppen das Leben eine Art dialektischer Prozeß ist, der die sukzessive Erfahrung von Oben und Unten, Communitas und Struktur, Homogenität und Differenzierung, Gleichheit und Ungleichheit beinhaltet. Der Übergang von einem niederen zu einem höheren Status erfolgt durch das Zwischenstadium der Statuslosigkeit. In einem solchen Prozeß konstituieren gewissermaßen die Gegensätze einander und sind für einander unerläßlich. Da außerdem jede konkrete Stammesgesellschaft aus vielen Personen, Gruppen und Kategorien besteht, die jeweils einen eigenen Entwicklungszyklus durchlaufen, leben zu einer gegebenen Zeit viele Inhaber fixierter Positionen zusammen, die viele Positionswechsel erleben. Mit anderen Worten, jeder einzelne wird im Laufe seines Lebens abwechselnd mit Struktur und Communitas, Zuständen und Übergängen konfrontiert.

DER SCHWELLENZUSTAND IN EINEM AMTSEINSETZUNGSRITUS

Ein Übergangsritus der Ndembu aus Sambia, der dem höchsten Amt des ältesten Häuptlings Kanongesha gilt, mag als Beispiel dienen. Dieses Beispiel wird gleichzeitig unser Wissen darüber erweitern, wie Ndembu ihre rituellen Symbole gebrauchen und erklären. Wie in vielen afrikanischen Gesellschaften ist die Position des ältesten oder obersten Häuptlings bei den Ndembu paradox, da er gleichzeitig die Spitze der strukturierten politisch-rechtlichen Hierarchie und die Gemeinschaft insgesamt als unstrukturierte Einheit repräsentiert. Außerdem verkörpert er symbolisch das Stammesterritorium und alle seine Ressourcen. Die Fruchtbarkeit des Landes wie das Nichtauftreten von Dürrekatastrophen, Hungersnöten, Krankheiten und Insektenplagen sind an sein Amt und seinen körperlichen wie moralischen Zustand gebunden. [...]

Doch zurück zu den Riten, die den Kanongesha der Ndembu in sein Amt einsetzen: Die Schwellenphase dieser Riten beginnt mit

dem etwa eine Meile vom Hauptdorf entfernten Bau einer Blätter-
hütte. Diese Hütte nennt man *kafu* oder *kafwi,* ein Wort, daß Ndembu von *ku-fwa,* „sterben", ableiten, denn hier stirbt der künftige
Häuptling als normales Gruppenmitglied. Die Schwellenphase ist bei
den Ndembu reich an Todessymbolik. Z. B. heißt der geheime und
sakrale Ort, an dem die Novizen beschnitten werden, *ifwilu* oder *chif-
wilu,* ein Wort, das auch von *ku-fwa* abgeleitet wird. Der mit nichts
als einem zerlumpten Lendentuch bekleidete designierte Häuptling
und seine ebenso gekleidete rituelle Frau, die entweder seine älteste
Frau *(mwadyi)* oder eine besondere, zu diesem Zwecke *lukanu* (nach
dem königlichen Armband) genannte Sklavin ist, werden gleich nach
Sonnenuntergang von Kafwana aufgefordert, sich in die *kafu*-Hütte
zu begeben. Auch der Häuptling heißt während dieser Riten *mwadyi*
oder *lukanu.* Man führt das Paar in die Hütte, als ob es nicht gehen
könnte. Dort nehmen beide kauernd eine Scham- *(nsonyi)* oder De-
mutshaltung an, während sie mit Medizinen gewaschen werden, die
mit Wasser aus Katukang'onyi, der Flußgegend gemischt sind, wo in
früheren Zeiten die Häuptlinge der südlichen Lunda-Diaspora eine
Weile auf ihrem Weg von Mwantiyanvwas Sitz Halt machten, bevor
sie sich trennten, um eigene Hoheitsbereiche zu gründen. Das Feuerholz darf nicht mit der Axt geschnitten, sondern muß vom Boden
aufgesammelt werden. Das heißt, daß es ein Produkt der Erde selbst
und kein Artefakt ist. Wieder wird die Verbindung von angestamm-
tem Lundagebiet und Erdkräften deutlich.

Dann folgt der *Kumukindyila*-Ritus. *Kumukindyila* heißt soviel wie
„böse oder beleidigende Worte gegen ihn erheben". Wir könnten diesen Ritus „Die Beschimpfung des zukünftigen Häuptlings" nennen.
Er beginnt damit, daß Kafwana an der Innenseite des linken Arms
des Häuptlings – auf den am folgenden Tag das *lukanu*-Armband ge-
steckt wird – einen Schnitt anbringt, Medizin hineindrückt und eine
Matte gegen die Außenseite des Arms preßt. Hierauf zwingt man den
Häuptling und seine Frau ziemlich grob, sich auf die Matte zu setzen. Die Frau darf nicht schwanger sein, weil die nun folgenden Riten sich, wie man glaubt, negativ auf die Fruchtbarkeit auswirken.
Auch darf das Häuptlingspaar bereits mehrere Tage vor den Riten
keinen Geschlechtsverkehr pflegen.

Dann hält Kafwana folgende Moralpredigt:

> Schweig! Du bist ein gemeiner, selbstsüchtiger und übellauniger Narr!
> Du liebst deine Mitmenschen nicht, du bist nur böse auf sie! Gemein-
> heit und Diebstahl ist alles, was dir in den Sinn kommt! Dennoch ha-
> ben wir dich hierher gerufen und sagen dir, daß du die Häuptlingsnach-

folge antreten mußt. Leg deine Gemeinheit und deinen Zorn ab, gib den ehebrecherischen Geschlechtsverkehr auf, gib das alles sofort auf! Wir haben dir das Häuptlingsamt übertragen. Du mußt mit deinen Mitmenschen essen, du mußt gut mit ihnen zusammenleben. Bereite keine Hexenmedizinen zu, um deine Mitmenschen in ihren Hütten zu verschlingen – das ist verboten! Wir wollten dich, nur dich als unseren Häuptling. Trage Sorge dafür, daß deine Frau alle, die hier ins Hauptdorf kommen, mit Nahrung versorgt. Sei nicht selbstsüchtig, behalte das Häuptlingsamt nicht für dich! Du mußt mit den Leuten lachen, darfst keinen Hexenzauber ausführen, falls du die Gabe bereits erhalten hast! Du darfst keine Menschen töten! Du darfst nicht kleinlich zu den Leuten sein!

Doch du, Häuptling Kanongesha, Chifwanakenu [„Sohn, der seinem Vater gleicht"] von Mwantiyanvwa, du hast für dein Häuptlingsamt getanzt, weil dein Vorgänger tot ist [d.h., weil du ihn getötet hast]. Heute wirst du aber als neuer Häuptling geboren. Du mußt die Menschen kennen, oh Chifwanakenu. Warst du bisher gemein und hast du deinen Maniokbrei oder dein Fleisch allein gegessen, heute übernimmst du das Häuptlingsamt. Du mußt dein eigennütziges Verhalten aufgeben, du mußt jeden willkommen heißen, du bist der Häuptling! Du mußt dein ehebrecherisches und streitsüchtiges Verhalten aufgeben. Du darfst bei deiner Rechtsprechung nicht parteiisch sein, vor allem dann nicht, wenn deine eigenen Kinder in einen Rechtsstreit verwickelt sind. Du mußt sagen: „Wenn jemand mit meiner Frau geschlafen oder mir Schaden zugefügt hat, darf ich seinen Fall heute nicht ungerecht beurteilen. Ich darf keinen Groll in meinem Herzen nähren."

Nach dieser Moralpredigt hat jeder, der glaubt, daß ihm in der Vergangenheit durch den künftigen Häuptling Unrecht geschehen ist, das Recht, diesen zu beschimpfen und seinem Groll – wenn er will, bis in alle Einzelheiten – Ausdruck zu verleihen. Während all dem muß der designierte Häuptling schweigend mit gesenktem Kopf, „der Haltung der Geduld" und Demut, dasitzen. Kafwana bespritzt ihn indessen mit Medizin und reibt hin und wieder in beleidigender Weise sein Gesäß an ihm (kumubayisha). Viele Informanten sagten mir, ein Häuptling sei „am Abend vor seinem Amtsantritt wie ein Sklave (ndung'u)". Man hindert ihn am Einschlafen, teilweise um ihn zu quälen, teilweise aber weil er, wenn er einnickte, von den Schatten verstorbener Häuptlinge träumen würde, „die ihm sagen, daß er kein Recht habe, ihre Nachfolge anzutreten, denn: hat er sie nicht umgebracht?" Kafwana, seine Assistenten und andere wichtige Männer wie Dorfoberhäupter mißhandeln den Häuptling und seine, ähnlichen Beschimpfungen ausgesetzte Frau und befehlen ihnen, Feuerholz zu holen und andere niedere Arbeiten zu verrichten. Der Häuptling darf das nicht übelnehmen und es seinen Peinigern auch später niemals vorwerfen.

## EIGENSCHAFTEN DER SCHWELLENWESEN

[...] Unser Interesse gilt dem Schwellenzustand und der rituellen Macht der Schwachen, die an zwei Aspekten deutlich werden. Erstens, Kafwana und andere gewöhnliche Ndembu genießen das Privileg, Macht über die höchste Autoritätsfigur des Stammes auszuüben. Der Untergebene gewinnt in der Schwellenphase die Oberhand. Zweitens, die höchste politische Autorität wird „als Sklave" dargestellt, was an die Amtseinführung eines Papstes im Westchristentum erinnert, bei der er „*servus servorum Dei*" genannt wird. Selbstverständlich hat der Ritus teilweise eine „prophylaktische Funktion", wie Monica Wilson (Rituals of kinship among the Nyakyusa, 1957, S. 46-54) gezeigt hat. Der Häuptling muß während der Riten Selbstbeherrschung üben, damit er auch später – angesichts der Verführungen der Macht – sich selbst zu beherrschen imstande ist. Die Rolle des gedemütigten Häuptlings ist jedoch nur ein extremes Beispiel eines in Schwellensituationen immer wiederkehrenden Themas, nämlich des Abstreifens aller Eigenschaften, die für die Zeit vor und nach dem Schwellenzustand kennzeichnend sind.

Wir wollen uns einmal die wichtigsten Elemente der *Kumukindyila*-Riten ansehen. Der Häuptling und seine Frau tragen die gleiche Kleidung – ein zerlumptes Lendentuch – und den gleichen Namen – *mwadyi*. Dieses Wort bezeichnet auch die Knaben während des Initiationsrituals und die in der Heiratsfolge an erster Stelle stehende Frau eines Mannes. Es verweist auf den anonymen Zustand des „Initianden". Diese Eigenschaften, Geschlechtslosigkeit und Anonymität, sind für den Schwellenzustand äußerst charakteristisch. In vielen Initiationsritualen, in denen die Neophyten männlichen und weiblichen Geschlechts sind, tragen die männlichen und weiblichen Initianden die gleiche Kleidung und werden mit dem gleichen Wort bezeichnet. In Afrika gilt das zum Beispiel für viele Taufzeremonien christlicher oder synkretistischer Sekten, etwa für die des *Bwiti*-Kults in Gabun (James Fernandez; persönliche Mitteilung) oder auch für die Initiation in den Bestattungsbund der Chiwila bei den Ndembu. Alle Eigenschaften, die Kategorien und Gruppen in der strukturierten Sozialordnung unterscheiden, sind hier symbolisch vorübergehend außer Kraft gesetzt; die Neophyten sind lediglich Übergangswesen, noch ohne Ort oder Position in der Sozialstruktur.

Demut und Schweigen sind weitere charakteristische Merkmale der Übergangsphase. Nicht nur der Häuptling in den hier analysierten Riten, auch die Neophyten in vielen anderen Übergangsriten haben sich einer Autorität zu unterwerfen, die keine geringere als die der Gemeinschaft als Ganzes ist. Diese Gemeinschaft bewahrt die ganze Skala der Werte, Normen, Einstellungen, Empfindungen und Beziehungen der Kultur. Ihre von Ritual zu Ritual möglicherweise variierenden Repräsentanten in den jeweiligen Riten stellen die allgemeine Autorität der Tradition dar. Auch in Stammesgesellschaften dient Sprechen nicht bloß der Kommunikation, sondern ist gleichzeitig Ausdruck von Macht und Weisheit. Die in der sakralen Schwellenphase verliehene Weisheit besteht nicht bloß aus einer Ansammlung von Worten oder Sätzen, sondern hat ontologische Qualität. Sie trägt zu einem Seinswechsel des Neophyten bei. [...]

Der Neophyt im Schwellenzustand muß einer *tabula rasa,* einer leeren Tafel gleichen, auf die man das seinen neuen Status betreffende Wissen und die Weisheit der Gruppe schreibt. Die oft körperlichen Torturen und Demütigungen, denen Neophyten unterworfen sind, stellen teilweise die Zerstörung des früheren Status, teilweise Härtetests dar, die sie auf ihre neue Verantwortung vorbereiten und an einem späteren Mißbrauch ihrer neuen Privilegien hindern sollen. Es muß ihnen klar gemacht werden, daß sie für sich genommen Ton oder Staub, also bloße Materie sind und ihre Form allein durch die Gesellschaft erhalten.

Sexuelle Enthaltsamkeit ist ein weiteres, in den Amtseinführungsriten der Ndembu veranschaulichtes Schwellenthema, das in fast allen Ritualen der Ndembu auftaucht. Tatsächlich markiert gewöhnlich die Wiederaufnahme der Geschlechtsbeziehungen die Rückkehr in die Gesellschaft als ein System von Statuspositionen. Zwar ist sexuelle Enthaltsamkeit in fast allen Gesellschaften ein Merkmal bestimmter religiöser Verhaltensformen, doch hat sie in vorindustriellen Gesellschaften, die Verwandtschaft als Grundlage vieler Arten der Gruppenzugehörigkeit betonen, zusätzliche religiöse Kraft. Denn Verwandtschaft – oder vom Verwandtschaftsidiom bestimmte Beziehungen – ist einer der bedeutsamsten Faktoren für die strukturelle Differenzierung. In der Unterbrechung der Geschlechtsbeziehungen und dem Nichtvorhandensein einer sexuellen Polarität kommt daher die Undifferenziertheit des Schwellenzustands zum Ausdruck.

Um die Bedeutung des Schwellenzustands besser verstehen zu können, wollen wir die Moralpredigt des Kafwana einmal genauer analysieren. Der Leser wird sich erinnern, daß dieser den designier-

ten Häuptling der Selbstsüchtigkeit, Gemeinheit, Bereicherungs-
sucht, Unbeherrschtheit, Hexerei und Gier bezichtigte. Alle diese
Laster sind Ausdruck des Wunschs, selbst zu besitzen, was zum
Wohle aller geteilt werden sollte. Insbesondere der Inhaber eines hohen Amtes ist versucht, die ihm von der Gesellschaft verliehene Autorität zur Befriedigung privater und negativer Wünsche auszunut-
zen. Er soll seine Privilegien jedoch als ein Geschenk der ganzen
Gemeinschaft betrachten, die letztlich ein übergeordnetes Interesse
an allen seinen Handlungen besitzt. Struktur und die durch die Struktur geschaffenen hohen Ämter werden also nicht als Mittel zur persönlichen Bereicherung angesehen, sondern als Mittel, zum Wohle
aller beizutragen. [...]

SCHWELLENZUSTAND IM GEGENSATZ ZUM STATUSSYSTEM

Wir wollen nun, nach Lévi-Strauss'scher Manier, die unterschiedlichen Eigenschaften des Schwellenzustands und des Statussystems in
Form einer Reihe von binären Gegensatzpaaren zum Ausdruck bringen. Sie lassen sich, wie folgt, anordnen:

Übergang/Zustand
Totalität/Partialität
Homogenität/Heterogenität
Communitas/Struktur
Gleichheit/Ungleichheit
Anonymität/Bezeichnungssysteme
Besitzlosigkeit/Besitz
Statuslosigkeit/Status
Nacktheit oder uniforme Kleidung/Kleidungsunterschiede
Sexuelle Enthaltsamkeit/Sexualität
Minimierung der Geschlechtsunterschiede/Maximierung der Ge-
schlechtsunterschiede
Ranglosigkeit/Rangunterschiede
Demut/gerechter Stolz auf Position
Desinteresse an persönlicher Erscheinung/Achten auf persönliche Er-
scheinung
Keine Vermögensunterschiede/Vermögensunterschiede
Selbstlosigkeit/Selbstsucht
Totaler Gehorsam/Gehorsam nur gegenüber höherem Rang
Sakralität/Säkularität
Sakrale Einweisung/technisches Wissen
Schweigen/Sprechen
Aufhebung verwandtschaftlicher Rechte und Pflichten/ verwandt-
schaftliche Rechte

und Pflichten
Ständiger Bezug auf mystische Kräfte/zeitweiliger Bezug auf mysti-
sche Kräfte
Dummheit/Klugheit
Simplizität/Komplexität
Hinnahme von Schmerz und Leid/Vermeidung von Schmerz und Leid
Unselbständigkeit/Grade der Selbständigkeit

Würden wir die Spanne der in Betracht kommenden Schwellensituationen erweitern, könnte diese Aufzählung um ein Vielfaches länger
sein. Auch die diese Eigenschaften zum Ausdruck bringenden Symbole sind äußerst vielfältig und beziehen sich oft auf körperliche Prozesse wie Tod und Geburt, Anabolismus und Katabolismus. Dem Leser wird aufgefallen sein, daß viele dieser Eigenschaften das
ausmachen, was wir für ein typisches, an der christlichen Tradition
orientiertes religiöses Leben halten. Zweifellos würden auch Mus-
lime, Buddhisten, Hindus und Juden viele davon als wesentliche
Merkmale ihres eigenen religiösen Lebens ansehen. Was in Stammesgesellschaften hauptsächlich eine Reihe von die Übergangsphase
zwischen definierten kulturellen und sozialen Seinsformen kennzeichnenden Eigenschaften war, ist, wie es scheint, mit zunehmender gesellschaftlicher und kultureller Spezialisierung und immer größer werdender Komplexität der sozialen Arbeitsteilung zu einer
institutionalisierten Daseinsform geworden. Doch sind Spuren der
*Übergangsqualität* religiösen Lebens in Formulierungen enthalten
wie: „Der Christ ist ein Fremdling auf Erden, ein Pilger, ein Reisen-
der, ohne einen Ort, an dem er sein Haupt zur Ruhe betten kann."
Hier ist aus dem Übergang ein permanenter Zustand geworden. Nirgends tritt diese Institutionalisierung des Schwellenzustands klarer
zutage als im Kloster- und Bettelmönchsleben, das die großen Weltreligionen hervorgebracht haben.

    In der christlichen Welt des Westens beispielsweise sorgt die Or-
densregel des heiligen Benedikt „für das Leben von Menschen, die
in *Gemeinschaft* leben und sich durch *Selbstdisziplin,* Gebet und *Arbeit* ganz in den Dienst Gottes stellen wollen. Sie sind im wesentlichen eine *Familie,* die ganz der Obhut und *Kontrolle* eines Vaters (des
Abts) untersteht; jeder einzelne ist zu *Armut, Ehelosigkeit* und *Gehorsam gegenüber den Oberen* und durch das Ordensgelübde zum
Verbleiben im Heimatkloster und zur Abkehr vom weltlichen Leben
[ursprünglich ein Synonym für *„gemeinschaftliches Leben",* „Klos-
terleben"] sowie zu einem gewissen Maß an Askese in Form von
Nachtgottesdienst, Fasten, Verzicht auf fleischliche Nahrung und

*Redebeschränkung* verpflichtet" (Attwater, A Catholic dictionary, 1961, S. 51 – Hervorhebungen von mir). Ich habe Merkmale hervorgehoben, die eine auffällige Ähnlichkeit mit dem Dasein des designierten Häuptlings während des Übergangs zu den öffentlichen Amtseinführungsriten, in deren Verlauf er sein Reich betritt, aufweisen. Die Beschneidungsriten der Ndembu *(Mukanda)* lassen weitere Parallelen zwischen Neophyten und Benediktinermönchen erkennen. Erving Goffman *(Asylums,* 1962; dt.: *Asyle,* 1972) setzt sich mit den von ihm sogenannten „Merkmalen totaler Institutionen" auseinander. Die Kategorie der totalen Institutionen umfaßt bei ihm auch Klöster, und er widmet „den Entkleidungs- und Nivellierungsprozessen, die ... direkt die soziale Identität zerstören, die der Novize bei seinem Eintritt mitbringt", (S. 118) einige Aufmerksamkeit. Dann zitiert er aus den Ratschlägen des Heiligen Benedikts an den Abt: „Er solle keinen Unterschied zwischen den Männern im Kloster machen. Er solle keinen mehr lieben als den anderen, als bis er sich durch gute Werke und Gehorsam hervorgetan hätte. Er solle nicht den vornehm Geborenen über den stellen, der ein Sklave gewesen, es sei denn, es gäbe andere vernünftige Gründe" (S. 118).

Die Parallelen zu *Mukanda* sind auffallend. Die Novizen legen ihre weltliche Kleidung ab, bevor sie unter einem symbolischen Tor hindurchgehen; sie werden „nivelliert", indem ihre früheren Namen ungültig, sie alle als *mwadyi* oder „Novize" angesprochen und gleich behandelt werden. Eines der Lieder, das die Beschneider am Abend vor der Beschneidung für die Mütter der Novizen singen, enthält folgenden Satz: „Auch wenn dein Kind der Sohn eines Häuptlings ist, wird es morgen einem Sklaven gleichen" – genau wie ein designierter Häuptling vor *seiner* Amtseinführung wie ein Sklave behandelt wird. Außerdem ist der älteste Betreuer der Initianden in der Seklusionshütte Vater mehrerer, an den Riten teilnehmender Knaben und wird für die ganze Gruppe zum Vater oder zu einer Art „Abt", obwohl sein Titel *Mfumwa tubwiku* wörtlich „Ehemann der Novizen" bedeutet, was ihre passive Rolle betont.

## MYSTISCHE GEFAHR UND MACHT DER SCHWACHEN

Warum schreibt man aber beinahe überall auf der Welt Schwellensituationen und -rollen magisch-religiöse Eigenschaften zu? Oder warum gelten sie für Personen, Gegenstände, Ereignisse und Beziehungen, die nicht rituell in das Schwellendasein integriert worden sind, als gefährlich, ungünstig oder verunreinigend? Der Grund hierfür ist m.E., dass alle Manifestationen der Communitas, aus der Perspektive der an „Struktur"-Erhaltung Interessierten betrachtet, als gefährlich und anarchisch erscheinen und deshalb durch Vorschriften und Verbote eingeschränkt werden müssen. Außerdem wird, wie Mary Douglas (Purity and danger, 1966) dargelegt hat, das, was im Sinne traditioneller Klassifikationskriterien nicht eindeutig klassifiziert werden kann, beinahe überall als „verunreinigend" und „gefährlich" betrachtet.

Ich möchte es noch einmal wiederholen: Liminalität ist nicht die einzige kulturelle Erscheinungsform der Communitas. In den meisten Gesellschaften gibt es auch andere Ausdrucksformen, die man leicht an den mit ihnen verbundenen Symbolen und Vorstellungen wie „die Macht der Schwachen" oder, mit anderen Worten, die – wenn vielleicht auch nur zeitweiligen – Sakraleigenschaften des geringen Status oder der geringen Position erkennt. Innerhalb stabiler Struktursysteme gibt es viele Dimensionen der Organisation. Wie bereits erwähnt haben unterworfene autochthone Gruppen nicht selten mystische und moralische Macht über das Wohl von Gesellschaften, deren politischer Rahmen durch die Lineage- und Territorialorganisation einfallender Eroberer bestimmt ist. In anderen Gesellschaften – wie denen der Ndembu und Lamba in Sambia – sind es Kultgemeinschaften, deren Mitglieder sich aufgrund des Auftretens von die Gemeinschaft als Ganzes betreffender Unglücksfällen oder Katastrophen Zugang zu Heilkräften verschaffen konnten, mit denen sie Macht über Gesundheit, Fruchtbarkeit und das Klima erlangten. Diese Bünde durchtrennen so wichtige Bestandteile des säkularen politischen Systems wie Lineages, Dörfer, Unterhäuptlingstümer und Häuptlingstümer. Wir könnten auch auf die Rolle strukturell kleiner und politisch unbedeutender Gruppen wie die alten Hebräer im Vorderen Orient, die Iren im frühen christlichen Mittelalter und die Schweizer im heutigen Europa als Wahrer religiöser und moralischer Werte verweisen.

Viele Autoren haben auf die Rolle des Hofnarren aufmerksam gemacht. Max Gluckman (Politics, law and ritual in tribal society, 1965) schreibt beispielsweise: „Der Hofnarr übte die Funktion eines privilegierten Richters über die Moral aus, der die Freiheit besaß, den König, die Höflinge oder den Gutsherrn zu verspotten." Narren waren gewöhnlich „Männer von niederer Herkunft – auf dem europäischen Kontinent manchmal sogar Priester –, die ihren Stand verließen .... Ein System, in dem es für andere kaum möglich war, den Kopf einer politischen Einheit zu rügen, hat, wie man sagen könnte, die

Institution des auf der höchsten Ebene operierenden Spaßmachers
hervorgebracht..., der als Sprachrohr des verletzten Moralempfindens
fungierte." Gluckman erwähnt des weiteren, daß die Narren an afrikanischen Höfen oft „Zwerge und andere seltsame Käuze" waren.
Eine ähnliche Funktion hatten die Trommler im königlichen Boot der
Barotse, mit dem sich während der alljährlichen Überschwemmungen der König und dessen Hof von der inmitten des Überschwem-
mungsgebiets des Zambezi gelegenen Hauptstadt zu einer Stadt am
Rande dieses Gebiets begaben. Die Trommler hatten das Recht, einen hohen Adeligen, „der im vergangen Jahr sie und ihr Gerechtig-
keitsempfinden verletzt hatte", ins Wasser zu werfen (S. 102-104).
Diese, die Armen und Deformierten repäsentierenden Figuren symbolisieren anscheinend die moralischen Werte der Communitas im
Gegensatz zur Zwangsmacht der höchsten politischen Herrscher.

In der Volksliteratur wimmelt es von symbolischen Figuren wie
„heiligen Bettlern", „dritten Söhnen", „kleinen Schneiderleins" und
„Einfaltspinseln", die die Inhaber eines hohen Rangs ihres Dünkels
berauben und sie auf das Maß allgemeiner Menschlichkeit und Moral reduzieren. Und aus dem traditionellen „Western" kennen wir den
heimatlosen und geheimnisvollen, besitz- und namenlosen „Fremden", der das moralische und gesetzliche Gleichgewicht in einem lokalen System politischer Machtbeziehungen durch die Ausschaltung
der ungerechten, weltlichen „Bosse", die die Kleinbauern unterdrücken, wiederherstellt. In Mythen und Volksmärchen spielen Mitglieder verachteter und rechtloser ethnischer und kultureller Gruppen
eine wichtige Rolle, da sie universelle menschliche Werte vertreten
und ihnen Ausdruck verleihen. Berühmte Figuren sind etwa der gute
Samariter, der jüdische Fiedler Rothschild in Tschechows Erzählung
„Rothschilds Fiedel", Mark Twains entflohener Negersklave Jim in
*Huckleberry Finn* und Dostojewskis Sonja, die Prostituierte, die den
nietzscheschen Möchtegern-„Übermenschen" Raskolnikow in
*Schuld und Sühne* erlöst.

Alle diese mythischen Figuren sind strukturell unterlegene oder
„marginale" Typen, vertreten aber, was Henri Bergson die „offene"
im Gegensatz zur „geschlossenen Moral" genannt hätte, wobei letztere im wesentlichen das normative System begrenzter, strukturier-
ter, partikularistischer Gruppen darstellt. Bergson spricht davon, wie
eine Gruppe ihre Identität gegenüber Mitgliedern von Fremdgrup-
pen wahrt, sich gegen Gefahren, die ihre Lebensweise bedrohen,
schützt und den Willen zur Aufrechterhaltung der Normen, von denen das für das Sozialleben notwendige Routineverhalten abhängig

ist, zum Ausdruck bringt. In geschlossenen oder strukturierten Gesellschaften symbolisiert das marginale oder „inferiore" Mitglied oder der „Außenseiter" oft das „Gefühl für Humanität", ein Ausdruck von David Hume, das wiederum auf das von uns als „Communitas" bezeichnete Modell verweist.

### MILLENARISCHE BEWEGUNGEN

Zu den auffallenderen Erscheinungsformen der Communitas zählen die sogenannte millenarischen religiösen Bewegungen, die dort entstehen, wo, wie Norman Cohn (The pursuit of the millenium, 1961) schreibt, es „entwurzelte und hoffnungslose, am Rand der Gesellschaft [d.h. der strukturierten Gesellschaft] in den Städten und auf dem Land lebende Massen" (S. 31-32) gibt oder wo ehemalige Stammesgesellschaften unter die Fremdherrschaft komplexer Industriegesellschaften geraten. Den meisten meiner Leser werden die Merkmale solcher Bewegungen bekannt sein. Ich möchte hier nur an einige, bereits erwähnte Merkmale des Schwellenzustandes in Stammesritualen erinnern, von denen viele ziemlich genau den Eigenschaften millenarischer Bewegungen entsprechen: Homogenität, Gleichheit, Anonymität, Besitzlosigkeit (viele dieser Bewegungen fordern, da Besitzrechte mit vertikalen wie horizontalen Strukturunterschieden verknüpft sind, von ihren Mitgliedern die Zerstörung all dessen, was sie besitzen, um den erwünschten vollkommenen zustand der Übereinstimmung und Gemeinschaftlichkeit näher zu kommen), Herabsetzung aller auf das gleiche Statusniveau, das Tragen gleicher Kleidung (manchmal von beiden Geschlechtern), sexuelle Enthaltsamkeit (oder, den Gegensatz, sexuelle Gemeinschaft, denn beide haben die den strukturellen Status legitimierenden Ehe- wie Familienbeziehungen auf), Minimierung der Geschlechtsunterschiede (alle sind „im Angesicht Gottes" oder der Ahnen gleich), Abschaffung von rangunterschieden, Demut, Gleichgültigkeit gegenüber der äußeren Erscheinung, Selbstlosigkeit, totaler Gehorsam gegenüber den Propheten oder Führer, sakrale Einweisung, extreme Betonung religiöser im Gegensatz zu weltlichen Einstellungen und Verhaltensweisen, Aufhebung verwandtschaftlicher Rechte und Pflichten (alle sind Geschwister oder Kameraden, ungeachtet der früheren, säkularen Beziehungen), Einfachheit der Rede und des Auftretens, heilige Torheit, Akzeptieren von Schmerz und Leiden (bis hin zum Märtyrertum) usw.
  Bemerkenswerterweise machen viele dieser Bewegungen zu Beginn ihres Auftretens nicht vor Stammes- oder nationalen Grenzen

halt. Communitas oder die „offene Gesellschaft" unterscheidet sich
darin von der Struktur oder der „geschlossenen Gesellschaft": sie lässt sich potentiell oder im Idealfall auf die ganze Menschheit ausdeh-
nen. In der Praxis erschöpft sich dieser Schwung natürlich schnell
und die „Bewegung" wird selbst zu einer Institution unter anderen –
oft fanatischer und militanter als diese, weil sie sich als einzige im
Besitz universeller menschlicher Wahrheiten glaubt. Derartige Bewegungen treten meist in Phasen der Geschichte auf, die in vielerlei
Hinsicht den Schwellenphasen in wichtigen Ritualen „homolog"
sind, in denen die Hauptgruppen oder sozialen Kategorien stabiler
Gesellschaften von einem in einen anderen kulturellen Zustand über-
wechseln. Sie sind im wesentlichen Übergangsphänomene. Das ist
vielleicht der Grund dafür, daß die Mythologie uns Symbolik vieler
dieser Bewegungen den traditionellen Übergangsriten der Kulturen
entlehnt sind, in denen die Bewegungen entstanden sind oder mit denen sie in dramatischem Kontakt stehen.

### Hippies, Communitas und die Macht der Schwachen

In der modernen westlichen Gesellschaft kommen die Werte der
Communitas überraschenderweise in der Literatur und im Verhalten
der sogenannten „Beatgeneration" zum Ausdruck, die von den „Hippies" abgelöst wurde, zu denen wiederum eine als „Teeny-Boppers"*
bezeichnete Gruppe von Teenagern gehört. Es sind die „coolen" Jugendlichen und jungen Erwachsenen, die – ohne die Vorzüge nationaler Übergangsriten – aus der statusgebundenen Sozialordnung
„aussteigen" und die Stigmata der Niederen erhalten, indem sie sich
wie „Landstreicher" kleiden, umherziehen, „Folk"-Musik lieben und,
wenn sie gelegentlich arbeiten, niedere Arbeiten verrichten. Sie legen weniger Wert auf soziale Pflichten als auf persönliche Beziehungen und betrachten Sexualität nicht als Basis einer dauerhaften und
strukturierten sozialen Bindung, sondern als polymorphes Instrument
der unmittelbaren Communitas. Der Dichter Allen Ginsberg äußert
sich besonders beredt zur Funktion sexueller Freiheit. Auch hier fehlen nicht die der Communitas oft zugeschriebenen „Sakraleigenschaften", wie man an der häufigen Verwendung religiöser Begriffe
wie „Heiliger" und" Engel" zur Bezeichnung der Anhänger und am
Interesse für Zenbuddhismus erkennen kann. Die Zenformulierung

---

\*    „Teeny-boppers": junge Teenager, die alles mitmachen, was gerade „in"
    ist (Anm. d. Ü.).

„alles ist eins, eins ist nichts, nichts ist alles" bringt gut den bereits erwähnten globalen, unstrukturierten Charakter der Communitas zum Ausdruck. Die Betonung, die Hippies auf Spontaneität, Unmittelbarkeit und „Existenz" legen, lässt einen der Gegensätze zwischen Communitas und Struktur deutlich hervortreten. Communitas gehört dem Hier und Jetzt an; Struktur wurzelt aufgrund von Sprache, Gesetz und Brauch in der Vergangenheit und reicht in die Zukunft. Obwohl wir und hier auf traditionelle vorindustrielle Gesellschaften konzentrieren, wird klar, daß die kollektiven Dimensionen – Communitas und Struktur – auf allen Stufen und Ebenen der Kultur und der Gesellschaft vorhanden sind.

*Victor Turner, Schwellenzustand und Communitas (gekürzt), in: ders., Das Ritual. Struktur und Antistruktur (1969), übersetzt von Sylvia M. Schomburg-Scherff, Frankfurt/M. 2001, 94-127 (hier: 94-97, 99-101, 101-102, 102-103, 105-111)*

## 4.2 Die religiöse Dimension der politischen Kultur: Robert N. Bellahs Konzept der Zivilreligion

*Einführung*

1. ZUR PERSON: Robert Neelly Bellah wurde 1927 in Altus, Oklahoma geboren. Er studierte in Harvard u.a. Sozialanthropologie und Japanologie (1950: BA; 1955: PhD) und unterrichtete dort von 1957-1967 Soziologie. Anschließend war er bis zu seiner Emeritierung 1997 ‚Ford Professor of Sociology‘ an der University of California, Berkeley, wo er von 1968-1974 auch das Zentrum für Japan- und Korea-Studien leitete. Er ist aktives Mitglied der Episcopalian Church und bezeichnet sich als ‚demokratischer Kommunitarier‘. Ende 2000 erhielt der mit vielen Preisen Ausgezeichnete die ‚United States National Humanities Medal‘ für seine Verdienste um die Erhellung der ‚Importance of Community in American Society‘.

2. THEMATISCHE EINORDNUNG: Stark beeinflusst wurde Bellah, der während der McCarthy-Ära kurzzeitig nach Kanada emigrierte und später die Bürgerrechtsbewegung unterstützte, durch die soziologischen Arbeiten Talcott Parsons, aber auch durch die Schriften der Theologen Paul Tillich und H. Richard Niebuhr. Für Bellah steht das Individuum im Sinne eines *expressive individualism* im Zentrum des modernen Umgangs mit Religion. Heutige Religion sieht er zentral durch das Prinzip der freien Wahl gekennzeichnet. Sie wird privat und vielgestaltig, da sich prinzipiell jedes Individuum seine eigene, ganz persönliche Religion zusammenstellen kann. Sein besonderes Interesse gilt der Bedeutung religiöser und moralischer *communities* für den sozialen Zusammenhang einer weithin individualisierten Massengesellschaft. Diesem Thema haben Bellah und seine Mitarbeiter zwei der erfolgreichsten soziologischen Bücher der amerikanischen Gegenwart gewidmet (Habits of the Heart, 1985; The Good Society, 1991). Internationale Aufmerksamkeit fand vor allem Bellahs früher Artikel ‚Civil Religion in America‘ (1967). Diesem programmatischen Aufsatz zufolge existiert in den USA unabhängig von den verschiedenen Religionsgemeinschaften eine eigenständige und fest verankerte Zivilreligion, die sich als die religiöse Dimension der politischen Kultur Amerikas beschreiben lässt. Der Begriff der Zivilreligion, den Bellah Rousseaus *Contrat Social* (1762) entlehnt hatte, ist in der Folgezeit jedoch häufig als religiöse Überhöhung der

US-amerikanischen Machtpolitik missverstanden und im Sinne einer reinen Staatsidolatrie interpretiert worden. Weil der Begriff so seine stets auch staatskritische Funktion zu verlieren drohte, hat Bellah ihn zu Beginn der 1980er Jahre aufgegeben. Stattdessen spricht er nun von den *biblical and republican traditions* des amerikanischen Selbstverständnisses, das von dem Bewusstsein geprägt ist, dass nicht nur der Einzelne, sondern auch der Staat und die Nation als Ganze ‚einer höheren richterlichen Gewalt unterstehen‘. Diese Traditionen, die die politische Kultur der USA von Anfang an kennzeichnen und bis heute ihr spezifisches Sendungsbewusstsein prägen, thematisiert Bellah heute vor allem im Kontext einer kommunitaristischen Kritik an einem um sich greifenden eigennützigen Liberalismus, der allein auf individualistischen und utilitaristischen Motiven beruht und für soziale Verantwortung, moralische Werte und die besondere Bedeutung von starken moralisch-religiösen Gemeinschaften keinen Sinn mehr hat.

3. ZUM TEXT: Der vorliegende Textauszug wurde dem Artikel ‚Civil Religion in America‘ entnommen, der als der einflussreichste Text Bellahs gelten kann. Ausgehend von Kennedys Antrittsrede als US-Präsident vom Januar 1961 geht er den Spuren der amerikanischen Zivilreligion nach. Der Aufsatz ging hervor aus einem Vortrag, den Bellah in Japan gehalten hat, um das spezifisch amerikanische Verhältnis von Politik und Religion darzustellen. Bellah war davon überzeugt, dass das in Amerika entstandene Verhältnis von rechtlich garantierter Religionsfreiheit und religiöser Neutralität des Staates, von individualisierter und pluralisierter Religion der Staatsbürger und (zivil-)religiös getränkter politischer Kultur, auch über die amerikanische Situation hinaus ein aussichtsreiches Modell für die Verhältnisbestimmung von Staat, Politik und Religion weltweit bilden könnte. In diesem Sinne plädiert er am Ende dieses Textes – im Rahmen einer deutlichen Kritik am Vietnamkrieg – für eine ‚Weltzivilreligion‘, deren erste symbolische Ansätze er in der ‚flackernden Flamme der Vereinten Nationen‘ erkennt.

4. BEDEUTUNG FÜR DEN RELIGIONSSOZIOLOGISCHEN DISKURS: Mit ‚Civil Religion in America‘ hat Bellah einen nicht nur empirisch relevanten, sondern auch normativ hoch aufgeladenen Schlüsselbegriff in den religionssoziologischen Diskurs eingeführt, der auch jenseits der spezifisch amerikanischen Religiosität vielfach aufgegriffen und modifiziert worden ist. Er hat damit dem religionssoziologischen

Diskurs ein neues Themenfeld erschlossen, breite Debatten über die konfessionsübergreifenden zivilreligiösen Grundlagen der politischen Kultur moderner Gesellschaften ausgelöst und nicht zuletzt auch die Liberalismus-Kommunitarismus-Kontroverse der politischen Philosophie beeinflusst.

*Hermann-Josef Große Kracht*

## Zivilreligion in Amerika

Bisher ist sowohl die These vertreten worden, das Christentum sei der Glaube der ganzen Nation, als auch die, daß in Kirche und Synagoge nur die verallgemeinerte Religion des amerikanischen Lebensstils (*„the American Way of Life"*) verkündet würde. Nur wenige haben jedoch erkannt, daß in Amerika neben den Kirchen, und von ihnen ziemlich deutlich unterscheidbar, eine entwickelte und fest institutionalisierte Zivilreligion besteht. Dieser Aufsatz versucht nicht nur zu zeigen, daß eine solche existiert, sondern auch, daß diese Religion – oder vielleicht besser diese religiöse Dimension – durchaus ernstzunehmen ist, ihre eigene Integrität hat und zu ihrem Verständnis einer ebenso sorgfältigen Untersuchung bedarf wie jede andere Religion.[1]

---

[1] Die Frage, wie es möglich war, daß etwas so Offensichtliches keine ernstzunehmende analytische Aufmerksamkeit auf sich gezogen hat, ist ein interessantes Problem für sich. Teilweise ist dafür wahrscheinlich der kontroverse Charakter des Themas verantwortlich. Konservative religiöse und politische Gruppierungen vertreten seit dem frühen 19. Jahrhundert die Ansicht, daß das Christentum faktisch der Glaube der ganzen Nation sei. Von Zeit zu Zeit (das letzte Mal in den Fünfzigerjahren) haben einige von ihnen Verfassungszusätze vorgeschlagen, die ausdrücklich Christus als souveränen Herrscher anerkannten. Die Gegner solcher Gruppierungen haben den Grundsatz der Trennung von Kirche und Staat verteidigt und bestritten, daß die politische Ordnung der Nation überhaupt etwas mit der Religion zu tun habe. Die in dieser Frage Gemäßigten haben betont, der amerikanische Staat habe gegenüber religiösen Gruppen eine Haltung der großzügigen Duldung, ja sogar der Unterstützung eingenommen (Steuerfreiheiten, etc.). Auf diese Weise habe er die Religion gefördert, sei aber an der eigentlichen Institutionalisierung, um die es mir geht, immer noch vorbeigegangen. Aber ein Grund, warum die Lösung dieser Frage weitgehend in Dunkelheit belassen wurde, ist zweifellos die für den Westen typische Auffassung von „Religion" als Bezeichnung für einen einzigen Typus von Gemeinschaft, welcher einem Individuum zu einer bestimmten Zeit nur eine einzige Mitgliedschaft erlaubt. Die Theorie von Durkheim, die besagt, daß jede Gruppe eine religiöse Dimension hat, würde in Süd- oder Ostasien als selbstverständlich aufgefaßt, uns aber ist sie fremd. Diese Tatsache erschwert in unserer Gesellschaft die Anerkennung von derartigen Dimensionen.

DIE ANTRITTSREDE KENNEDYS

Das aufschlußreiche Beispiel der Antrittsrede Kennedys vom 20. Januar 1961 soll als Einführung in dieses komplexe Thema dienen. Kennedy begann seine Rede mit den Worten:

> Wir sind am heutigen Tage nicht Zeugen des Sieges einer Partei, sondern wir feiern die Freiheit. Dieses Tun symbolisiert Ende und Anfang zugleich, bedeutet ebenso Erneuerung wie auch Wandel. Denn ich habe vor euch und dem Allmächtigen Gott denselben feierlichen Eid geschworen, den unsere Vorfahren vor fast eindreiviertel Jahrhunderten festsetzten.
>
> Die heutige Welt sieht ganz anders aus, denn der Mensch hält in seinen sterblichen Händen die Macht, alle Formen der menschlichen Armut zu beseitigen und ebenso alle Formen menschlichen Lebens. Und trotzdem geht es rund um den Erdball immer noch um dieselben revolutionären Überzeugungen, für die unsere Vorfahren gekämpft haben: den Glauben nämlich, daß die Menschenrechte nicht der Großzügigkeit des Staats entspringen, sondern aus der Hand Gottes stammen.

Kennedy schloß seine Rede mit den Worten:

> Zum Schluß, ob ihr Bürger Amerikas oder der Welt seid, stellt an uns dieselben Ansprüche in bezug auf Kraft und Opferbereitschaft, wie sie an Euch gestellt werden. Mit keiner Belohnung in Aussicht als der eines guten Gewissens und mit der Geschichte als höchstem Richter unseres Tuns wollen wir denn also aufbrechen, dieses Land, das wir lieben, zu führen. Dabei bitten wir um seinen Segen und um seine Hilfe, im Bewußtsein, daß hier auf dieser Erde Gottes Werk von uns selbst getan werden muß.

Das sind die drei Stellen in seiner kurzen Rede, an denen Kennedy den Namen Gottes erwähnte. Könnten wir verstehen, warum er Gott erwähnte, auf welche Weise er es tat und was er mit diesen drei Hinweisen zu sagen beabsichtigte, würden wir einen beträchtlichen Teil der amerikanischen Zivilreligion verstehen. Aber diese Untersuchung ist keine einfache oder leicht zu umreißende Aufgabe, und es ist wahrscheinlich, daß sich amerikanische Religionssoziologen in ihren Interpretationen dieser Textstellen stark unterscheiden würden.

Wir wollen uns zuerst einmal damit beschäftigen, wo im Text diese drei Hinweise zu finden sind. Indem sie nämlich in den zwei einleitenden Abschnitten und in der Schlußbemerkung plaziert sind, schaffen sie eine Art Rahmen für die konkreteren Aussagen, die den Mittelteil der ganzen Rede ausmachen. Eine Erweiterung unseres Blickwinkels über diese einzelne Rede hinaus würde zeigen, daß man ähnliche Hinweise auf Gott in fast allen Erklärungen finden kann,

die amerikanische Präsidenten bei feierlichen Anlässen abzugeben
pflegen, nicht aber in den Mitteilungen, die der Präsident im Zusammenhang mit verschiedenen Sachfragen an den Kongreß sendet. Wie
also müssen wir diese Plazierung der Hinweise auf Gott interpretieren?

Man könnte nun argumentieren, die zitierten Stellen bewiesen
letztlich nichts anderes als die Irrelevanz der Rolle der Religion in
einer stark säkularisierten Gesellschaft, wie Amerika sie darstellt. Die
Stellung der Hinweise innerhalb dieser Rede sowie im öffentlichen
Leben allgemein zeige, daß die Religion „nur zeremonielle Bedeutung" habe; sie bekomme lediglich ein sentimentales Kopfnicken zu-
bedacht, das v. a. die Aufgabe habe, die weniger aufgeklärten Glieder der Gemeinschaft zu beruhigen, bevor die Diskussion der
wirklich ernsthaften Fragen beginne, mit denen die Religion überhaupt nichts zu tun habe. Ja, ein zynischer Beobachter könnte sogar
so weit gehen zu behaupten, ein amerikanischer Präsident müsse Gott
erwähnen, wenn er nicht Stimmenverluste riskieren wolle. Die Fähigkeit, Frömmigkeit vortäuschen zu können, sei lediglich eine der
ungeschriebenen Anforderungen für dieses Amt, eine Anforderung,
die vielleicht etwas traditioneller sei als die nach einer fernsehwirk-
samen Persönlichkeit, aber nicht grundsätzlich von ihr verschieden.

Aber über die Funktion von Zeremoniell und Ritual in verschiedenen Gesellschaften ist genug bekannt, um in uns den Verdacht zu
wecken, daß wir etwas nicht einfach als unwichtig zur Seite schie-
ben können, weil es „nur ein Ritual" ist. Was Menschen bei feierlichen Anlässen aussprechen, braucht nicht zum Nennwert genommen
zu werden, aber es zeigt doch oft tiefsitzende Werte und Bindungen
an, die im alltäglichen Leben nicht klar ausgedrückt werden. Gemäß
dieser Überlegung lohnt es sich zu untersuchen, ob nicht die spezifische Plazierung der Hinweise auf Gott in Kennedys Rede auf eine
sehr wichtige und ernstzunehmende Funktion der Religion im amerikanischen Leben hindeutet. Man könnte nun einwenden, daß gerade die Art und Weise, in der Kennedy auf die Religion Bezug nahm,
die Tatsache offenbare, daß von dieser Religion nur noch Spuren üb-
riggeblieben seien. In der Tat erwähnte er keine bestimmte Religion,
er bezog sich weder auf Jesus Christus noch auf Moses oder die
christliche Kirche, und ganz bestimmt nicht auf die katholische Kirche. Seine einzige Bezugnahme war tatsächlich der Begriff „Gott",
ein Wort, das fast alle Amerikaner akzeptieren können, das jedoch
für so viele Leute so verschiedene Bedeutungen hat, daß es fast in-
haltslos ist. Ist dies nicht einfach ein weiterer Hinweis darauf, daß in

Amerika das unbestimmte Gefühl vorherrscht, die Religion sei eine gute Sache, aber daß sich die Leute so wenig darum kümmern, daß sich jeglicher Inhalt verloren hat? Soll nicht Eisenhower gesagt haben: „Unser Regierungssystem ist sinnlos, wenn es nicht auf einer tiefempfundenen religiösen Überzeugung beruht – und es ist mir egal, was für eine Überzeugung das ist!"[2] Ist das nicht eine völlige Verneinung jeglicher echter Religion?

Diese Fragen sind es wert, daß ihnen nachgegangen wird, denn sie führen zur Beziehung zwischen Zivilreligion und politischer Gesellschaft einerseits und zwischen Zivilreligion und privaten religiösen Organisationen andererseits. Präsident Kennedy war Christ, genauer gesagt katholischer Christ. Es wäre also falsch, von der allgemeinen Natur seiner Anspielungen auf Gott auf einen Mangel an spezifisch religiösen Bindungen zu schließen. Aber warum machte er dann in seiner Rede keine Bemerkung wie etwa die, daß Christus der Herr der Welt sei, oder warum fehlen jegliche Anzeichen für seinen Respekt für die katholische Kirche? Er tat es nicht, weil diese Dinge mit seiner eigenen, privaten Überzeugung und seiner Beziehung zu seiner eigenen, speziellen Kirche zu tun haben, und weil sie für seine Amtsführung nicht unmittelbar relevant sind. Leute mit anderen religiösen Ansichten und mit Bindungen zu anderen Kirchen oder Konfessionen sind ebenso befähigt, am politischen Prozeß teilzunehmen. Das Prinzip der Trennung von Kirche und Staat garantiert die Glaubensfreiheit und die Freiheit, sich zu religiösen Vereinigungen zusammenzuschließen, aber es trennt gleichzeitig die religiöse Sphäre, die letztlich als Privatsache angesehen wird, ganz klar von der politischen.

Wie rechtfertigt sich überhaupt angesichts der Trennung von Kirche und Staat die Verwendung des Wortes „Gott" durch einen Präsidenten? Die Antwort lautet, daß die Trennung von Kirche und Staat dem politischen Bereich die religiöse Dimension nicht entzogen hat. Obwohl Angelegenheiten der persönlichen religiösen Überzeugung, des Kultus und der religiösen Vereinigung als reine Privatsache angesehen werden, gibt es gleichzeitig für die überwiegende Mehrheit der Amerikaner gewisse gemeinsame Elemente der religiösen Orientierung. Diese haben bei der Entwicklung der amerikanischen Institutionen eine entscheidende Rolle gespielt und schaffen auch heute noch eine religiöse Dimension für das ganze Gefüge des amerikanischen Lebens, das heißt auch für die politische Sphäre. Die-

---

2   Zitiert in Will Herberg, Protestant, Catholic, Jew, New York 1955, S. 97.

se öffentliche religiöse Dimension drückt sich in einer Reihe von Überzeugungen, Symbolen und Ritualen aus, welche ich die amerikanische Zivilreligion nenne. Die Amtseinsetzung eines Präsidenten ist ein wichtiges zeremonielles Ereignis in dieser Religion. Es bekräftigt, nebst anderen Dingen, die religiöse Legitimation des höchsten politischen Amtes.

Schauen wir uns jetzt genauer an, was Kennedy wirklich sagte. Er begann mit den Worten: „... ich habe vor euch und dem Allmächtigen Gott denselben feierlichen Eid geschworen, den unsere Vorfahren vor fast eindreiviertel Jahrhunderten festsetzten." Dieser Eid ist der Amtseid, welcher die Annahme der Verpflichtung mit einschließt, die Verfassung hochzuhalten. Er schwört ihn vor dem Volk (euch) und vor Gott. Die Verpflichtung des Präsidenten geht also über die Verfassung hinaus und erstreckt sich nicht nur auf das Volk, sondern auf Gott. Natürlich ruht in der amerikanischen politischen Theorie die Souveränität auf dem Volk aber die unbedingte, letzte Souveränität ist stillschweigend und oft auch ausdrücklich Gott zuerkannt worden. Das ist die Bedeutung des Grundsatzes „Wir vertrauen auf Gott" (*„In God we trust"*) sowie auch des Ausdrucks „unter Gott", der in den Fahneneid eingeschlossen worden ist. Was für ein Unterschied besteht darin, daß die Souveränität Gott zukommt? Obwohl der Volkswille, wie er sich durch die Stimmenmehrheit ausdrückt, sorgfältig als die einzig wirksame Quelle politischer Autorität institutionalisiert wird, ist er der endgültigen Bedeutung beraubt. Der Volkswille selbst ist nicht das Kriterium für richtig und falsch. Es gibt ein übergeordnetes Kriterium, an dem dieser Wille gemessen werden kann; es ist möglich, daß das Volk im Unrecht ist. Die Verpflichtung des Präsidenten erstreckt sich auf dieses übergeordnete Kriterium.

Wenn Kennedy sagt: „Die Menschenrechte entspringen nicht der Großzügigkeit des Staates, sondern sie stammen aus der Hand Gottes", so betont er eben diese Tatsache. Es spielt keine Rolle, ob der Staat Ausdruck des Willens eines autokratischen Monarchen oder des „Volkes" sei; die Menschenrechte sind grundlegender als jede politische Struktur und stellen einen Ansatzpunkt dar, von dem aus jede Staatsstruktur radikal verändert werden kann. Dies ist die Basis für Kennedys Bekräftigung der revolutionären Bedeutung Amerikas.

Aber die religiöse Dimension des politischen Lebens, wie sie von Kennedy anerkannt wird, erlaubt nicht nur eine Verankerung der Menschenrechte, die jede Form des politischen Absolutismus unrechtmäßig macht, sie liefert auch ein transzendentes Ziel für den po-

litischen Prozeß. Das ist in seinem Schlußwort impliziert: „Hier auf
dieser Erde muß Gottes Werk von uns selbst getan werden." Was er
damit meint, ist meiner Meinung nach in einem vorangehenden Abschnitt viel deutlicher ausgedrückt; man beachte übrigens den deutlich biblischen Stil:

> Jetzt ruft uns die Trompete erneut zusammen – es ist nicht das Signal,
> die Waffen aufzunehmen, obwohl wir Waffen brauchen – es ist nicht
> das Signal für die Schlacht, obwohl wir zur Schlacht gerüstet sind – es
> ist vielmehr das Signal, die Last eines langen Kampfes im Dämmer-
> licht auf uns zu nehmen, jahraus, jahrein, „in Hoffnung frohlockend,
> geduldig in Trübsal" – ein Kampf gegen die gemeinsamen Feinde des
> Menschen: gegen Tyrannei, Armut, Krankheit und den Krieg selbst.

Ich bin der Auffassung, die ganze Rede sei lediglich die jüngste Formulierung eines Themas, das für die amerikanische Tradition grundlegend ist, nämlich der sowohl kollektiven als auch individuellen Verpflichtung, Gottes Wille auf Erden auszuführen. Dies war der Geist,
der die Gründerväter Amerikas beseelte und dieser Geist ist seither
jener Generation eigen gewesen. In Kennedys Antrittsrede findet er
sich überall knapp unter der Oberfläche, im Schlußsatz „Gottes Wille muß von uns selbst getan werden" tritt er klar zutage. Aus historischer Sicht ist diese leistungsorientierte, jeder Beschaulichkeit ab-
holde Auffassung der religiösen Grundverpflichtung mit der
protestantischen Position in Verbindung gebracht worden. Die Tatsache, daß gerade der erste katholische Präsident der USA in seiner
ersten großen Rede dieser Auffassung so deutlich Ausdruck verleiht,
scheint deshalb umso mehr darauf hinzuweisen, wie tief diese im
amerikanischen Weltbild verwurzelt ist. [...]

## ZIVILRELIGION HEUTE

Die Konkretisierung und Benennung von etwas, das sich zwar bei
näherem Hinsehen als allgegenwärtig erweist, das aber das Bewußtsein nie ganz erreicht hat, bringt für das historische Material die große
Gefahr einer Verzerrung mit sich. Aber die Konkretisierung und die
Benennung haben bereits begonnen. Die religiös fundierten Kritiken,
die „die verallgemeinerte Religion", „die Religion des *American Way
of Life*" oder den „amerikanischen Shintoismus" untersucht haben,
haben eigentlich von nichts anderem gesprochen als von der Zivilreligion. Wie es bei religiöser Polemik üblich ist, verwenden sie als
Kriterien das, was an ihren eigenen religiösen Traditionen das beste
ist, und nehmen die schlimmsten Erscheinungen der Tradition der

Zivilreligion als typisch an. Diesen Kritikern möchte ich die Behauptung entgegenhalten, die Zivilreligion in ihrer besten Form sei ein echtes Verständnis der universalen und transzendenten religiösen Wirklichkeit, wie sie sich in der Erfahrung des amerikanischen Volkes zeigt, ja man könnte fast sagen offenbart. Wie alle Religionen ist die Zivilreligion auf verschiedenste Art und Weise entstellt und geradezu dämonisiert worden. In ihrer besten Form war sie weder je so allgemein, daß ihr die offensichtliche Relevanz für die amerikanische Geschichte abgegangen wäre, noch war sie je so speziell, daß sie die amerikanische Gesellschaft über allgemein-menschliche Werte gestellt hätte. Ich bin gar nicht einmal so sicher, ob die Kirchenführer tatsächlich immer für eine höhere Ebene von religiösem Verständnis standen als die Sprecher der Zivilreligion. Lesen wir, was Reinhold Niebuhr über Lincoln zu sagen hat, welcher ja nie einer Kirche beigetreten ist und ohne Zweifel die Zivilreligion in ihrer besten Form vertritt:

> Eine Analyse der Religiosität Abraham Lincolns im Kontext der traditionellen Religiosität seiner Zeit und seines Umfeldes, sowie des polemischen Gebrauchs, den er von ihr in der Frage der Sklaverei machte, welche vor und während dem Bürgerkrieg das religiöse Leben verdarb, muß zum Schluß führen, daß Lincolns religiöse Überzeugung bezüglich Tiefe und Reinheit nicht nur derjenigen der politischen, sondern auch der der religiösen Führer seiner Zeit überlegen war.[12]

Vielleicht wandte sich der eigentliche Groll der religiös fundierten Kritiker weniger gegen die Zivilreligion als solche, als gegen ihren durchdringenden und beherrschenden Einfluß auf den Bereich der kirchlichen Religion. Wie S. M. Lipset unlängst gezeigt hat, ist die amerikanische Religiosität zumindest seit dem frühen 19. Jahrhundert überwiegend eher aktivistisch, moralistisch und sozial als be-

---

[12] Reinhold Niebuhr, The Religion of Abraham Lincoln, in: A. Nevins (Hg.), Lincoln and the Gettysburg Address, Urbana, Ill., 1964, S. 72. William J. Wolf von der *Episcopal Theological School* in Cambridge, Massachusetts, schreibt: „Lincoln gehört zu den größten Theologen Amerikas – nicht im fachspezifischen Sinn als Schöpfer eines Systems von Grundsätzen, und auch nicht als Verfechter einer bestimmten Konfession, sondern im Sinne seiner Fähigkeit, die Hand Gottes überall in den Angelegenheiten der Völker zu sehen. Genauso beurteilen die Propheten Israels das Geschehen ihrer Zeit aus der Sicht Gottes, der um die Geschichte besorgt ist und der in ihr seinen Willen offenbart. Lincoln hat jetzt seinen Platz unter Gottes Propheten der jüngsten Zeit." The Religion of Abraham Lincoln, New York 1963, S. 24.

schaulich, theologisch oder spirituell gewesen.[13] De Tocqueville nannte die Religion der amerikanischen Kirchen „eine politische Institution, die sehr viel zur Erhaltung einer demokratischen Republik in Amerika beiträgt"[14], indem sie gegenüber ständigem politischem Wandel einen starken moralischen Konsens schafft. Henry Bargy nannte im Jahre 1902 die Religion der amerikanischen Kirchen „die Poesie des Bürgersinns" (*la poésie du civisme*).[15]

Es ist zweifellos richtig, daß das Verhältnis zwischen Religion und Politik in Amerika bis heute von einzigartiger Ausgeglichenheit gewesen ist. Das liegt weitgehend in der vorherrschenden Tradition begründet. So schrieb de Tocqueville:

> Der größte Teil des britischen Amerika wurde von Menschen bevölkert, die, nachdem sie die Autorität des Papstes abgeschüttelt hatten, keine andere religiöse Oberhoheit anerkannten: Sie nahmen in die neue Welt eine Form des Christentums mit, die ich nicht anders benennen kann als eine demokratische und republikanische Religion.[16]

Die Kirchen wandten sich weder gegen die Revolution noch gegen die Schaffung demokratischer Institutionen. Zwar wandten sich einige von ihnen gegen die Einführung der völligen Religionsfreiheit, machten aber schließlich gute Miene zum Ergebnis der Auseinandersetzung und trauerten nicht dem *ancien régime* nach. Die amerikanische Zivilreligion war nie antiklerikal oder von militanter Diesseitigkeit. Im Gegenteil, die Art, wie sie eine Auswahl von Elementen der religiösen Tradition übernahm, ließ den durchschnittlichen Amerikaner nie einen Konflikt zwischen den beiden erkennen.

So vermochte die Zivilreligion ohne heftigen Streit mit der Kirche mächtige Symbole der nationalen Solidarität aufzubauen, und es

---

[13] Seymour Martin Lipset, Religion and American Values, Kapitel 4, The First New Nation, New York 1964

[14] Alexis de Tocqueville, Democracy in America, Vol. l, New York 1954, S. 310.

[15] Henry Bargy, La Religion dans la Société aux États-Unis, Paris 1902, S. 31.

[16] De Tocqueville, a.a.O. S. 311. Weiter hinten sagt er: „In den Vereinigten Staaten ist sogar die Religion der meisten Bürger republikanisch, denn sie unterwirft die Wahrheiten einer anderen Welt dem Urteil des einzelnen, so wie in der Politik die Sorge für die irdischen Interessen der Vernunft des Volkes überlassen wird. So darf jeder Mensch in Freiheit den Weg aussuchen, von dem er glaubt, daß er ihn in den Himmel führen wird, wie auch das Gesetz jedem Bürger das Recht zugesteht, seine eigene Regierung zu wählen." (S. 436).

gelang ihr, zur Erreichung von nationalen Zielen die tieferen Schichten der persönlichen Motivation anzusprechen.

Eine solche Leistung ist keineswegs selbstverständlich. Es scheint, daß in modernen Gesellschaften das Problem einer Zivilreligion allgemein ist, und daß die Art und Weise, in der es gelöst oder eben nicht gelöst wird, Auswirkungen auf verschiedenste Bereiche hat. Es genügt an Frankreich zu denken, um zu sehen, wie verschieden sich die Dinge entwickeln können. Die Französische Revolution war in ihrem Kern völlig antiklerikal und machte den Versuch, eine antichristliche Zivilreligion aufzubauen. Die gewaltige Kluft zwischen traditionellen katholischen Symbolen und der Symbolik von 1789 geht durch die ganze moderne Geschichte Frankreichs hindurch.

Die amerikanische Zivilreligion ist heute immer noch sehr lebendig. Vor nur drei Jahren haben wir im Zusammenhang mit dem Begräbnis unseres ermordeten Präsidenten an einer Erneuerung des Opferthemas teilgenommen. Das Thema des amerikanischen Israel steht deutlich hinter Kennedys „Neuen Grenzen" (*New Frontier*) und Johnsons „Großer Gesellschaft" (*Great Society*). Mit einem aktuellen Beispiel möchte ich noch illustrieren, wie die Zivilreligion dazu dient, Unterstützung für unsere nationalen Ziele zu gewinnen. Am 15. März 1965 trat Präsident Johnson vor den Kongreß, um ein wirksames Wahlrechtsgesetz zu fordern. Im ersten Teil seiner Rede sagte er:

> Selten sehen wir uns einer Herausforderung gegenüber, die sich nicht an unser Wachstum oder unseren Wohlstand, an unser Wohlergehen oder unsere Sicherheit richtet, sondern vielmehr an die Werte, die Ziele und die Bedeutung unserer geliebten Nation. Die Frage der gleichen Rechte für die amerikanischen Schwarzen ist so eine Frage. Und wenn wir uns diesem Problem nicht gewachsen zeigen, so werden wir als Volk und als Nation versagt haben, auch wenn wir jeden Feind besiegen, unseren Wohlstand verdoppeln und sogar die Sterne erobern sollten.
>
> Mit einem Land ist es nämlich das gleiche wie mit einem Menschen: „Was hülfe es dem Menschen, wenn er die ganze Welt gewänne, und nähme an seiner Seele Schaden?"

Und er schloß mit den Worten:

> Oberhalb der Pyramide auf dem Großsiegel der Vereinigten Staaten steht auf lateinisch: „Gott hat unserem Unterfangen seine Gunst erwiesen."
>
> Gott wird nicht alles begünstigen, was wir tun. Es ist vielmehr unsere Pflicht, seinen Willen zu erahnen. Ich komme nicht darum herum zu

glauben, daß Er das Unternehmen, das wir heute abend hier beginnen, genau versteht und wirklich begünstigt.[17]

Die Zivilreligion ist nicht immer um einer würdigen Sache willen angerufen worden. Im Bereich der Innenpolitik ist eine Ideologie von der Art des amerikanischen Frontkämpferverbandes, eine Verschmelzung von Gott, Vaterland und Fahne, dazu benützt worden, non-konformistische und liberale Ideen und Gruppen aller Art anzugreifen. Trotzdem hat es sich als schwierig erwiesen, die Worte von Jefferson und Lincoln zur Unterstützung von Sonderinteressen und zur Untergrabung der persönlichen Freiheit zu verwenden. Die Verteidiger der Sklaverei vor dem Bürgerkrieg gelangten schließlich zu einem Punkt, von dem aus sie die Unabhängigkeitserklärung zurückwiesen. Die Konsequentesten unter ihnen wandten sich nicht nur gegen die Demokratie Jeffersons, sondern auch gegen die Religion der Reformation; sie träumten von einem Süden, in dem ein mittelalterliches Rittertum und eine Monarchie von Gottes Gnaden herrschen würden.[18] Trotz all ihrer offen zur Schau gestellten Religiosität ist die Verbindung zwischen der heutigen radikalen Rechten und dem zivilreligiösen Konsens sehr schwach. Das zeigt sich etwa im Angriff der *John Birch Society* auf das zentrale amerikanische Symbol der Demokratie selbst.

Im Bezug auf die Rolle Amerikas in der Welt sind die Gefahren einer Verzerrung größer und die in der Tradition eingebauten Sicherungsvorrichtungen schwächer. Fast von Anfang an wurde das Thema des amerikanischen Israel als Rechtfertigung für die schändliche Behandlung der Indianer verwendet, welche für unsere Geschichte so charakteristisch ist. Dasselbe Thema kann ganz offen oder auch stillschweigend mit der Idee der „offenbaren Bestimmung" (*Manifest Destiny*) in Verbindung gebracht werden, welches seit dem frühen 19. Jahrhundert zur Legitimation einer ganzen Reihe von imperialistischen Abenteuern gebraucht worden ist. Noch nie war diese Gefahr der Verzerrung so groß wie heute. Es geht weniger um die imperiale Expansion, deren man uns anklagt, als um die Tendenz, alle Regierungen oder Parteien der Welt zu assimilieren, die jeweils gerade unsere Politik unterstützen oder die um unsere Hilfe ersuchen, indem sie an die Vorstellungen von freien Institutionen und demokratischen Werten appellieren. Diejenigen Nationen, die für den Au-

---

[17] U.S. Congressional Record, House, 15. März 1965, S. 4924, 4926.
[18] Siehe Louis Hartz, The Feudal Dream of the South, Part 4, The Liberal Tradition in America, New York 1955.

genblick gerade „auf unserer Seite" waren, wurden „die freie Welt".
Aus der repressiven und unstabilen Militärdiktatur von Südvietnam
wird „das freie Volk von Südvietnam und dessen Regierung". So wird
es ein Teil der Rolle Amerikas als das „neue Jerusalem" und „die letzte Hoffnung für die Erde", solche Regierungen zuerst durch materielle Unterstützung, dann mit dem eigenen Blut zu verteidigen. Und
sobald unsere ersten Soldaten gefallen sind, wird es möglich, den
Kampf noch mehr zu heiligen, indem man das große Thema des Opfers anspricht. Auf die Mehrheit der Amerikaner, die ja nicht in der
Lage sind, zu beurteilen, ob das Volk von Südvietnam (oder irgend
ein anderes Volk) „so frei wie wir" sind, wirken solche Argumente
überzeugend. Zum Glück war Präsident Johnson im Falle von Vietnam nicht so rasch mit der Behauptung „Gott hat unserem Unterfangen seine Gunst erwiesen" zur Hand wie bei der Frage der Bürgerrechte. Aber andere sind weit weniger zurückhaltend. Die
Zivilreligion hat zugunsten der Lösung unseres größten innenpoliti-
schen Problems, nämlich der Behandlung der schwarzen Amerikaner, einen langanhaltenden Druck ausgeübt. Es bleibt abzuwarten,
wie erheblich dieser Druck für unsere Rolle in der ganzen Welt werden kann, und ob wir, um mit den Worten von John F. Kennedy zu
sprechen, „die revolutionären Überzeugungen, für die unsere Vorfahren gekämpft haben", wirksam vertreten können.

Es ist augenfällig, daß die Zivilreligion in die drängendsten moralischen und politischen Fragen unserer Zeit einbezogen ist. Aber
sie ist auch noch von einer anderen Art von Krise, einer theoretischen
und theologischen, erfaßt worden, deren sie sich im Moment kaum
bewußt ist. „Gott" ist in der Zivilreligion seit ihren Anfängen immer
ein zentrales Symbol gewesen und ist es bis heute geblieben. Dieses
Symbol ist für die Zivilreligion ebenso zentral wie für das Judentum
oder das Christentum. Im 18. Jahrhundert warf das keine Probleme
auf; nicht einmal Tom Paine war, entgegen den Verleumdungen,
Atheist. Von der Linken bis zur Rechten, gleichviel welcher Kirche
oder Sekte sie angehörten, alle konnten die Vorstellung eines Gottes
anerkennen. Aber heute ist, wie sogar *Time* zugegeben hat, die Bedeutung des Wortes *Gott* bei weitem nicht mehr so klar und einleuch-
tend. Es gibt in der Zivilreligion kein formelles Glaubensbekenntnis.
Wir haben einen katholischen Präsidenten gehabt; man könnte sich
auch vorstellen, daß wir einen jüdischen Präsidenten haben. Aber
könnten wir einen Agnostiker als Präsidenten haben? Könnte ein
Mann, der Gewissensbisse hätte, wenn er das Wort *Gott* so verwenden müßte, wie Kennedy und Johnson es getan haben, ins höchste

Amt dieses Landes gewählt werden? Wenn sich eine Neuformulierung der Gottessymbolik aufdrängt, wird das ganz offensichtlich für
die Zivilreligion Konsequenzen haben, Konsequenzen, die vielleicht
in liberaler Entfremdung und fundamentalistischer Verknöcherung
bestehen werden, wie sie bisher auf diesem Gebiet noch nie so deutlich hervorgetreten sind. Die Zivilreligion ist ein Artikulationspunkt
zwischen den tiefsten Verpflichtungen der religiösen und philosophischen Tradition des Westens und den gemeinsamen Überzeugungen
gewöhnlicher Amerikaner gewesen. Es ist an der Zeit, sich zu überlegen, wie die sich vertiefende theologische Krise sich auf die Zukunft dieser Artikulation auswirken könnte.

## DIE DRITTE ZEIT DER BEWÄHRUNG

Zum Schluß scheint es mir der Mühe wert, die Zivilreligion zur außerordentlich ernsten Situation in Beziehung zu bringen, der wir
Amerikaner jetzt gegenüberstehen und die ich die dritte Zeit der Bewährung nennen will. Die erste Bewährungszeit hatte mit der Frage
der Unabhängigkeit zu tun, mit der Frage, ob wir unsere eigenen Angelegenheiten auf unsere Weise regeln sollten oder konnten. Die
zweite Zeit der Bewährung stand im Zusammenhang mit der Frage
der Sklaverei, welche ihrerseits wieder nur der herausragende Aspekt eines allgemeinen Problems war, nämlich der durchgehenden
Institutionalisierung der Demokratie in unserem Land. Wir sind von
der Lösung dieses zweiten Problems immer noch weit entfernt, obwohl wir uns Erfolge gutschreiben dürfen. Aber wir sind von einem
dritten großen Problem eingeholt worden, welches uns in eine dritte große Krise geführt hat, in der wir immer noch mitten drin sind.
Es geht um das Problem verantwortungsvollen Handelns in einer revolutionären Welt, einer Welt, die viele der materiellen und geistigen Dinge zu erlangen sucht, die wir schon erreicht haben. Es hat
seit den Anfängen immer wieder Amerikaner gegeben, die sich der
Verantwortung und der Bedeutung, die unser republikanisches Ex-
periment für die Welt hat, bewußt gewesen sind. Die erste innere politische Polarisierung, die sich in der neuen Nation vollzog, hatte mit
unserer Einstellung zur Französischen Revolution zu tun. Aber damals waren wir klein und schwach, und „Verstrickungen im Ausland"
schienen nicht weniger als unser Überleben in Frage zu stellen. Während des letzten Jahrhunderts haben wir unsere Bedeutung für die
Welt nicht vergessen, aber wir sahen unsere Rolle nur darin, als Vorbild zu dienen. Unmittelbar am Ende des 1. Weltkriegs waren wir

nahe daran, eine neue Rolle in der Welt zu übernehmen, aber einmal mehr drehten wir ihr den Rücken zu.

Seit dem 2. Weltkrieg sind die alten Geleise nicht mehr befahrbar. Jeder Präsident seit Roosevelt hat versucht, sich an ein neues Handlungsmodell heranzutasten, eines, das mit unserer Macht und unseren Verpflichtungen in Einklang stehen würde. Für Truman und für die Zeit, die von John Foster Dulles geprägt wurde, schien dieses Modell in der großen manichäischen Konfrontation zwischen Ost und West zu bestehen, der Konfrontation zwischen Demokratie und „der trügerischen Philosophie des Kommunismus". Diese Konfrontation bildete auch die Grundstruktur von Trumans Antrittsrede. Aber mit den letzten Jahren unter Eisenhower und mit den folgenden zwei Präsidenten begann sich das Modell zu verlagern. Man erkannte immer mehr, daß die großen Probleme nicht einfach auf die bösen Absichten einer einzelnen Gruppe von Menschen zurückzuführen waren, sondern daß sie komplexe und vielschichtige Ursachen hatten. Für Kennedy richtete sich der Kampf weniger gegen gewisse Menschen als gegen „die gemeinsamen Feinde des Menschen: gegen Tyrannei, Armut, Krankheit und den Krieg selbst".

Doch mitten in dieser Entwicklung in Richtung einer weniger primitiven Konzeption von uns selbst und unserer Welt sind wir, ohne das wirklich zu wollen, in eine Konfrontation hineingestolpert, bei der wir mittlerweile das Gefühl haben, unsere Ehre stehe auf dem Spiel. In einem Augenblick der Unsicherheit sind wir mit der Versuchung konfrontiert worden, uns auf unsere überwältigende äußerliche Macht zu verlassen, statt auf unsere Intelligenz, und wir sind der Versuchung zum Teil erlegen. Jetzt, da es unserer furchtbaren Macht nicht gelingt, uns sogleich Erfolge zu bringen, werden wir verwirrt und verlieren die Nerven; wir stehen am Rand eines Abgrunds, dessen Tiefe niemand erkennt.

Ich muß immer wieder an Robinson Jeffers denken, dessen Gedichte heute zutreffender scheinen als in der Zeit, in der sie geschrieben wurden. Er sagte:

Unglückliches Land, was für Flügel du hast! ...
Weine (es kommt häufig vor und ist nur menschlich), weine um die furchtbare Pracht der Werkzeuge,
Die lächerliche Unzulänglichkeit der Beweggründe, das blutige und armselige Pathos der Ergebnisse.

Aber wie so oft in solchen Zeiten haben wir einen Mann mit prophetischen Fähigkeiten, der – ohne die Bitterkeit und die Menschenfeindlichkeit von Jeffers – mit dieser Nation ins Gericht geht, wie es Lincoln zuvor getan hat:

Wenn eine Nation sehr mächtig ist, aber kein Selbstvertrauen hat, ist es wahrscheinlich, daß ihr Verhalten sowohl für sich selbst als auch für andere zur Gefahr wird. Langsam aber sicher beginnt Amerika jener Anmaßung der Macht zu erliegen, welche schon in der Vergangenheit große Nationen befallen, geschwächt und in einigen Fällen zerstört hat. Wenn der Krieg weitergeht und expandiert, wenn dieser unheilvolle Prozeß sich weiter beschleunigt bis Amerika zu dem wird, was es jetzt nicht ist und was es noch nie gewesen ist, nämlich eine Nation, die nach unbeschränkter Macht und Ausdehnung der Herrschaft strebt, dann hat Vietnam in der Tat weitreichende und tragische Folgen gezeigt.

Ich glaube nicht, daß das geschehen wird. Ich bin sehr besorgt, aber ich bin immer noch voll Hoffnung, ja Zuversicht, daß das Amerika der menschenfreundlichen und demokratischen Traditionen die Klugheit findet, die es mit seiner Macht aufnehmen kann.[19]

Ohne das Bewußtsein, daß unsere Nation einer höheren richterlichen Gewalt untersteht, wäre die Tradition der Zivilreligion tatsächlich gefährlich. Zum Glück hat es nie an prophetischen Stimmen gefehlt. Unsere heutige Situation erinnert an den mexikanisch-amerikanischen Krieg, den Lincoln, wie viele andere auch, bekämpfte. Der Geist des zivilen Ungehorsams (*Civil Disobedience*), der heute in der Bürgerrechtsbewegung und in der Opposition gegen den Vietnamkrieg lebendig ist, wurde bereits von Henry David Thoreau deutlich umrissen, als er schrieb: „Wenn das Recht so beschaffen ist, daß es von dir verlangt, einem anderen gegenüber zum Vertreter des Unrechts zu werden, dann sage ich: ‚Brich dieses Gesetz.'" Thoreaus Worte „Ich möchte meine Landsleute daran erinnern, daß sie zuallererst einmal Menschen sind, und erst viel später, zu einem günstigen Zeitpunkt, Amerikaner"[20] geben eine wichtige Richtschnur ab für unser Denken und Handeln in unserer dritten Zeit der Bewährung. Man ist uns Amerikanern in aller Welt mit viel Wohlwollen begegnet, aber man wird uns letztlich als Menschen beurteilen. Wie wir gesehen haben, sind aus der ersten und zweiten Bewährungsprobe die Hauptsymbole der amerikanischen Zivilreligion hervorgegangen. Es bestehen wenig Zweifel, daß eine erfolgreiche Bewältigung dieser dritten Zeit der Bewährung – die Schaffung einer Art von praktikabler und einheitlicher globaler Ordnung – eine ganze Anzahl von

---

[19]  Rede von Senator J. William Fulbright vom 28. April 1966, Bericht in The New York Times, 29. April 1966.

[20]  Zitiert in Yehoshua Arieli, Individualism and Nationalism in American Ideology, Cambridge, Mass. 1964, S. 274.

neuen bedeutenden symbolischen Formen hervorrufen würde. Die
flackernde Flamme der Vereinten Nationen ist bisher noch zu
schwach, als daß sie der Kristallisationspunkt eines Kultes sein könnte; aber dies würde sich mit der Schaffung einer echten, übernationalen Gewalt ändern. Es wäre erforderlich, die lebendige internationale Symbolik in unsere Zivlreligion einzubauen, oder besser gesagt,
es hätte zur Folge, daß die amerikanische Zivilreligion einfach ein
Teil der neuen Weltzivilreligion würde. Es hat keinen Sinn, sich über
die mögliche Form einer solchen Zivilreligion den Kopf zu zerbrechen, obwohl es offensichtlich ist, daß diese aus religiösen Traditionen schöpfen würde, die außerhalb des Bereichs einer rein biblischen
Religion liegen. Da die amerikanische Zivilreligion nicht in der Verehrung der amerikanischen Nation besteht, sondern im Verständnis
der amerikanischen Erfahrung im Lichte einer letzten und universalen Wirklichkeit, ist es durchaus denkbar, daß die Kontinuität der
amerikanischen Zivilreligion durch die wegen der neuen Situation
notwendigen Umbildung nicht zerstört würde. Eine Weltzivilreligion
könnte als Erfüllung der amerikanischen Zivilreligion akzeptiert werden, und nicht als deren Ablehnung. Ein solches Ende ist tatsächlich
seit den Anfängen die eschatologische Hoffnung der amerikanischen
Zivilreligion gewesen. Dieses Ergebnis abzulehnen hieße, die eigentliche Bedeutung Amerikas abzulehnen.

Hinter der Zivilreligion stehen überall biblische Archetypen: Exo-
dus, das auserwählte Volk, das gelobte Land, das Neue Jerusalem,
der Opfertod und die Wiedergeburt. Aber sie ist auch echt amerika-
nisch und wirklich neu. Sie hat ihre eigenen Propheten und ihre eigenen Märtyrer, ihre eigenen Feiertage und Heiligtümer, ihre eigenen feierlichen Rituale und Symbole. Die Zivilreligion ist darum
bemüht, Amerika als eine Gesellschaft darzustellen, die so vollkommen mit Gottes Willen in Übereinstimmung ist, wie es für Menschen
möglich ist, und als strahlendes Licht für alle Völker.

Sie ist oft dazu verwendet worden, und wird auch heute wieder
dazu verwendet, Sonderinteressen und widerliche Leidenschaften zu
verdecken. Wie jeder lebendige Glaube muß sie ständig neu gestaltet und an universalen Maßstäben gemessen werden. Aber nichts deutet darauf hin, daß sie unfähig wäre, zu wachsen und neue Einsichten zu bringen.

Sie nimmt uns keine Entscheidungen ab. Sie befreit uns nicht von
moralischer Mehrdeutigkeit, davon, daß wir, wie Lincoln schön gesagt hat, ein „beinahe auserwähltes Volk" sind. Aber sie ist ein Erbe
an moralischer und religiöser Erfahrung, von dem wir, die wir jetzt

daran gehen, die nächsten Entscheidungen zu treffen, noch viel zu lernen haben.

*Robert N. Bellah, Zivilreligion in Amerika (gekürzt) (1967), über-setzt von Hans Fässler und Heinz Kleger, in: Heinz Kleger/Alois Mül-ler (Hg.), Religion des Bürgers, München 1986, 19-41 (hier: 19-23, 30-41)*

## 4.3 Neue Religiöse Bewegungen in der westlichen Welt: Eileen Barkers These vom Einfluss der ‚New Religious Movements' auf das allgemeine kulturelle Milieu

*Einführung*

1. ZUR PERSON: Eileen Barker ist Professorin für Soziologie mit Schwerpunkt in der Erforschung der Religion an der renommierten London School of Economics and Political Science. Seit dreißig Jahren gilt ihr primäres Forschungsinteresse der Erforschung von Kulten, Sekten und neuen religiösen Bewegungen. Mit ihren rund zweihundert Publikationen gehört sie international zu den führenden Forscherinnen auf dem Feld alternativer Formen von Religion und religiöser Bewegungen. An der Etablierung des religionssoziologischen Forschungsfeldes der ‚New Religious Movements' hat sie wesentlichen Anteil.

2. THEMATISCHE EINORDNUNG: Wenn heute nicht nur für die Vereinigten Staaten, sondern auch für Europa das Paradigma der Säkularisierung immer wieder in Frage gestellt wird und von einer Renaissance des Religiösen die Rede ist, beziehen sich die Protagonisten des neuen Paradigmas einer Wiederkehr der Religion vornehmlich auf das Phänomen der ‚New Religious Movements'. Hatte sich in Europa zunächst für die Vielfalt spiritueller Vorstellungen und Praktiken jenseits des kirchlich-institutionellen Felds christlicher Religion der Sammelbegriff des ‚New Age' durchgesetzt, so hat inzwischen der Begriff ‚Neue Religiöse Bewegungen' die Funktion übernommen, ein heterogenes Feld von neuen spirituellen und religiösen Phänomenen begrifflich-konzeptionell zusammenzufassen und einem entsprechenden religionssoziologischen Forschungsfeld Konturen zu verleihen. Der Begriff ‚Neue Religiöse Bewegungen' umfasst heute sowohl die alternativen Formen von Religiosität im Umfeld der Adaption asiatischer Meditationstechniken und keltischer und germanischer Kulte wie auch die christlich orientierten Bewegungen pfingstlerischer und charismatischer Gruppierungen. Gemeinsam ist ihnen eine starke Erfahrungsorientierung und die Sozialform als Bewegung jenseits der bestehenden institutionellen Formen der Religion.

3. ZUM TEXT: Eileen Barker formuliert in dem Text das Resümee ihrer langjährigen Forschung auf dem Feld der neuen religiösen Be-

334     4. Thematische Schwerpunkte

wegungen. In einem ersten Schritt verweist sie auf die Vielfalt und
die unterschiedlichen Ausprägungen von Gruppierungen und Kulten,
die mit Hilfe des Begriffs ‚Neue Religiöse Bewegungen' unter einer
Kategorie zusammengefasst werden. Als neues Phänomen hebt sie
das Ausmaß hervor, in dem die neuen Bewegungen sich nicht mehr
an die jüdisch-christliche Tradition anlehnen, sondern sich aus nicht-
christlichen religiösen Quellen speisen. Die Entstehung der neuen religiösen Bewegungen verortet Barker im kulturellen Umbruch der
1970er Jahre innerhalb der fortgeschrittenen Industriegesellschaften,
in denen es nach dem politischen Scheitern der Studentenbewegung
zu einer Hinwendung zu Fragen spirituellen Lebens und der Entfaltung des Selbst kommt. Die religiöse Revitalisierung hat ihr Ursprungsmilieu nicht wie häufig in der Geschichte unter den Armen
und Unterdrückten, sondern unter den jüngeren, gebildeten und gut-
situierten Angehörigen der Mittelschichten. Entwicklung und Ausbreitung der neuen religiösen Bewegungen – so Eileen Barker – werden durch den Umbruch zu einem weltweiten kulturellen Pluralismus
und zur grenzüberschreitenden Mobilität gefördert. Die Bedeutung
der neuen religiösen Bewegungen sieht Barker weniger in der Zahl
der Mitglieder – diese muss als relativ gering eingeschätzt werden
und steht in keinem Verhältnis zur großen Zahl derer, die die etablierten Kirchen verlassen –, als vielmehr in dem Faktum, dass die
Ideen dieser Bewegungen weit in das allgemeine kulturelle Milieu
der westlichen Gesellschaften eingedrungen sind.

4. BEDEUTUNG FÜR DEN RELIGIONSSOZIOLOGISCHEN DISKURS: Die neu-
en religiösen Bewegungen stellen zweifellos einen der interessantes-
ten Forschungsbereiche in der gegenwärtigen Religionssoziologie
dar. In ihm spitzen sich die aktuellen Kontroversen der Religionssoziologie um einen angemessenen Religionsbegriff, um die Grenzen
des Säkularisierungsparadigmas und um eine gegenstandsangemes-
sene Forschungsmethodologie zwischen quantitativem und qualita-
tivem Zugang wie in keinem anderen Feld zu.

*Karl Gabriel*

**Neue religiöse Bewegungen.**
**Religiöser Pluralismus in der westlichen Welt**

## I. VIELFALT UND VERSCHIEDENHEIT NEUER RELIGIÖSER BEWEGUNGEN

Manche hielten das, was in den 60er Jahren in der westlichen Welt seinen Anfang nahm, für eine Vierte Große Erweckungsbewegung. Anhänger des *New Age* erklärten die letzte Welle transzendentaler Erneuerung, die in den 70er Jahren einen Großteil des städtischen, industrialisierten Christentums erfaßte, zum Neuen Religiösen Bewußtsein – oder, von einem etwas kosmischeren Blickwinkel aus, zum Zeitalter des Wassermanns. Je näher die Jahrtausendwende rückte, desto häufiger traten messianische und chiliastische Gruppierungen auf, die das Nahen des Himmelreichs auf Erden verkündeten. Fundamentalistische Christen sahen den Teufel am Werk und Armageddon im Anzug. Für diejenigen, die zutiefst von den Anfängen des Rationalismus, der Entzauberung oder dem „Menschenkult" überzeugt sind, ist die Flut der Neuheiten, die sich im religiösen Supermarkt zur Schau stellen, nichts anderes als ein letztes, verzweifeltes Winseln des „cultural lag" angesichts des unvermeidbaren und unumkehrbaren Fortschreitens der Säkularisierung. Andere wiederum legen erstaunt die Stirn in Falten und fragen sich, was die ganze Aufregung soll, schließlich ist weder die Entstehung neuer Religionen noch die Konsterniertheit, die sie jeweils auslösen, ein neues Phänomen.

Von Kanton bis Canterbury, vom Sudan bis zum Kongo, von Moskau bis nach Washington, von Eriwan bis Kyoto – während ihrer ganzen Geschichte haben Moslems und Hindus, Buddhisten und Schintoisten, Marxisten und Christen die Entstehung neuer, fremder Glaubensvorstellungen und -praktiken argwöhnisch beobachtet. Das Christentum ist dabei nur *ein* Beispiel für eine kleine Sekte, die erhebliches Mißtrauen hervorrief und in der Gesellschaft, in der sie um ihr Dasein kämpfte, massiv Unruhe stiftete.

Im Rückblick auf die Geschichte ist es möglich, historische Abschnitte herauszugreifen, in denen neue Glaubensvorstellungen und -ideen von einer ganzen Gesellschaft oder – was häufiger geschah – von bestimmten Teilen einer Gesellschaft aufgegriffen wurden. Diese geschichtlichen Perioden wurden häufig als Zeiten des sozialen, ökonomischen und/oder politischen Umbruchs, Wandels und/oder der Unsicherheit beschrieben. Als Beispiele aus den vergangenen fünfhundert Jahren könnte man etwa für die westliche Welt das Nord- und Zentraleuropa der 30er Jahre des 16. Jahrhunderts anführen, ebenso England zwischen 1620 und 1650 sowie gegen Ende des 19. Jahrhunderts oder auch die Große Erweckungsbewegung in Nord- amerika in den späten 30er Jahren des 18. Jahrhunderts sowie die Zweite Große Erweckungsbewegung der Jahre 1820 bis 1860.

Während sich also historisch recht einfach belegen läßt, daß es neue Religionen immer gegeben hat, und daß sie nur zu manchen Zeitpunkten sichtbarer waren als zu anderen, ist ebenso deutlich, daß sich die zahllosen und weitverbreiteten neuen religiösen Bewegun- gen der gegenwärtigen westlichen Welt zumindest in einem ent- scheidenden Punkt von ihren Vorläufern unterscheiden. Die neuen Religionen des Westens lehnten sich bis circa 1880 (und mit sehr we- nigen Ausnahmen auch bis zum Ende des Zweiten Weltkrieges) fast ausschließlich an die jüdisch-christliche Tradition an; dies ist für die neueren religiösen Bewegungen nicht mehr unbedingt notwendig und auch nicht einmal sehr wahrscheinlich.

Zwar bestehen eine Reihe von *Jesus-Gruppen* sowie (wenn man diese denn als neue religiöse Bewegungen bezeichnen will) *Charis- matiker, Neo-Pfingstler*, die *Hauskirche* und kleine evangelikale christliche Sekten, die in den letzten Jahrzehnten wie Pilze aus dem Boden schossen, sowie katholische Gemeinschaften wie *Opus Dei, Focolare, Communione e Liberazione* und die *Neo-Katechumenaten.* Andere neue religiöse Bewegungen berufen sich jedoch auf wohl- etablierte nicht-christliche Traditionen: Die *Internationale Gesell- schaft für Krishna-Bewußtsein* (International Society for Krishna Consciousness, ISKCON) führt ihre Ursprünge bis ins 16. Jahrhun- dert auf den hinduistischen Mönch Chaitanya zurück; die *Nichiren*- Religion *Soka Gakkai* leitet ihren religiösen Ursprung vom buddhis- tischen Mönch Nichiren Daishonin her, der im 13. Jahrhundert lebte. Andere Bewegungen wiederum legen Wert auf ihre Nähe zu heid- nischen, schamanistischen, esoterischen und diversen antiken Tradi- tionen. So mag eine Ritualpriesterin ihre Kraft von der ägyptischen Göttin Gaia herleiten; das Fest der Sommersonnenwende wird mit Gesängen und Kerzen in der St.-James-Kirche der *Church of Eng- land* an Londons geschäftigem Piccadilly begangen; spirituell ver- anlagte Yuppies aus der ganzen Welt versammeln sich im schotti- schen Findhorn, um zu Devas, himmlischen Wesen, Kontakt herzustellen, oder pilgern nach Ojai, um die esoterischen Wahrheiten zu erlernen, die Alice Bailey einst enthüllt hatte – oder nach Glastonbury, um Harmonischen Einklang zu feiern oder die Göttin zu verehren.

Daneben gibt es eine Unmenge an Gruppierungen, die aus der Human-Potential-Bewegung hervorgegangen sind. Eine Reihe der Therapieformen, die in den psychotherapeutischen Behandlungsmethoden der vergangenen Jahre entstanden sind, werden von diesen Gruppierungen aufgegriffen, aber auch andere Techniken wie Meditation, Sprechgesänge, Atemübungen und Yoga, die in östlichen Religionen eine lange Geschichte haben (tatsächlich aber auch in einigen mystischen christlichen Traditionen).

Unter all diesen Bewegungen ist das *New Age* wahrscheinlich am schwersten einzustufen, da es seine Gedanken aus Tausenden von Quellen bezieht, östlichen wie westlichen, antiken wie modernen.

Das Zeitalter der Wissenschaft – oder des Szientizismus – hat in der Tat eine bunte Mischung hervorgebracht: Leute starren in Kristallkugeln, lassen Pendel schwingen, *Scientologen* befreien sich durch *Auditing*, andere sichten UFOs, empfangen Botschaften aus dem All, nehmen an *Erhard-Seminar*-Programmen teil, an Urschrei-Therapien und Selbsterfahrungsgruppen, verrenken sich im tantrischen Yoga; es gibt meditierende Yogis, göttliche *Ascendend Masters*, sinnenfreudige Raël-Anhänger und unsterbliche *Thetanen* (Barker 1989a; Melton 1986). IBM bietet seinem Top-Management, „um flexibles Denken zu fördern", I-Ging-Kurse an. Andere multinationale Konzerne fördern die Teilnahme an Selbsterfahrungsgruppen, *Transzendentaler Meditation, Neuro-linguistischer Programmierung* sowie einer Unmenge weiterer Verfahren, die – was fraglich und höchst umstritten ist – die Teilnehmer in völlig neue Begriffswelten und Denkschemata oder gar in eine völlig neue *Weltanschauung* einführen, mittels derer dann das kapitalistische Unternehmen betrieben werden soll.

Daß die neuen Religionen aus einer recht ungeordneten Ansammlung verschiedener Traditionen, Abwandlungen, Häresien, Innovationen und Synkretismen bestehen, sollte jedem, der über mehr als bloße flüchtige Kenntnis verfügt, klar sein. Verallgemeinerungen sind hinsichtlich der neuen religiösen Bewegungen wenig sinnvoll. Bezeichnungen wie Kulte, unkonventionelle Glaubenssysteme, alternative Religionen oder neue religiöse Bewegungen sind eigentlich schon fast alles, was all diese Gruppen, Organisationen oder Bewegungen gemeinsam haben.

Das entscheidende Kriterium einer Definition liegt daher weniger in ihrem Wahrheitsgehalt als vielmehr in ihrer Anwendbarkeit. Die Anwendung des Begriffs „neue religiöse Bewegung" sollte nicht einmal auf jene Gruppen beschränkt bleiben, die die Kriterien der „Neuheit" oder der „Religiosität" im engeren Sinne des Wortes erfüllen (Barker 1989; 1991). Eine Bewegung kann insofern als neu gelten, als sie seit dem Zweiten Weltkrieg in ihrer gegenwärtigen Form besteht, und als religiös insofern, als sie sich selbst jenen letzten Fragen des Lebens zuwendet, die bisher üblicherweise von eher traditionellen religiösen Organisationen und Glaubenssystemen beantwortet wurden: Wozu sind wir da? Was ist der Sinn des Lebens? Wo kann ich den Sinn meines Daseins erfahren? Wer bin ich? Da in einer solchen Verwendung der Begriff „neue religiöse Bewegung" zum Beispiel auch auf die australische *Uniting Church* oder die britische *United Reformed Church* anwendbar wäre, sollte die Definition vielleicht auch eine Common-Sense-Klausel enthalten: Eine bestimmte Gruppe sollte erst dann als Kult oder neue religiöse Bewegung bezeichnet werden, wenn eine „vernünftige" Zahl „vernünftiger" Leute dies nicht für abwegig oder lächerlich hält. [...]

## II. Entstehung, Entwicklung und Ausbreitung der neuen religiösen Bewegungen

Für die gegenwärtige Welle der neuen religiösen Bewegungen wurde eine Reihe von Gründen genannt. Einige dieser Erklärungen sind überzeugender als andere, viele widersprechen sich, manche widersprechen gar sich selbst. Meiner Ansicht nach ist es von großem Nutzen, die Vielfalt der neuen religiösen Bewegungen als Teil des gegenwärtigen Pluralismus zu betrachten – eines Pluralismus ökonomischer, politischer, struktureller und, vor allen Dingen, kultureller Art.

Seit langem weisen Soziologen darauf hin, daß ein Wandel der ökonomischen Struktur auch bedeutet, daß Kinder nur noch selten den gleichen Beruf wie ihre Eltern ergreifen, und daß sie immer seltener in derselben Stadt, geschweige denn im selben Haus leben. Ein Anstieg der sozialen und geographischen Mobilität führt zu einer größeren Diversifikation menschlicher Lebenserfahrungen – sowohl innerhalb der Generationen wie auch generationenübergreifend. Wenn Menschen reisen, können sich Ideen – wie manche Krankheiten – in epidemischem Ausmaß verbreiten. Noch im vergangenen Jahrhundert war das Reisen von Kontinent zu Kontinent nur einem ver-

schwindend kleinen Bruchteil der Bevölkerung vorbehalten, etwa
Händlern, Seeleuten oder jungen Adligen, die auf Weltreise gingen.
Solche Reisen sind in unserer Zeit, in der Charterflüge das Fliegen
erschwinglich machen und Horden wohlsituierter Studenten einen
Sommer lang oder für ein ganzes Jahr die fünf Kontinente erkunden,
zu einer Selbstverständlichkeit geworden. Durch solche Weltreisende
wurden eine Reihe der neuen Religionen aus dem Osten importiert.
Die Reiserouten der Hippies verliefen parallel zu Wanderstrecken der
Gurus oder kreuzten sich mit ihnen. Bhagwan Rajneesh sammelte in
Indien auf diese Weise eine Schar westlicher Anhänger. Und als die
Nachrichten davon nach Europa und in die USA durchsickerten,
strömten Tausende nach Poona, um dort den berühmten Sex-Guru zu
sehen und die neue Botschaft selbst zu empfangen, und zwar lange
bevor Bhagwan Rajneesh nach Oregon übersiedelte. Zur Illustration
eines anderen Verbreitungsmusters soll noch der Fall jenes westlichen Geschäftsmannes angeführt werden, der sich in Japan vom buddhistischen *Nichiren Shoshu* so fasziniert fühlte, daß er diese Religion mit nach England zurückbrachte, wo heute über viertausend
Menschen täglich vor ihrem persönlichen Gohonzon „Namu Myo-
ho Renge Kyo" rezitieren.

Zur gleichen Zeit brachten auch die Immigranten ihre Religionen
in den Westen. In den USA zum Beispiel führte die Lockerung der
Einwanderungsbestimmungen und insbesondere vielleicht die 1965
vorgenommene Aufhebung des Einwanderungsgesetzes aus dem Jahre 1924 zu einer plötzlichen neuen Welle asiatischer Religionen
(Melton 1991, S. 4). Dies, wie auch die Migrationsbewegungen durch
Saison- oder Gastarbeiter, machten es dem Westen unmöglich, länger von der Annahme auszugehen, nur eine unbedeutende Anzahl der
Bürger entstamme nicht der jüdisch-christlichen Tradition. Den Immigranten folgten dann auch Missionare – von denen man früher einmal annahm, sie würden sich nur von West nach Ost bewegen. 1966
traf zum Beispiel der Göttliche Meister A.C. Bhaktivedanta Prabhu-
pada in den USA ein. Er gründete dort *ISKCON*, die *International
Society for Krishna Consciousness*, die sich bald, wie viele andere
Bewegungen auch, von den Vereinigten Staaten aus nach Europa und
in andere Teile der westlichen Welt ausbreitete.

Es liegt mir fern, den Eindruck zu erwecken, alle neuen religiösen
Bewegungen seien importiert. Die meisten westlichen neuen religiösen Bewegungen entstanden zwar in den USA, insbesondere in Ka-
lifornien, doch einige Bewegungen stammen auch aus Europa. Die
*New-Age*-Gemeinschaft in Findhorn und Bewegungen wie die *Ae-*

*therius Society*, die *Emin Foundation, Jesus Army, Process*, die *School of Economic Science* und *TOPY* tauchten zuerst in Großbritannien auf, die *Raël*-Bewegung und Rouxs *L'Eglise Chrétienne Universelle* kommen ursprünglich aus Frankreich, die *Lou*-Bewegung nahm ihren Anfang in den Niederlanden.

Unabhängig vom Wandel der beruflichen und wirtschaftlichen Struktur und den Auswirkungen sozialer und geographischer Mobilität – und dennoch in gewisser Weise auch damit verbunden – unterlag auch die Einstellung gegenüber Autoritäten einem beträchtlichen Wandel, der die neuen religiösen Bewegungen förderte und zugleich von ihnen profitierte. Beschleunigt wurde dieser Wandel zum einen durch eine veränderte Bildungspolitik, die verstärkt auf eine individuelle Erkundung und Ausdrucksweise Wert legt statt auf strenge Autoritätsstrukturen (Abschaffung von Schuluniformen sowie Ersetzung des sturen Auswendiglernens durch kreative Lernmethoden). Zweitens wurden durch die Massenmedien – insbesondere das Fernsehen – Autoritätspersonen mit all ihren Fehlern in die Wohnzimmer gebracht, wo man sich über sie ungestraft lustig machen oder sie mit einem einfachen Knopfdruck zum Schweigen bringen konnte. Und drittens ist dieser Wandel auch bei den etablierten Kirchen festzustellen: Altäre werden in die Gemeinden gebracht; die *Church of England* führt ein modernes Gebetbuch und neue liturgische Formen ein, und am augenfälligsten ist vielleicht das Zweite Vatikanische Konzil samt seiner Nachwirkungen.

Meinungsverschiedenheiten gab es in der westlichen Welt (und auch, wenngleich nicht so offensichtlich, im Osten) natürlich immer. Die organisierte Form solcher Differenzen, insbesondere in recht großen Teilen der Jugend, ist jedoch ein vergleichsweise neues Phänomen. Tatsächlich sind gerade die Konzepte von Jugend und Jugendkultur seit dem Zweiten Weltkrieg zu neuer Bedeutung gekommen. In den 50er Jahren entstand das neue Phänomen einer Klasse junger Menschen, die über viel Zeit verfügten, wenig Verantwortung tragen mußten, dafür aber über große Kaufkraft verfügten und eine eigene Jugendkultur bildeten. Vor dem Zweiten Weltkrieg, als außer den Wohlhabenden jeder Mensch vom Status der Kindheit direkt in den Erwachsenenstatus überwechselte, gab es eine solche Jugendkultur – oder besser: eine solche Palette von Jugendkulturen – nicht.

In England zum Beispiel entstand aus der Arbeiterjugend heraus eine jugendliche Protestkultur, die sich durch Kleidung und Musik kenntlich machte. Wogegen sich die Proteste richteten, schwankte; mal war es das System im allgemeinen, mal „die Bullen" im besonderen. Bei anderen Gelegenheiten wurden Schwarze und/oder asiatische Einwanderer beleidigt und angegriffen. Aber mit Ausnahme bestimmter Teile der schwarzen Jugend, die sich dem Reggae zuwandten (der Protestmusik, die von den Westindischen Inseln kam und im *Rastafari* ihren sektiererischen Kern hatte), fehlten religiöse Formen von Protest, Identität und Sinnsuche fast vollständig. Auch die Arbeiterjugend anderer Teile Europas und Nordamerikas zeigte kaum Interesse oder gar Begeisterung für irgend etwas, das als neue religiöse Bewegung bezeichnet werden könnte. Zwar setzte sich die Anhängerschaft von *The People s Temple*, deren Schicksal in dem tragischen Massensterben im guayanischen Dschungel endete (ein Ereignis, das von Anti-Kult-Gruppen so häufig angeführt wird), zu großen Teilen aus mittellosen Schwarzen zusammen, aber bis zu jenem Zeitpunkt, als sich die Tragödie ereignete, wurde diese Bewegung in der Regel als Ableger der *Disciples of Christ* betrachtet. Aber obwohl *The People's Temple* bestimmte Eigenschaften aufwies, die sie mit anderen neuen religiösen Bewegungen vergleichbar machte und zu denen auch die potentiell gefährliche soziale und geographische Isolierung von der Umgebung zählte, unterschied sich diese religiöse Bewegung von den bekannteren Bewegungen, mit denen sie üblicherweise verglichen wird, in wichtigen Merkmalen, so etwa in der Zusammensetzung ihrer Anhängerschaft (Richardson 1980, S. 239-255). Auch wenn sich im Zusammenhang mit gewissen neuen religiösen Bewegungen zahlreiche individuelle Tragödien ereignet haben, so ist es im modernen Europa doch zu keiner vergleichbaren Tragödie gekommen.

Tatsächlich sind es heute – anders als in vielen früheren religiösen Bewegungen – nicht die Armen und Unterdrückten, auf die die neuen Religionen eine Anziehungskraft ausüben, sondern unverhältnismäßig viele junge, gebildete und materiell gutstehende Angehörige der gegenwärtigen westlichen Gesellschaft.

Die Jugendkultur der Mittelschicht erlangte als Protestbewegung erstmals in den 50er Jahren mit der Anti-Atom-Bewegung öffentliche Beachtung, doch Aufmerksamkeit auf breiter Front fand sie erst in den 60er Jahren mit den Demonstrationen der Studenten an den Universitäten – zunächst in den Vereinigten Staaten (insbesondere in Chicago und Berkeley), dann auch in England (an der London School of Economics), in Frankreich (wo den Studenten ein kurzlebiges Bündnis mit den Arbeitern gelang), in Deutschland, Holland und Italien. Entsprechend der ideologischen Rhetorik sollten der bürgerliche Kapitalismus und die unterdrückerischen Strukturen des westlichen Imperialismus (verkörpert im Vietnamkrieg) überwunden werden. Gegen Ende der 60er Jahre bestand ein Großteil dieser Strukturen unangefochten fort; die Protestmärsche schienen enttäuschend wenig bewirkt zu haben, und in der Studentenbewegung ließ das leidenschaftliche Engagement nach. Der Kampf wurde weniger mit dem ursprünglichen Gegner ausgetragen als vielmehr unter den zahllosen Splittergruppen der neuen politischen Bewegungen, die gewisse sektenähnliche Züge trugen. An den Hochschulen hielt der Protest noch einige Zeit an, aber die Aktionen verloren an Bedeutung. An Stelle des Anspruchs, die Welt zu verändern, traten mehr und mehr die kleinen, lokalen Belange, wie etwa die Forderung nach Kindertagesstätten für alleinerziehende Eltern. Aus einer weltumfassenden, diesseitigen Hoffnung auf eine bessere Welt war ein Bestreben nach lokalen Reformen geworden.

Zur gleichen Zeit aber – Ende der 60er Jahre – entstand eine ganz andere Protestform, die Gegenkultur der Hippies. Die erbitterte Rhetorik des Hasses verwandelte sich in eine Rhetorik der Liebe – einer allumfassenden, kosmischen Liebe. Dieser Protest, an dem sich zumeist junge Menschen aus der gebildeten Mittelschicht beteiligten, wurde weniger mit den harten Bandagen eines marxistischen Rationalismus ausgetragen – vielmehr wurden theoretische Erörterungen zugunsten sinnvoller Erfahrungen verworfen. Die Träger dieser neuen Protestform versuchten nicht, das System aktiv zu bekämpfen; statt dessen zogen sie sich, eher passiv, aus der Welt zurück. Ihre Eltern und der Staat waren reich genug, ihnen diesen Luxus eines bescheidenen Lebens, das sie in der Regel nicht gewöhnt waren, zu gewähren. Manche von ihnen lebten in einer wilden Siedlung oder einer Kommune, mit einem stattlichen Vorrat an Marihuana und später dann mit einem vielstimmigen Getrappel von Kinderfüßen, das Zeugnis von der freien Liebe der Gemeinschaft ablegte.

Zu dieser Zeit entstand, als eine Art Begleiterscheinung zum allgemeinen Hippie-Milieu, eine neue Form der Religiosität. In die Zurückweisung des Materialismus und gesellschaftlicher Strukturen durch die Hippies gingen Philosophien mit östlichem Einschlag ein oder schienen bei ihnen zumindest Anklang zu finden. Popstars wie zum Beispiel die Beatles machten Transzendentale Meditation bekannt und warben für Krishna-Bewußtsein. Zugleich entstand – am stärksten wieder an der Westküste der USA, aber auch in anderen Teilen Nordamerikas und in Europa – eine religiöse Wiederbelebung innerhalb des Christentums. Die *Shilo*-Gemeinschaft, deren zentrale Standorte eine Zeitlang bei Eugene in Oregon lagen, mag als ein Beispiel unter vielen dafür stehen, wie groß bei tausenden ehemaliger Hippies, Aussteigern mit langen Haaren und schmuddeligen Jeans, der Wunsch nach einem reinen Leben war, einem Leben, das Jesus geweiht ist (Richardson et al. 1979).

So geschah es also, daß sich Ende der 60er Jahre viele der jugendlichen Protestträger aus der Mittelschicht von den politischen Formen des Protestes abwandten und damit begannen, eine Vielzahl anderer, deutlicher religiös geprägter Möglichkeiten auszuprobieren. Aus einem Protest, der sich vor allem gegen offensichtlich unnachgiebige Strukturen gerichtet hatte, wurde die Sorge um das Wohlergehen des einzelnen Menschen. Im Zentrum des Interesses stand aber weniger das unterprivilegierte Individuum, das vielleicht Opfer politischer oder wirtschaftlicher Unterdrückung sein könnte, als vielmehr das spirituelle Leben und die Entfaltung des Selbst. Und wenn die Welt je von einem Moses, David oder einem Sun Myung Moon verändert würde, dann nur durch die Kooperation spirituell aufgeklärter Individuen, die sich aufopferten und dem charismatischen Führer, dem Gott sich offenbart hatte, folgten. In der zweiten Hälfte der 70er Jahre erreichten diese neuen religiösen Bewegungen den Höhepunkt ihrer öffentlichen Präsenz. Die öffentliche Beachtung erlangte einen makabren Höhepunkt anläßlich der Tragödie von Jonestown im November 1978, ein Ereignis, das der wachsenden Anti-Kult-Bewegung einen zusätzlichen Antrieb lieferte.

Genausowenig wie die neuen religiösen Bewegungen sollten die Anti-Kult-Gruppen alle über einen Kamm geschoren werden. Anti-Kult-Gruppen, das können einerseits ängstliche Eltern sein, die den Kontakt zu ihren Kindern verloren haben oder die bei ihren Kindern dramatische, möglicherweise durch Gehirnwäsche ausgelöste Veränderungen beobachten. Zur Anti-Kult-Bewegung zählen andererseits aber auch die „Deprogrammierer", die besorgte Eltern davon überzeugen, daß ihnen – wenn sie ihre Kinder wirklich lieben und sie wiedersehen möchten – nur das illegale Kidnapping ihrer Kinder bleibt. Jeden erfolgreichen Einsatz – wozu auch gehört, daß die Betreffenden gewaltsam festgehalten werden, bis sie ihrem neuen Glauben abschwören – lassen sich die „Deprogrammierer" mit Zehntausenden von Dollars bezahlen (Barker 1989a; Shupe und Bromley 1980).

Wahrend der 80er Jahre wurde den neuen religiösen Bewegungen weiterhin viel Beachtung geschenkt, und dies, obwohl es kaum – wenn überhaupt – Anzeichen dafür gab, daß sie so erfolgreich vordringen, wie dies befürchtet wurde. Der Begriff der „Befürchtung" ist in diesem Zusammenhang von besonderer Bedeutung: Eine der

Schwierigkeiten, das Ausmaß einzuschätzen, in dem die neuen religiösen Bewegungen Teil der westlichen Kultur geworden sind, liegt darin, daß manche von ihnen praktisch niemandem außer ihren eigenen Anhängern bekannt sind, andere aber die außergewöhnliche Fähigkeit haben, die Aufmerksamkeit der Öffentlichkeit viel stärker auf sich zu ziehen, als dies durch die tatsächliche Zahl ihrer Mitglieder gerechtfertigt wäre. Zwei Anekdoten mögen veranschaulichen, daß das Ausmaß der öffentlichen Aufmerksamkeit in keinem Verhältnis zur faktischen Größe einer Bewegung stehen muß.

In den frühen 80er Jahren hielt ich an der Universität von Helsinki eine Vorlesung. Während der Diskussion erwähnte ich zufällig die *Vereinigungskirche*. Das Auditorium, das aus etwa hundertfünfzig Zuhörern bestand, beharrte darauf, daß es in Finnland keine Moonies gebe. Sie waren verblüfft, als ich ihnen versicherte, daß ich noch kurz vor der Vorlesung mit fünf Moonies, die gerade zwei Straßen entfernt wohnten, Kaffee getrunken hatte. Die andere Episode ereignete sich wenige Monate später, als ich an der Simon-Fraser-Universität in Vancouver Vorträge hielt. Hier erfuhr ich, daß die große Gefahr bestünde, die Moonies würden demnächst ganz British Columbia übernehmen. Am nächsten Tag hörte ich, daß einige „Deprogrammierer" aus den Staaten eingeflogen werden mußten, um ein junges Mädchen aus den Fängen der Moonies zu retten. Ich brauchte drei Tage, um alle vier Moonies in British Columbia aufzuspüren, darunter auch die etwas mitgenommene achtundzwanzig Jahre alte Frau, die inzwischen ihren Kidnappern entkommen und zu ihren Gefährten von der *Vereinigungskirche* zurückgekehrt war.

Um die religiösen Bewegungen nach statistischen Kriterien zu ordnen, erscheint es sinnvoll, einige Anmerkungen über die Schwierigkeiten zu machen, sowohl die Anzahl der Gruppen als auch die Art und Anzahl ihrer Mitglieder quantitativ zu erfassen. Die Zahl hängt natürlich entscheidend von der Definition ab, die man zugrunde legt – ob sie auch die verschiedenen Verzweigungen und Splittergruppen der Human-Potential-Bewegung umfaßt, ob unabhängige evangelikale Kirchen ebenfalls mitgezählt werden und so weiter. Einige Anti-Kult-Gruppen haben behauptet, daß es allein in Nordamerika über fünftausend neue religiöse Bewegungen gibt, allerdings liegt dieser Zahl keine Auflistung der Bewegungen zugrunde. Die Verzeichnisse, die von den Anti-Kult-Gruppen veröffentlicht werden, umfassen selten mehr als circa hundert der neuen religiösen Bewegungen, wobei in dieser Zahl auch Sekten mit Ursprung im 19. Jahrhundert wie die *Zeugen Jehovas* und die *Mormonen*, aber auch die *Baha'i* oder sogar etabliertere Religionen enthalten sind. In manchen dieser Verzeichnisse wird sogar der *Zoroastrismus* geführt. Gordon Melton vom „Institute for the Study of American Religion" behauptet, daß ihm insgesamt 1667 verschiedene religiöse Gruppen in Nordamerika bekannt sind, von denen nicht mehr als 836 zu den „nicht-konventionellen" Gruppen zählen – und von diesen wiederum sind nur etwa 500 zwischen 1950 und 1988 gegründet worden. Meltons Zählung beinhaltet allerdings nur solche Bewegungen, die unter die an seinem Institut gebräuchliche Definition von Religion fallen – Bewegungen, die häufig als „Kulte" bezeichnet werden, wie die *Primal Screamers* oder *Rebirthing* sind nicht aufgenommen, eine Reihe von Hexenkulten, die miteinander eng verwandt sind, werden hingegen separat gezählt.

Rodney Stark (1985, S. 475-505) argumentierte, daß viele Kulte und Sekten, die ursprünglich in den USA entstanden sind, derzeit im wesentlich säkularisierteren Europa besser gedeihen. (Harold Turner schätzte die Zahl der neuen religiösen Bewegungen in Afrika auf mehr als zehntausend, und noch einige tausend mehr könne man in Asien finden.) Bei INFORM einer Organisation, die ich 1988 mit Unterstützung der britischen Regierung und den etablierten Kirchen ins Leben rief, um Informationen über die neuen religiösen Bewegungen zu sammeln, verzeichnet der Computer etwa 1650 Eintragungen; diese Zahl enthält allerdings auch Anti-Kult-Gruppen, eine Reihe „alter" neuer religiöser Bewegungen, zu denen uns Anfragen erreicht hatten, und zahlreiche Untergruppierungen. Je nach Definition, die zugrunde liegt, läßt sich die Zahl der Gruppen im Westen auf ein- bis zweitausend schätzen.

Wenn sie auch nicht so groß ist, wie häufig angenommen wurde, mag die Zahl der Gruppen dennoch ziemlich hoch erscheinen. Die Zahl der Mitglieder jedoch ist im ganzen gesehen eher gering. Auch hier führen unterschiedliche Definitionen zu unterschiedlichen Zahlen. Manche Bewegungen, wie etwa die *Scientology-Kirche* oder *Transzendentale Meditation*, zählen zu ihren Mitgliedern jeden, der irgendwann einmal an einem ihrer Kurse teilgenommen hat: Die Namen derer, die keine Kurse mehr besuchen, werden weiterhin in den Mitgliedslisten geführt. In England verfügt aber keine der Bewegungen über mehr als ein paar hundert hauptberufliche Mitglieder (Priestern, Pfarrern oder Nonnen vergleichbar), und vermutlich hat keine Bewegung in der gesamten westlichen Welt mehr als ein paar tausend hauptberufliche Mitglieder (aber weniger als zehntausend), in manchen mögen es nicht einmal ein halbes Dutzend sein.

Kurzum, die Zahl derer, die ihr ganzes Leben einer neuen religiösen Bewegung widmen, ist statistisch gesehen im Westen gering – und genau dies sind die Personen, die öffentliche Besorgnis und Kontroversen hervorrufen. Für die Behauptung, die neuen religiösen Bewegungen würden den traditionellen Kirchen die Mitglieder abwerben, besteht zweifellos keine statistische Grundlage. Zwischen 1975 und 1980, als die neuen religiösen Bewegungen am stärksten um neue Mitglieder zu werben schienen, verloren die wichtigsten traditionellen Kirchen Englands – die *Church of England*, die Methodisten, die Presbyterianer, die Baptisten und die römisch-katholische Kirche – etwa eine halbe Million Mitglieder, während die neuen religiösen Bewegungen, großzügig geschätzt, nicht mehr als 20000 neue Mitglieder hinzugewannen – das sind gerade einmal vier Prozent dessen, was die traditionellen Kirchen verloren (Barker 1989, S. 191).

Daß die statistische Bedeutung der neuen religiösen Bewegungen weit geringer ist als häufig angenommen, heißt aber nicht, daß sie sozial oder kulturell unbedeutend wären. Zunächst ist festzuhalten, daß der enorme Einfluß, den sie auf ihre Mitglieder oder deren Familien ausüben, nicht zu unterschätzen ist, auch wenn die Zahl der Betroffenen verhältnismäßig klein ist – verglichen mit der Zahl der Drogenabhängigen oder der an Autounfällen Beteiligten etwa. Über die Qualen, die Menschen durch die neuen religiösen Bewegungen erfahren haben, ist eine Menge geschrieben worden. Vieles davon ist stark übertrieben oder sogar schlicht und ergreifend unwahr. Es steht aber außer Zweifel, daß Menschen durch direkten oder indirekten Kontakt mit den neuen religiösen Bewegungen sehr viel Leid zu ertragen hatten. Die verheerendsten Wirkungen zeitigen dabei die Bewegungen, die ihre Anhänger von der übrigen Gesellschaft sozial isolieren. Zu berücksichtigen ist aber auch, daß diese Wirkungen – so real sie auch sind – sich nicht wesentlich von den Erfahrungen von Menschen unterscheiden, die in einer unglücklichen Beziehung leben, den Tod eines anderen Menschen erleben, einer totalen Institution (etwa Kloster, Gefängnis, Armee) angehören oder auch nur sich in ihrem Beruf an der Universität oder in einem Betrieb verausgaben – auch wenn natürlich erst die religiösen Glaubensvorstellungen jenes Element hinzufügen, das der Situation ihre besondere Intensität verleiht (insbesondere dann, wenn es sich – wie oben erwähnt – um die erste Mitgliedergeneration einer Bewegung handelt) (Barker 1989a).

Zu der Beunruhigung, die durch die neuen religiösen Bewegungen ausgelöst wird, gehört auch das Gefühl des Verlusts oder der Verschwendung, das empfunden wird, wenn ein junger Mensch seine oder ihre vielversprechende Karriere aufgibt, um stundenlang für einen Guru oder eine Organisation zu arbeiten, die für Verwandte und Freunde fremdartig und unverständlich sind. Die Rekrutierungsmethoden mancher Bewegungen oder ihre Techniken, ihren Anhängern größere Geldsummen aus der Tasche zu ziehen, sind alles andere als sauber; andere Bewegungen beuten ihre Anhänger als billige Arbeitskräfte aus. Einige Bewegungen verheiraten ihre Mitglieder untereinander, manchmal mit Partnern die aus ganz anderen Kulturen stammen und einen völlig anderen Hintergrund haben. Ein paar Bewegungen waren in kriminelle Handlungen verwickelt, andere halten sich zwar an die Regeln der Gesetze, isolieren aber ihre Mitglieder von der Außenwelt und machen sie von der Bewegung auf eine Art und Weise abhängig, die auf Außenstehende den Eindruck macht, die einzelnen Mitglieder würden jeglicher Wahl oder Freiheit beraubt (Barker 1992).

Auch wenn viele Leute der Ansicht sind, daß jemand einer neuen religiösen Bewegung nur dann beitreten und angehören kann, wenn er oder sie irgendeiner Gedankenkontrolle unterliegt, muß betont werden, daß viele, die mit solch vermeintlich unwiderstehlichen Methoden in Berührung kamen, diesen sehr gut widerstehen konnten; auch ist – wie schon angedeutet – die Quote der Abtrünnigen in den meisten Bewegungen recht hoch. Diejenigen, die sich einer neuen religiösen Bewegung anschließen und bei ihr bleiben, behaupten, daß sie dies tun, weil sie daraus einen Gewinn für sich ziehen. Worin genau dieser Gewinn besteht, ist von Bewegung zu Bewegung und von Individuum zu Individuum verschieden. Manche Mitglieder haben die Empfindung, daß ihnen die Gelegenheit geboten wird, ein religiöseres oder spirituelleres Leben zu führen; sie führen vielleicht an, wieviel Freude ihnen die Freundschaft oder das Zusammenleben mit Gleichgesinnten bereitet; sie begrüßen die Möglichkeit, an der Schaffung des Himmelreiches auf Erden mitzuwirken (wie auch immer dieses definiert wird) oder den Zwängen der modernen, säkularisierten, materialistischen Gesellschaft zu entkommen; andere mögen von dem Versprechen angezogen sein, daß sie in die Lage versetzt werden, ihr wahres Selbst zu entfalten oder den „Gott im Innern" zu entdecken und so weiter.

So wie man nach den Auswirkungen der neuen religiösen Bewegungen auf die einzelnen Individuen fragen kann, kann man auch die Frage nach ihren Wirkungen auf die übrige Gesellschaft stellen. Historische und soziologische Erkenntnisse legen nahe, daß jene neuen religiösen Bewegungen, die antreten, die Welt zu verändern, in keiner Weise den Erfolg aufweisen werden, den sie selbst anstreben (Barker 1993b). Die meisten von ihnen konzentrieren sich eher darauf, Individuen statt Strukturen zu verändern und nur wenige setzen konventionelle politische oder gar massenmediale Kanäle für ihre Zwecke ein. Auch wenn *Scientology* bei der Attacke auf gewisse psychiatrische Behandlungsmethoden einigen Boden gewinnen konnte, ist dieser Erfolg nicht größer als der, den jede andere Interessengruppe auch erzielen könnte. Der vereinzelte Vereinigungskirchler, der Mitglied des französischen Parlaments wurde, konnte dort kaum etwas bewirken – nicht mehr als jedes andere fraktionslose Mitglied des rechten Flügels auch. Bei den letzten Wahlen in England gelang es der *Maharishi's Natural Law Party* nicht, auch nur einen einzigen Kandidaten ins Parlament zu bringen – vielleicht ist diese Partei bei den bevorstehenden Wahlen in den USA und/oder in Australien erfolgreicher. Und während *Transzendental Meditierende* natürlich behaupten, daß die Kriminalitätsrate überall dort zurückgeht, wo eine genügende Anzahl ihrer Meditierenden meditieren, dürften Skeptiker nur schwer von der Signifikanz dieser Zahlen zu überzeugen sein.

Was die Reaktionen betrifft, die die neuen religiösen Bewegungen hervorrufen, so ist es kaum verwunderlich, daß von den Anhängern der Anti-Kult-Bewegung und von Teilen der Massenmedien gerade die aufsehenerregenden Geschichten aufgegriffen weiden. Fast jede Kultur braucht ein paar Sündenböcke, und neue religiöse Bewegungen haben in der gesamten bisherigen Geschichte eine Menge dankbarer Figuren geliefert. Während aber die Aktivitäten mancher Kult-Gegner, insbesondere derer, die physisches Deprogrammieren betreiben, mindestens genauso bedenklich sind – wenn nicht noch schlimmer – wie die Aktivitäten der Bewegungen, die sie zu bekämpfen vorgeben, lohnt es vielleicht, daran zu erinnern, daß in diesem Jahrhundert im Westen kein einziger Mensch wegen seines oder ihres Glaubens den Löwen zum Fraß vorgeworfen oder auf dem Scheiterhaufen verbrannt wurde.

Vergleiche über die unterschiedlichen Besorgnisse, denen die Menschen Ausdruck geben und die von den Medien selektiv aufgegriffen werden, haben das interessante Ergebnis hervorgebracht, daß dieselben Bewegungen in verschiedenen Ländern sehr unterschiedlich wahrgenommen werden. In Frankreich sorgt man sich mehr um die politischen Bestrebungen der *Vereinigungskirche*, während die Deutschen eher darüber beunruhigt sind, daß diese Menschen keine Beiträge zur Sozialversicherung leisten. Die Norweger sind in Sorge um ihre „sogenannte Christenheit" und die Briten um die Zerrüttung des Familienlebens und angebliche Gehirnwäschen. Die Amerikaner sind ebenso wegen der Gehirnwäschen besorgt, doch in gleicher Weise auch wegen der Geldmengen, die Moon durch die Ausbeutung seiner Anhänger zu kassieren scheint – und wegen möglicher Verbindungen zum südkoreanischen Geheimdienst. James Beckford und andere Autoren haben vorgeschlagen, die Vielfalt dieser Bedenken in gewisser Weise als Spiegel der zugrundeliegenden Werte der verschiedenen Gesellschaften zu betrachten (Beckford 1983; Shupe et al. 1983).

In einigen gesellschaftlichen Teilbereichen wurden die neuen religiösen Bewegungen als eine Herausforderung betrachtet. Insbesondere den Kirchen wurde nach und nach bewußt, daß allein die Existenz dieser Bewegungen, seien sie auch noch so klein, zwar nicht notwendig eine direkte Bedrohung für die Kirchen darstellt, jedoch auf Punkte abzielt, in denen sie Versäumnisse aufweisen. Viele junge Menschen – nicht nur Anhänger neuer religiöser Bewegungen – und tatsächlich auch ältere Menschen haben sich von der institutionellen Form der Religion abgewandt, ohne darum zu Atheisten zu werden. Die Kirchen werden als scheinheilig, langweilig, verweltlicht, akademisch, realitätsfern und unbedeutend empfunden. Die von Grace Davie stammende Wendung vom „Glauben ohne Glaubenszugehörigkeit", vom „Believing without belonging", charakterisiert auf treffende Weise die Haltung vieler Menschen in der gegenwärtigen westlichen Welt, insbesondere in Europa (Davie 1990). Auch wenn die neuen religiösen Bewegungen den Kirchen Hinweise darauf geben, wie und wo sie sich zu verändern hätten, um den Bedürfnissen ihrer ehemaligen Schäflein entgegenzukommen, heißt dies keineswegs, daß die Kirchen nicht vielleicht weiterhin Mitglieder verlieren, wenn sie dem (begrenzten) Erfolg der neuen religiösen Bewegungen allzu sehr nacheifern. [...]

III. NEUE RELIGIÖSE BEWEGUNGEN IM GESELLSCHAFTLICHEN KONTEXT

In diesem Aufsatz wurde wiederholt das Argument vertreten, daß Verallgemeinerungen über die neuen religiösen Bewegungen und über ihren Einfluß auf die moderne westliche Kultur gefährlich sind: Zu verschiedenen Zeitpunkten gibt es eine Vielzahl verschiedener Einflüsse auf eine Vielzahl verschiedener Kulturen und Subkulturen. Im Rückblick auf die Zeit seit den 60er Jahren ist zu beobachten, wie die Jugend der Mittelschicht im Kampf gegen gesellschaftliche

Strukturen von einem politischen Messianismus erfaßt wurde, wie
in der Hippieszene der Kampf gegen gesellschaftliche Verhältnisse
aufgegeben wurde und wie aus der Hippieszene die *Jesus People* her-
vorgingen, östliche Spiritualität Eingang fand und das Zeitalter des
*New Age* entstand. Man konnte das Entstehen autoritärer Gruppierungen verfolgen, die in gewisser Weise wie eine Gegenreaktion auf
die Permissivität der 60er und 70er Jahre wirkten. Zugleich aber
konnte man beobachten, wie Freiheit, ja libertäre Überzeugungen
weiterhin einen hohen Stellenwert innehatten. Wir sahen, wie es in
neuen wie auch in alten Bewegungen zu einer Polarisierung zwischen
fundamentalistischen und evangelikalen Eiferern kam, und wir erlebten, daß Regeln, Autoritäten und institutionalisierte Formen des
Glaubens in steigendem Maß abgelehnt werden.

Nach wie vor sprechen die neuen religiösen Bewegungen in erster Linie junge Menschen an, aber trotzdem ist auch bei denen, die
in den 60er Jahren zur Jugend gehörten und die heute eher mit ihren
unmittelbaren Verantwortlichkeiten und Karrieren beschäftigt sind,
etwas hängengeblieben. Manche von ihnen, aber auch Angehörige
älterer Generationen, bleiben neuen Formen der Religiosität verbunden. Die Mitglieder der modernen pluralistischen Gesellschaft haben strenge Abgrenzungen akzeptiert und zurückgewiesen, alte und
neue Wahrheiten aufgenommen und verworfen. Ferner zeigt sich, daß
es zwischen den neuen religiösen Bewegungen und weniger religiösen Bewegungen, die seit den 50er und 60er Jahren entstanden sind,
eine gewisse Entsprechung gibt sowie einen fortwährenden Prozeß
der wechselseitigen Verstärkung und Abgrenzung im Hinblick auf
Ideen und Praktiken: So haben zum Beispiel die Frauenbewegung,
die alternative ganzheitliche Heilkunde und vor allem die Ökologie-
bewegung Themen aus dem *New Age* übernommen und vice versa.

Am bezeichnendsten von allem ist vielleicht, daß Ideen aus den
neuen religiösen Bewegungen in das allgemeine kulturelle Milieu
eingedrungen sind. Der Weg, den diese Ideen konkret gegangen sind
– wo sie angeboten, wo sie übernommen oder verworfen wurden –
läßt sich nur schwer rekonstruieren, aber eine Reihe von Dingen hat
sich tatsächlich verändert. Neue religiöse Bewegungen wirkten als
Boten und als Vermittler, nicht nur weil tausende von Menschen bei
ihrer Suche nach spiritueller Erfüllung mit ihnen in Kontakt kamen.
Auch über die Medien und eine Fülle formeller und informeller
Netzwerke wurden der westlichen Kultur neue Gedanken zugeführt,
die von vielen, die niemals direkten Kontakt zu irgendeiner dieser
Bewegungen hatten, als Teil eines breiteren kulturellen Milieus auf-

genommen wurden. Am deutlichsten wird dies am Beispiel von östlichen Vorstellungen und Ideen des *New Age*: Vor dreißig Jahren wäre es unvorstellbar gewesen, daß über ein Fünftel der Europäer und Nordamerikaner an eine Wiedergeburt glaubt, heute tun dies 24 Prozent aller Briten. Noch seltsamer ist aber vielleicht die Tatsache, daß im letzten Jahrzehnt die Human-Potential-Bewegung in eine ständig wachsende Anzahl großer Unternehmen (darunter zahlreiche multinationale Konzerne) einsickerte – beziehungsweise von ihnen aufgesogen wurde. Das hat dazu geführt, daß Begriffe wie „sich einbringen" oder „Vernetzung" heute feste Bestandteile der allgemein üblichen Orientierung jener Männer sind, die gedeckte Anzüge und grelle Krawatten tragen – und im Sitzungssaal Yoga-Übungen ausführen.

## LITERATUR

Barker, Eileen, 1989a: *New Religious Movements: A Practical Introduction*, London.

Barker, Eileen, 1989b: Tolerant Discrimination: New Religious Movements in Relation to Church, State and Society. S. 185-208, in: Paul Badham (Hrsg.), *Religion, State and Society in Modern Britain*, Queenston, Ontario/Lampeter, UK.

Barker, Eileen, 1991: *But is it a Genuine Religion?*, in: Report from the Capital, April, S. 10-14.

Barker, Eileen, 1992: Authority and Dependence in New Religious Movements, S. 237-255, in: Bryan Wilson (Hrsg.), *Religion: Contemporary Issues*, London.

Barker, Eileen, 1993a: Charismatization: A Study in the Social Process of Learning to Grant Authority, S. 181-201, in: Eileen Barker, James Beckford und Karel Dobbelaere (Hrsg.), *Secularization, Rationalism and Sectarianism*, Oxford.

Barker, Eileen, 1993b: *Behold the New Jerusalems!*, in: Sociological Analysis, (im Druck).

Beckford, James A., 1983: The 'Cult Problem' in Five Countries: The Social Construction of Religious Controversy, S. 195-214, in: Eileen Barker (Hrsg.), *Of Gods and Men: New Religious Movements in the West*, Maçon, GA.

Davie, Grace, 1990: *Believing Without Belonging: A Post-Modern View of Religion in Britain?*, (Vortrag anläßlich der „Sociology of Religion and Theory Study Groups Conference", Universität Bristol).

Melton, J. Gordon, 1986: *Encyclopedic Handbook of Cults in America*, New York/London.

Melton, J. Gordon, 1991: *European Receptivity to the New Religion*, (Vortrag anläßlich der „Fifth Annual International Conference on New Religions", 16./17. Mai 1991, Buellton, California).

Richardson, James T., Mary W. Stewart und Robert B. Simmonds, 1979: *Organized Miracles: A Study of a Contemporary, Youth, Communal, Fundamentalist Organization*, New Brunswick, NJ.

Richardson, James T., 1980: *People's Temple and Jonestown: A Corrective Comparison and Critique*, in: The Journal for the Scientific Study of Religion, 1980, 19(3), S. 239-255.

Shupe, Anson D., und David G. Bromley, 1989: *The New Vigilantes: Anti-Cultists and the New Religions*, Beverly Hills.

Shupe, Anson D., Bert L. Hardin und David G. Bromley, 1983: A Comparison of Anti-Cult Movements in the United States and West Germany, S. 177-194, in: Eileen Barker (Hrsg.), *Of Gods and Men: New Religious Movements in the West*, Maçon, GA.

Stark, Rodney, 1985: Europe's Receptivity to Religious Movements, S. 475-505, in: Rodney Stark und William S. Bainbridge, *The Future of Religion: Secularization, Revival and Cult Formation*, Berkeley/Los Angeles/London.

Aus dem Englischen übersetzt von Ruth Ayaß und Jörg Bergmann.

*Eileen Barker, Neue religiöse Bewegungen. Religiöser Pluralismus in der westlichen Welt (gekürzt), übersetzt on Ruth Ayaß und Jörg Bergmann, in: Jörg Bergmann u.a. (Hg.), Religion und Kultur, Sonderheft 33/1993 der Kölner Zeitschrift für Soziologie und Sozialpsychologie, 231-248 (hier: 231-233, 236–244, 246–248)*

## 4.4 Die Revitalisierung der Religionen als politische Kraft: Martin Riesebrodts Interpretation des religiösen Fundamentalismus

*Einführung*

1. ZUR PERSON: Martin Riesebrodt wurde 1948 in Berlin-Lichtenberg geboren. Er studierte Ethnologie in Berlin und Heidelberg. 1990 legte er an der Universität München seine soziologische Habilitationsschrift vor. Sie erschien noch im gleichen Jahr unter dem Titel: ‚Fundamentalismus als patriarchalische Protestbewegung. Amerikanische Protestanten (1910-1928) und iranische Schiiten (1961-1979) im Vergleich‘. Seit 1990 arbeitet er als Professor of Sociology of Religion an der Divinity School und am Department of Sociology der University of Chicago.

2. THEMATISCHE EINORDNUNG: Riesebrodt hat sich in der Diskussion um das weltweite Phänomen des religiösen ‚Fundamentalismus‘ einen Namen gemacht und hier religionssoziologisches Neuland betreten. Angelehnt an das große quantitative *fundamentalism project* der American Academy of Arts and Sciences (Martin E. Marty/R. Scott Appleby u.a., The Fundamentalism Project, University of Chicago Press 1993-1995) geht es ihm um Möglichkeiten einer theoriegeleiteten vergleichenden Fundamentalismusforschung. Geprägt von einem an Max Weber orientierten Theorieansatz, der Religion als eine wesentliche Funktion der Orientierung sozialen Handelns von Gruppen und Individuen bestimmt, sucht er nach Perspektiven einer soziologisch angemessenen Erklärung fundamentalistischer Bewegungen. Fundamentalismus erscheint ihm als ein potentiell globales politisch-religiöses Gegenwartsphänomen, das – unabhängig von unterschiedlichen Kulturen und verschiedenartigen länderspezifischen Ausprägungen – als ein eigenständiges Phänomen moderner bzw. sich modernisierender Gesellschaften gelten kann. Er versteht den Fundamentalismus im Kern als eine traditionalistisch-patriarchalische Protestbewegung, die sich soziokulturell gegen spezifische Herausforderungen gesellschaftlicher Modernisierungsprozesse wie Urbanisierung und Industrialisierung richtet und strukturell durchaus vergleichbar ist mit säkularen politischen Protestbewegungen etwa nationalistischer, pan-arabischer, faschistischer o.ä. Art, die ebenfalls der Moderne zuzurechnen sind. Riesebrodt sieht den Fun-

damentalismus u.a. kennzeichnet durch: einen patriarchalischen Moralismus, der den (angeblichen) moralischen Verfall der Gesellschaft beklagt; eine traditionelle religiöse, auf göttlicher Offenbarung beruhende Sozialethik als Gegenpol zum modernen Klassen- und Konfliktdenken; die Negierung aller Formen eines kulturellen oder strukturellen Pluralismus; und schließlich ein manichäisches, die Welt strikt in die oppositionellen Lager von Gut und Böse einteilendes Weltbild, dem die Anhänger fundamentalistischer Bewegungen ihre Gesellschaftsinterpretationen und Handlungsorientierungen entnehmen.

3. Zum Text: Der hier abgedruckte Text bildet das zweite Kapitel des im Jahr 2000 erschienenen Buches ‚Die Rückkehr der Religionen. Fundamentalismus und der ‚Kampf der Kulturen‘‘. Dieser schmale Band wendet sich an ein breiteres Publikum und versteht sich als Einführung in die religionssoziologische Diskussion um den ‚Fundamentalismus‘ und die seit einiger Zeit zu beobachtende ‚globale Rückkehr von Religionen‘. Riesebrodt setzt sich hier kritisch mit Samuel Huntingtons einflussreicher These vom *clash of civilizations* auseinander und kennzeichnet die Rückkehr der Religionen als ein Christentum und Islam, westliche und nichtwestliche Gesellschaften gleichermaßen betreffendes Phänomen. Der ausgewählte Text präsentiert Riesebrodts Konzeption der Religion als ‚relativ autonome soziale Arena‘ und zentrale kulturelle Ressource gesellschaftlichen Lebens.

4. Bedeutung für den religionssoziologischen Diskurs: Das besondere Verdienst der Arbeiten Riesebrodts besteht darin, dass er als einer der ersten Autoren das globale Phänomen des Fundamentalismus thematisiert und in einen breiteren soziologischen Zusammenhang einordnet. Er beeinflusst damit insbesondere die theoretische religionssoziologische Debatte zum Verhältnis von verfassten Religionen und modernen Gegenwartsgesellschaften und setzt theoretische Gegenakzente zu den lange Zeit dominanten westlichen Modernisierungstheorien, die von einem unaufhaltsamen Prozess der Erosion und des allmählichen Verschwindens der Religionen in der Moderne überzeugt sind.

*Hermann-Josef Große Kracht*

*Text*

## Die globale Rückkehr von Religionen

Die globale Rückkehr der Religionen als politische Kraft, Potential sozialer Identitätsbildung sowie als formendes Prinzip religiöser Subjekte bedeutet, wie schon eingangs erwähnt, eine Herausforderung an herkömmliche Religionstheorien und ihre expliziten wie impliziten Annahmen über die Unausweichlichkeit von Säkularisierungsprozessen. Huntington reagiert darauf, indem er die religiöse Prägung von „Zivilisationen" als gleichsam „ursprünglich" darstellt und somit Kultur essentialisiert. Jahrhunderte und selbst Jahrtausende hätten demnach am Kernbestand der religiös verstandenen Kulturen letztlich nichts geändert. Doch auch andere Ansätze in den Sozialwissenschaften sind einer Erklärung der komplexen Lage der Religion in der modernen Welt nicht angemessen. Man kann weder Säkularisierung als immanenten Trend institutioneller Differenzierung leugnen, noch die dramatische Rückkehr der Religionen modernisierungstheoretisch wegdiskutieren. Stattdessen benötigen wir eine Revision unserer religionstheoretischen Annahmen und Perspektiven. Dies will ich in diesem Kapitel in Angriff nehmen, um daran anschließend den Begriff des Fundamentalismus weiter zu präzisieren.[1]

KANN ES EINE UNIVERSALE THEORIE DER „RELIGION" GEBEN?

Ein solcher Versuch, eine neue Religionstheorie zu entwerfen, mag zunächst einmal überraschend oder gar naiv wirken. Es mag den überraschen, der einen klar definierten universalen Religionsbegriff vertritt, wie er etwa in der Religionsphänomenologie oder in der Durkheimschen Tradition der Religionssoziologie anzutreffen ist, und der sich deshalb von einer Modifikation des Religionsverständnisses nicht viel verspricht. Für Anhänger eines postmodernen Relativismus mag ein solcher Ansatz hingegen naiv erscheinen, weil er als ein weiterer, offensichtlich zum Scheitern verurteilter Versuch betrachtet werden muß, einen spezifisch westlich modernen Begriff an-

---

[1] Siehe dazu auch Riesebrodt, Fundamentalismus, Säkularisierung und die Risiken der Moderne. In: Heiner Bielefeldt / Wilhelm Heitmeyer (Hg.), Politisierte Religion, Frankfurt a. M. 1998, S. 67-90.

deren Gesellschaften und Kulturen überzustülpen. Viele Autoren vertreten die Ansicht, daß „Religionen" eine solche Vielfalt von Glaubensvorstellungen, Symbolen und Praktiken hervorgebracht haben, daß man diese unmöglich in einer einzigen Definition oder Theorie erfassen könne. Andere haben noch weitergehend argumentiert, daß die Bedeutung von „Religion" im Kontext von Macht diskursiv erzeugt wird und sich deshalb historisch und traditionsgebunden unterschiedlich konstituiere.[2] Obendrein wird bemängelt, daß solche generellen Definitionen von Religion in der Regel lediglich westlich-ethnozentrische Perspektiven und Normen darstellen, die im Gewande universaler Wahrheiten auftreten.

Vieles an diesen Kritikpunkten ist sicherlich berechtigt. In der Tat haben Religionstheorien häufig den Geist der europäischen Aufklärung oder der romantischen Reaktion gegen diese widergespiegelt und haben Religionen an rationalistischen und normativen Modellen kognitiven Fortschritts, moralischer Vervollkommnung oder des modernen „Selbst" gemessen.[3] Religion wurde rationalistisch kritisiert oder auf Metaphysik und vor allem Ethik reduziert. Oder sie wurde alternativ ins Irrationale abgedrängt zum Zwecke der Disqualifizierung und Pathologisierung einerseits, der Immunisierung gegen Kritik andererseits. Gewiß kann man in vielen Religionstheorien einen eurozentrischen Provinzialismus konstatieren, der sich als Universalismus geriert. Dennoch erscheint mir ein Verzicht auf einen einheitlichen Religionsbegriff und eine universale Religionstheorie auch keine Lösung darzustellen. Denn selbst Autoren, die den Religionsbegriff explizit ablehnen und eine universale Religionstheorie weder für wünschenswert noch für möglich halten, verwenden ihn dann doch, sogar im Titel ihrer Bücher.[4] Benötigt werden bessere Theorien, nicht prophylaktischer Theorieverzicht.

Wer dabei einen einheitlichen Religionsbegriff umgehen will, kann dies durchaus tun. Nur erforderte ein Ansatz, wie ihn etwa Talal Asad vertritt, dann anstelle einer Religionstheorie eine allgemeine Theorie der Diskurse, durch welche sich unterschiedliche Begriffe von Religion oder alternativer Konzepte konstituieren. Auch Asads Thesen verbleiben freilich im Rahmen eines westlichen Wissenschaftsverständnisses. Nur scheint bei ihm ungeklärt, wie man die jeweils un-

---

[2]  Talal Asad, Genealogies of Religion, Baltimore 1993.
[3]  So der Evolutionismus des 19. Jahrhunderts und heute etwa immer noch Günter Dux, Die Logik der Weltbilder, Frankfurt a. M. 1982.
[4]  Asad, Genealogies.

terschiedliche Formierung von Religion als universale Wahrheit postulieren kann, wenn man gleichzeitig von jeweils historisch spezifischen, relativen Wahrheitsregimen ausgeht, die gar keine universalen Wahrheiten produzieren können.

Ich hege jedoch den Verdacht, daß bei vielen Gegnern eines universalen Religionsbegriffs ein Mißverständnis des epistemologischen Status einer solchen Konzeption vorliegt. Selbstverständlich handelt es sich bei einem theoriefähigen Religionsbegriff um „science fiction", um ein intellektuelles Konstrukt für wissenschaftliche Erkenntniszwecke.[5] Niemand kann „Religion an sich" praktizieren oder glauben. Empirisch zugänglich sind lediglich kulturell, sozial und historisch konkrete Praktiken und artikulierte Glaubensvorstellungen, die „religiös" im Sinne einer vorhergehenden Definition sind. Insofern versteht es sich von selbst, daß eine sozialwissenschaftliche Begriffs- und Theoriebildung weder beabsichtigt, das „Wesen" der Religion zu erfassen, noch behauptet, daß das möglich sei. Vielmehr wird eine Systematisierung und Erklärung von Phänomenen angestrebt, die zuvor von einer bewußt gewählten, einseitigen Perspektive als „religiös" definiert wurden. Die Rechtfertigung der Perspektive basiert auf Kriterien historischer Relevanz, theoretischer Konsistenz und empirischer Validität.

Prinzipiell kann es somit mehr als eine Theorie der „Religion" geben, und mehr als eine Religionstheorie kann „stimmen". Gleichermaßen ist es auch möglich und legitim, Phänomene, die in einem Ansatz als religiös definiert werden, unter anderen Begriffen, wie etwa Ideologie, Diskurs oder Wissen, zu subsumieren und theoretisch zu fassen. Ich halte am Religionsbegriff fest, da er meines Erachtens wichtige Unterscheidungsleistungen erbringen kann, die ansonsten verloren gehen. Außerdem halte ich wenig davon, Begriffe, die weit verbreitet sind, in der Wissenschaft krampfhaft zu vermeiden, anstatt sie wissenschaftlich zu präzisieren und zu operationalisieren. Auch glaube ich, daß ein dem Religionsbegriff zumindest vergleichbarer Begriff erforderlich ist und auch diskursiv entsteht, wann immer eine Pluralität „religiöser" Praktiken und Gemeinschaften einander begegnen. Insofern ist er gerade für die moderne Situation der Globalisierung und Pluralisierung unerläßlich, in der die verschiedensten Bekenntnisse sich weltweit ausbreiten, in neue Territorien vorstoßen und gezwungen sind, voneinander Kenntnis zu nehmen und miteinander in Beziehung zu treten. Gewöhnlich tun sie dies seit gerau-

---

[5]  Siehe dazu auch Jonathan Z. Smith, Imagining Religion, Chicago 1982.

mer Zeit, indem sie sich als „Religionen" im westlichen Sinne präsentieren.

Freilich sollte man bei einer neuen Konzeptionalisierung versuchen, nicht die religiöse Sonderentwicklung der westlichen Moderne
festzuschreiben oder zu privilegieren. Im Zweifelsfall ist es sinnvoller, Züge zu betonen, die zum Verständnis mehrerer Jahrtausende der
Religionsgeschichte auch gerade außerhalb des Westens relevant
sind, als sich primär auf neuere religiöse Phänomene zu konzentrieren, die möglicherweise nur von vorübergehender Bedeutung sind.
Eine angemessene soziologische Theorie der Religion sollte anstreben, alle impliziten oder expliziten Werturteile über religiöse Praktiken und Glaubensinhalte zu vermeiden. Vor allem sollte man es unterlassen, Religionen in evolutionistische Schemata einzuordnen
oder sie in höhere oder niedere, gute oder schädliche, legitime oder
illegitime Religionen zu unterteilen. All dies läuft ja in der Regel doch
nur auf Ideologien der Selbstlegitimation hinaus. Die preisen dann
etwa das Christentum, speziell den Protestantismus, als die höchste
Form der religiösen Entwicklung an.[6] Oder sie beweisen, daß das
westlich-moderne wissenschaftliche Denken dem religiösen überlegen ist.[7] Ein Evolutionismus, der dem eigenen Standpunkt Mittelmä-
ßigkeit oder gar „Primitivität" bescheinigt, ist mir jedenfalls bisher
nicht begegnet.

Weiterhin sollte Religion analysiert werden als ein relativ autonomes System sinnhafter sozialer Handlungen und Interaktionen, das
mit anderen Systemen sozialer Praktiken vernetzt ist, aber nicht einfach ihre Widerspiegelung oder Übersetzung in einen anderen Code
darstellt. Es liegt auch nahe, die Analyse von Religion auf einem Abs-
traktionsniveau anzusetzen, das eine Verbindung der subjektiven und
objektiven Dimensionen, der handelnden Individuen und der institutionellen Ordnungen gestattet. Auch sollte eine Religionstheorie vermeiden, Religion einseitig als rational oder irrational zu verstehen.
In ihren Absichten wie Auswirkungen sind religiöse wie andere soziale Praktiken weder ausschließlich rational und instrumental noch
ausschließlich irrational und affektiv, sondern stellen in der Regel
eine Mischung der verschiedenen Elemente dar. Schließlich ist es aus
soziologischer Sicht zwar geboten, den Inhalt religiöser Glaubensvorstellungen und Praktiken ernst zu nehmen, es ist aber höchst
problematisch, diese nach dem Modell der Theologie oder der Eth-

---

6   Bellah, Beyond Belief, New York 1970, S. 20-50.
7   Dux, Logik.

nologie in geschlossene Weltanschauungen und Traditionen zu ho-
mogenisieren. Denn auf diese Weise schafft und verstärkt man die
Perspektive der „Orthodoxie" und „Orthopraxis" und übersieht die
historischen Transformationen sowie den internen Pluralismus religiöser Traditionen.

## DIE METHODOLOGISCHE PRIORITÄT RELIGIÖSER PRAKTIKEN

Sozialwissenschaftliche Religionstheorien haben sich oft an philo-
sophisch-anthropologischen oder psychologischen Prämissen orientiert und etwa Religion aus dem Sinngebungszwang, dem Ordnungs-
bedürfnis, der sozialen Kontroll- und Integrationsnotwendigkeit oder
dem affektuellen Abreagieren von Spannungen abgeleitet.[8] Sofern
solche Ansätze dem kulturellen Verstehen religiösen Handelns Aufmerksamkeit schenkten, haben sie dieses häufig aus ihren eigenen
Systematisierungen der jeweiligen „Kultur", „Tradition" oder „Gesellschaft" deduziert. Obgleich all diese Verfahrensweisen zu durchaus wertvollen und interessanten Ergebnissen geführt haben, erscheinen sie mir für die Sozialwissenschaften methodisch problematisch,
weshalb ich hier eine etwas abweichende Methode vorschlage. Anstatt mit solchen Prämissen zu beginnen, sollte eine soziologische
Religionstheorie ihre Erklärung aus der systematischen Analyse religiösen Handelns gewinnen. Wer handelt religiös, unter welchen
Umständen, aus welchen Anlässen oder zu welchen Zwecken? Nicht
unser Vorverständnis von Mensch und Gesellschaft führt zu einer
tragfähigen Religionstheorie, sondern die sorgfältige Analyse religiöser Praxis als sinnhaftes Handeln.
   Ähnliches gilt für die Verstehensproblematik. Vor allem in der Ethnologie hat es sich eingebürgert, den Sinn individuellen religiösen
Handelns aus einem geschlossenen Konzept von „Kultur" zu deduzieren. Die Bedeutung religiösen Handelns wird somit nicht aus dem
jeweiligen Kontext ermittelt, sondern aus einem systematisierten Ge-
samtkonzept abgeleitet. Dieser Ansatz konzentriert sich demzufolge
auf eine komplexe Rekonstruktion von Weltbildern, Kosmologien
und Symbolsystemen. Dies richtet die Aufmerksamkeit notwendiger-

---

[8]  Émile Durkheim, Die elementaren Formen des religiösen Lebens, Frankfurt a. M. 1994. Clifford Geertz, The Interpretation of Cultures, New York
1973, S. 87-141. Peter L. Berger, Zur Dialektik von Religion und Gesellschaft, Frankfurt a. M. 1973. Bronislaw Malinowski, Magie, Wissenschaft
und Religion, Frankfurt a. M. 1973.

weise auf die Träger solch komplexen Wissens, die zudem in der Lage
sind, es zu artikulieren und zu systematisieren, mit anderen Worten
auf die religiösen Intellektuellen und Spezialisten oder die Gelehrten, welche für sie einspringen. Eine Deutung religiöser Praktiken
als bewußte oder unbewußte Anwendung und Umsetzung relativ sys-
tematisierter Glaubensüberzeugungen ist letztlich einem theologischen Modell verpflichtet. Sie verstärkt Unterscheidungen zwischen
„Hoch"- und „Volksreligion", schreibt normalen Praktikern ein un-
zureichendes Verständnis der „wirklichen" Bedeutung ihrer Handlungen zu und betont die partikularistischen Züge religiöser Traditionen.

Demgegenüber schlage ich vor, von einem Minimalmodell der impliziten Logik religiöser Praktiken auszugehen, das ich weiter unten
ausführen werde. Eine solche Perspektive versteht die tatsächlichen
Praktiken verschiedener Gruppen und Kategorien von Personen als
kulturell und sozial eingebettetes, sinnvolles Handeln. Aber bei diesem Sinn handelt es sich nicht um eine defiziente Version oder um
eine unbewußte Ausübung der theologisch „korrekten" oder der kulturell umfassendsten Bedeutung. Ein solches Modell der Logik religiöser Praktiken, das den jeweiligen kulturellen und sozialen Formen
zugrunde liegt, lenkt unsere Aufmerksamkeit von intellektuellen
Meta-Diskursen zu den religiös Handelnden, von einer „theologischen" zu einer „pragmatischen" Perspektive. Es behandelt die religiösen Akteure als kompetent Handelnde, überwindet die impliziten
Werturteile von Kategorien wie „Volksreligion", „Kult" oder „Aber-
glaube" und bietet einen theoretischen Rahmen für generalisierende
wie partikularisierende Vergleiche.

## Die Logik religiöser Praktiken

Aus der hier zu entwickelnden theoretischen Perspektive basieren religiöse Praktiken im Unterschied zu anderen Arten sozialen Handelns
auf drei Kernannahmen. Erstens, es existieren übermenschliche (im
Sinne von außerordentliche, ungewöhnliche) persönliche oder unper-
sönliche Mächte. Zweitens, diese Mächte kontrollieren Dimensionen des menschlich-sozialen Lebens, die der direkten eigenmächti-
gen Kontrolle normaler sozialer Akteure entzogen sind. Drittens,
soziale Akteure können Zugang zu diesen Mächten gewinnen, der je
nach Art der religiösen Imagination unterschiedlich verläuft. Man
kann dann entweder diese Mächte manipulieren, beeinflussen oder
gar mit ihnen kommunizieren. Man kann mit ihnen in Austauschver-

hältnisse treten, etwa Geschenke und Dienstleistungen tauschen. Oder man kann sich selbst über das normal menschliche Maß hinaus ermächtigen durch die Internalisierung, interne Aktivierung oder Fusion mit solch außerordentlichen Mächten, in der Regel durch asketische, kontemplative oder orgiastische Praktiken.

Diese Grundannahmen kommen zum Tragen in der Unterscheidung zwischen drei Typen religiöser Praktiken, die ich als *interventionistische, diskursive* und *abgeleitete* Praktiken bezeichne. *Interventionistische* Praktiken unternehmen den Versuch, Zugang zu übermenschlichen Mächten zu gewinnen, etwa durch Gebet, magische Formel, Opfer, Orakel, asketische oder mystische Disziplin. Bei *diskursiven* Praktiken handelt es sich um sprachliche Verständigung zwischen sozial Handelnden über die Natur übermenschlicher Mächte, angemessene Formen, mit ihnen in Kontakt zu treten, oder die Erkundung ihres Willens. Diskursive Praktiken deuten, tradieren, verstärken und revidieren religiöses Wissen. *Abgeleitete* Praktiken schließlich versuchen, außerreligiöse Alltagshandlungen religiös zu überformen. Handlungen werden vollzogen oder unterlassen, weil sie die übermenschlichen Mächte erfreuen oder ärgern, ihr Wohlwollen oder ihren Zorn hervorrufen. Alle drei Typen religiöser Praktiken sind oftmals nur analytisch unterscheidbar; sie kommen gleichzeitig vor, verstärken sich gegenseitig und formen Ethos und Habitus sozialer Akteure. Sie sind gleichermaßen in religiöse Sozialisationsprozesse involviert, in der Schaffung von „Stimmungen und Motivationen" wie auch als „Konzeptionen von einer allgemeinen Ordnung der Existenz", wie Clifford Geertz es durchaus angemessen formuliert hat.[9]

Im Unterschied zu der zentralen Bedeutung, die etwa Max Weber in seiner *Protestantischen Ethik* oder in den Studien zur *Wirtschaftsethik der Weltreligionen* abgeleiteten Praktiken zugemessen hat[10] oder die gegenwärtig diskursiven Prozessen zugeschrieben wird,[11] betont mein Ansatz interventionistische Praktiken als den Kernbestand jeglicher Religion. Diskursive Praktiken dienen demzufolge primär deren Ermöglichung und Kontrolle und leiten ihre Bedeutung somit von interventionistischen Praktiken ab. Mit anderen Worten

---

[9] Geertz, Interpretation, S. 94 ff.

[10] Max Weber, Gesammelte Aufsätze zur Religionssoziologie. 3 Bde., Tübingen 1920.

[11] Bruce Lincoln, Discourse and the Construction of Society, New York 1989.

wird hier Religion nicht primär aus der Perspektive der sprachlichen Artikulation von Glaubensvorstellungen und religiösen Kategorien betrachtet, so bedeutend diese Prozesse auch sein mögen, sondern es werden die sozialen Handlungen von Individuen, Gruppen und Institutionen in den Mittelpunkt gestellt, die sich auf gedachte übermenschliche Mächte beziehen und die Form der Kommunikation, Manipulation oder Aneignung annehmen.

Worin liegt nun aus Sicht dieser Theorie die Bedeutung und der Wert dieser Praktiken, oder, anders formuliert, warum praktizieren Menschen Religion? Um diese Frage zu beantworten, muß man zunächst die Umstände, Anlässe und Zwecke solcher Praktiken analysieren. Ich behaupte, daß interventionistische Praktiken in allen religiösen Traditionen zu allen Zeitpunkten aufs engste darauf abzielen, Krisen (Risiken, Gefahren) vorzubeugen oder diese zu bewältigen, wenn sie eingetreten sind. Hermann Lübbe hat dies im Prinzip zutreffend, aber etwas abstrakt und für die soziologische Analyse zu amorph, als „Kontingenzbewältigung" bezeichnet.[12] Mit unserem Begriffsinstrumentarium können solche Krisen unterteilt werden in Krisen der Naturbeherrschung, des menschlichen Körpers und der sozialen Beziehungen bzw. der „Identität". Bezüglich der Naturbeherrschung beziehen sich interventionistische religiöse Praktiken vornehmlich auf Phänomene, die jenseits des konventionellen Verständnisses und der Routinekontrolle einer gegebenen Gesellschaft angesiedelt sind. Die Unvorhersehbarkeit der Jagd oder Ernte, der ausbleibende Regen, die Überschwemmung, die Feuersbrunst, die Sonnenfinsternis, das Unwetter, die Machtlosigkeit des Seefahrers oder Bergbewohners gegenüber den Elementen stellen Beispiele dar.

Interventionistische Praktiken sind gleichfalls universal auf den menschlichen Körper, vor allem auf seine Reproduktionsfähigkeit wie seine Sterblichkeit, bezogen. Fruchtbarkeit und Geburt, Krankheit und Tod nehmen in allen religiösen Traditionen einen zentralen Platz ein, wo übermenschliche Mächte in die menschliche Existenz intervenieren, das Leben fördern oder vernichten, die Menschen strafen oder belohnen. Schließlich beziehen sich religiöse Praktiken zentral auf die Labilität sozialer Beziehungen, speziell auf Beziehungen der Ungleichheit, der Autorität, des Machtgefälles, auf soziale Konflikte, Krisen der Solidarität sowie auf Wechsel im sozialen Status und sozialer Identität.

---

[12] Hermann Lübbe, Religion nach der Aufklärung, Darmstadt 1986, S. 127-218.

Innerhalb der interventionistischen Praktiken unterscheide ich drei Typen: Routinepraktiken, Gelegenheitspraktiken und Virtuosenpraktiken. Routinepraktiken bestätigen und pflegen die Beziehungen zwischen sozialen Akteuren und übermenschlichen Mächten auf einer regulären Grundlage. Sie folgen beispielsweise einem täglichen, wöchentlichen, monatlichen oder jährlichen Zyklus, ehren die Mächte, drücken Dankbarkeit, Freude, Hoffnung oder Trauer aus und gedenken vergangener signifikanter Ereignisse, in denen in der Regel das Krisenbewältigungspotential der übermenschlichen Mächte im Positiven wie Negativen erfahren wurde. Im Unterschied zu ihnen beziehen sich Gelegenheitspraktiken auf zeitlich nicht vorhersehbare oder stärker individualisierte Ereignisse. Sie sind gebunden an den individuellen Lebenszyklus von der Geburt bis zum Tode und reagieren auf akute Krisen, wie etwa Krankheiten, Katastrophen oder Krieg.

Die Praktiken von Virtuosen scheinen dagegen auf den ersten Blick von ganz anderer Qualität und Intention, oft weltabgewandt, weltfremd, narzisstisch. Jedoch lassen sie sich als Versuche deuten, die Bedingungen der Möglichkeit von Krisen, Gefahren und Leiden zu überwinden, etwa durch asketische oder kontemplative Disziplinen der Selbstermächtigung, Selbstheiligung oder Vereinigung mit einer übermenschlichen persönlichen oder unpersönlichen Macht. Damit unterscheiden sie sich zwar graduell von Routine- und Gelegenheitspraktiken, da sie Probleme prinzipiell statt aktuell angehen, folgen aber derselben Logik der Krisenprävention. Gleichzeitig werden Virtuosen häufig aufgrund ihrer außergewöhnlichen Praktiken als Träger übermenschlicher Macht angesehen und dadurch selbst zum Gegenstand religiöser Verehrung als Vermittler oder Träger von „Heil".

RELIGIÖSE UND PROFANE KULTUR

Empirisch ist man mit dem scheinbaren Widerspruch konfrontiert, daß Religion einerseits universal ist, andererseits aber keineswegs von allen Mitgliedern einer Gesellschaft gleichermaßen häufig praktiziert, intensiv erlebt oder überhaupt geglaubt wird. Diese Evidenz sollte uns davor bewahren, entweder den Menschen schlechthin zum „homo religiosus" zu stilisieren oder den religiösen Menschen als Exoten anzusehen. Max Weber hat etwa die ungleiche religiöse Qualifikation mit Musikalität verglichen und als gegeben hingenommen.[13] Vielmehr müssen wir schlicht konstatieren, daß einerseits alle

---

[13] Weber, Wirtschaft und Gesellschaft, 5. Auflage, Tübingen 1976, S. 327.

den Menschen betreffenden Krisen deutungsbedürftig sind, andererseits aber Krisenerfahrungen keineswegs mit Notwendigkeit zur Annahme übermenschlicher Mächte führen, die kontrollieren, was sich unserer Kontrolle entzieht. Welche Deutungsmuster „rationaler" oder in ihren Auswirkungen „besser" sind, kann keineswegs *a priori* entschieden werden und steht hier auch nicht zur Debatte.

Die Universalität von Religion und ihr wohl ausschließliches Vorkommen innerhalb der menschlichen Gattung legen nahe, daß die Bedingungen für die Möglichkeit (nicht aber Notwendigkeit!) von Religion in Grundzügen des menschlichen Gattungswesens zu suchen sind. Wie Peter Berger und andere in der Tradition Arnold Gehlens und Helmuth Plessners[14] argumentiert haben, verlagert sich die Steuerung menschlichen Verhaltens im Zuge der Evolution zunehmend von der Instinktregulierung zur Reflexion, Kommunikation und Deutung. Der zunehmende Mangel an Instinktregulierung macht es nicht nur möglich, sondern erforderlich für die menschliche Gattung, kreativ mit ihrer natürlichen Umwelt zu interagieren und Regelsysteme sozialer Interaktion zu entwickeln. Menschliche Wesen sind aufgrund biologischer Notwendigkeit Kulturwesen, die durch Interaktion und Kommunikation ihre sozialen Beziehungen kognitiv, emotional und moralisch ordnen. Teil dieses Kulturalisierungsprozesses der menschlichen Gattung ist die Herausbildung von Religion.

Ich schlage vor, zwischen religiösen und profanen Dimensionen von Kultur zu unterscheiden im Sinne einer idealtypischen Gegenüberstellung von Praktiken, die einen Bezug auf übermenschliche Mächte enthalten, und solchen, die ihn entbehren. Wenn es sich bei Kultur generell um das kognitive, emotionale und moralische Repertoire einer Gesellschaft handelt, durch das soziales Handeln motiviert, reguliert und gedeutet wird, dann bezieht sich religiöse Kultur auf Praktiken mit Bezugnahme auf übermenschliche Mächte und auf Diskurse und Symbolisierungen, die sich mit dem Charakter und Willen solcher Mächte, unserer Beziehung zu ihnen sowie den angemessenen Methoden, mit ihnen in Kontakt zu treten, befassen. Im Unterschied zur profanen Kultur enthält, bewahrt und kultiviert ein solches religiöses Repertoire die Ressourcen, mit Dimensionen des menschlichen Lebens fertig zu werden, die sich der Alltagskontrolle entziehen und somit die Intervention übermenschlicher Mächte erfordern.

Der Deutungs- und Sinngebungszwang der menschlichen Gattung zeigt sich besonders deutlich in Krisensituationen, bei Gefahren und

---

[14] Siehe Berger, Zur Dialektik, S. 5.

Risiken, beim Zusammenbruch sozialer, moralischer und kognitiver Strukturen, wenn Menschen besonders dramatisch mit ihrer eigenen Macht- und Hilflosigkeit konfrontiert werden. Hier setzt die Entwicklung von Ideen ein, die es ihnen erlauben, die Ohnmachtserfahrung kognitiv, moralisch und emotional in die Möglichkeit einer zumindest indirekten Beherrschbarkeit solcher Krisen umzudeuten oder Gefahr und Leiden in den Zusammenhang eines umfassenderen Heilsplanes zu stellen und somit als bedeutungsvoll, beabsichtigt oder verdient zu verstehen. Natürlich gilt auch hier wieder, daß solche religiösen Deutungsmuster keineswegs notwendig entstehen oder akzeptiert werden. Denn Sinnlosigkeit, Tragik und Zufälligkeit stellen Deutungsmöglichkeiten der menschlichen Existenz dar, die nicht religiös im oben definierten Sinne sind. Da die Unterscheidung zwischen religiöser und profaner Kultur eine idealtypische ist, sind die Grenzen eher fließend; profane Praktiken können sakralisiert, religiöse profaniert werden.

## DIE LOGIK RELIGIÖSER INSTITUTIONEN

Aus Sicht der so weit skizzierten Theorie kommt religiösen Institutionen eine zentrale gesellschaftliche Bedeutung zu, die tiefer verankert ist, als herkömmliche Religionstheorien oder die gängige Religionskritik zugestehen. Religiöse Institutionen kontrollieren eine zentrale kulturelle Ressource, die der ökonomischen und politischen Macht kaum nachsteht, nämlich das imaginierte individuelle wie auch kollektive Krisenbewältigungspotential einer Gesellschaft. Religiöse Institutionen kann man definieren als Regeln und Normen, welche die Interaktion zwischen Menschen und übermenschlichen Mächten sowie den Diskurs über die Natur dieser Mächte strukturieren. Religiöse Institutionen weisen tendenziell eine zumindest rudimentäre Arbeitsteilung auf, welche verschiedenen Kategorien von Personen gewisse angeborene oder erworbene Qualifikationen zuschreibt. Diese können in speziellem Wissen, physischen Sonderbegabungen oder psychischen Dispositionen begründet sein. Der Grad solcher Differenzierung variiert extrem je nach dem Gesamtcharakter der institutionellen Ordnung wie auch der religiösen Tradition. Mit zunehmender Arbeitsteilung werden religiöse Institutionen stärker systematisiert, rationalisiert und zentralisiert und häufig in religiöse Organisationen transformiert. Dadurch wird ein dauerhaftes und stabiles System religiöser Ungleichheit und Autorität geschaffen, das oftmals versucht, die religiösen „Heilsmittel" zu monopolisieren. Dazu werden etwa religiöses Wissen, religiöse Symbole, Objekte und Räume sowie die Ausbildung und Lizensierung von religiösen Spezialisten unter zentrale Kontrolle gestellt. Dies erlaubt religiösen Organisationen, ihren Einfluß auf Personen und ihren Zugang zu Macht und Reichtum weit über ihre eigentlichen religiösen Funktionen hinaus auszudehnen. Dennoch ist es wichtig, die Autorität übermenschlicher Mächte von der religiöser Institutionen analytisch zu unterscheiden; denn letztgenannte ist von der Akzeptanz der ersten abgeleitet. Religiöse Organisationen pflegen freilich die Ideologie, daß beide identisch seien und nur sie legitime und effiziente Vermittlungsleistungen vollbringen könnten. Solche Ansprüche sind aber immer wieder zurückgewiesen worden von Leuten, die zwar den Glauben an die übermenschlichen Mächte teilen, aber alternative Zugänge und Vermittlungen zu diesen beanspruchen. Insofern handelt es sich genau genommen um zwei Herrschaftssysteme, die ineinander verschränkt sind, aber auch wieder desintegriert werden können.

Religiöse Institutionen sind offenkundig aufs engste mit der profanen Kultur, Gesellschaftsstruktur und institutionellen Ordnung verwoben. Schon die Definition und Sicht einer Krise ist durch den Grad der Naturbeherrschung, die Imagination übermenschlicher Mächte sowie Formen gesellschaftlicher Herrschaft mitbestimmt. Darüber hinaus interagieren religiöse Organisationen ständig mit anderen Systemen von Macht und Herrschaft, die abgeleitet sind von der Kontrolle von (Waffen-) Gewalt, Wissen und materiellen Gütern. Dennoch ist es wiederum wichtig, diese verschiedenen Institutionen nicht in ein diffuses Konglomerat von Macht, Herrschaft und Reichtum zu synthetisieren, sondern sie analytisch zu unterscheiden und ihre Beziehungen unter historisch spezifischen Bedingungen präzise zu benennen.

Religion sollte als eine „relativ autonome" soziale Arena verstanden werden. Einerseits bedeutet dies, daß religiöse Praktiken und Institutionen nicht ohne Einbettung in den konkreten sozialen, historischen, politischen und ökonomischen Kontext angemessen verstanden werden können. Andererseits heißt dies aber auch, daß es sich bei ihnen nicht um simple Reflexionen oder Symbolisierungen der politischen oder wirtschaftlichen Ordnungen handelt. Religionen können eine recht ambivalente Beziehung zu politischen, ökonomischen und selbst religiösen Organisationen besitzen. Da sie über ein komplexes Repertoire von Glaubensvorstellungen und Praktiken verfügen, können sie selektiv sowohl für die Legitimation von Privilegien als auch für deren Entlegitimierung oder gar Transformation instrumentalisiert werden. Darüber hinaus schaffen Religionen aus der Sicht der Handelnden ein relativ autonomes Feld der Kommunikation und des Austausches mit übermenschlichen Mächten. Obgleich diese Beziehungen aus Krisen der sozialen, politischen oder wirtschaftlichen Sphäre erwachsen sein mögen, schaffen sie ihre eigene interne Logik und Dynamik, die mit politischen und ökonomischen Interessen sowie selbst mit dem Vermittlungsangebot religiöser Organisationen in Konkurrenz und Konflikt treten können.

Krisen stellen einen wesentlichen Antrieb religiöser Arbeit dar. So erfolgen etwa Religionsstiftungen in der Regel aus einem Krisenbewußtsein heraus. Religiöse Glaubensvorstellungen und Praktiken werden aufgrund von Krisenerfahrungen erdacht, uminterpretiert, abgeschafft oder wiederbelebt und können somit soziale Strukturen und institutionelle Ordnungen bekräftigen, reformieren oder gar revolutionieren. Solange traditionelle Vorstellungen und Praktiken der Krisenvorbeugung und -bewältigung als wirksam angesehen werden, erscheinen sie selbstverständlich und werden zumindest implizit bestätigt. Andernfalls entsteht eine Sinnkrise, aus der heraus sich in der Regel neue Vorstellungen und Praktiken entwickeln. Oft wird das Verständnis übermenschlicher Mächte sowie der Zugang zu ihnen neu bestimmt, oft mit weitreichenden sozialstrukturellen Folgen. So werden neue Modalitäten der Interaktion mit übermenschlichen Mächten institutionalisiert, die neue Kategorien von Personen nunmehr als Vermittler legitimieren. Auch mögen soziale Gruppen nunmehr direkten Zugang zu diesen Mächten erlangen, die davon zuvor ausgeschlossen waren. Solche Revisionen religiöser Traditionen lenken oft auch die pragmatischen Auswirkungen im Sinne abgeleiteter religiöser Praktiken in neue Bahnen.

Die Universalität religiöser Glaubensvorstellungen, Praktiken und Institutionen legt nahe, daß die menschliche Gattung eine begrenzte Fähigkeit besitzt, mit extremer Ungewißheit zurechtzukommen. Historisch waren es in der Regel die Religionen, welche das chaotische Potential von Krisen in Ordnungsvorstellungen transformiert haben. Religionen haben das Vertrauen in die Fähigkeit sozialer Gruppen geschaffen bzw. artikuliert, Krisen zu vermeiden oder sie zu bewältigen, wenn sie eingetreten sind. Als Ressource für die Prävention und Bewältigung von Krisen dient Religion somit gleichermaßen individuellen wie kollektiven existenziellen Bedürfnissen.

SÄKULARISIERUNG UND GLOBALE RÜCKKEHR VON RELIGION

Worin liegen nun die Vorteile dieser theoretischen Perspektive? Zunächst einmal erlaubt sie, religiöse Praktiken von anderen Typen sozialen Handelns klar abzugrenzen. Religion wird definiert als eine spezifische Art sozialen Handelns und sozialer Interaktion, die gleichermaßen aus der Sicht der Handelnden wie der institutionellen Ordnungen theoretisch erfaßt werden kann. Weiterhin lenkt der Ansatz die Aufmerksamkeit auf die Vielfalt religiöser Praktiken auf verschiedenen sozialen Aggregationsebenen, von der „Gesellschaft" über intermediäre Gruppen bis zum Individuum, sowie auf die Praktiken verschiedener Klassen und Personenkategorien. Dies verschiebt die Perspektive, aus der Religion von einem „orthodoxen" Standpunkt als ein einheitliches kognitives, moralisches und praktisches System gesehen wird, zu einer Sichtweise von Religion als einer sozialen Arena, in der Menschen, unterschieden nach Kategorien wie Klasse, Geschlecht, Ethnizität oder Alter, ihre spezifischen Krisen, Risiken und Ohnmachtserfahrungen zu bewältigen suchen. Dieser Ansatz erlaubt nicht nur, sondern legt es nahe, die spezifischen religiösen Praktiken von Männern und Frauen, von Menschen in unterschiedlichen Stadien ihres Lebenszyklus, von dominanten und untergeordneten Klassen, Statusgruppen und ethnischen Gruppen zu erforschen.

Vor allem aber wirft dieser Ansatz ein etwas anderes und hoffentlich klareres Licht auf die Rolle der Religion in der modernen Welt. Eingangs habe ich argumentiert, daß Prozesse der Säkularisierung wie auch der globalen Revitalisierung von Religion nicht nur stattgefunden haben, sondern auch aufeinander bezogen sind. Aus Sicht der skizzierten Religionstheorie hat Säkularisierung stattgefunden als Konsequenz zunehmender menschlicher Kontrolle und „Weltbeherrschung". Die massive Ausweitung naturwissenschaftlicher Erkenntnisse und ihrer praktischen Anwendung, vor allem in der Medizin, hat die menschliche Kontrolle über Sphären großer Bedrohung und hoher Risiken ausgeweitet. Die Ersetzung monarchischer und aristokratischer Herrschaftssysteme durch demokratische hat die Politik weitgehend profaniert im Sinne einer „Demokratisierung des Charisma".[15] Die Ausweitung bürokratischer Apparate und Verfahrensweisen hat gleichermaßen „entcharismatisierende" und depersonalisierende Wirkung. Und die Expansion des Wohlfahrtsstaates hat

---

[15] Weber, Wirtschaft und Gesellschaft, S. 155-157. Martin Riesebrodt, „Charisma" in Max Weber's Sociology of Religion, in: Religion 29 (1999), S. 1-14.

größere Existenzrisiken neutralisiert. Solche und andere Prozesse haben objektiv die Relevanz von Religion eingeschränkt und diese zu einem gewissen Grade auf den Privatbereich konzentriert.

Jedoch haben sich, teils gleichzeitig, teils mit einer gewissen zeitlichen Verzögerung, neue Dimensionen der Ungewißheit und Machtlosigkeit aufgetan. Wissenschaft und Technik haben nicht nur unsere Kontrolle über die Natur erweitert, sondern haben durch Eingriffe in die Natur auch neue Risiken, wie Klimaveränderungen oder Verseuchung von Luft und Wasser, geschaffen. Viele neue Verfahren, wie Atomtechnik oder Gentechnologien, haben zumindest ambivalenten Charakter und schüren bei vielen Existenz- und Zukunftsängste. Die Demokratie und der Nationalismus haben nicht nur die Politik profaniert, sondern auch die Massenmobilisierung durch „charismatische Führer" ermöglicht sowie neue Mythen und Rituale geschaffen. Der Kapitalismus hat nicht nur untergeordnete soziale Klassen und Frauen von patriarchalischer Abhängigkeit emanzipiert und ihnen neue Chancen eröffnet, sondern er hat auch Verwandtschaftsbindungen aufgelöst, Familienstrukturen destabilisiert und Menschen der Irrationalität und Unberechenbarkeit des Marktes ausgeliefert. Der Kapitalismus als revolutionäre Macht transformiert zudem permanent soziale Strukturen, erzeugt sozialen Auf- und Abstieg und unterminiert damit soziale Identitäten. Viele neue Dimensionen von Machtlosigkeit und Risiken haben sich entwickelt und sind zur Quelle der Formation neuer religiöser Gruppenbildungen und Bewegungen geworden. Solange der westliche Modernismus überzeugend den Glauben an seine unablässig wachsende Fähigkeit der Kontrolle der Natur, des menschlichen Körpers und sozialer Ordnungen verbreiten konnte, war die Religion auf dem Rückzug. Jedoch sind mit dem zumindest partiellen Zusammenbruch dieses Glaubens religiöse Formen der Prävention und Bewältigung von Krisen wieder verstärkt in Erscheinung getreten. Aus dieser Sicht stellen Säkularisierung und Revitalisierung von Religion keinen Widerspruch dar, sondern repräsentieren zwei Seiten desselben sozialen Transformationsprozesses.

## Zum Begriff des Fundamentalismus

Fundamentalistische Bewegungen sind häufig als „antimodernistisch" oder gar als „Aufstand gegen die Moderne"[16] bezeichnet wor-

---

[16] Thomas Meyer, Fundamentalismus: Aufstand gegen die Moderne, Hamburg 1989.

den. Dies ist zwar nicht ganz unberechtigt, aber zu ihrem Verständnis auch nicht gerade sehr hilfreich. Denn zum einen handelt es sich beim Fundamentalismus um einen recht selektiven Antimodernismus, der keineswegs die gesamte westliche Moderne ablehnt, sondern lediglich spezifische Aspekte. Fundamentalismus ist nicht „Rückkehr ins Mittelalter", sondern eine zeitgenössische Form des Widerstandes gegen Aspekte der Moderne, die zugleich unsere Gegenwartsrealität mitbestimmt, wie ja auch die Romantik als Gegenspieler zum Rationalismus der Aufklärung die westliche Moderne entscheidend mitgeprägt hat.

Zum anderen macht man es sich mit einer solchen Etikettierung auch zu einfach, weil man „die Moderne" damit eher geschichtsphilosophisch in einer idealen Form betrachtet, anstatt sich mit der Moderne auseinanderzusetzen, wie sie von den im Fundamentalismus organisierten Menschen konkret erfahren wird, sozusagen mit deren „real existierender Moderne". Es macht deshalb aus meiner Sicht auch wenig Sinn, den Fundamentalisten pikiert ihren Anschlag auf „die Moderne" vorzuwerfen oder sich gar als Schreibtischheld im Kampf des Lichtes der Aufklärung gegen die Mächte der fundamentalistischen Finsternis zu gerieren, weil man sich dabei ja doch nur an sein eigenes Milieu wendet, dem gegenüber man sich in Pose wirft.[17]

Stattdessen schlage ich vor, fundamentalistische Bewegungen aus der Sicht der oben skizzierten krisentheoretischen Religionsanalyse auf ihre sozialen Ursachen und kulturellen Leistungen für die Betroffenen hin zu untersuchen. Denn nur durch einen solchen Versuch des Verstehens und Erklärens kann man, wenn überhaupt, das wechselseitige Unverständnis aufzubrechen beginnen, das manichäischen Konfrontationen zugrunde liegt. Dies bedeutet nicht Aufgabe des eigenen Standpunktes, sondern ein Bemühen, durch Nutzung sozialwissenschaftlicher Konzeptionen und Theorien Dialogfähigkeit herzustellen. Auch wenn dies nicht unmittelbar aussichtsreich erscheinen mag, sehe ich dazu keine Alternative.

Diesen Versuch des Fremdverstehens will ich in den folgenden Kapiteln vor allem mit Bezug auf die spezifische Trägerschaft sowie die fundamentalistische Weltanschauung unternehmen. Zuvor erscheint es jedoch notwendig, angesichts des häufig unpräzisen und inflatio-

---

[17] So jedenfalls Thomas Meyer in seiner Einleitung zu dem von ihm herausgegebenen Band Fundamentalismus in der modernen Welt, Frankfurt a. M. 1989, S. 9.

nären Gebrauchs des Fundamentalismusbegriffs klarzustellen, was mit diesem Begriff hier eigentlich gemeint ist. Eine Vielzahl von Autoren hat den Begriff sogar prinzipiell abgelehnt, weshalb ich zunächst mein Festhalten an ihm begründen möchte.

Ich stimme durchaus der Kritik zu, daß mit dem Fundamentalismusbegriff viel Schindluder getrieben wird. Der Begriff wird vor allem, freilich auch nicht ausschließlich, zur Diskriminierung von Muslimen mißbraucht, indem etwa jede Türkin mit einem Kopftuch oder jeder Ägypter mit einem Bart sogleich unter Fundamentalismusverdacht gestellt wird. Fundamentalismus wird auch zu einem politischen Kampfbegriff, der es Regimen erlaubt, die Unterdrückung von Oppositionellen dadurch zu rechtfertigen, daß man sie als „Fundamentalisten" bezeichnet.[18] Das bedarf dann gegenüber dem Westen in der Regel keiner weiteren Rechtfertigung mehr. Damit hat der Fundamentalismus erfolgreich die Nachfolge des Kommunismus als Schreckgespenst in der politischen Rhetorik angetreten.

Dennoch stellen solche Mißbräuche keinen Anlaß dar, auf die wissenschaftliche Verwendung des Fundamentalismusbegriffs zu verzichten. Denn dann müßte man gleichermaßen Begriffe wie Kommunismus, Faschismus, Rassismus oder Feminismus ad acta legen, mit denen ja auch inflationär und unverantwortlich umgegangen wird. Übrig blieben eine verbreitete Sprachlosigkeit und Provinzialismus. Vielmehr scheint mir gerade die mißbräuchliche Verwendung des Begriffs ein Argument für und nicht gegen seine wissenschaftliche Präzisierung darzustellen

Andere Einwände gegen den Fundamentalismusbegriff bemängeln seine protestantische Provenienz. Dem Begriff hafte sozusagen sein Protestantismus an, und deshalb sei er ungeeignet, etwa auf Bewegungen im Islam, Judentum oder Hinduismus angewendet zu werden. Diese Position vermengt auf merkwürdige Art ein romantisches Kulturverständnis mit einem Begriffsrealismus. Würde man eine solche Position ernst nehmen, wäre wissenschaftliche Begriffsbildung generell unmöglich. Natürlich sollte man bei jeglicher Begriffsübertragung vorsichtig verfahren, Unterschiede nicht nivellieren und auch die Möglichkeit ins Auge fassen, daß nicht alle Phänomene universal sind. Dies darf aber nicht dazu führen, auf wissenschaftliche Begriffsbildung zu verzichten und selbst vergleichbare soziale Phäno-

---

[18] Mark Juergensmeyer, Antifundamentalism, in: Martin E. Marty/R. Scott Appleby (Hg.), Fundamentalisms Comprehended. Chicago 1995, S. 353-366.

mene nur in der jeweiligen Landessprache oder in Begriffen einer verdinglicht vorgestellten „religiösen Tradition" zu bezeichnen. Mir scheint eine prinzipielle Gegnerschaft gegen transkulturelle Vergleiche dahinterzustehen, die mit ihrem handgestrickten, provinziellen Vorverständnis entgegen ihrer erklärten Absicht zur Exotisierung und Essentialisierung gerade nicht-westlicher Kulturen und religiöser Traditionen beiträgt. Dagegen schlage ich vor, den Fundamentalismusbegriff wissenschaftlich so zu fassen, daß er transkulturell verwendbar ist und sowohl generalisierende wie partikularisierende Forschungsstrategien zuläßt. Dazu eignet sich am besten eine idealtypische Konstruktion des „Fundamentalismus" im Kontrast zu „progressiven" religiösen Revitalisierungsbewegungen.[19]

## FUNDAMENTALISMUS UND KRISENBEWUßTSEIN

Religiöse Revitalisierungsbewegungen werden in der Regel als Ausdruck gesellschaftlicher Krisen verstanden. Diese Sicht scheint allein schon deshalb angemessen, weil sie dem Selbstverständnis dieser Bewegungen Rechnung trägt. Revitalisierungsbewegungen setzen sich kritisch mit der gesellschaftlichen Realität auseinander und erheben den Anspruch, daß die von ihnen diagnostizierte abgrundtiefe Gesellschaftskrise nur durch eine Rückkehr zu den Grundlagen der jeweiligen religiösen Tradition zu überwinden sei. Revitalisierungsbewegungen artikulieren somit eine Gesellschaftskritik, eine Diagnose der Ursachen der Krise, Rezepte zu deren Überwindung sowie den Entwurf einer künftigen gerechten Sozialordnung; sie sind somit durch die Komplexität und zentrale Bedeutung ihrer Ideologie gekennzeichnet, welche deshalb auch von besonderem analytischen Interesse ist.

Wie Gesellschaftskrisen gedeutet und die jeweiligen Grundlagen der religiösen Tradition interpretiert werden, variiert jedoch zwischen verschiedenen Revitalisierungsbewegungen beträchtlich und kann uns deshalb als Grundlage einer typologischen Differenzierung dienen. Obgleich die religiösen Ursprünge stets als heilsträchtig, authentisch und rein gelten, werden sie unterschiedlich gedeutet und selektiv angeeignet. Auf der einen Seite finden sich Bewegungen, die den „Geist" des Stifters, der ursprünglichen Ordnung oder des überlieferten Wortes beschwören. Die Authentizität der religiösen Tradition

---

[19] Riesebrodt, Fundamentalismus als patriarchalische Protestbewegung, Tübingen 1990, S. 18-24.

wird nicht in buchstabengetreuer, sondern in analoger Anwendung gesehen, wobei die Grundprinzipien eine neue Konkretisierung im Kontext veränderter Zeitumstände erfahren. Die religiöse Tradition wird zur gesinnungsethischen Grundlage einer häufig sozialreformerischen oder sozialrevolutionären Utopie. Beispiele, die diesem Typ nahestehen, wären etwa die katholische Befreiungstheologie Lateinamerikas mit ihren Basiskommunen, die protestantische Befreiungstheologie Südafrikas oder die „rote Schia" des iranischen Intellektuellen Ali Shariati.[20]

Auf der anderen Seite sehen andere Bewegungen die Authentizität der religiösen Tradition in den Ordnungsprinzipien der Urgemeinde sowie den konkreten Taten und Geboten des Stifters verkörpert. Hier geht es nicht darum, diese Prinzipien bewußt so umzudeuten, daß sie auf die neuen Zeitumstände „passen", sondern sie direkt, wörtlich und unverändert anzuwenden. Im Unterschied zur utopischen Perspektive nenne ich dies einen „mythischen Regreß", der gekennzeichnet ist durch einen gesetzesethischen Rigorismus. Beispiele, die diesem Typ von Revitalisierungsbewegung relativ nahe stehen, stellen etwa die klassischen fundamentalistischen Bewegungen innerhalb des amerikanischen Protestantismus, des Judentums oder des Islam dar.

Innerhalb des fundamentalistischen Typus finden sich jedoch zwei unterschiedliche Varianten der Affirmation religiöser Authentizität, die ich einerseits als legalistisch-literalistischen Fundamentalismus und andererseits als charismatischen Fundamentalismus zu bezeichnen vorschlage. Beide teilen die Sicht, daß die religiöse Authentizität in der strikten gesetzesethischen Anwendung des Buchstabens der Überlieferung liege. Der charismatische Fundamentalismus betont jedoch zusätzlich und ergänzend die Möglichkeit einer authentischen Gnadenerfahrung, die – solange er fundamentalistisch bleibt – keinerlei Legitimation zur Verletzung der strikten Normen beinhaltet. Dennoch wird vom legalistisch-literalistischen Fundamentalismus diese „emotional-irrationale" Form religiöser Erfahrung radikal verworfen, was zur gegenseitigen Ablehnung und Bekämpfung führen kann und Kooperation häufig verhindert hat.[21] Dennoch stehen sie sich ideologisch sehr nahe

Was die zwei prinzipiellen Typen religiöser Revitalisierungsbewegungen, die utopische und die fundamentalistische, wesentlich un-

---

[20] Zu Shariati siehe Ervand Abrahamian, The Iranian Mojahedin, New Haven 1989.

[21] Riesebrodt, Fundamentalismus, S. 47-57.

terscheidet, sind zum einen ihr Geschichtsbild, zum anderen die von ihnen jeweils idealisierten Sozialbeziehungen und Gesellschaftsordnungen. Der utopische Typ hängt tendenziell egalitären Idealen an. Er vertritt die Überwindung sozialer Klassengegensätze und egalitäre soziale Gerechtigkeitsvorstellungen. Er kennt in der Regel keine „Rassen" und tendiert zur Gleichberechtigung der Geschlechter. Die Geschichte ist zwar Heilsgeschichte, räumt den Menschen aber tendenziell einen aktiven Platz im Prozeß ihrer Verwirklichung ein.

Der fundamentalistische Typ hingegen ist gekennzeichnet durch die Idealisierung patriarchalischer Autorität als gottgewollter Norm. Er betont patriarchalische Unterordnung und Verantwortung sowie strikte Durchsetzung einer patriarchalischen Sozial- und Sexualmoral. Ungerechtigkeit gilt es als gottgewollt hinzunehmen in Erwartung eines künftigen Ausgleiches im Jenseits. Damit ist auch das Geschichtsbild des Fundamentalismus tendenziell an Endzeiterwartungen orientiert. Die ideale Ordnung wird in der Regel durch göttlichen Eingriff realisiert, nicht durch menschliches Handeln. Er ist damit weitaus pessimistischer gegenüber der Vervollkommnungsmöglichkeit des Menschen eingestellt als der utopische Entwurf.

Fundamentalismus wird oft nur in seiner politisierten Form wahrgenommen, wobei dann häufig unterstellt wird, daß es sich um die Einkleidung handfester materieller oder politischer Interessen in religiöse Kostüme und Rhetorik handele. Betrachtet man jedoch die Herausbildung fundamentalistischer Milieus über längere Zeiträume, so kann man häufig einen hohen Grad von Kontinuität feststellen, der auch die Phasen erfolgloser Politisierung überdauert, wenn also eigentlich kein Grund mehr bestünde, sich religiöser Verkleidung und Rhetorik zu bedienen. Dies legt nahe, daß man es sich mit Erklärungen, die die religiöse Natur des Engagements nicht ernst nehmen, zu leicht macht. Natürlich können Argumente jeglicher Art opportunistisch vorgeschoben werden oder lediglich der Legitimation dienen. Aber es existiert wohl kaum Evidenz für die Annahme, daß dies ein spezielles Problem religiöser oder fundamentalistischer Bewegungen darstellt.

Die hier vorgeschlagene typologische Unterscheidung impliziert, daß fundamentalistische Bewegungen in der Regel keineswegs „politisch" in dem Sinne zu sein hätten, daß sie die Macht im Staate anstrebten und subversiv oder gar gewalttätig agierten. Ganz im Gegenteil findet man im fundamentalistischen Lager viele Gruppen, die quietistisch oder gar pazifistisch sind. Der politische Aktivismus ist oftmals nur ein vorübergehender Zug, den fundamentalistische Bewegungen unter gewissen Zeitumständen annehmen, aber auch wieder ablegen können. Viele fundamentalistische Bewegungen sind vor allem damit befaßt, ein spezifisches Ethos und eine fromme Lebensführung in den Gläubigen mit Hinblick auf deren zukünftiges religiöses Heil zu verankern. Fundamentalistische Religiosität findet sich demzufolge in einer Vielzahl unterschiedlicher Organisationsformen. Ausgangspunkt ist dabei häufig eine weltablehnende Haltung, die sich durch räumliche oder symbolische Abgrenzung von der Gesellschaft als Kommune oder Kulturmilieu organisiert. Unter gewissen, näher zu bestimmenden Umständen wird diese Haltung vorübergehend verlassen, und der Fundamentalismus nimmt neue Organisationsformen an, die seinem Anspruch auf Allgemeingültigkeit Ausdruck verleihen, wie etwa den einer sozialen Bewegung, Partei oder Geheimgesellschaft.

Meine Typologie operiert also mit einem relativ weit gefaßten Begriff des Fundamentalismus, der je nach Welthaltung und Organisationsform weiter untergliedert wird. Dieses Modell basiert auf der Annahme, daß Fundamentalismus als ein eigenständiger Typ religiöser Vergemeinschaftung verstanden werden sollte, der nicht ohne Verlust auf bekannte Typen politischer Bewegungen reduzierbar ist. Gleichzeitig wird aber davon ausgegangen, daß Fundamentalismus sich nicht auf bestimmte religiöse Traditionen beschränkt, sondern tendenziell universal auftreten kann. Transkulturelle Vergleiche sind deshalb nicht nur prinzipiell möglich, sondern auch von besonderem soziologischen Interesse. Sie sollten sich zunächst auf den Vergleich fundamentalistischer Formationen ähnlichen Organisationstyps in verschiedenen religiösen Traditionen konzentrieren und sich dabei nicht von vorgefaßten Stereotypen über das „Wesen" verschiedener Religionen oder gar „Zivilisationen" irritieren lassen.

Im nächsten Kapitel will ich mich der Trägerschaft fundamentalistischer Bewegungen zuwenden und dabei der Frage nachgehen, wie sich sozioökonomische und kulturelle Faktoren in der Formierung des Fundamentalismus verschränken. Zur Verdeutlichung meiner Position setze ich mich zunächst mit neomarxistischen Ansätzen und deren Kulturverständnis auseinander, um dann eine alternative Sicht des Verhältnisses von Klasse und Kultur zu präsentieren. Auf der Grundlage meiner Unterscheidung zwischen Klassenkulturen und Kulturmilieus schlage ich vor, fundamentalistische Bewegungen als Kulturmilieus zu deuten. Fundamentalistische Milieus identifizieren und formieren sich in bewußtem Gegensatz zu modernistischen Milieus und versuchen, durch Dramatisierung letzter Werte und zeitloser Ideale krisenhafte Modernisierungserfahrung zu bewältigen.

Diese beiden oppositionellen Milieus haben sich im Zuge von wirtschaftlichen, politischen und kulturellen Globalisierungsprozessen in einer Vielzahl von Gesellschaften geformt und ähneln sich deshalb in ihren Formen und Ideologien. Einerseits sind sie von den jeweiligen spezifischen religiösen Traditionen geprägt, denen sie entstammen, andererseits stellt aber ein traditionsübergreifender, strikter Patriarchalismus das ideale Ordnungsprinzip und die normative Grundlage fundamentalistischer Milieus dar. Mit anderen Worten und im Gegensatz zu Huntingtons Sicht ist die Welt nicht in eine Vielzahl religiös determinierter Zivilisationen gespalten, sondern nahezu alle religiösen Traditionen sind intern differenziert und besitzen als Extremformen sowohl fundamentalistische wie auch modernistische Milieus. Was die Ideale der Lebensführung, Kulturgüter, Stil und Geschmack angeht, haben diese Milieus mit ihren parallelen Milieus in anderen Religionen und Kulturen oft mehr gemein als mit ihrem jeweiligen innerreligiösen und innergesellschaftlichen Gegenmilieu.[22]

*Martin Riesebrodt, Die globale Rückkehr von Religionen, in: ders.,*
*Die Rückkehr der Religionen. Fundamentalismus und der ‚Kampf der*
*Kulturen‘, München 2000, 35-56*

---

[22] Diese Entwicklung ähnelt der von Robert Wuthnow bemerkten Umstrukturierung der religiösen Kultur der Vereinigten Staaten, wo die Loyalität zu religiösen Bekenntnissen von einer bekenntnisübergreifenden Loyalität zu sozialmoralischen Positionen abgelöst wurde. Robert Wuthnow, The Restructuring of American Religion, Princeton 1988.

## 4.5 Die Differenz von Reinheit und Unreinheit als Zweitcodierung: Monika Wohlrab-Sahrs und Julika Rosenstocks religionssoziologische Analyse der Geschlechterverhältnisse

*Einführung*

1. ZUR PERSON: Monika Wohlrab-Sahr, Theologin und Soziologin, lehrt seit 1999 an der Universität Leipzig, wo sie die Abteilung für Religions- und Kirchensoziologie der Theologischen Fakultät leitet. Sie hat sich intensiv mit Biographie- und Konversionsforschung beschäftigt. Julika Rosenstock arbeitet an der Freien Universität Berlin.

2. THEMATISCHE EINORDNUNG: Eine detaillierte, theoretisch fundierte und anschlussfähige soziologische Beschäftigung mit den Fragen von Religion und Geschlechterverhältnis ist in der bisherigen religionssoziologischen Debatte weitgehend Desiderat geblieben. Dies ist umso bedauerlicher, als die Einsicht in die Differenz von ‚sex‘ und ‚gender‘, dem Geschlecht als biologisch vorgegebener und als sozial konstruierter Kategorie sowie seit den sechziger Jahren hervortretende Ansätze feministischer Theologie eine Aufklärung der hier vorliegenden sozialen Zusammenhänge mehr als wünschenswert erscheinen lassen. Dies gilt besonders angesichts der Tatsache, dass viele Religionen gerade die Geschlechterdifferenz semantisch deskriptiv wie präskriptiv stark aufladen.

3. ZUM TEXT: Die Autorinnen weisen zunächst auf Wechselwirkungen zwischen einer Konstruktion der Geschlechterbeziehungen und religiös-fundamentalistischen Strömungen hin: Einerseits manifestiert sich die religiöse Kritik an moderner, funktional differenzierter Gesellschaft massiv am Geschlechterverhältnis und besonders an der Rolle der Frau, andererseits setzen auch Versuche der Modernisierung und der Zurückdrängung fundamentalistischer Haltungen und Organisationen an diesem Punkt an. Zur Beantwortung der Frage, warum die Normierung des Geschlechterverhältnisses religiös codiert wird, kombinieren Wohlrab-Sahr und Rosenstock Einsichten Max Webers mit Theorieelementen aus dem Fundus Niklas Luhmanns: Weil, so die im Anschluss an Webers ‚Zwischenbetrachtung‘ entwickelte These, religiöse und erotische Erfahrungen sehr ähnlich sind, sofern sie Entdifferenzierung und Verschmelzung erleben las-

sen, in der Regel außerhalb des Alltags stattfinden und gerade deshalb Gegenstand intensiver institutioneller Regulierung sind, ist das Verhältnis beider Bereiche nie indifferent, sondern zieht Aufmerksamkeit auf sich. Mit Hilfe des Luhmannschen Konzepts der religiösen Zweitcodierung in der Unterscheidung von Heil und Verdammnis, das auf die Plausibilisierung der Transzendenzdimension zielt, suchen die Autorinnen die Form dieser institutionellen Regelung in den klassischen Buchreligionen zu beschreiben. Sie zeigen dann, wie die Differenz von geschlechtlicher Reinheit und Unreinheit so auf die religiöse Leitdifferenz von Transzendenz und Immanenz bezogen wird, dass die Rolle der Frauen zum Signal für die Verortung der Gläubigen in der Unterscheidung von Heil oder Verdammnis und ihrem Unterschied zur Umwelt werden kann.

4. BEDEUTUNG FÜR DEN RELIGIONSSOZIOLOGISCHEN DISKURS: Wohlrab-Sahr und Rosenstock bieten einerseits einen Zugang, um den Beitrag von Religionen zur Konstruktion und Fixierung von Geschlechterdifferenzen aufzuklären, andererseits ein Instrument, um die Bedeutung des Geschlechterverhältnisses für die Religion zu erhellen. Insgesamt bietet der Text an einem konkreten Problemkontext einen fruchtbaren Einstieg in die Fragen des Zusammenhangs von biologischem und sozialem Geschlecht in ihrer Beziehung auf die Religion und umgekehrt.

*Torsten Meireis*

**Religion – soziale Ordnung – Geschlechterordnung. Zur Bedeutung der Unterscheidung von Reinheit und Unreinheit im religiösen Kontext[1]**

## 1. EINLEITUNG

Der Zusammenhang von Religion und Geschlechterverhältnis ist bisher eher im Kontext der feministischen Theologie reflektiert worden als daß er Gegenstand eigenständiger soziologischer Betrachtung geworden wäre. Wo soziologische Arbeiten vorliegen, nähern sie sich dem Thema häufig über den Zugang ‚Frauen im religiösen Kontext' (so mehrheitlich in: Swatos, 1994), ohne daß dabei allerdings der Zusammenhang von Religion und Geschlechterverhältnis systematisch untersucht wird. Erst in den letzten Jahren begann im Zuge der Auseinandersetzung mit dem Thema ‚Fundamentalismus' in seinen christlichen (Riesebrodt, 1990: Griffith, 1997), jüdischen (Davidman, 1991; Kaufman, 1991) und islamischen Spielarten (Riesebrodt, 1990) sowie vereinzelt auch in Bezug auf neue religiöse Bewegungen (Palmer, 1994) ansatzweise die Reflexion über diesen Zusammenhang.

Fundamentalistischen Bewegungen kommt im Hinblick auf diese Frage insofern eine besondere Bedeutung zu, als sie in der Regel eine explizite Verbindung zwischen religiöser Ordnung, sozialer Ordnung und Geschlechterverhältnis behaupten. Die Ordnung des Sexuellen, das Verhältnis von Männern und Frauen sowie die strikte Trennung von öffentlicher und privater Sphäre und damit verknüpfte geschlechtstypische Zuschreibungen nehmen dabei eine zentrale Stelle ein. Allerdings, so wollen wir in diesem Aufsatz zeigen, ist dieser Zusammenhang nicht nur auf den Fundamentalismus beschränkt. Im Verlauf der Religionsgeschichte haben religiöse Gruppen immer wieder eine enge Verbindung zwischen Religion, sozialer Ordnung und Geschlechterordnung hergestellt.

Wir wollen in diesem Aufsatz einige theoretische Überlegungen zur Logik dieser Verbindung anstellen. Wir beginnen mit einem Überblick über einige neuere Arbeiten zum Fundamentalismus, die

---

[1] Für kritische Anmerkungen zu einer früheren Fassung dieses Textes danken wir Detlef Pollack und Werner Sahr.

wir daraufhin betrachten werden, in welcher Weise die religiös legi-
timierten und reaktualisierten Formen der Geschlechterdifferenzie-
rung auf soziale Veränderungen im Sinne verstärkter funktionaler
Differenzierung bezogen sind.

Während es in diesem ersten Teil darum geht, am Beispiel des Fundamentalismus faktischen Verknüpfungen zwischen Religion, sozialer Ordnung und Geschlechterordnung und deren ‚sozialem Sinn‘
nachzugehen, wollen wir uns in einem zweiten Schritt der Frage zuwenden, worin die enge Verbindung dieser beiden Bereiche begründet liegt. Dabei nehmen wir Bezug auf Max Webers These von der
„wechselseitigen Vertretbarkeit" der religiösen und der erotischen
Sphäre, die – anders als die Beziehung zwischen anderen Sphären –
in einer vergleichbaren Erfahrungsqualität, der Erfahrung der „Einswerdung", begründet liegt. Diese dient, so unsere These, einerseits
der *symbiotischen Fundierung*' sozialer Regulierungen, wird aber
durch diese Regulierungen andererseits in ihrer Dynamik auch unter Kontrolle gehalten.

In einem dritten Schritt befassen wir uns mit der Seite der sozialen
Regulierung, die die Verbindung von Religion und Geschlechterverhältnis auf Dauer stellt. Neben der religiösen Legitimierung der Ehe
als zentraler institutioneller Fassung des Geschlechterverhältnisses ist
es vor allem eine symbolische Unterscheidung, die in dieser Hinsicht
relevant wird: die Unterscheidung von Reinheit und Unreinheit. Im Anschluß an die Religionstheorie Niklas Luhmanns entwickeln wir die
These, daß die Unterscheidung von Reinheit und Unreinheit sich als
Zweitcodierung mit der für das Religionssystem charakteristischen
Unterscheidung von Immanenz und Transzendenz verbindet. Es ist, so
unsere Annahme, diese Verbindung, über die sich der Zusammenhang
von Religion und Geschlechterverhältnis stabilisiert. Die Relevanz dieser Verbindung besteht in drei Leistungen: (a) sie macht – *auf der Ebene des Religionssystems* – die Seite der Transzendenz anschlußfähig
an immanente Problemlagen; (b) sie erbringt – *auf der Ebene sozialer
Ordnungen* – die Leistung der Legitimierung und religiösen Überfor-
mung einer zentralen gesellschaftlichen Ordnungsdimension, und (c)
sie verbindet – *auf der Ebene religiöser Gruppen* – die Ordnung zwischen den Geschlechtern im Inneren der Gruppe mit einer Abgrenzung
gegenüber der ‚unreinen‘ Umwelt, so daß religiöse Wir-Gruppenbildung und Geschlechterordnung sich wechselseitig stützen.[2]

---

[2]  Dieses Phänomen ist auch für nichtreligiöse Gruppenbildung relevant.
    Dort wird die auf die Grenzen zwischen In- und Outgroup zielende Un-

## 2. Religion, soziale Ordnung und Geschlechterordnung im Fundamentalismus

Welch zentrale Stelle Fragen des Geschlechterverhältnisses in fundamentalistischen Gruppen einnehmen, zeigte sich erst kürzlich wieder an der Reaktion jüdischer Fundamentalisten auf die Nominierung der transsexuellen Sängerin Dana International als Repräsentantin Israels beim Grand Prix d'Eurovision 1998. Dies provozierte den Protest von Vertretern der ultraorthodoxen Shas-Partei, die die Geschlechtsumwandlung als einen Akt „schlimmer als Sodomie" bezeichneten. Während die Fundamentalisten hier letztlich erfolglos waren, hatten sie kurze Zeit vorher einen Sieg davon getragen: sie verhinderten den lange geplanten Auftritt eines Balletts bei den Feierlichkeiten anläßlich des 50. Jahrestags der Staatsgründung, weil dort Tänzer mit nacktem Oberkörper auftreten sollten. Bestand der Affront im einen Fall in der ‚Vermischung' von als natürlich angesehenen Geschlechterunterscheidungen, also in der Aufhebung der Geschlechterklassifikation, die mit der Überschreitung der Grenze zwischen Mensch und Tier gleichgesetzt wurde, galt im anderen Fall die öffentliche Präsentation halbnackter Körper als verwerfliche Aufhebung der Grenze von Öffentlichkeit und Privatheit und damit als Unzucht.

Auch eine Fülle neuerer Arbeiten über fundamentalistische Bewegungen im Kontext des Christentums und des Islam weisen auf die zentrale Stellung hin, die in den dort vertretenen religiösen Vorstellungen und der religiös begründeten Lebensführung dem Geschlechterverhältnis zukommt. In einigen dieser Arbeiten werden auch Zusammenhänge aufgezeigt zwischen der Propagierung einer religiös fundierten Geschlechterordnung und Veränderungen in der Sozialstruktur in Richtung auf funktionale Differenzierung. Die fundamentalistischen Bewegungen erscheinen auf diesem Hintergrund als eine spezifische Form des Protests gegenüber diesen Veränderungen und den damit verbundenen Konflikten und Entwertungserfahrungen. Begriffe wie „patriarchale Protestbewegung" oder „accomodating protest" stehen für diese Perspektive.

Aber auch umgekehrt finden sich Belege dafür, daß dort, wo die soziale Ordnung als solche im Sinne einer stärkeren funktionalen Dif-

---

terscheidung rein/unrein häufig zur Unterscheidung sauber/schmutzig (Elias und Scotson, 1993 [1965]). Fremde werden als solche dann vor allem auch moralisch-hygienisch identifiziert (vgl. Guttandin, 1994). Zu Wir-Gruppen-Prozessen allgemein vgl. Elwert (1989).

ferenzierung verändert wird und dabei der öffentliche Einfluß der Religion zurückgedrängt werden soll, in exemplarischer Weise die Geschlechterordnung ins Visier genommen wird. Dies zeigt sich am Beispiel der kemalistischen Reformen in der Türkei, auf die wir später noch einmal eingehen werden, besonders deutlich. [...]

### 2.4 Öffnung durch Schliessung?

Alle genannten Studien analysieren die Verbindung von Religion und Geschlechterverhältnis auf der Ebene konkreter Konfliktlagen in sozialen Umbruchprozessen. Dabei liegt der Akzent auf den Ambivalenzen von Modernisierungsprozessen und auf den Gegenmodellen von sozialer Ordnung und Geschlechterordnung, die im fundamentalistischen Kontext entwickelt werden. Während Riesebrodt die symbolische Akzentuierung von Geschlechtergrenzen und patriarchalen Beziehungsformen betont angesichts einer Situation, die solche Grenzen und Beziehungsformen nachhaltig unterminiert und entwertet, geht es in den Studien von MacLeod und Werner um einen Prozeß, den man als „Öffnung durch Schließung" bezeichnen könnte. [...] Damit ist eine spezifische soziale Kompromißbildung gemeint, mit der in gewissem Maße Tendenzen funktionaler Differenzierung und sozialer Inklusion Rechnung getragen wird, allerdings bei gleichzeitiger Betonung der Geschlechtergrenzen. D.h. die Partizipation an öffentlichen Bereichen und die damit einhergehenden funktional-spezifischen Kontakte zwischen Männern und Frauen werden ermöglicht bzw. ,abgefedert' durch die Symbolisierung sozialer Schließung im Hinblick auf partikularistisch-diffuse Kontakte zwischen den Geschlechtern. Es findet – partiell – eine gewisse Öffnung gegenüber der neuen Ordnung statt, allerdings um den Preis einer verschärften Restabilisierung der alten Geschlechterordnung.

Was diese Studien jedoch nicht thematisieren, ist die Frage, warum es überhaupt naheliegt, daß die Normierung und Regulierung des Geschlechterverhältnisses und – damit verbunden – die Steuerung von Sexualität *religiös* verankert wird. Nun läßt sich diese Frage sicher teilweise damit beantworten, daß es immer auch eine der Funktionen von Religion war, soziale Strukturen in Berufung auf höhere Instanzen und Heilsordnungen zu legitimieren. Dies erklärt jedoch noch nicht die prominente Stellung, die dabei der Legitimierung (und traditionalistischen Neuordnung) des Geschlechterverhältnisses zukommt.

3. DIE NÄHE EROTISCHER UND RELIGIÖSER ERFAHRUNG ALS ‚SYMBIOTI-
   SCHE GRUNDLAGE' DER VERBINDUNG VON RELIGION UND GE-
   SCHLECHTERVERHÄLTNIS: ZWISCHENÜBERLEGUNGEN IM ANSCHLUSS
   AN MAX WEBERS „ZWISCHENBETRACHTUNG"

Max Weber (1988 [1920]) hat in seiner berühmten „Zwischenbetrachtung" ein Argument vorgebracht, das uns zur Klärung der Frage nach der Fundierung dieser engen Verbindung von Religion und
Geschlechterverhältnis hilfreich scheint. In seinen Überlegungen, die
Weber als „Beitrag zur Typologie und Soziologie des Rationalismus"
verstanden wissen will, geht es um die Herausbildung verschiedener
gesellschaftlicher „Wertsphären", die im Zuge des Rationalisierungsprozesses zur Religion zunehmend in Konkurrenz treten. Es sind vor
allem die Erlösungsreligionen, die zu den weltlichen Ordnungen in
besonderer Weise in Spannung treten und dies um so mehr, je stärker diese ihrerseits ihre Eigengesetzlichkeiten entfaltet haben.

Weber diskutiert diese Spannung im Hinblick auf die Sippenge-
meinschaft, die ökonomische Sphäre, die politische Ordnung, die
Wissenschaft, die Ästhetik und die geschlechtliche Liebe, vor allem
dort, wo diese zur Erotik sublimiert ist. Darauf wollen wir an dieser
Stelle unser Augenmerk legen. Waren Sexualität und magische Orgiastik ursprünglich eng verbunden, so entsteht durch die Sublimie-
rang der Sexualität zur Erotik eine bewußt gepflegte außeralltägliche Sphäre im Sinne einer „Hinwegentwicklung vom unbefangenen
Naturalismus des Geschlechtlichen" (ebd.: 558). Allerdings – so Weber – erscheint gerade in dieser Steigerung die Erotik als „Pforte zum
irrationalsten und dabei realsten Lebenskern gegenüber den Mechanismen der Rationalisierung" (ebd.: 558).

Das außeralltäglich gewordene Geschlechtsleben wurde so zur „Sensation einer innerweltlichen Erlösung vom Rationalen" und geriet dadurch in „die schärfste überhaupt mögliche Konkurrenz" (ebd.: 561)
zur Erlösungsreligiosität, „gerade deshalb, weil die erotische Beziehung unter den angegebenen Bedingungen den unüberbietbaren Gipfel der Erfüllung der Liebesforderung: den direkten Durchbruch der
Seelen von Mensch zu Mensch, zu gewähren scheint. Allem Sachlichen, Rationalen, Allgemeinen so radikal wie möglich entgegengesetzt,
gilt die Grenzenlosigkeit der Hingabe hier dem einzigartigen Sinn, welchen dies Einzelwesen in seiner Irrationalität für dieses und nur dieses
andere Einzelwesen hat. Dieser Sinn und damit der Wertgehalt der Beziehung selbst aber liegt, von der Erotik aus gesehen, in der Möglichkeit einer Gemeinschaft, welche als volle Einswerdung, als ein Schwinden des ‚Du' gefühlt wird und so überwältigend ist, daß sie

‚symbolisch': – sakramental – gedeutet wird. Gerade darin: in der Unbegründbarkeit und Unausschöpflichkeit des eigenen, durch kein Mittel kommunikablen, darin dem mystischen ‚Haben' gleichartigen Erlebnisses, und nicht nur vermöge der Intensität seines Erlebens, sondern
der unmittelbar besessenen Realität nach, weiß sich der Liebende in
den jedem rationalen Bemühen ewig unzugänglichen Kern des wahrhaft Lebendigen eingepflanzt, den kalten Skeletthänden rationaler Ordnungen ebenso völlig entronnen wie der Stumpfheit des Alltages."
(ebd.: 560f.)

Die Spannung der beiden Sphären resultiert also nicht nur aus der
Ablehnung der ‚chaosstiftenden' Sexualität durch die rationale Askese, sondern besonders aus dem Gegensatz der Erlösungsreligionen
zur innerirdischen Erlösung in der Liebe, die nun Höchstrelevanz erlangt (und beansprucht) und folglich aus der religiösen Perspektive
als Kreaturvergötterung erscheint. Dieses ‚Konkurrenzverhältnis'
wird verstärkt durch eine ‚psychologische' Verwandtschaft dieser
beiden Sphären, die, so Weber, in einem „Verhältnis wechselseitiger
psychologischer und physiologischer Vertretbarkeit" stehen (ebd.:
561).

Im Anschluß an diese allgemeine Herauspräparierung der Spannung der Wertsphären von Religion und Erotik skizziert Weber eine
Typologie dieses Verhältnisses, wobei auch die Formen sozialer Organisation der „erotischen Sphäre" Berücksichtigung finden.

|                  | innerweltlich | außerweltlich |
|------------------|---------------|---------------|
| außeralltäglich  | **orgiastische Religiosität** Einklang mit der Sexualität | **Mystik** innere Spannung und psychologische Vertretbarkeit „Surrogats- und Zusammengeschmol- zenheitsbeziehung" |
| alltäglich       | **rationale (Berufs-) Askese** Ehe als göttliche Ordnung | **rationale Mönchsaskese** Geschlechtlichkeit (Sexualität und Ehe) als diabolische Macht |

Im Einklang stehe der erotische Rausch nur mit der orgiastischen, außeralltäglichen, aber in einem besonderen Sinne innerweltlichen Form der Religiosität. Das Verhältnis zur außerweltlichen und außeralltäglichen Mystik sieht Weber geprägt durch schärfste innere Spannung, die aber aufgrund der psychologischen Vertretbarkeit leicht in eine unbewußte und labile Surrogats- und Zusammengeschmolzenheitsbeziehung übergehen und schnell ins Orgiastische umkippen könne. Die innerweltlich rationale Askese (Berufsaskese) könne nur die rational reglementierte Ehe als eine der göttlichen Ordnungen für die verderbte Kreatur akzeptieren, in der es gelte, rationalen Zwecken nachzuleben. Die außerweltliche rationale Askese (Mönchsaskese) dagegen lehne alles Sexuelle als heilsgefährdende, diabolische Macht ab.

Zur Beantwortung unserer Frage, warum religiöse Gruppen gerade Fragen der Geschlechterordnung ins Zentrum rücken, lassen sich in den Ausführungen Webers zwei Hinweise finden:

(a) Der erste Hinweis besteht darin, daß die „wechselseitige Vertretbarkeit" der beiden Sphären in einer Ähnlichkeit der erotischen und der religiösen *Erfahrung* begründet liegt, nämlich in der Erfahrung der Einswerdung, also der Ausschaltung jeglicher Differenz im Augenblick der erotischen/ mystischen Verschmelzung.

(b) Diese Erfahrung, die gewissermaßen das symbiotische Fundament der jeweiligen Sphären bildet,[4] bleibt allerdings auf wenige außeralltägliche Momente beschränkt und muß im Bereich des Alltäglichen in soziale Ordnungen überführt werden: in Formen dauerhafter Organisation. Im Bereich der Religion entspricht dem – idealtypisch betrachtet – die Form der Kirche, im Bereich der erotischen Sphäre entspricht ihm die der Ehe.

Nun dokumentiert sich die Geschlechterordnung sicherlich nicht ausschließlich im Bereich von Sexualität und Erotik, sondern läßt sich als „Arrangement der Geschlechter" (Goffman, 1994: 105ff.) in allen gesellschaftlichen Teilbereichen aufzeigen. In der Sphäre der Erotik bzw. im System der Intimbeziehungen allerdings verdichtet sie sich, und hier ist sie in besonderer Weise körperlich und emotional verankert. Zudem symbolisiert die Ehe als „dyadisch-gegengeschlechtliche Koalition" (Tyrell, 1986: 467) in besonderer Weise den Dualismus der Geschlechterklassifikation inklusive der damit in der Regel einhergehenden hierarchischen Implikationen. Insofern hat

---

4   Man könnte hier im Anschluß an Niklas Luhmann von „symbiotischen Mechanismen" sprechen (s. Luhmann, 1982: 31 ff.).

Weber mit dem Spannungsverhältnis zwischen Erotik und Religion und der daran anschließenden Typologie auf eine latente Ebene in beider Verhältnis hingewiesen, die eine Analyse des Zusammenhangs von Religion und Geschlechterverhältnis zu berücksichtigen hätte. Die Nähe beider Bereiche wird unmittelbar deutlich in manchen neureligiösen Gruppen, wie etwa der Bhagwan- oder Osho-Bewegung, in denen sexuelle und religiöse Implikationen von ‚Hingabe' verschmelzen und gerade in ihrer wechselseitigen Vertretbarkeit' eine spezifische Dynamik auslösen. Sie zeigt sich auch in bestimmten Praktiken der Rekrutierung neuer Mitglieder, etwa im ‚Flirty Fishing' der Children of God, und schließlich in der Weise, auf die in neureligiösen Bewegungen mit männlichen Führungspersonen bei weiblichen Konvertiten religiöses ‚Commitment' durch sexuelle und romantische Konnotationen verstärkt wird (vgl. dazu Jacobs, 1984). Und – was die stabilen Organisationsformen religiöser und erotischer Erfahrung angeht – kann man vielleicht sogar die enge Verknüpfung von starker Kirchenbindung und dem Festhalten an traditionellen Formen von Ehe und Familie als Ausdruck dieser Verbindung von Religion und Geschlechterordnung interpretieren. [...]

In den Ausführungen Webers wurde aber auch deutlich, daß gerade dasjenige Moment der „erotischen Sphäre", aus dem die größte Nähe zur Religion resultiert, nämlich das der „Hingabe" an ein Gegenüber, mit Hilfe der Institution Ehe und der mit ihr verbundenen Regeln sozial geordnet und damit in seiner Dynamik entschärft wird. Dabei kommen Maßstäbe zum Zuge, die Verbotenes und Erlaubtes definieren und damit – für den Fall der Verletzung der festgelegten Ordnung – auch Kriterien sozialen Ausschlusses bestimmen. Diese kulturellen Regulierungen bedienen sich häufig einer zentralen Unterscheidung – Reinheit vs. Unreinheit –, die – so unsere These – leitend wird für den engen Zusammenhang von Religion und Geschlechterverhältnis. Wir sehen darin eine Zweitcodierung für das Religionssystem begründet, die diesem in Konfliktfällen neben der Unterscheidung von Transzendenz und Immanenz zur Verfügung steht.

4. CODIERUNG UND ZWEITCODIERUNG:
   TRANSZENDENZ/IMMANENZ UND REINHEIT/UNREINHEIT

Niklas Luhmann (1987) hat die Unterscheidung von Immanenz und Transzendenz als spezifischen Code des religiösen Systems bezeichnet: „Immanenz garantiert als Positivwert dem Code die Anschlußfähigkeit an die Erfahrungen des täglichen Lebens. Transzendenz setzt diese Erfahrungen in ein anderes Licht, erlaubt die Reflexion, und die semantische Ausstattung des Code hat dann die Frage zu beantworten: wie? Es gibt demnach keine Transzendenz ohne Immanenz, aber auch keine Immanenz ohne Transzendenz." (ebd.: 239) Die verbreitetste Form dieser Unterscheidung sei, so Luhmann, die von profan und sakral, wodurch Gott im Bereich der Transzendenz plaziert wurde, von wo aus er – als allmächtiger und allwissender – auf die immanenten Geschehnisse einwirke. Daraus resultiere aber das Problem der Anschlußfähigkeit des Transzendenten. Dieser Anschlußbedarf habe dazu geführt, daß für die Transzendenz ein Zweitcode entwickelt worden sei, der das Schicksal im Jenseits strukturiere: „der Code von Heil und Verdammnis. Es geht hier um Himmel und Hölle" (ebd.: 240). Dieser Zweitcode allerdings setze voraus, daß bereits in der Immanenz zu erkennen sei, wovon die Zuordnung zu Himmel und Hölle abhängen werde. Dies erfordere einen engen Anschluß an die weltgängige Moral: „Wenn es überhaupt zu dieser Zweitcodierung der Transzendenz kommt, läßt sich eine enge Bindung der Religion an Moral nicht mehr verhindern. (...) Die Vorbedingung des Codes Heil und Verdammnis liegt in der Erkennbarkeit, ja mehr noch: in der Institutionalisierbarkeit von Kriterien der Selektion." (ebd.: 240f.)

Wenn aber die Zweitcodierung von Heil und Verdammnis im Bereich der Immanenz an Kriterien der Selektion gebunden ist, heißt das, daß auch hier Unterscheidungen zur Anwendung kommen müssen. Unsere These ist nun, daß dort, wo Religion sich mit Moral verbindet, dies vorzugsweise mit Hilfe der Unterscheidung von Reinheit und Unreinheit geschieht. Diese Unterscheidung aber manifestiert sich insbesondere, wenn auch sicher nicht ausschließlich,[5] im Bereich des Geschlechterverhältnisses und der Sexualität. Sie gründet oft auf Vorstellungen von Unreinheit und Angst vor Pollution, die bereits in vorindustriellen Gesellschaften weit verbreitet und insbe-

---

[5]  Daß die Unterscheidung von Reinheit und Unreinheit ein zentrales Mittel sozialer Strukturbildung ist, ist eine Annahme von Mary Douglas (1988 [1966]). Die Autorin geht davon aus, daß Vorstellungen geschlechtlicher Verunreinigung dort besonders stark ausgeprägt sind, wo das Prinzip der männlichen Vorherrschaft nicht ohne Einschränkungen und mit dem vollen Recht zum physischen Zwang gilt, sondern durch andere Prinzipien infrage gestellt wird (ebd.: 186). Generell – so Douglas – droht die Gefahr der Verunreinigung dann, wenn die „Form" angegriffen wurde (ebd.: 138).

sondere mit der Geschlechtlichkeit der Frau und den damit verbundenen Ausscheidungen, v.a. der Menstruation, verknüpft sind (vgl. Dux, 1997: 33ff.; Whyte, 1978: 30ff.). Sie setzt sich fort in Regeln, die das sexuelle Verhalten betreffen, kann aber auch eine idealisierte Form „innerer Reinheit" annehmen bzw. Vorstellungen von äußerer und innerer Reinheit miteinander verbinden.

Wenn wir nun im folgenden – schlaglichtartig – Beispiele aus unterschiedlichen religiösen Kontexten anführen, beanspruchen wir dabei nicht, diesen Kontexten selbst umfassend gerecht zu werden, sondern wollen lediglich den Nachweis führen, *daß* diese Unterscheidung in ganz unterschiedlichen Kontexten relevant wird.

## 4.1 JUDENTUM UND CHRISTENTUM

In das Judentum hat die Unterscheidung von Reinheit und Unreinheit in vielfacher Weise Eingang gefunden und ist in eine Reihe sozialer Regeln und ritueller Praktiken überführt worden, in denen es darum geht, Unreinheit zu meiden oder den Zustand der Reinheit wiederherzustellen.[6] Dabei verbinden sich in der hebräischen Bibel Vorstellungen von dem, was rein und was unrein ist, mit Prozessen der Wir-Gruppen-Bildung, indem etwa Orte der Verehrung heidnischer Götter bzw. gelegentlich auch Nichtisraeliten generell als unrein angesehen werden (vgl. Rendtorff, 1986: 943).

Im frühen Christentum tritt dieses Konzept von Unreinheit im Sinne einer materiellen Verschmutzung, die dem Kontakt mit Gott im Wege steht, in den Hintergrund zugunsten eines Verständnisses von Reinheit im Sinne eines Ethos, einer inneren Haltung, die der äußeren Reinheit übergeordnet wird.[7] So heißt es etwa bei Matthäus: „Wehe euch, ihr Schriftgelehrten und Pharisäer, ihr Heuchler, daß ihr die Außenseite des Bechers und der Schüssel reinigt; inwendig aber sind sie gefüllt mit Raub und Unmäßigkeit. Du blinder Pharisäer, mache zuerst den Inhalt des Bechers rein, damit auch seine Außenseite rein wird!" (Mt. 23, 25f.)[8]

---

6  Vgl. dazu besonders das Buch Leviticus im Alten Testament und den Abschnitt „Seder Taharuth" („Von der Reinheit") im babylonischen Talmud, insbesondere den Traktat „Nidda" („Die Menstruierende").

7  Solche Vorstellungen innerer Reinheit sind bereits in der antiken Philosophie aufzufinden.

8  Aber auch im Hinblick auf Vorstellungen innerer Reinheit werden Elemente aus der hebräischen Bibel aufgegriffen (vgl. Mt. 5,8 mit Spr. 22,11

Allerdings ging es im Verlauf der Kirchengeschichte dann doch primär um äußerlich sichtbare Zeichen von ‚Reinheit'. Für unser Thema von besonderer Bedeutung ist etwa die idealtypisch-kontrastierende Symbolisierung des weiblichen Geschlechts im Katholizismus anhand der Figuren Eva und Maria. Als ‚Tochter Evas' gilt die Frau als lüstern und in vielerlei Hinsicht von Schwäche befallen: Eigenschaften die – so die Doktrin – das Ende des ‚paradiesischen' Reinheitszustandes verschuldeten. Gegenbild dieser Erbsünde und Sexualität gleichermaßen in die Welt bringenden Frau ist Maria, die gleichzeitig Mütterlichkeit und Reinheit repräsentiert und damit sowohl die Anknüpfung an das Alltagsleben[9] als auch die Unterscheidung davon erlaubt. Die in der Verehrung Marias und den Dogmen von der Jungfrauengeburt und der unbefleckten Empfängnis zum Ausdruck kommende Gleichsetzung von Reinheit und Jungfräulichkeit und die darin implizierte Absetzung vom Alltäglichen korrespondiert mit der Höherbewertung des zölibatären Priesterlebens gegenüber dem Leben des Laien. In Maria wird Reinheit durch eine Frauenfigur verkörpert, die in ihrer Asexualität der Unreinheit des weltlichen Alltagslebens, das Sexualität einschließt, polar gegenübergestellt werden kann. Insofern ist Maria die komplementäre Ergänzung zu Eva (vgl. Warner, 1932: 296), und die beiden Figuren artikulieren auf der Ebene des Mythos den Gegensatz von Reinheit und Unreinheit.

Im Protestantismus wird die Höherbewertung des Klerikerstandes und damit auch des zölibatären Lebens verabschiedet, allerdings impliziert auch dies keinen dauerhaften Verzicht auf Vorstellungen von Reinheit, die sich im Bereich der Sexualität und des Geschlechterverhältnisses manifestieren. Dies zeigt sich etwa in verschiedenen Studien, die sich mit den im Gefolge der Reformation in mehreren Städten verabschiedeten ‚Zuchtordnungen' befassen. Lyndal Roper (1995), die die zwinglianisch beeinflußte Reformation in Augsburg untersucht hat, spricht in diesem Zusammenhang von einer „Domestizierung der Reformation", die zwar einerseits die Stellung der Ehefrau aufwertete, gleichzeitig aber alle nichtehelichen Lebensformen – seien es Frauenklöster, nichteheliche Sexualität oder Prostitution – einem immensen Druck aussetzte und überdies auch die öffentli-

---

und Ps. 51,12, sowie Mk.7 6ff. mit Jes. 29,13 und Am. 5). Zur Frage der Reinheit im Neuen Testament vgl. auch Lohse (1986: 943).

[9] Ebertz (1986) betont, daß in der Volksfrömmigkeit vor allem Maria als „Mutter" adressiert wird.

che Kontrolle ehelichen Zusammenlebens verstärkte. Susanna Burghartz (1992) zeigt in ihrer Untersuchung, die sich auf die Auswertung von Basler Ehegerichtsakten im 16. und 17. Jahrhundert stützt, wie mit der Durchsetzung der reformatorischen Ehelehre zu Beginn des 17. Jahrhunderts das im Volksbrauch verankerte Verständnis von Jungfräulichkeit verabschiedet wird. Dem alten Verständnis zufolge war ‚Jungfräulichkeit' nicht vorrangig an physiologische Tatsachen geknüpft, sondern in volkstümliche Praktiken der Eheanbahnung eingebunden, nach deren pragmatischer Logik voreheliche Sexualität dann nicht zum Verlust der ‚Jungfräulichkeit' führte, wenn ihr ein Eheversprechen vorausgegangen war. Dieses Konzept, so Burghartz, wurde im Zuge der reformatorischen Veränderungen verdrängt durch eine theologisch begründete Moral, in der Sexualität nun nach prinzipiellen Normen „von Reinheit und Unreinheit" (ebd.: 23) beurteilt wurde. Der Durchsetzung des neuen Glaubens korrespondiert hier demnach die Reformierung des Geschlechterverhältnisses im Sinne von Züchtigkeit und Reinheit. Gleichzeitig wird in der verstärkten Verfolgung all dessen, was Unzucht repräsentiert, vor allem aber durch die Verfolgung der Prostitution, eine Gruppe geschaffen, die – vorher zumindest geduldet und in gewisser Weise als notwendiges Übel angesehen – nun mit ‚Unreinheit' stärker denn je assoziiert ist und der Tugendhaftigkeit der Ehefrau gegenübergestellt wird. Damit werden gleichzeitig zweierlei Unterscheidungen aufgemacht. Die erste gilt einer Kategorie von Personen, insbesondere aber von Frauen, deren Lebensführung sie als ‚unrein' ausweist, also all jenen, die den religiös begründeten Züchtigkeitsnormen innerhalb der Gruppe nicht gerecht werden. Damit verbindet sich als zweite Unterscheidung eine Abgrenzung nach außen, insofern das ‚züchtige Leben' auch die Überlegenheit der religiösen Ingroup gegenüber der Outgroup dokumentiert.

Im Puritanismus des 18. Jahrhunderts (Leites, 1988) kommt es schließlich zu einer Polarisierung der Geschlechtscharaktere, die mit der jahrhundertealten Vorstellung, Frauen seien das lüsternere der beiden Geschlechter, brach und in auffälliger Weise Weiblichkeit mit Reinheit verknüpfte: „Frauen galten nun als rein und ohne starke sexuelle Antriebe, und wenngleich sie noch immer aus öffentlichen Institutionen mit moralischer Autorität wie den Universitäten ausgeschlossen waren, galt Sittlichkeit doch als das Zentrum ihres Wesens." (ebd.: 29f.)

Damit löst sich die enge Verbindung von Weiblichkeit und sexueller Unreinheit auf, allerdings um den Preis weitgehender Entsexua-

lisierung auf Seiten der Frauen und als Ausdruck einer Geschlech-
terhierachie, der zufolge die sozial Unterlegenen als moralisch überlegen gedacht werden.

## 4.2 Islam

Auch im Islam – in den sakralen Texten ebenso wie in den rituellen
Praktiken – spielt die Unterscheidung von Reinheit und Unreinheit
eine wichtige Rolle. Es gilt auch dort, Unreinheit zu vermeiden bzw.
die – als ursprünglichen Zustand angenommene – Reinheit wiederherzustellen. Tayob (1995: 370) weist darauf hin, daß in klassischen
arabischen Lexika „Reinheit" (tahur) der Gegenbegriff zu „Menstruation" ist und eine ganze Reihe von traditionellen Reinheitsvorschriften sich mit der Reinheit der Frauen befassen. Menstruierende
Frauen gelten als rituell unrein. Verunreinigungen unterschiedlichen
Grades entstehen unter anderem durch Ausscheidungen, Ejakulation,
Geschlechtsverkehr, in manchen Kontexten auch durch die Berührung einer Person anderen Geschlechts. Diverse rituelle Waschun-
gen richten sich auf diese Formen der Verunreinigung.

Allerdings beziehen sich Vorstellungen von spiritueller Unreinheit
auch auf „Ungläubige", und im traditionellen schiitischen Islam
macht der körperliche Kontakt mit „Ungläubigen" ein rituelles Bad
erforderlich (ebd.). Die Befolgung von Reinheitsvorschriften dient
also der Regelung von Beziehungen im Inneren der Gruppe und des
Kontakts des Gläubigen zu Allah ebenso wie der Konstituierung einer Wir-Gruppe in Abgrenzung gegenüber anderen, die als unrein angesehen werden.

Dieser Zusammenhang zwischen Reinheit im Inneren der Gruppe, die oft am Verhalten von Frauen exemplarisch verdeutlicht wird,
und der Unterscheidung nach außen zeigt sich auch an verschiedenen Stellen im Koran. So heißt es etwa in der Sure 33:59 (nach der
Übersetzung von Rudi Paret): „Prophet! Sag deinen Gattinnen und
Töchtern und den Frauen der Gläubigen, sie sollen (wenn sie austre-
ten) sich etwas von ihrem Gewand über den Kopf herunterziehen. So
ist es am ehesten gewährleistet, daß sie als (ehrbare) Frauen erkannt
und daraufhin nicht belästigt werden. Gott aber ist barmherzig und
bereit zu vergeben."

In dieser Textstelle werden verschiedene Unterscheidungen erkennbar: (a) eine *Geschlechterunterscheidung,* insofern die Frauen
der Gläubigen gesondert angesprochen werden. Dabei wird implizit
auch (b) eine *Unterscheidung von Gläubigen und Nichtgläubigen* so-

wie (c) die *Unterscheidung verschiedener Kategorien von Frauen,*
nämlich ehrbarer und ehrloser Frauen, vorgenommen. Fatima Mernissi (1992) hat daraufhingewiesen, daß hier das Problem der Prostitution und sexuellen Belästigung von Frauen in der Öffentlichkeit
im Hintergrund stehe und hat folglich die Einführung des Schleiers
(Hijab) als Notmaßnahme angesichts dieser Situation interpretiert,
die dem ursprünglich egalitären Impetus des frühen Islam zuwider-
laufe.

Uns kommt es an dieser Stelle weniger auf Fragen nach dem Ursprung und der Authentizität religiöser Entwicklungen, sondern vielmehr auf einen strukturellen Zusammenhang an, der in dem Text angelegt ist und später in der Organisation des religiösen Lebens
durchgesetzt wird: daß nämlich die Unterscheidung der Gläubigen
von den anderen zusammenfällt mit der Unterscheidung von Ehrba-
ren und Ehrlosen, Reinen und Unreinen und daß beides symbolisch
repräsentiert wird im Körper der Frau. Den Frauen und der durch sie
repräsentierten Geschlechterordnung kommt damit exemplarische
Bedeutung zu im Hinblick auf die Präsentation der religiösen Gruppe. Dies zeigt sich auch an einer anderen Stelle im Koran (Sure 33:
32-35), wo bestimmte Anforderungen, die zum Teil speziell an die
Frauen des Propheten gerichtet sind und auf deren Verhalten gegenüber fremden Männern ebenso abzielen wie auf Gebet, Almosenge-
ben und Gehorsam gegenüber Gott, mit dem Ziel der ‚Reinheit' der
gesamten religiösen Gruppe begründet werden: „Gott will (damit,
daß er solche Gebote und Verbote erläßt) (heidnische) Unreinheit von
euch entfernen, ihr Leute des Hauses, und euch wirklich rein machen." Auch hier sind wieder religiöse Wir-Gruppenbildung und Geschlechterordnung aufs engste verzahnt. Dies bedeutet freilich nicht,
daß das Gebot der Reinheit ausschließlich den Frauen gälte.[10] Frau-
en und Männer bilden gleichermaßen die religiöse Wir-Gruppe und

---

[10] In Sure 10:100 heißt es allgemein: „Niemand darf gläubig werden außer
mit der Erlaubnis Gottes. Und er legt die Unreinheit auf diejenigen, die
keinen Verstand haben (und daher verstockt bleiben)." Und Sure 33:35
formuliert auch die sexuellen Gebote gegenüber beiden Geschlechtern:
„Was muslimische Männer und Frauen sind, Männer und Frauen, die gläubig, die (Gott) demütig ergeben, die wahrhaftig, die geduldig, die bescheiden sind, die Almosen geben, die fasten, die darauf achten, daß ihre Scham
bedeckt ist, (oder: die sich des (unerlaubten) Geschlechtsverkehrs enthalten (?), w. die ihre Scham bewahren) und die Gottes ohne Unterlaß (w.
viel) gedenken, – für sie (alle) hat Gott Vergebung und gewaltigen Lohn
bereit."

sind ihren Regeln unterworfen. Allerdings kommt den Frauen offenbar eine besondere Rolle zu, Reinheit nach außen hin zu verkörpern.

## 5. SCHLUSS

Das, was wir hier versuchsweise als ,Zweitcodierung' des religiösen
Bereichs bezeichnet haben und die damit verbundene Regelung des
Geschlechterverhältnisses haben ihr Fundament – so unsere These –
in dem, worin nach Max Weber die „wechselseitige Vertretbarkeit"
von Religion und erotischer Sphäre gründet: nämlich in der Nähe von
religiöser und erotischer Erfahrung. Die Dynamik dieses Erfahrungs-
typus macht im Alltag Regulierung notwendig. Zudem legt das daraus resultierende Konkurrenzverhältnis der beiden Bereiche – vom
normativen Anspruch eines religiösen Systems her betrachtet – die
Reglementierung des Bereiches der Sexualität nahe. Die Zweitcodierung Reinheit/Unreinheit trägt – neben der nun religiös abgesicherten Institution der Ehe – zur Erfüllung dieser Funktion bei.
　　Nun tritt diese Zweitcodierung in den ,Erlösungsreligionen' im
Zuge funktionaler Differenzierung zwar in den Hintergrund, sie verschwindet jedoch nicht völlig. Sie artikuliert sich etwa in Verbindungen von Religion und Ehre, wobei Ehre als das entsakralisierte Äqui-
valent von Reinheit verstanden werden kann. Wo sich Reinheit mit
Ehrbarkeit verbindet, geht sie einher mit der Zuschreibung partiku-
larer Eigenschaften und (Rollen-)funktionen und steuert darüber die
Geschlechterordnung. Daraus resultiert gleichzeitig ein Abgren-
zungseffekt nach außen. Der Code der Reinheit dient dabei – im In-
nen- wie im Außenbezug – gleichzeitig der Hierarchisierung, die
durch den Naturalismus der Reinheitsvorstellung legitimiert wird.
　　In der Regel gilt die Norm von Ehrbarkeit und Reinheit für beide
Geschlechter. Häufig wird der Frau allerdings eine größere Nähe zum
Status der Unreinheit zugeschrieben, sei es, weil sie durch die Menstruation regelmäßig in einen Zustand gerät, der als unrein par excellence verstanden wird (Tayob, 1995), oder weil die ihr zugeschrie-
bene Triebhaftigkeit sie zum bevorzugten Instrument des Bösen
macht und ihre ,Schwäche' so zu einer Gefahr für die Gruppe werden kann.
　　Gerade indem sich aber besondere – nach außen hin sichtbare –
Formen der Reglementierung auf sie richten, kommt den Frauen innerhalb diverser religiöser Kontexte exemplarische Bedeutung als
Repräsentantinnen von Reinheit zu. Sie symbolisieren die Ordnung
des Geschlechterverhältnisses im Inneren ebenso wie sie als symbo-

lische Verkörperung der ‚Reinheit' der Gruppe eine Differenz gegenüber der ‚ungläubigen' Umwelt markieren.

Man könnte die Leistung der Zweitcodierung Reinheit/Unreinheit
für das Religionssystem darin sehen, daß hierüber – im Anschluß an
eine für alle Gesellschaften zentrale Strukturdimension und rekurrie-
rend auf eine für alle Gesellschaften charakteristische Ungleichheits-
dimension – im Bereich der Immanenz die Kriterien für Heil und Verdammnis formuliert werden und damit der Anschluß an den Bereich
der Transzendenz gewahrt wird. Über die Symbolisierung von Reinheit im Diesseits und den Versuch ihrer Realisierung durch Zucht vermittelt sich – so könnte man sagen – eine spezifische Art präsenti-
scher Eschatologie. Die Gesellschaft oder Gruppe, die Reinheit
realisiert, nimmt damit ein Stück des Jenseits – einen Teil der Heilsrealisierung – vorweg.[11] Indem aber Reinheit sich vorzugsweise im
Geschlechterverhältnis dokumentiert, bekommt dieses – als spezifisch geordnetes – eine zentrale Funktion für den religiösen Kontext.
Es ist diese Anbindung einer Form sozialer Ordnung an das Trans-
zendenzproblem, die die in der Ähnlichkeit religiöser und erotischer
Erfahrung gründende ‚wechselseitige Vertretbarkeit' von Religion
und Geschlechterverhältnis zu einer stabilen Verbindung werden läßt.
Die fundamentalistischen Bewegungen mit ihrer oft obsessiven Be-
schäftigung mit dem Geschlechterverhältnis zeugen von dieser engen
Verbindung zwischen Heilsordnung und Geschlechterordnung.

Auch wenn die Unterscheidung von Reinheit und Unreinheit nicht
unter allen Umständen realisiert wird, bleibt doch die Möglichkeit
des Rekurses auf sie vorhanden. Sie kann in Situationen gesellschaftlichen und religiösen Umbruchs und den damit verbundenen Wir-
Gruppenbildungen aktualisiert und instrumentalisiert werden und
Verbindungen eingehen mit nationalistischen oder ethnischen Abgrenzungen. In der eschatologischen Konnotation der Unterscheidung liegt vermutlich auch ihre größte soziale Brisanz.

---

[11] Das Ausmaß dieser Vorwegnahme des Heils ist im Einzelfall abhängig
von der Ausgestaltung des Verhältnisses von Diesseits/Jenseits sowie Kör-
perlichkeit/Seele in den jeweiligen Religionen. Religionen, die die materielle Welt per se als sündenverursacht, als Täuschung oder Verkörperung
eines – wie auch immer gedachten – bösen Prinzips ansehen, werden vermutlich diese präsentische Heilsrealisierung über den Weg der Geschlechterordnung nur in schwächerem Maße gestalten.

LITERATUR

Burghartz, Susanna, 1992: Jungfräulichkeit oder Reinheit? Zur Änderung von Argumentationsmustern vor dem Basler Ehegericht im 16. und 17. Jahrhundert. S. 13-40 in: Richard v. Dülmen (Hg.): Dynamik der Tradition. Studien zur historischen Kulturforschung IV. Frankfurt/M.: Fischer Taschenbuch.

Davidman, Lynn, 1991: Tradition in a Rootless World. Women Turn to Orthodox Judaism. Berkeley and Los Angeles: University of California Press.

Douglas, Mary, 1988 [1966]: Reinheit und Gefährdung. Eine Studie zu Vorstellungen von Verunreinigung und Tabu. Frankfurt/M.: Suhrkamp.

Dux, Günter, 1997: Die Spur der Macht im Verhältnis der Geschlechter. Über den Ursprung der Ungleichheit zwischen Frau und Mann. Frankfurt/M.: Suhrkamp.

Ebertz, Michael, 1986: Maria in der Massenreligiosität. Zum Wandel des populären Katholizismus in Deutschland. S. 65-83 in: Michael Ebertz und Franz Schultheis (Hg.): Volksfrömmigkeit in Europa. Beiträge zur Soziologie populärer Religiosität aus 14 Ländern. München: Kaiser.

Elias, Norbert und John L. Scotson, 1993 [1965]: Etablierte und Außenseiter. Frankfurt/M.: Suhrkamp.

Elwert, Georg, 1989: Nationalismus und Ethnizität. Über die Bildung von Wir-Gruppen. Kölner Zeitschrift für Soziologie und Sozialpsychologie 41,440-464.

Goffman, Erving, 1994: Das Arrangement der Geschlechter. S. 105-158 in: Ders.: Interaktion und Geschlecht. Frankfurt/M.: Campus.

Göle, Nilüfer, 1995: Republik und Schleier. Die muslimische Frau in der modernen Türkei. Berlin: Babel-Verlag.

Griffith, R. Marie, 1997: God's Daughters. Evangelical Women and the Power of Submission. Berkeley et al.: University of California Press.

Guttandin, Friedhelm, 1994: Der Geruch des Fremden. Der Fremde als Relationsbegriff. Sociologia Internationalis 32, 55-75.

Jacobs, Janet, 1984: The Economy of Love in Religious Commitment: The Decon-version of Women from Nontraditional Religious Movements. Journal for the Scientific Study of Religion, 23, 155-171.

Kaufman, Debra Renee, 1991: Rachel's Daughters. Newly Orthodox Jewish Women. New Brunswick/London: Rutgers.

Leites, Edmund, 1988: Puritanisches Gewissen und moderne Sexualität. Frankfurt/M.: Suhrkamp.

Lohse, Eduard, 1986: Art. „Rein und Unrein, III. Im NT". S. 943 in: Die Religion in Geschichte und Gegenwart, Bd. 5. 3. Aufl., Tübingen: Mohr.

Luhmann, Niklas, 1982: Liebe als Passion. Zur Codierung von Intimität. Frankfurt/M.: Suhrkamp.

Luhmann, Niklas, 1987: Die Unterscheidung Gottes. S. 236-253 in: Ders.: Soziologische Aufklärung, Bd. 4. Opladen: Westdeutscher Verlag.

MacLeod, Arlene, 1992: Hegemonie Relations and Gender Resistance: The New Veiling äs Accomodating Protest in Cairo. Signs 1992: 533-557.

Mernissi, Fatima, 1992: Der politische Harem. Mohammed und die Frauen. Freiburg i.Br.: Herder.

Palmer, Susan J., 1994: Moon Sisters, Krishna Mothers, Rajneesh Lovers. Women's Roles in New Religions. Syracuse: Syracuse University Press.

Rendtorff, Rolf, 1986: Art. „Rein und Unrein, II. Im AT". S. 942-943 in: Die Religion in Geschichte und Gegenwart, Bd. 5. 3. Aufl., Tübingen: Mohr.

Riesebrodt, Martin, 1990: Fundamentalismus als patriarchalische Protestbewegung. Amerikanische Protestanten (1910-28) und iranische Schiiten (1961-79) im Vergleich. Tübingen: Mohr.

Roper, Lyndal, 1995: Das fromme Haus. Frauen und Moral in der Reformation. Frankfurt/M.: Campus.

Swatos, William H., Jr., 1994 (Hg.): Gender and Religion. New Brunswick: Transaction Publishers.

Tayob, Abdulkader L, 1995: Art. „Purification". S. 370-372 in: John L. Esposito (Hg.): The Oxford Encyclopedia of the Modern Islamic World. Oxford: Oxford University Press.

Tyrell, Hartmann, 1986: Geschlechtliche Differenzierung und Geschlechterklassifikation. Kölner Zeitschrift für Soziologie und Sozialpsychologie 38,450-489.

Warner, Marina, 1982: Maria: Geburt, Triumpf, Niedergang – Rückkehr eines Mythos. München: Trikont-dianus-Buchverlag.

Weber, Max, 1988 [1920]: Zwischenbetrachtung: Theorie der Stufen und Richtungen religiöser Weltablehnung. S. 536-573 in: Ders.: Gesammelte Aufsätze zur Religionssoziologie I. 8. Aufl., Tübingen: Mohr.

Werner, Karin, 1996: Zwischen Islamisierung und Verwestlichung: Junge Frauen in Ägypten. Zeitschrift für Soziologie 25,4-18.

Whyte, Martin King, 1978: The Status of Women in Preindustrial Societies. Princeton: Princeton University Press.

*Monika Wohlrab-Sahr/Julika Rosenstock, Religion – soziale Ordnung- Geschlechterordnung. Zur Bedeutung der Unterscheidung von Reinheit und Unreinheit im religiösen Kontext (gekürzt), in: Ingrid Lukatis/ Regina Sommer/ Christof Wolf (Hg.), Religion und Geschlechterverhältnis, Opladen 2000, 279-281 (hier: 279-281, 286-298)*

## Editorische Hinweise

Die in dieser Sammlung abgedruckten Texte sind in Orthografie, Schreibweise und Zeichensetzung (nicht jedoch in der Silbentrennung) getreu dem jeweils genannten Fundort wiedergegeben. Nur offensichtliche Druckfehler wurden stillschweigend berichtigt. Selbstverständlich ist auch bei Textabschnitten, die einem größeren Zusammenhang entnommen sind, die Zählung der Anmerkungen unverändert geblieben. Dies gilt in aller Regel auch für die Form der bibliografischen Angaben; lediglich dort, wo sich im Text oder in den Anmerkungen Kurzverweise fanden, die sich auf hier nicht mit abgedruckte Literaturangaben beziehen, wurden diese ergänzt. Sonstige Zusätze der Herausgeber sind durch [ ], Kürzungen und Auslassungen durch [...] kenntlich gemacht.

Da mehrere Rechteinhaber abgedruckter Beiträge trotz aller Bemühungen nicht feststellbar oder erreichbar waren, werden diese gebeten, sich gegebenenfalls mit dem Verlag in Verbindung zu setzen.

DIE MITARBEITER


*Gabriel, Karl*, Prof. em. Dr. soz. wiss., Dr. theol. habil., bis 2009 Direktor des Instituts für Christliche Sozialwissenschaften der Katholisch-Theologischen Fakultät, Mitglied (PI) und Senior Professor des Exzellenzclusters ‚Religion und Politik in den Kulturen der Vormoderne und Moderne‘ (Westfälische Wilhelms-Universität Münster)

*Große Kracht, Hermann-Josef*, PD Dr. phil., M.A. Akad. Rat am Institut für Theologie und Sozialethik (Technische Universität Darmstadt)

*Marhold, Wolfgang*, Dr. theol., Akad. Oberrat a.D. am Institut für Ethik und angrenzende Sozialwissenschaften der Evangelisch-Theologischen Fakultät (Westfälische Wilhelms-Universität Münster)

*Meireis, Torsten*, Dr. theol., seit 2010 Professor für Systematische Theologie/Ethik an der Theologischen Fakultät (Universität Bern/ Schweiz)

*Reuter, Hans-Richard*, Prof. Dr. theol., Direktor des Instituts für Ethik und angrenzende Sozialwissenschaften der Evangelisch-Theologischen Fakultät, Mitglied (PI) des Exzellenzclusters ‚Religion und Politik in den Kulturen der Vormoderne und Moderne‘ (Westfälische Wilhelms-Universität Münster)